Schlömerkemper: Daten verstehen

AF211279

Jörg Schlömerkemper, geb. 1943, ist Prof. i.R. an der Goethe-Universität Frankfurt a.M.;
Themenschwerpunkte neben Forschungsmethoden:
Theorie der Erziehung und Bildung, Schulpädagogik und Bildungsreform.

Jörg Schlömerkemper

Daten verstehen

Hermeneutik
und
Empirie

an Beispielen
der Statistik

Impressum:

Bibliografische Information der Deutschen Nationalbibliothek:
Die Deutsche Nationalbibliothek verzeichnet diese Publikation in der Deutschen Nationalbibliografie; detaillierte bibliografische Daten sind im Internet über dnb.dnb.de abrufbar.

© 2024 Jörg Schlömerkemper

Verlag: BoD · Books on Demand GmbH,
In de Tarpen 42, 22848 Norderstedt, bod@bod.de

Druck: Libri Plureos GmbH, Friedensallee 273, 22763 Hamburg

ISBN: 978-3-7597-6101-9

Vorwort

Wenn man im Alltag fragt, was mit „Wissenschaft" und „Forschung" verbunden wird, bekommt man sehr verschiedene Antworten: Die einen halten es im Grunde für entbehrlich, dass sich Menschen in einer Nische der Gesellschaft mehr oder weniger mit sich und ihren Gedankenspielen beschäftigen. Andere erwarten von Wissenschaft „objektive" Erkenntnisse und gesicherte Wahrheiten. Beide Perspektiven sind nicht gerade förderlich. Den einen muss man zeigen, dass Forschung durchaus für praktisches Handeln hilfreich sein kann, den anderen muss man deutlich machen, dass durch Forschung oftmals mehr neue Fragen entstehen, als beantwortet werden können. Zwischen diesen Polen soll „Daten verstehen" einen mittleren Weg aufzeigen. Forschung liefert keine Patentlösungen, aber sie kann zu einer besser begründeten Reflexion und zu einem vertiefenden Diskurs anregen.

Innerhalb der Forschung wird (immer noch) unterschieden zwischen eher an Hermeneutik und eher an Empirie orientierten Konzepten bzw. zwischen „qualitativen" und „quantitativen" Ansätzen. Über eine freundliche Duldung der jeweils anderen Programmatik hinaus kommt es kaum zu produktiven Ergänzungen. Ohne diese Unterschiede vertuschen zu wollen, soll hier deutlich werden, warum es sinnvoll und möglich ist, diese Konzepte miteinander zu verbinden.

Manche Studierende empfinden Veranstaltungen zu Forschungsmethoden als ein „Martyrium", dem sie sich nach der Studienordnung unterwerfen müssen, dessen Inhalte sie aber nicht als sehr relevant erleben und deshalb nach der Prüfung alsbald vergessen wollen. Andere empfinden eher geisteswissenschaftlich-philosophisch orientierte Konzepte als „ätzend", weil man sich in abstrakten Gefilden bewegen muss, deren Bezug zur Praxis nicht immer erkennbar ist oder nicht einmal gesucht wird.

Hier sollen beide Orientierungen zu ihrem Recht kommen. Aber es soll erkennbar werden, in welcher Weise sie miteinander zu tun haben und sogar aufeinander angewiesen sind. An Beispielen aus einer Studie über „Einstellungen zur Statistik" sollen die Verfahren anschaulich nachvollziehbar werden.

Für vielfältige Anregungen, die ich von Kolleginnen und Kollegen, Hilfskräften und Studierenden erhalten habe, danke ich herzlich. Die frühere Publikation über „Konzepte pädagogischer Forschung" (Klinkhardt-UTB, 2010) wird hier aktualisiert und um die damals von manchen vermissten konkreteren Beispiele ergänzt. Kritik, Anregungen und/oder Zuspruch sind in die aktuelle Fassung eingearbeitet worden.

Göttingen, im Sommer 2024   *Jörg Schlömerkemper*

Inhalt

1. Einführung und Überblick

Kann man es rechtfertigen, eine gemeinsame Einführung in Hermeneutik *und* Empirie zu publizieren? Wie kann man deren Darstellung so arrangieren, dass die Leserschaft zu einer aktiven Auseinandersetzung angeregt wird und ein eigenes, kritisches und doch konstruktives Verhältnis zu diesen Konzepten der Forschung und ihren Methoden findet?

1.1 Hermeneutik oder Empirie?

Im Unterschied zu vielen Einführungen, die sich auf das eine oder das andere Feld – auf Hermeneutik oder Empirie – spezialisieren, soll hier versucht werden, das eine mit dem anderen zu verbinden und wechselseitige Bezüge deutlich zu machen. Wenn man die beiden Begriffe nicht zu eng fasst, könnte man in Anlehnung an ein Motto von Immanuel *Kant* (1724-1804) sagen: *Hermeneutik ohne Empirie ist leer, Empirie ohne Hermeneutik ist blind.*[1]

Hermeneutik und Empirie spielen in vielen Bereichen human- und sozialwissenschaftlicher Forschung eine zentrale Rolle. In dieser Einführung werden diese Konzepte und ihre Methoden vor allem am Beispiel pädagogischer bzw. erziehungswissenschaftlicher Themen erörtert. Dadurch können insbesondere normative Aspekte hervorgehoben und diskutiert werden, denn wie in kaum einem anderen Feld ist in der pädagogischen Reflexion zu klären, welche Zielsetzungen und Wertorientierung mit alltäglichen Interaktionen und damit auch mit der darauf bezogenen Forschung verbunden sind. Dass pädagogisches Handeln durch eine besondere *Ungewissheit* geprägt (oder belastet?) ist, erfordert einen entsprechend offenen Umgang mit normativen Fragen.

Diese Ungewissheit beruht darauf, dass in konkreten Situationen die Faktoren, von denen sie beeinflusst oder gar determiniert sind, häufig nur vermutet werden können und sich ständig verändern. Zudem ist pädagogisches Handeln in aller Regel nicht nur als intentional geleitete Aktion wirksam, sondern durch latente, nicht immer erkennbare Einflüsse geprägt. Mit solchen komplexen Konstellationen gleichwohl sinnvoll umgehen zu kön-

---

[1] In der „Kritik der reinen Vernunft" heißt es: „Gedanken ohne Inhalt sind leer, Anschauungen ohne Begriffe sind blind." (KrV B75, A51)

nen, kann durch Forschung gefördert werden, wenn sie verstehbar macht, welche Ideen bedeutsam sind, und wenn sie vorhersehen kann, mit welcher Wahrscheinlichkeit bestimmte Verhaltensweisen durch identifizierbare Faktoren bewirkt sein können. Das alles entlastet nicht von der pädagogischen Pflicht, die jeweilige Situation, die beteiligten Personen – insbesondere die eigene – und mögliche Wirkungen kritisch und verantwortungsbewusst zu analysieren und zugleich vorsichtig, aber doch konsequent zu entscheiden und zu handeln. Hierüber zu reflektieren, macht das Spezifische einer Forschung aus, die praktisches Handeln „explorativ" besser verständlich machen will/soll.

Es geht in dieser Einführung nicht nur um Methoden in einem eher technischen Sinn, sondern auch um den intentionalen Rahmen, in den die verschiedenen Methoden eingebunden sind bzw. auf den sie sich beziehen sollen. Methoden werden als Instrumente verstanden, deren Ergebnisse zu einer differenzierteren und vertiefenden Reflexion befähigen können. Methoden beziehen sich auf Konzepte und Leitlinien. Sie sollen Prozesse, Eigenschaften und Beziehungen in wesentlichen Aspekten so transparent machen, dass sie im wissenschaftlichen und öffentlichen Diskurs konstruktiv verhandelt und praktisch wirksam bearbeitet werden können.

Aber gibt es für eine pädagogisch orientierte Forschung neben den „einheimischen Begriffen" des Faches (wie vor allem dem der „Bildung" oder der „Mündigkeit") überhaupt *einheimische Methoden*? Zu dieser Frage hat Heinrich *Roth* (1906-1983) mit seinem Plädoyer für eine „empirische Wendung in der Pädagogischen Forschung" (Roth 2007, zuerst 1962) wichtige Hinweise gegeben: Ihm ging es damals darum, die seinerzeit auf geisteswissenschaftlich-philosophische Reflexion zentrierte Pädagogik durch Methoden der empirischen Forschung zu ergänzen – mit dem Ziel, dieser Reflexion eine besser gesicherte und kritisch prüfbare Grundlage zu geben. Mit der empirischen Feststellung dessen, was „ist", sollte die Frage nach dem, was sein „soll", keineswegs suspendiert werden, sondern diese Reflexion sollte besser fundiert eher intensiver geführt werden können. Man kann es als ein Wechselspiel beschreiben: Die pädagogische Reflexion soll durch empirische Befunde gestärkt werden, aber umgekehrt müssen empirische Befunde zur pädagogischen Reflexion geführt werden.

Das spezifisch Pädagogische der pädagogischen Forschung liegt demnach darin, dass das durchaus schwierige *Verhältnis zwischen normativen Fragen und empirischen Fakten* transparent werden soll, damit pädagogische Prozesse kritisch kommuniziert und konstruktiv gestaltet werden können. Dies erfordert eine Verbindung zwischen hermeneutischen und empirischen Konzepten der Forschung, und zugleich muss dabei als Ziel und Kriterium leitend sein, dass bzw. ob die Entwicklung zur Mündigkeit gefördert wird. In seinem Plädoyer für eine „empirische Wendung" hatte es Roth auf die Formel gebracht: „Die Pädagogik wird auch weiterhin *more philosophorum* betrieben werden müssen, denn sie ist die Reflexion über eine Aufgabe, die den Kontrollbereich erfahrungswissenschaftlicher Methodik bei Weitem übersteigt."

1.2 Suchen oder Finden?

In der alltagssprachlichen Rede ist es nicht üblich, zwischen die Begriffe *Suchen* und *Finden* ein „oder" zu setzen: Wer sucht, der findet – wer finden will, muss suchen. Schon in der *Bibel* heißt es (bei Matthäus 7, 7-8 und Lukas 11, 9-10): „Suchet, so werdet ihr finden." Gemeint ist damit: Wer Gott sucht und finden möchte, der wird zu ihm finden. Das Suchen ist Voraussetzung für das Finden. Als Gegensatz hat Hermann *Hesse* (1877-1962) die Begriffe in seiner Novelle „Siddhartha" gefasst: „Suchen heißt: ein Ziel haben. Finden aber heißt: frei sein, offen stehen, kein Ziel haben."

In diesem Sinne können in der Forschung *zwei Grundhaltungen* unterschieden werden, die durch unterschiedliche Perspektiven gekennzeichnet sind, verschiedene Funktionen haben und zu andersartigen Ergebnissen führen können. Sie sind aber dennoch oder gerade deshalb aufeinander angewiesen. Ihr Verhältnis ist jenem von Hermeneutik und Empirie ähnlich, aber nicht damit deckungsgleich. In beiden Konzepten ist der wissenschaftliche Diskurs weniger eine stringente Abfolge vorab festzulegender Arbeitsschritte, sondern ein *Wechselspiel* zwischen gezielter Suche und glücklichem Finden.

Suchen bedeutet etymologisch „einer Spur entlang gehen", ein Ziel verfolgen, etwas Bestimmtes im Blick haben. Es ist mit der Hoffnung verbunden, etwas zu finden, was man vermisst bzw. erwartet. Verwandt sind Begriffe wie „unter–suchen" oder „durch–suchen". Man grenzt die Wahrnehmung auf das ein, was man entdecken möchte. Im „ent–decken" ist impliziert, dass man etwas zu sehen bekommt, das bisher „ver–deckt", unter einem „Deckel" verborgen war. Man ist am Ende also glücklich, wenn man das sieht, was man antizipiert hat. Dies kann zum Ausgangspunkt für ein neues Suchen werden, wenn man vermutet, dass noch mehr zu entdecken sein könnte.

Dem gegenüber kann *Finden* als ein Prozess verstanden werden, der sich auf ein bis dahin unbekanntes Objekt richtet. Das Ergebnis ist offen, man lässt den Blick schweifen, lässt sich von Intuition leiten und hat keine vorbestimmten Kriterien, an denen die Qualität des Fundes gemessen wird. Was der Fund bedeutet und was er wert ist, kann sich erst im Nachhinein erweisen. Finden wird angeregt und begleitet durch Neugier und Aktivität, der Wortsinn verweist auf Weg, Vorgang, in Bewegung sein. Man „kommt auf etwas", etwas „trifft einen". Der Begriff „er–finden" zielt auf etwas, was es noch nicht gab oder nicht bekannt ist (im Unterschied zum „Konstruieren", das mit vertrauten Parametern arbeitet). Gleichwohl ist mit Finden kein passives Abwarten gemeint, sondern eine aktive Aufmerksamkeit, die nicht gehetzt herumeilt, sondern bereit ist, sich auf etwas einzulassen, etwas aufzugreifen und wahrzunehmen. Eine solche „lockere Wachheit" ist eher eine *Haltung* als eine Methode. Sie ist kaum lehrbar und wird durch das Suchen nach Effektivität nicht gerade unterstützt.

Auf den Punkt gebracht hat diese Alternative Pablo *Picasso*, der auf die Frage nach den Quellen seines Schaffens antwortete: „Je ne cherche pas, je trouve." („Ich suche nicht, ich finde.").

Diese beiden Ansätze können als Varianten der *Heuristik* verstanden werden. Unter diesem Begriff wird diskutiert, mit welchen Verfahren man in der (wissenschaftlichen) Reflexion zu Erkenntnissen und zur Lösung von Problemen gelangen kann. Etymologisch abzuleiten ist der Begriff aus altgriechisch „heurískein", womit ein Finden und Entdecken gemeint ist. Als Heuristik gilt die Kunst, mit begrenzten Voraussetzungen und geschicktem Vorgehen auch dann zu guten Lösungen zu kommen, wenn bewährte Verfahren – so genannte *Algorithmen* – (noch) nicht vorliegen oder nicht angewendet werden sollen. Dabei mag sowohl das Suchen wie das Finden sinnvoll sein.

Allerdings können beide Haltungen an bedenkliche Grenzen stoßen: Wer sucht, kann nur finden, was er erwartet. Der Blick ist eingeschränkt, manches bleibt außerhalb der Wahrnehmung. Wer stattdessen zu finden hofft, ist darauf angewiesen, dass der Zufall ihn auf eine Fährte führt, auf der etwas zu finden ist. Deshalb ist es wichtig, im Forschungsprozess die Perspektiven zu wechseln bzw. sie gegenseitig zu ergänzen. Wer sucht, sollte offen sein für das, was sich nebenbei finden lässt. Wer finden möchte, sollte sich nicht flatterhaft hin und her bewegen, sondern Wege gehen, auf denen etwas zu erwarten ist, und er sollte aufmerksam wahrnehmen, was sich ihm darbietet. Wer etwas findet, sollte prüfen, ob er dies womöglich unbewusst gesucht hat. In theoretisch anspruchsvollerer Sprache könnte man sagen: Beim „Suchen" ist die Vielfalt möglicher Aspekte (ihre „Kontingenz") reduziert, beim „Finden"-Wollen lässt man sich auf sie ein oder fordert sie geradezu heraus. Wer sucht, wird überlegen, wie er nicht nur „das erste Beste", sondern das „allerbeste", und nur dies, finden kann. Es wird sich in den nachfolgenden Erörterungen zeigen, dass sich im Forschungsprozess die Gewichte dieser beiden Grundhaltungen ständig verändern (müssen) und dass sie im Prozess der Erkenntnis aufeinander angewiesen sind.

1.3 Zur Gestalt des Textes

Unter Studierenden nicht-naturwissenschaftlicher Fächer wird häufig eine Abneigung oder gar Abwehr gegen „exakte" und numerische Verfahren bekundet. Diese Einführung ist auch ein Versuch, dies zu überwinden und einen nicht zuletzt auch emotionalen Zugang zu öffnen. Sie richtet sich nicht nur an zukünftige Forscher:innen (im engeren Sinne), sondern auch und vor allem an Professionelle in entsprechenden Handlungsfeldern. Die dafür relevanten Konzepte und Verfahren der Forschung sollen so verständlich (und lernbar) dargestellt werden, dass es zur fundierten Reflexion sozialer Interaktions-Prozesse beitragen kann, sich mit ihnen vertraut gemacht zu haben.

Mathematik ist bei vielen Menschen durch negative Erfahrungen in der Schulzeit belastet oder das abstrakte, formelhafte Kalkül entspricht nicht ihrem eher offenen ästhetischen Empfinden. Eine solche „Mathe-Phobie" ist in der Literatur vielfach dokumentiert und auch in der Forschung untersucht worden (vgl. die zahlreichen, vielfach kommentierten Hinweise in der Literatur-Datei zu diesem Buch im Internet). Als therapeutische Hilfe kann dabei der „Zahlenteufel" dienen, den Hans Magnus *Enzensberger* (1929-2022) einem Jungen im Traum zeigen lässt, wie überraschend und zugleich schön die Welt der Zahlen ist.

Bei einer wissenschaftlichen Einführung ist eine Balance zu finden zwischen einer sozusagen positiven, werbenden Darstellung und eher negativ klingenden Hinweisen auf Grenzen und Probleme. Ich möchte einerseits die Chancen methodisch fundierter Analysen erlebbar machen, aber zugleich davor warnen, diesen Möglichkeiten zu sehr zu vertrauen und zu hohe Erwartungen zu hegen. Ein solches Changieren wird sicherlich dem einen oder anderen hier und da mal mehr zu der einen, mal mehr zu der anderen Seite hin falsch gewichtet erscheinen. Aber für einen forschenden Habitus scheint mir wichtig, sich einerseits mutig zu öffnen und doch skeptisch zu bleiben.

Das Spektrum solcher zunächst noch diffuser Erwartungen und kontroverser Botschaften zieht *didaktische Probleme* mit sich. Soll man in der Lehre auf diese oder auf die andere Sicht eingehen bzw. welcher soll man entgegenwirken? Den einen wird man glaubhaft machen müssen, dass doch etwas mehr herauskommt als das, was man „schon vorher wusste", den anderen wird man deutlich machen müssen, dass es mit der „Wahrheit" nicht so einfach ist, wie man es sich vielleicht wünschen möchte. Übertreibt man in der einen oder in der anderen Richtung, kann dies zu Irritationen führen, die einen konstruktiven Zugang zur „scientific community" behindern.

In diesem Spektrum soll die vorliegende Einführung sich weder auf der einen noch auf der anderen Seite positionieren, sondern das „und" betonen:

Es geht weder um eine radikale Kritik der Wissenschaft(en), noch um ein optimistisches Plädoyer für objektive Wahrheitsfindung. Vielmehr sollen Möglichkeiten und Grenzen dessen deutlich werden, was wissenschaftliche Kommunikation ausmacht. Einer pauschalen Abwehr soll ebenso entgegengewirkt werden wie einer naiven Gläubigkeit an „das Objektive". In der Kontroverse zwischen Hermeneutik und Empirie sollen zwar durchaus die Besonderheiten deutlich werden, es soll aber jenseits ihrer Revier-Abgrenzungen sichtbar werden, dass es sich im Grunde um zwei Ausprägungen dessen handelt, was wissenschaftliche Kommunikation ausmacht bzw. ausmachen sollte: Transparenz der Methoden und Kommunizierbarkeit der Argumente.

Ich will mich – nicht nur wegen des begrenzten Rahmens – auf das beschränken, was zur Einführung *unerlässlich* ist, aber auch *ausreichend* sein sollte. Wer diesen Text durchgearbeitet hat, sollte am Ende die meisten Forschungsberichte kritisch lesen, ihre Methoden nachvollziehen und die Ergebnisse beurteilen können. Einige Verfahren werden hier nicht ausdrücklich behandelt, aber die Grundprinzipien der wissenschaftlichen Argumentation sollen so weit erläutert werden, dass die Leser:innen (auch mit Hilfe der ausführlich kommentierten Literatur-Datei zu diesem Buch) verstehen, worum es geht und wo sie sich ggf. genauer informieren können.

Diese Einführung geht relativ ausführlich auf *Verfahren der statistischen Analyse* ein. Dies beruht zum einen auf meiner Wertschätzung empirisch-statistischer Verfahren, aber vor allem darauf, dass hermeneutische Verfahren in sehr viel geringerem Maße als Techniken ausgearbeitet sind und dargestellt werden können. Die Verfahrensregeln sind dort relativ einfach zu formulieren, die Schwierigkeiten und die Hauptarbeit entstehen erst in der spezifischen Auseinandersetzung mit dem jeweiligen Material. Wer hermeneutisch verfasste Untersuchungen kritisch liest, setzt sich vor allem inhaltlich – und weniger methodisch – mit den Interpretationen bzw. den benutzten Quellen auseinander. Bei der Statistik bedarf es wesentlich umfangreicherer Kenntnisse darüber, wie die in den Untersuchungen referierten Kennwerte zustande kommen. Nur dann lässt sich deren Bedeutung sinnvoll einschätzen.

Gleichwohl sollen die Verfahren zur Analyse numerischer Daten so dargestellt werden, dass deren *Grundgedanken* nachvollziehbar sind. Es soll auch erkennbar werden, was solche Auswertungen zu einer pädagogisch relevanten Reflexion beitragen können. Die grundlegenden Merkmale und der Modell-Charakter (s.u.) dieser Verfahren sind oft nicht auf den ersten Blick erkennbar. Sie sollen gleichwohl „so einfach wie möglich" dargestellt werden, aber manchmal geht es eben doch nicht einfacher. An den (in dieser Neuausgabe eingefügten) Beispielen zur Frage „Was ist Statistik?" sollen die Grundgedanken nachvollziehbar werden.

Schließlich möchte ich mit ein paar Sätzen transparent machen, welche Beziehung ich als *Person* zum Thema dieser Einführung habe: Ich hatte das Zwei-Fächer Studium (Deutsch und Geschichte) für ein Lehramt absolviert, fühlte mich aber unzureichend auf die damit verbundenen pädagogischen Aufgaben vorbereitet. Zudem hatte mich vom ersten Semester an der Pädagoge Heinrich *Roth* (s.o.) beeindruckt. Er verband konzeptionelle Fragen mit dem Anspruch, diese auf der Grundlage empirischer Forschung zu bearbeiten. Diese Polarität hat mein Denken nachhaltig beeinflusst. In der eigenen akademischen Tätigkeit war es mir wichtig, den Bezug zur Praxis zu halten und zugleich in der Forschung Konzepte hermeneutischer und empirischer Forschung miteinander zu verbinden.

Folgende Hinweise eher formaler und technischer Art möchte ich geben:
• Ich versuche, die Konzepte und Methoden *sprachlich so einfach wie möglich* zu beschreiben. Dies soll vor allem jenen Leserinnen und Lesern entgegenkommen, die mit wissenschaftstheoretischen, methodischen und statistischen Fragen erst vertraut werden wollen. Auf dieser Grundlage wird dann der Zugang zu der vielfältigen Literatur hoffentlich leichter zu finden sein.
• Es ist keineswegs sicher, ob bei den *männlichen Formen* („Forscher" oder „Lehrer" etc.) die angeblich „immer mit gemeinten" weiblichen bzw. geschlechtlich diversen Personen wirklich in gleicher Intensität „mitgedacht" werden. Dies gilt vor allem für Leserinnen und Leser, denen die damit verbundene Problematik nicht bewusst ist. Da dies für die Zielgruppe dieses Bandes sicher nicht zu unterstellen ist, verwende ich hier der Kürze halber auch die generisch neutrale („männliche") Form.
• Ich verwende das Pronomen *„ich"* nicht aus Eitelkeit, sondern weil transparent werden soll, dass sich Einschätzungen o.Ä. nicht irgendwie ergeben, sondern (auch) mit persönlichen Überlegungen und Wertsetzungen verbunden sind. Im Sinne von *Transparenz* (s.u.) scheint mir dies angemessen.
• Bei zusammengesetzten Begriffen setze ich gern zwischen den ursprünglichen Teilen einen *Gedanken–Strich* (ohne die an sich üblichen Leerstellen), um an die ursprüngliche Be–Deutung zu erinnern: Es wird eine Deutung beigefügt. Bei langen Begriffen erleichtert ein eingefügter Binde-strich das Lesen, z.B. bei der „Zufalls-Normalverteilung".
• Ich verwende den Begriff *Daten* in einem weiten Sinne, also auch für verbale, sog. „qualitative" Daten – so wie sich die „elektronische *Daten*verarbeitung" auch auf Buchstaben und Worte bezieht.

2. Prinzipielle Klärungen

In diesem umfangreichen Kapitel sollen grundsätzliche Frage diskutiert werden, die für ein differenzierendes und kompetentes Verständnis sozialwissenschaftlicher Forschung wichtig und zumindest hilfreich sind. Weil diese Einführung sich als Beispiel vor allem auf Fragestellungen der Pädagogik bezieht, soll zunächst geklärt werden, wie in diesem Feld begriffliche und konzeptionelle Fragen diskutiert werden und wie dabei insbesondre mit normativen Fragen umgegangen wird bzw. umgegangen werden sollte. Dabei spielt es in besonderer Weise eine Rolle, was erkenntnistheoretisch unter „Wahrheit" verstanden werden kann. Ohne den prinzipiellen Anspruch aufzugeben, ist es doch sinnvoll, differenzierter nach möglichen Dimensionen und „Wirksamkeiten" zu unterscheiden. – Das soll zunächst am Beispiel der „Pädagogik" erörtert werden.

2.1 „Pädagogik" – ein weites Feld?

Konzepte und Methoden der sozial-/humanwissenschaftlichen Forschung sollen in diesem Band am Beispiel „pädagogischer" Themen und Fragestellungen dargelegt und verdeutlicht werden. Was ist zu erwarten, wenn ein bestimmter thematischer Ausschnitt herausgehoben werden soll? Gibt es eine Forschung, die spezifische Fragestellungen oder gar Qualitätskriterien der „Erziehung" erfüllen soll? Welche Ansprüche könnten das sein? Oder geht es um einen Gegenstands- und Tätigkeits-Bereich, der sich lediglich inhaltlich von anderen Bereichen abgrenzen und erforschen lässt? Sind Konzepte und Methoden einer „pädagogisch" orientierten Forschung auch für verwandte Bereiche relevant?

Solche Fragen lassen sich halbwegs eindeutig nur beantworten, wenn man sich an bestimmten normativen Anforderungen und Erwartungen orientieren will bzw. orientieren könnte. Das ist angesichts der Vielfalt und der Uneinheitlichkeit der in diesem Feld relevanten Begriffe und Konzepte allerdings kaum möglich bzw. rasch unbefriedigend, sobald andere Aspekte und Orientierungen ins Spiel gebracht werden. Wie man damit in wissenschaftlicher Perspektive umgehen kann, soll in den folgenden Schritte erörtert werden.

Zu der Frage, was das spezifisch „Pädagogische" ausmacht, gibt es viele durchaus anspruchsvolle Erörterungen, auch normative Ableitungen wie auch gesellschaftliche und/oder bildungspolitische Setzungen. Nicht zuletzt ist der Begriff „pädagogisch" sowohl mit sehr anspruchsvollen positiven Bewertungen wie auch mit abwehrend negativen Einschätzungen verbunden. Manchmal geht es um Humanität, Aufklärung, Menschenwürde und ähnliche Ziele, andererseits wird mit Pädagogik Dressur, Indoktrination und Anpassung verbunden. Pädagogik soll einerseits zur „Höherentwicklung der Menschheit" und zur individuellen Entfaltung beitragen (was durchaus bedeuten könnte sich herrschenden Zwängen widersetzen zu sollen), andererseits ist pädagogisch für manche die „Einübung in die herrschenden Verhältnisse" und die Unterwerfung unter diese.

Eine „pädagogische Forschung", die sich an wissenschaftlichen Ansprüchen und Gütekriterien orientieren will bzw. sollte, wird sich angesichts dieser uneinheitlichen normativen Vorstellungen weder auf die eine noch auf die andere Seite schlagen dürfen. Sie wird vielmehr versuchen müssen, die Vielfalt solcher Orientierungen analytisch offenzulegen, sie in ihren Widersprüchen aufzuzeigen und diese Verhältnisse begrifflich so zu fassen, dass über „das Pädagogische" differenziert und kritisch beraten werden kann, im konstruktiven Diskurs mögliche Perspektiven erarbeitet werden können bzw. ein nicht aufhebbaren Dissens transparent wird. In einem ersten Schritt soll der Begriff der „Pädagogik" thematisch fassbar werden.

„Pädagogik" wird mehr oder weniger bewusst unterschiedlich weit oder eng verstanden. Idealtypisch kann *„Pädagogik"* verstanden werden ...
➤ (1) als umfassender Begriff für alle Prozesse, die in irgendeiner Weise in der Beziehung zwischen den Generationen vonstattengehen, ohne dass dies ausdrücklich mit durchdachten Intentionen verbunden ist,
➤ (2) als verallgemeinernde Deutung solcher Prozesse im Sinne von „Erfahrungen" und „Theorie" im umgangssprachlichen Verständnis,
➤ (3) als erkenntnistheoretisch-kritische Reflexion solcher Deutungen und als methodisch-fundierte empirische Analyse praktischer Prozesse,
➤ (4) als theoretisch orientierte und methodisch fundierte professionelle Praxis.

Nach dieser Unterscheidung kann *„pädagogische Forschung"* ebenfalls vielfaltig verstanden werden ...
➤ (1.) als Forschung, die sich thematisch auf alle Prozesse bezieht, die irgendwie mit dem Aufwachsen von Kindern und Jugendlichen zu tun haben,
➤ (2.) als Versuch, umgangssprachliche Deutungen pädagogischer Praxis in ihrer historischen Entwicklung zu systematisieren, begrifflich zu schärfen und ggf. zu kritisieren,
➤ (3.) als erkenntnistheoretisch anspruchsvolle kritisch-konstruktive Reflexion pädagogischer Prozesse, ihrer systematisierenden Deutung und der methodisch fundierten empirischen Analyse,

> (4.) als ebenso kritisch orientierte und methodisch fundierte pädagogische Professionalisierung bzw. Professionalität.

Pädagogische Forschung ist damit thematisch sowohl bezogen auf die alltägliche Praxis in informellen Bereichen (Familie etc.) wie in institutionalisierten Formen (Kitas, Schulen etc.), sie kann und soll dazu aber in Distanz treten und diese Prozesse und deren alltagsprachliche Deutungen kritisch reflektieren, damit professionelle Kompetenz auf das reflektierte Handeln in der Praxis zurück- und einwirken kann.

„Pädagogik" oder „Erziehungswissenschaft"

Das Selbstverständnis pädagogischer Forschung und vor allem die unterschiedlichen Auffassungen werden deutlicher verständlich, wenn man sich ihre historische Entwicklung vergegenwärtigt. Das kann hier nur in groben Zügen geschehen.[1]

Es fällt auf, dass das Themenfeld, um das es hier gehen soll, mit den beiden Begriffen „Pädagogik" und „Erziehungswissenschaft" bezeichnet wird. Diese Dualität kennzeichnet zugleich Phasen, aber auch Kontroversen der historischen Entwicklung. Zunächst hat es *Pädagogik* nur als Teildisziplin bzw. als untergeordnete Fragestellung der Geisteswissenschaften gegeben. Inhaber entsprechender Lehrstühle – wie z.B. der Philosoph Immanuel *Kant* (1724-1804) oder der Theologe Friedrich *Schleiermacher* (1768-1834) – waren verpflichtet, auch Vorlesungen über Pädagogik zu halten. Dem entsprechend wurden Fragen der Erziehung vor allem aus der Perspektive dieser Fachrichtungen erörtert. Erst 1779 wurde an der Universität in Halle ein eigenständiger Lehrstuhl eingerichtet, auf den Ernst Christian *Trapp* (1745-1818) berufen wurde. Er gilt zugleich als Begründer einer empirisch orientierten Pädagogik, die genau beobachten und beschreiben wollte. Aus der Perspektive seines Schwerpunktes in der Psychologie hat Johann Friedrich *Herbart* (1776-1841) wesentlich dazu beigetragen, dass die Pädagogik sich nachhaltig als akademische Disziplin etablieren konnte. Dominant blieb allerdings bis in die Mitte des 20. Jahrhunderts die *geisteswissenschaftlich* ausgerichtete Pädagogik. Deren Konzept wurde vor allem von Wilhelm *Dilthey* (1833-1911) erkenntnistheoretisch begründet. Wichtige Vertreter dieser Richtung waren u.a. Eduard *Spranger* (1862-1963), Herman *Nohl* (1879-1960), Wilhelm *Flitner* (1889-1990), Otto Friedrich *Bollnow* (1903-

---

[1] Diese Aufzählung kann nur andeuten, wie vielfältig sich die „Pädagogik" entwickelt hat. Einen umfassenden, gut lesbaren Überblick gibt die von Herwig Blankertz 1982 vorgelegte und 2011 in 11. Auflage erschienene „Geschichte der Pädagogik".

1991), Herwig *Blankertz* (1927-1983), Klaus *Mollenhauer* (1928-1998) und Hartmut v. Hentig (geb. 1925). Wolfgang *Klafki* (1927-2016) hat dieses Konzept in vielen Aspekten – vor allem mit Blick auf die Didaktik – weiterentwickelt.

Zu Beginn des 20. Jahrhunderts kamen Ansätze einer *empirisch orientierten Pädagogik* hinzu, für die vor allem Wilhelm August *Lay* (1862-1926) und Ernst *Meumann* (1862-1915) genannt werden müssen.

Während des NS-Faschismus haben Teile der Disziplin die völkisch-rassistische Ideologie unterstützt, weil sie hofften, dass ihre Ideal-Vorstellungen von „Gemeinschaft" und ähnlichen Werten verwirklicht würden, sie waren aber blind für die menschenverachtenden Ziele der Herrschenden.

Nach der *Befreiung vom Faschismus* wurden diese Irrungen in der Disziplin nur zögerlich zum Thema. Man glaubte überwiegend, an den früheren Zielvorstellungen von Humanität, Individualität und Verantwortung anknüpfen zu können. Erst ab etwa 1965 wurde diese Kontinuität radikal infrage gestellt. Die jüngere Generation vor allem der damals Studierenden forderte eine grundlegende Analyse jener Prozesse, in denen diese Ideale pervertiert worden waren. Es wurde deutlich, dass Ideale und Ideologien nicht identisch sind, wenn nicht bewusst ist, welche heimlichen Ziele unter dem Deckmantel scheinbar unangreifbarer Leitmotive verborgen sind oder bewusst verschleiert werden. Die vor allem von Theodor W. *Adorno* (1903-1969) und Max *Horkheimer* (1895-1973) geprägte und von Jürgen *Habermas* (geb. 1929) weiterentwickelte Kritische *Theorie* der *Frankfurter Schule* hat für diese *ideologiekritische* Deutung wichtige Anregungen gegeben.

Deutlich wurde in diesen Jahren, dass das deutsche Bildungssystem den Anforderungen nicht gerecht wurde, die in einer modernen *demokratischen Gesellschaft* und angesichts der technologischen und ökonomischen Entwicklungen gestellt waren: Viele Schülerinnen und Schüler erreichten nicht die Leistungen, die für erforderlich und für möglich gehalten wurden. Benachteiligt war dabei vor allem das „katholische Arbeitermädchen vom Lande". Dieser Befund konnte angesichts der demokratisch-egalitären Ansprüche der Gesellschaft nicht hingenommen werden.

Für die Pädagogik ergaben sich daraus zwei Folgerungen: Zum einen mussten die überkommenen Leitlinien theoretischer Deutungen konsequent auf den Prüfstand gestellt und zum anderen mussten Strukturen und Methoden der pädagogischen Praxis kreativ erneuert werden. Diese Aufgaben sollten mit einer institutionellen Verstärkung des wissenschaftlichen Personals bewältigt werden. Dabei wurden insbesondere sozialwissenschaftliche und psychologische Theorien und Forschungskonzepte und das entsprechende Personal herangezogen. Sie sollten aus der als unkritisch beurteilten geisteswissenschaftlichen *Pädagogik* eine moderne *Erziehungswissenschaft* machen, die von ideologiekritischen Konzepten bis zu pragmatischen Entwicklungen ein breites Spektrum an Erwartungen erfüllen sollte.

Pädagogik und *Erziehungswissenschaft* sind also durchaus verwandte Begriffe, die sich gleichwohl nach Schwerpunkten unterscheiden lassen. Radikal different wäre eine Unterscheidung, nach der sich *Pädagogik* ausschließlich auf das Feld und auf Akteure praktischen Handelns bezieht, während *Erziehungswissenschaft* die Theorie dieser Praxis zu erarbeiten hätte. Im anderen Extrem werden die Begriffe gleichsinnig verwendet – sozusagen einmal als Fremdwort und zum anderen deutsch. In einer moderaten Weise kann man von graduellen Unterschieden sprechen: Es geht immer um das breite Spektrum von praxisbezogener Erfahrung und methodisch fundierter Reflexion. In dieser Spannung kann die Pädagogik stärker bei den Fragen nach Intentionen verortet werden, während die Erziehungswissenschaft stärker nach Tatsachen fragt. Während die Erziehungswissenschaft eine strengere Klärung und Prüfung von Hypothesen verlangt, ringt die Pädagogik stärker um Deutungen und Perspektiven der praktischen Arbeit. Letztlich kommt natürlich das eine wie das andere nicht ohne das aus, was aus der anderen Sicht als Schwerpunkt beansprucht wird: Die Pädagogik muss sich vergewissern, ob ihre Deutungen eine „reale" Basis haben – die Erziehungswissenschaft muss klären, wie ihre Befunde zu deuten sind und welche Folgerungen gezogen werden können.

Insofern kann der Anspruch einer „Erziehungswissenschaft" verstanden werden als immer wieder neuer Versuch, die Pädagogik aus Theologie/Kirche und Philosophie zu emanzipieren – das ist freilich nicht (nur) eine Frage der wissenschaftlichen Konzepte und Methoden, sondern der gesellschaftlich-politischen Rahmenbedingungen/Konstellationen, die sich verändert haben bzw. anders gestaltet wurden.

„Erziehung" – „Bildung" – „Sozialisation"

In einem zweiten Schritt sollen – ohne dies hier ausführlich diskutieren zu können – die in der Pädagogik bzw. der Erziehungswissenschaft zentralen Begriffe voneinander unterschieden und in ihrer Beziehung zueinander dargelegt werden.

In der öffentlichen und in der wissenschaftlichen Diskussion wird häufig von „Erziehung *und* Bildung" oder in Bezug auf Schule umgekehrt von „Bildung *und* Erziehung" wie von einer scheinbar selbstverständlichen Verbindung geredet, ohne zu klären, was dabei mit dem „und" gemeint sein soll: eine Ergänzung verschiedener Prozesse, deren alternative Abgrenzung oder eine verstärkende Reihung synonymer Begriffe. Dabei ergeben sich Überschneidungen und/oder Abgrenzungen:
● *„Erziehung"* gilt einerseits als unerlässliche Bedingung für die befreiende Entfaltung der Persönlichkeit, während andere Erziehung als repressive

Engführung der Heranwachsenden im Interesse der älteren Generation bzw. der Gesellschaft sehen.

- *„Bildung"* wird (bzw. wurde) gewertet als Beitrag zur Höherentwicklung der Menschheit, zur Entfaltung von Humanität und zur „allseitigen" Entfaltung der Persönlichkeit, während es in der aktuellen bildungspolitischen Diskussion um Chancen im Leistungswettbewerb und die Legitimation gesellschaftlicher Ungleichheit geht.

- *„Sozialisation"* wird einerseits kritisch gedeutet als Unterwerfung unter gesellschaftlich dominante („herrschende") Verhältnisse, zum anderen als Prozess der individuellen Entfaltung in der aktiven Auseinandersetzung mit dem sozialen und kulturellen Kontext.

Diese drei Konzepte werden in vielen Aspekten nahezu deckungsgleich verwendet, sie sind im Grunde thematisch gar nicht sinnvoll trennbar. Angesichts dieser Situation wäre *ein übergreifender Begriff wünschenswert*, unter dem man diese Vielfalt sinnvoll strukturieren kann. Dieser sollte sowohl weit als auch normativ offen sein für die vielfältigen Orientierungen. Es gibt aber in der pädagogischen Diskussion – soweit ich sehe – keinen Begriff, der dem ohne Vorbehalt und ohne erneute Einschränkungen gerecht würde. Als Alternative wären „Entwicklung" und „Lernen" denkbar. Sie könnten zwar die genannten Felder thematisch ansprechen, würden aber die Intentionalität und die Tätigkeit der Erziehenden nicht erfassen. Vielleicht wäre *„Edukation"* als übergreifender, alternativer Begriff geeignet. Er wäre ungewohnt und könnte auf eine erweiterte Bedeutung aufmerksam machen. Gelegentlich werden in der Diskussion Begriffe wie „Educational Change" wie selbstverständlich verwendet. „Education" wäre zudem an die international gebräuchliche Begrifflichkeit anschlussfähig(er). Er ist in der deutschen Diskussion aber (noch) nicht vertraut.

Mangels überzeugender Alternativen ist es schließlich sinnvoll, den *Begriff „Erziehung" im umfassenden Verständnis zu verwenden*: Er bezieht sich auf ein vergleichsweise *breites Spektrum* der Aspekte, die „pädagogisch" angesprochen werden sollen. Es geht um Tätigkeiten (das „Erziehen"), aber auch um latente, eher unbedachte Einflüsse („erzogen werden"). In diesem erweiterten Sinne ist es der „Erziehung" auch zuzuordnen, wenn die Entwicklung von Persönlichkeiten angeregt werden soll durch den Umgang mit „Kultur", also das „Bilden" und „Gebildet-werden". Und auch die Einflüsse und Einwirkungen des gesellschaftlichen Umfeldes lassen sich zuordnen, wenn „Erziehung" nicht normativ verengt gefasst wird.

Mit Blick auf pädagogische Forschung rückt eine Entscheidung für „Erziehung" als übergreifenden Begriff ins Zentrum, was in der *„Erziehungs*wissenschaft" als *Wissenschaft von der Erziehung* bearbeitet werden soll (ohne dass das Nachdenken über „Erziehung" nur als Aufgabe der Wissenschaft reklamiert werden soll). Und nicht zuletzt wird die deutsche Diskussion über pädagogische Prozesse im internationalen Diskurs leichter anschlussfähig, wenn sie ihren traditionellen Sonderweg der „Bildung" dem zu- und unterordnet, was international als „Education" verhandelt wird (wobei ja selbstverständlich und ähnlich anspruchsvoll auch über das geredet wird, was die Deutschen mit „Bildung" besonders herausheben zu müssen meinen).

Mit *„Erziehung"* sollten also in thematisch übergreifender Sicht *alle Aspekte* angesprochen werden, die *in irgendeiner Weise in der Entwicklung einer Persönlichkeit bedeutsam* sind – unabhängig davon, ob dies unbewusst Einfluss hat oder intentional geleitet ist. *„Bildung"* ist dabei nicht als Gegensatz oder als lediglich geduldeter Begleiter der Erziehung zu verstehen, sondern als ein wesentlicher Beitrag. *Bildung* ist *„Erziehung im Medium der Kultur"*. In ähnlicher Weise ist *Sozialisation* zu verstehen als *„Erziehung im Medium der Gesellschaft"*. Wenn aufgezeigt ist, in welchen „Feldern" pädagogisch relevante Prozesse zu beobachten und zu bedenken sind, dann sollten im nächsten Schritt sowohl verborgene oder unbewusste Einflüsse wie auch intentional geleitete Versuche des Einwirkens und nicht zuletzt die Bemühungen der Zu-erziehenden als „Selbst-Erziehung" gedeutet werden.

Es ist also nicht zu fragen, *ob* es um „Erziehung" (in negativer oder positiver Deutung) geht, sondern, *was* alles in der Entwicklung einer Persönlichkeit Einfluss hat bzw. einwirken soll. Erst in den jeweils zu untersuchenden Situationen ist zu fragen, ob bzw. unter welchen normativ intentionalen Gesichtspunkten dies geschieht. Erst dann ist zu beurteilen, welche förderliche oder problematische Bedeutung die verschiedenen Wirksamkeiten in der Entwicklung der Persönlichkeiten haben (können) und wie ggf. darauf reagiert werden soll. Statt sich voreilig zu orientieren an eindeutig als richtig erscheinenden Lösungen und beobachtete Prozesse unter solchen Leitlinien zu kritisieren, sollte eine „Auszeit" genommen werden, damit das Gefüge der möglichen Wirkungen geduldig betrachtet und beraten werden kann. In diesem Sinne sind „Erziehung", „Bildung" und „Sozialisation" zu verstehen als miteinander verbundene Themenfelder pädagogischer Reflexion.

Dieser Vorschlag zur Klärung der Begriffe sollte exemplarisch deutlich machen, wie wichtig es ist, sich darüber zu verständigen, in welchen Kategorien und Dimensionen über ein Untersuchungsfeld und ausgewählte Sachverhalte und Prozesse geredet werden soll. Für Studien zur Pädagogik und Erziehungswissenschaft ist ein weit verstandener Begriff von „Erziehung" insofern wichtig, als dann nicht nur intentional geleitete und offensichtliche Prozesse zum Thema werden, sondern auch unbewusste unter der Hand und womöglich gegen das gute Wollen wirksame Einflüsse.

Pädagogik und professionelle Praxis

Konzepte der Forschung – insbesondere der pädagogisch relevanten Forschung – sollten nicht losgelöst von inhaltlichen Fragen dargestellt und diskutiert werden. Methoden haben keinen Wert aus sich selbst heraus, sie sollten kein Eigenleben entwickeln, sondern ihre Relevanz daran erweisen, dass sie zur Klärung von Fragen beitragen können, die aus der Funktion der Pädagogik bzw. aus ihren *Handlungsfeldern* herausgestellt werden.

Ergebnisse von Forschung können nur so gut sein, wie sie zu theoretischen und/oder praktischen Fragestellungen in Beziehung stehen. Eine solche Beziehung kann darin bestehen, dass eine gängige Theorie überprüft wird oder dass umgekehrt ein bedrängendes Problem, eine irritierende Wahrnehmung auf den Begriff gebracht werden soll und am Ende in einer ggf. neuen Theorie gefasst und „begriffen" werden kann. Erst ein *Bezug zu inhaltlich-theoretischen Konzepten* kann Forschung für eine pädagogisch relevante Reflexion hilfreich machen!

Dies ist in anderen Disziplinen im Prinzip auch der Fall, unter pädagogischer Perspektive kommt aber hinzu, dass es nicht bei neutralen, „objektiven" Feststellungen bleiben kann, denn immer geht es mehr oder weniger ausdrücklich um *normative Aspekte*: Dürfen und sollen Verhältnisse so bleiben, wie sie sind, oder können und sollten sie geändert werden? Pädagogische Forschung kann nicht deskriptiv bleiben, sie muss sich auch um die normativen Implikationen dessen kümmern, was sich zunächst nur als Tatsache darstellt.

Das schwierige Verhältnis zwischen *pädagogischer Theorie* und *pädagogischer Praxis* bzw. zwischen *Forschen* und *Handeln* wird seit Jahrhunderten immer wieder diskutiert. Zu dieser Problematik können in prinzipieller Orientierung folgende *Positionen* unterschieden werden:

● Theorie folgt der Praxis; sie analysiert faktische Prozesse und bringt deren Struktur(en) „auf den Begriff".
● Theorie entwickelt Konzepte, die in der Praxis umgesetzt und erprobt werden sollen.
● Theorie und Praxis folgen unterschiedlichen Gesetzen: Wissenschaft ist der Wahrheit verpflichtet, die Praxis unterliegt Handlungszwängen und orientiert sich an subjekthaften Interessen, Erfahrungen und Wünschen.
● Es gibt unterschiedliche Ebenen der theoretischen Reflexion: In der *Praxis* gelten Alltagstheorien, in der *Wissenschaft* werden inhaltliche, fachliche Konzepte entwickelt und auf einer *Metaebene* werden die Entwicklung und die Bedeutung der beiden unteren Ebenen gedeutet.

Die Sicht auf die jeweils andere Ebene ist häufig mit mehr oder weniger dezidierten Vorurteilen und pauschalen Bewertungen verbunden. Theorie gilt in der Praxis oft als unbrauchbar, Theoretiker werden als überheblich und arrogant wahrgenommen. Umgekehrt gelten Praktiker manchem Theoretiker als ignorant und wenig reflektiert: Sie würden sich auf „Erfahrungen" berufen und in Routine erstarren. Aus solchen wechselseitigen Einschätzungen folgt eine unproduktive Abgrenzung.

Zweifellos sind theoretische Reflexion und praktisches Handeln *nicht identisch*, die Aufgaben sind verschieden, aber sie *berühren sich in wesentlichen Aspekten*. Das eine kann und sollte für das andere nützlich und wichtig sein. Wissenschaft und Erziehungswissenschaft im Besonderen müssen ihre Berechtigung darin suchen und daran erweisen, dass sie zur Reflexion und zur (Weiter-)Entwicklung praktischen Handelns beitragen können. Leitbild sollte dabei sein, die Bedingungen zu optimieren, unter denen das Recht auf freie Entfaltung der Persönlichkeit verwirklicht werden kann. In diesem Sinne muss Forschung zur professionellen Kompetenz der in der Praxis Tätigen beitragen. Damit ein solcher Transfer möglich ist, müssen auch auf der Seite der Praktiker entsprechende Kenntnisse und Fertigkeiten erworben werden. Wer pädagogisch handelt, sollte Bedingungen und Verläufe dieses Handelns transparent machen und dessen Ergebnisse kritisch beurteilen können. Das ist nur im Medium einer an wissenschaftlichen Gütekriterien orientierten Reflexion möglich. Diese Dimension der Ausbildung zielt auf eine professionelle Kompetenz, die als *forschender Habitus* bezeichnet werden kann.

Bei einem *forschenden Habitus* geht es weniger darum, Ergebnisse der Forschung in die Praxis zu übertragen und „1 zu 1" anwenden zu können, sondern Ziel ist eine an theoretischen Kenntnissen orientierte und durch Methoden gestützte Auseinandersetzung mit situativen Merkmalen und Prozessen der jeweiligen Praxis. Dies mag auch ohne theoretische und methodische Schulung möglich sein: Im alltäglichen Handeln sammelt jeder Informationen, jeder bezieht sich auf Erfahrungen, jeder erwartet bestimmte Wirkungen des Handelns, jeder deutet seine Erlebnisse etc. Aber im Alltag ist man nur für sich selbst verantwortlich. Wer in einer Profession tätig ist, hat Einfluss auf andere Menschen, und er sollte diesen so gut wie möglich, und zugleich kritisch kontrolliert wahrnehmen – er sollte „professionell" handeln: Er sollte Informationen bewusst(er) sammeln, er sollte Erfahrungen theoretisch einordnen können, er sollte Vermutungen und Erwartungen systematisch prüfen und seine Deutungen als Vermutungen und Vorschläge zur Diskussion stellen etc. Ich betone dabei den Prozesscharakter. Es geht nicht um definitives, richtiges Wissen, sondern um den reflektierenden Bezug zu verantwortlichem Handeln. Der amerikanische Sozialwissenschaftler und Pädagoge Donald A. *Schön* (1930-1997) hat diesen Gedanken im Konzept des *reflektierenden Praktikers* gefasst. Dies ist mit dem Konzept des *forschenden Habitus* gemeint. Die Lektüre dieser Anleitung zum Verstehen von Daten soll zu einer solchen Haltung beitragen.

Für den Umgang mit Forschung kann deshalb als Motto gelten: *Forschung ist Medium, nicht das Ziel!* Es geht weniger um *instrumentelles Wissen*, sondern um *prozedurales Können*. Forschende Aktivitäten von pädagogisch Handelnden zielen also nicht auf Publikationen – jedenfalls nicht in erster Linie. Erst auf einer zweiten, umfassenderen Ebene können Erfahrungen sozusagen gebündelt werden, um z.b. analytische und/oder konzeptionelle Debatten über Handlungsprobleme anzuregen und voranzutreiben. Es geht darum, Deutungs- und Handlungsvorschläge kritisch und konstruktiv zu beraten, ihre Validität (s.u.) zu beurteilen. Kriterium der Gültigkeit ist dann nicht, ob Aussagen und Sichtweisen generalisierbar sind, sondern ob sie der jeweiligen Situation angemessen sind, ein vertiefendes Verständnis anregen und eine kollegiale Verständigung ermöglichen. Es ist das, was *Herbart* mit dem Begriff des *pädagogischen Takts* gefordert hat: dass man auf dem Hintergrund theoretischen Wissens (das nicht als eindeutige Anleitung missverstanden wird), aber mit Rücksicht auf die konkrete Situation zu verantwortungsbewusstem Handeln kommt, das den jeweiligen Bedingungen (wahrscheinlich) am besten gerecht wird.

Nun kann man durchaus darüber streiten, welchen Stellenwert Forschung in der beruflichen Tätigkeit – und im pädagogischen Takt – von Pädagoginnen und Pädagogen haben soll. Sicherlich ist methodisch anspruchsvolle Forschung erst möglich, wenn entsprechende Methoden verwendet werden, wenn geschultes Personal dazu zur Verfügung steht, wenn Befunde ohne Handlungsdruck analysiert werden dürfen und mögliche Folgerungen in Ruhe erwogen werden können. Dies erfordert spezifische Kompetenzen und förderliche Situationen. Im Vergleich dazu steht das alltägliche pädagogische Handeln unter Handlungsdruck, der eine distanzierte und geduldige Reflexion zumindest erschwert. Aber so wie unter der forschenden Distanz der Bezug zur Praxis nicht verlorengehen darf, so muss im professionellen Handeln der Bezug zu den professionell relevanten Wissenschaften wirksam bleiben. Dabei kann sicherlich nicht jeder Praktiker in allen relevanten Dimensionen zu Hause sein, aber eine Haltung, ein *Habitus des intensiven Suchens und Findens* scheint mir für die weitere Entwicklung professioneller Kompetenz sehr wünschenswert. Diese Einführung soll das wechselseitige Verständnis fördern, indem die teilweise sehr elaborierten Konzepte und Verfahren pädagogischer Forschung in ihren Grundgedanken transparent(er) gemacht werden. Es soll deutlich werden, dass mit „Wissenschaft" sehr unterschiedliche Erwartungen verbunden sind: Manche halten sie für „objektiv" und im Ergebnis eindeutig; erst wenn etwas endgültig „bewiesen" und „geprüft" ist, könne es das Gütesigel „wissenschaftlicher" Erkenntnis bekommen. Für andere ist „Wissenschaft" nicht besser und nicht verlässlicher als alltägliches Gerede. Von zwei Wissenschaftlern bekomme man auf eine konkrete Frage mindestens drei verschiedene, also im Grunde wertlose Antworten. – Wer wissenschaftlich arbeiten will, muss sich in diesem Spektrum positionieren.

Wissenschaft und Öffentlichkeit/Politik

In der öffentlichen Meinung sind über Wissenschaft konträre Einschätzungen zu hören:

• Einerseits ist eine eher ehrfurchtsvolle Vorstellung von Wissenschaft weit verbreitet: Wenn etwas „wissenschaftlich festgestellt" ist, dann wird es wohl so stimmen. Wissenschaft ist der Wahrheit sehr nahe, jedenfalls näher als der „gesunde Menschenverstand".

• Andererseits haben viele ein tiefes Misstrauen gegen alles, was den Anspruch erhebt, „Wissenschaft" zu sein: „Was heißt schon „Wissenschaft"? Die gehe doch meistens an der Wirklichkeit vorbei, oder ihre „Ergebnisse" seien so banal, dass Leute mit praktischen Erfahrungen das Gleiche in einfachen Worten besser ausdrücken könnten.

Solche Positionen sind in so allgemeiner Form überzogen, aber sie enthalten durchaus ein „Körnchen Wahrheit": Für die eine wie die andere Meinung gäbe es Beispiele und Belege. Die ganze Wahrheit ist jedoch komplizierter, schon allein deshalb, weil es *die* Wissenschaft nicht gibt – nicht einmal innerhalb eines Faches. In diesem Kapitel soll ein realistisches Bild von Wissenschaft aufgezeigt werden, in dem ihre Möglichkeiten ebenso erkennbar werden wie „Risiken und Nebenwirkungen".

• Pädagogische Forschung ist auf viele Bereiche der Lebenswelt bezogen. Vom Verhältnis zwischen den Generationen, von Bildung und von der Gestaltung des Lehrens und Lernens sind viele betroffen. Von daher ergeben sich etliche grundsätzliche Fragen und wegen der laufenden Änderungen in diesen Bereichen müssen solche Fragen immer wieder neu bearbeitet werden. Im folgenden Abschnitt sollen solche Beziehungen, Erwartungen und Herausforderungen näher betrachtet werden.

• Wissenschaft und Politik gelten als personell und funktional getrennte Regionen, deren Ziele und Verfahren nicht kompatibel sind: Die einen denken und forschen langfristig in eigener, immanenter Logik und seien von Verwertung o.ä. frei. Die anderen müssen handeln, entscheiden und werden durch die öffentliche Meinung kontrolliert und ggf. bei Wahlen korrigiert, sie dürfen und sollen durchsetzen, was sie für richtig erachten.

Eine prinzipielle Trennung zwischen Wissenschaft und Öffentlichkeit bzw. Politik wird spätestens unter ideologiekritischer Betrachtung fraglich. Wissenschaft hat eine gesellschaftlich-politische Bedeutung. Sie deutet Realität nicht nur neutral-distanziert, sondern sie trägt zum Verständnis und zur Gestaltung unserer Lebenswelt bei. Dabei wird Wissenschaft gern zur Rechtfertigung politischer Entscheidungen herangezogen. Zudem ist die Politik angesichts ständig komplexer werdender Probleme auf Expertise angewiesen. Diese enge Beziehung ist nicht unproblematisch, weil wissenschaftliche Forschung finanziell und damit auch inhaltlich von jenen Kräften abhängig werden kann, die Forschung in Auftrag geben und damit Prioritäten setzen.

Für die pädagogische Forschung ergibt sich aus ihrer Beziehung zu gesellschaftlich-politisch bedeutsamen Fragen ein *Dilemma:* Ethisch-normative Fragen können vom pädagogischen Auftrag her und unter pädagogischer Verantwortlichkeit nicht ausgeblendet werden. Werturteile können aber nach einem Diktum des Soziologen *Max Weber* (1864-1920) wissenschaftlich nur analysiert, nicht aber entschieden werden. – Diese Trennung ist prinzipiell plausibel, in der Forschungspraxis aber schwer einlösbar. Denn schon die Entscheidung, ob eine bestimmte Fragestellung oder eine andere bearbeitet wird, hat normative Implikationen. Und gerade die Erklärung, sich rein auf das Faktische beziehen zu wollen, kann abblenden, welche bewussten oder unbewussten normativen Intentionen mit der angeblichen Betrachtung „sine ira et studio" verbunden sind oder verfolgt werden. Da ist es einzig und allein hilfreich, die politisch-gesellschaftlichen Implikationen bewusst zu machen, sie ausdrücklich zu reflektieren und transparent zu machen. Dann kann Forschung sich durchaus eher auf der objektiven Seite positionieren oder einer bestimmten normativ-intentionalen Perspektive folgen, solange das je andere nicht ausgeblendet wird (s.u.).

Es ist schwierig, die Erwartungen des politischen und gesellschaftlichen Umfeldes zu erfüllen. Pädagogische Reflexion ist immer *in Gefahr, sich mit abstrakten Fragestellungen in einen internen Diskurs zurückzuziehen*, der in der Öffentlichkeit als wenig relevant erlebt wird. Grundsätzliche, philosophische Erörterungen können jedoch auch und gerade für eine kritische Klärung praktischer Fragen bedeutsam werden, wenn eine entsprechende thematische Beziehung hergestellt wird.

Auch auf einer primär an *Praxis* orientierten Seite sind *Erwartungen der Öffentlichkeit* nicht immer zu erfüllen. In der Regel können Befunde nicht so schnell und nicht so eindeutig erbracht werden, wie politische Entscheidungsträger es sich gewünscht hätten. In aller Regel ergeben sich nur Aussagen über wahrscheinliche Entwicklungen, über funktionale, korrelative Beziehungen, die nicht kausal interpretiert werden können und nicht sicher und verbindlich erklären, was zu tun ist. Diese Forschung kommt immer dann an eine Grenze, wenn die konkreten Bedingungen einer Situation und eines „Falles" nicht hinreichend transparent sind und dem handelnden Zugriff nicht verfügbar gemacht werden können. Die Ergebnisse sind häufig zu komplex, zu unscharf, zu wenig eindeutig, häufig bereits selbst wieder relativiert – z.B. wegen begrenzter Stichproben, gegenläufiger, sich widersprechender Befunde, möglicher Nebenwirkungen.

Dies wurde durchaus als Nachteil empirisch-statistischer Forschung erkannt mit der Folge, dass die so genannte qualitative Forschung – also vor allem die vertiefende Analyse authentischer, echter Fälle – in den Vordergrund rückte. Dabei werden zwar komplexe Beziehungen und Prozesse in ihrer Tiefenstruktur aufgedeckt, aber eben nur für den jeweiligen Fall – mit der Folge, dass diese Befunde kaum generalisierbar sind und kaum Handlungsanleitungen für andere Fälle und Situationen geben können.

In der *Politik* steht das, was sein soll bzw. von der jeweiligen Mehrheit der Entscheidungsträger gewollt ist, im Vordergrund; es geht nicht um „Wahrheit", sondern um Zweckhaftigkeit und politische Gestaltung, letztlich um die Durchsetzung eines politischen Wollens. Für dieses Wollen wird mit Hilfe etablierter und anerkannter Verfahren *Legalität* hergestellt („Die Mehrheit hat entschieden und hat damit Recht"). Dabei geht es nicht um „Wahrheit" im abstrakt-prinzipiellen Sinne, sondern darum, dass im Zusammenleben von Menschen, Gruppen und Staaten bestimmte Fragen irgendwie geregelt und entschieden werden müssen und dass möglichst viele Betroffene (eben mindestens die jeweilige Mehrheit) die „Richtigkeit" solcher Entscheidungen anerkennen, dass sie ihnen *Legitimität* zusprechen und sich entsprechend verhalten.

Wissenschaft spielt in diesem „Konzert" gesellschaftlicher Stimmen nur eines der zahlreichen Instrumente. Sie kann zwar für sich beanspruchen, eine besonders reine Stimme spielen zu wollen, aber ob sie sich gegen lautere Stimmen durchsetzen kann, wird ggf. ohne sie oder gar gegen sie entschieden.

Andererseits werden wissenschaftliche Befunde überbewertet und/oder missbraucht. Aus differenzierten Berichten und vorsichtigen Erörterungen werden einzelne Zitate ausgewählt, verkürzt, umgedeutet oder überbewertet. Aus vorsichtigen Vermutungen („Es deutet sich an, …") werden oftmals im Verlauf der Rezeption dezidierte Feststellungen („Die Wissenschaft hat festgestellt …"). Wissenschaftlerinnen und Wissenschaftler beeinflussen die Kommunikation über soziale Realität selbst u.a. dadurch, ...

➤ dass sie Realität in bestimmter Weise wahrnehmen und ihre Beschreibung zur Diskussion stellen,

➤ dass sie ihre Wahrnehmungen in bestimmter, ausgewählter Weise erklären und deuten,

➤ dass sie ggf. gewünschte, favorisierte Alternativen zur Realität entwickeln – oder dies als „Realität" bestätigen,

➤ dass sie über Schwerpunkte und Zielsetzungen ihrer Forschung entscheiden,

➤ dass sie die zu untersuchenden Merkmale auswählen,

➤ dass sie definieren, wie bestimmte Merkmale erfasst und verstanden werden sollen,

> dass sie Wirklichkeit an ihren eigenen Prinzipien messen und ggf. auf Diskrepanzen aufmerksam machen,
> dass sie Ergebnisse der Forschung deuten und in ihren eigenen Interpretationen veröffentlichen.

Wissenschaftliche Aktivitäten beschränken sich also keineswegs auf die Beschreibung und Ent–deckung vorfindlicher Wirklichkeit, sondern *Wissenschaft stellt diese Wirklichkeit selbst mit her*, zumindest entwickelt sie eine Art zweite Wirklichkeit, die in der Lebenswelt, zu der sie gehört, durchaus Folgen hinterlässt. In diesem Zusammenhang wird häufig von der „sich-selbst-erfüllenden Prophezeiung" gesprochen: Die Beschreibung von Wirklichkeit wird selbst zur Wirk–lichkeit (im Sinne von Wirksam–sein). Wissenschaft ist also eine Form des gesellschaftlich-politischen Handelns.

Dies darf nun wiederum nicht so verstanden werden, dass Forschung sich willkürlich an subjektiven Sinndeutungen und Zielsetzungen orientieren könne oder sich gar darin erschöpfen dürfe. Zum einen ist natürlich *nicht jeder Zweck sinnvoll* (das ist die Frage nach der ethischen Legitimation von Forschung), zum anderen ist *nicht jedes Ziel realisierbar*. Wenn Wissenschaftler danach fragen, wohin sich unsere Lebenswelt entwickeln könnte, sollen ihre Vorschläge moralisch vertretbar und praktisch relevant (realisierbar) sein. Wissenschaft steht also in einem Spannungsverhältnis zwischen dem subjektiven (bzw. gesellschaftlichen) Wollen und den objektiven (sachlichen) Möglichkeiten. Die Grenze von Wissenschaft liegt also darin, dass auch sie *letztlich nur Vorschläge* zu Deutungen und möglichen Folgerungen machen kann. Ob ihre Interpretationen verbindlich und ihre Handlungsvorschläge verwirklicht werden, ist eine Sache gesellschaftlicher Prozesse – gleichwohl haben Vorschläge der Wissenschaft als solche die Welt im Prinzip auch dann schon verändert, wenn sie nur Vorschläge sein wollen.

Was kann/soll „Statistik" dazu beitragen?

Die Frage „*Was ist Statistik?*" soll in dieser Einführung bei verschiedenen Aspekten als Beispiel dienen. Viele Fragen können dabei zu bedenken sein:
> Seit wann gibt es „Statistik"?
> Wie ist es zu dieser Benennung gekommen?
> Sind Interessen erkennbar, die mit der Entstehung und Entwicklung der Statistik verbunden waren?
> Wie verhält sich statistisches Erkennen zu den „realen" Verhältnissen?
> Ist mit Statistik eine bestimmte, möglicherweise eingeschränkte bzw. fokussierte Sichtweise verbunden?
> Können verschiedene Konzepte oder Modelle unterschieden werden?
> Wie wird Statistik in der öffentlichen Diskussion verwendet? Wirkt sie eher aufklärend oder engt sie den Blick ein?

➤ Wird Statistik wertgeschätzt oder eher negativ beurteilt?
➤ Kann man Statistik vertrauen?
➤ Wie kann Statistik kritisch beurteilt werden, werden eventuelle Manipulationen erkennbar?
➤ Wie kann man Statistik am besten lernen? Was ist dabei ggf. hinderlich?
➤ Haben Menschen mit besseren bzw. schwächerer mathematischen Kenntnisse unterschiedlichen Zugang zu Statistik?
➤ Spielen Erfahrungen in der eigenen Schulkarriere dabei eine Rolle?
➤ Könnte Statistik verbessert werden?

Thematisch könnte eine empirisch-analytisch orientierte Untersuchung über „Statistik" herausarbeiten wollen, ob es Ereignisse gibt, die sich im Sinne von „Ursache-Wirkungs-Beziehungen" beschreiben lassen. Sie würde versuchen, verschiedene Annahmen, Behauptungen, Theorien, die zu solchen Fragen vorgebracht werden können, dadurch zu überprüfen, dass sie diese mit konkreten Situationen, die möglichst genau beobachtet und eindeutig beurteilt werden können, konfrontiert und sie der Möglichkeit des Scheiterns aussetzt. Aussagen, die allgemein gültig sein wollen, werden nicht als solche geprüft, weil man das ohnehin nicht mit Sicherheit tun kann, sondern es werden aus diesen allgemeinen Aussagen konkrete Sätze abgeleitet, die überprüfbar sind.

Beispielsweise könnte die Behauptung untersucht werden, dass Frauen stärkere Abneigung gegen Statistik haben als Männer. – Wenn dies zutrifft, dann müsste sie auch in einer zufällig ausgewählten und näher betrachteten Fall-Gruppe (wie z.B. den Studierenden der Pädagogik einer bestimmten Hochschule) erkennbar sein.

Dabei wäre die Rede von „Abneigung" noch recht allgemein. Sie könnte konkretisiert werden, indem sie z.B. auf bestimmte Aussagen in einer Befragung bezogen wird: Etwa die Aussage „Die Beschäftigung mit Statistik (in einer Lehrveranstaltung) wird mir Spaß machen." Die überprüfbare Konkretisierung der allgemeinen Behauptung würde dann lauten: Frauen stimmen dieser Aussage weniger zu als Männer.

Nun wäre aber noch nicht geklärt, was „weniger" bedeutet bzw. in welchem Ausmaß ein „weniger" bedeutsam ist. Im Sinne des kritischen Rationalismus müsste vor Beginn einer Untersuchung, spätestens vor Beginn der Auswertung und der Interpretation festgelegt werden, wie stark sich Männer und Frauen in der Beantwortung dieser Frage unterscheiden müssen, wenn der angenommene Unterschied als empirisch bestätigt gelten soll bzw. wann die Annahme als „falsifiziert" (s.u.) gelten soll.

Schließlich wäre noch zu klären, ob denn jede beliebige Untersuchungsgruppe als eine akzeptiert werden soll, an der die in Frage stehende allgemeine Behauptung („Frauen haben stärkere Abneigung gegen Statistik") überprüft werden kann. Das Kriterium „Frau/Mann" galt bisher als eindeutig, aber können Studierende der Pädagogik stellvertretend für „die Frauen" und „die Männer" untersucht werden, gelten deren Ergebnisse überhaupt für Studierende aller Fächer, aller Hochschulen, aller Semester und für alle Zeiten?

Empirisch-analytische Forschung bringt also im strengen Sinne zunächst nur sehr detaillierte und begrenzt gültige Ergebnisse hervor. Man kann zunächst immer nur sagen, für diese und jene Gruppe, mit jener Methode, zu einem bestimmten Zeitpunkt habe sich gezeigt, ob eine Aussage Zustimmung findet oder nicht. Erst die Summe vieler Untersuchungen kann zu einer reichhaltigen, differenzierteren Theorie führen, in der so etwas wie der Gesamtzusammenhang aufscheint. Damit stellt sich dann wieder die Frage, wie all diese Details zu „verstehen" sind, welche „Bedeutung" sie haben. Und damit nähert sich die empirische Forschung wieder jenen Fragen, denen sich die Hermeneutik besonders verbunden fühlt.

2.2 Erkenntnistheoretische Klärungen

Die Frage nach den Möglichkeiten und Grenzen des Erkennens ist in vielen Dimensionen und Disziplinen des theoretischen Denkens ausführlich und kontrovers diskutiert worden. Auf prinzipieller Ebene ist es zunächst eine Fragestellung der Philosophie. Sie wird dort unter dem Fachbegriff der *Epistemologie* verhandelt, also der „Logik des Wissens oder der wahren Erkenntnis". Natürlich ist auch die Erziehungswissenschaft mit solchen Fragen konfrontiert.

Wissenschaft wird in der Regel mit dem Anspruch verbunden, dass sie „die Wahrheit" ans Licht bringt oder wenigstens dazu beiträgt, dass man „erkenn(t), was die Welt im Innersten zusammenhält". Dies war schon Goethes „Faust" allenfalls mit Hilfe des Teufels möglich und das führte bekanntlich zu problematischen Verwicklungen. Wie verhält sich nun dieser ideelle Wunsch zu den realen Möglichkeiten? Was wollen und was können wir wissen? Wie gewiss ist das, was wir zu erkennen glauben? Welche Bedeutung hat dies für unser Handeln und welche Rolle spielt es insbesondere in der pädagogischen Reflexion? Grundsätzlich geht es um die Frage nach Möglichkeiten und Grenzen der „Wahrheit".

In den folgenden Kapiteln muss manches noch abstrakt bleiben, aber als Rahmen und Grundlage für die nachfolgenden Einzelheiten scheint es mir wichtig. Grenzen und Möglichkeiten der verschiedenen Konzepte beruhen nicht allein auf deren speziellen Bedingungen, sondern ergeben sich aus den Grenzen menschlicher Reflexionsfähigkeit. – Es wird also sinnvoll sein, diesen Teil des Buches immer einmal wieder zu Rate zu ziehen.

Gibt es „Wahrheit"?

Zum Einstieg in wissenschafts- und erkenntnistheoretische Überlegungen soll die Frage erörtert werden, was eigentlich mit dem anspruchsvollen Begriff der „Wahrheit" gemeint sein kann.

Wenn man die ursprüngliche Bedeutung des Begriffs „Theorie" (gr. theorein: beobachten, betrachten, [an]schauen) – und den damit offenbar erhobenen Anspruch auf absolute und von Menschen unabhängige Gültigkeit bedenkt, stellt sich die Frage, ob die damit verbundenen Erwartungen gerechtfertigt sind bzw. wo dies eine Grenze findet. Was rechtfertigt einen „universalistischen" Anspruch auf Gültigkeit? Welchen Stellenwert können Ergebnisse der Forschung in theoretischer Hinsicht haben? – In den Sozialwissenschaften sind so gut wie nie „determinierende Zusammenhänge" zu erwarten, bei denen ein vorausgehendes („antezedierendes") Merkmal direkt und vollständig ein anderes, nachfolgendes bestimmend verändert. Vielmehr spielen in der Regel viele Faktoren eine Rolle, die ineinanderwirken, sich wechselseitig beeinflussen und kaum vollständig aufgeklärt werden können. Möglich sind unter solchen Bedingungen allenfalls Wahrscheinlichkeits-Aussagen – wobei die Gefahr besteht, dass diese Bedingung vergessen wird und plausible Prognosen als zwingende Voraussagen verstanden werden. Damit ist der relative Stellenwert theoretischer Aussagen angedeutet.

Theodor W. *Adorno* hat es so formuliert: „Theoretischen Entwürfen ist es eigentümlich, dass sie mit den Forschungsbefunden nicht blank übereinstimmen; dass sie diesen gegenüber sich exponieren, zu weit vorwagen, oder, nach der Sprache der Sozialforschung, zu falschen Generalisationen neigen. [...] Ohne jenes Sich-zu-weit-Vorwagen der Spekulation jedoch, ohne das unvermeidliche Moment von Unwahrheit in der Theorie wäre diese überhaupt nicht möglich: sie beschiede sich zur bloßen Abbreviatur der Tatsachen, die sie damit unbegriffen, im eigentlichen Sinn vorwissenschaftlich ließe." (vgl. *Adorno* 1959: Theorie der Halbbildung)

Ähnlich hat es Georg Christoph *Lichtenberg* (1742-1799) gefordert: „Man muss Hypothesen und Theorien haben, um seine Erkenntnisse zu organisieren, sonst bleibt alles bloßer Schutt [...]."

Wolfgang *Stegmüller* (1923-1991) hat zur Bescheidenheit gemahnt, indem er darauf hinweist: „[...] dass es nicht nur eine, sondern verschiedene Rekonstruktionsmöglichkeiten dessen gibt, was man wissenschaftliche Erkenntnis nennt, und dass wir vielleicht niemals einen vollständigen Überblick über alle diese Möglichkeiten gewinnen werden." (1969, S. XXII)

Zu warnen ist allerdings vor der Vorstellung, dass „Theorie" zu einem Endpunkt der Wahrheitsfindung führen kann. Theorie ist vielmehr als ein *Medium im Erkenntnisprozess* zu verstehen, als Hilfsmittel im Versuch, Informationen und Daten zu ordnen, Eindrücke auf einen Begriff zu bringen und Zusammenhänge so zu formulieren, dass eine Kommunikation über den jeweiligen Gegenstand ermöglicht oder gefördert wird. Theorien sind so verstanden eben nur begriffliche „Modelle", die bestimmte Aspekte hervorheben und zur Diskussion stellen.

Nach dem französischen Soziologen Pierre *Bourdieu* (1930-2002) entstehen Theorien in der empirischen Arbeit, also in der (intensiven und kreativen) Auseinandersetzung mit Beobachtungen, Daten, Antworten auf Fragen etc. Es gäbe aber Auffassungen, nach denen solche intuitive Entdeckungen nicht genug methodisch kontrolliert sind und eher die Mutmaßungen ihres Erfinders ausdrücken als die objektiven Sachverhalte.

Der amerikanische Philosoph *Richard Rorty* (1931-2007) nimmt in der Debatte über „Wahrheit" eine klare Position ein: Er lehnt die Vorstellung konsequent ab, dass es „da draußen" Dinge gebe, die wir nicht sprachlich erfassen können. Realität ist nach seiner Überzeugung nur das, was sich im sprachlich-sozialen Diskurs der Angehörigen der Gesellschaft etabliert hat. Theorie bringe nur zum Ausdruck, was jeweils unter den bestehenden („herrschenden"?) Verhältnissen sprachlich formuliert wurde und damit „gültig" geworden ist. Folgerichtig stimmt er *Jürgen Habermas* (geb. 1929) und dessen Konzept der kommunikativen, intersubjektiven Vernunft zu, lehnt aber sein Beharren auf Allgemeingültigkeit als „bedauerliche Konzession an den Platonismus" ab.

An Rortys Konzept ist nach meinem Verständnis sympathisch, dass er der wissenschaftlichen Reflexion verweigert, sich auf irgendwie und irgendwoher begründete absolute Wahrheiten zu berufen, und an ihre soziale Verantwortung erinnert. Es komme nicht darauf an, die Welt im Sinne absoluter Gewissheit zu erkennen, sondern sie so zu beschreiben, dass ihre „sozialen Praktiken" phantasievoll gestaltet werden können. Es gehe nicht um distanzierte, neutrale „Objektivität", sondern um gesellschaftliche, wissenschaftlich und politische Diskursivität. Nur mit Vorbehalt kann ich Rorty folgen in seiner Auffassung, dass es keine vorsprachlichen Wesenheiten „da draußen" gibt. Ich würde durchaus akzeptieren, dass es „Gegebenheiten" vermutlich auch vor bzw. „jenseits" unseres Verständnisses und deren sprachlichen Fassung gibt. Aber ich halte es – ähnlich wie offenbar auch Rorty – nicht für möglich, zwischen solchen Gegebenheiten und der sprachlich, historisch konstituierten Realität nach irgendwelchen Kriterien sicher zu unterscheiden. Insofern ist es ziemlich nutzlos und in der politischen Auseinandersetzung möglicherweise problematisch und sogar hinderlich, im Sinne eines „Platonismus" nach transzendenten „Ideen" zu suchen und dann mit der Behauptung ihrer „ewigen" Gültigkeit zu argumentieren.

Etwa seit den 1980er Jahren sind Ansätze des sog. *„Konstruktivismus"* im Gespräch. Sie deuten unsere Lebenswelt oder zumindest unser Bild von ihr mehr oder weniger radikal als „konstruiert". In ihrer radikalen Version erscheinen mir Konstruktivismus-Positionen nicht sehr hilfreich. Aber durchaus bedeutsam ist die Frage, ob vermeintliche Gegebenheiten als „Konstruktionen" entlarvt werden können. Dies ist im Sinne der Aufklärung (nach Kant) wichtig, weil sozusagen immer mehr Elemente selbst verschuldeter Unmündigkeit entdeckt und aufgehoben werden können. In diesem Sinne sage ich: Nicht alles ist „konstruiert" und nicht alles können wir „dekonstruieren", aber wir können es vermutlich „immer öfter" tun – wenn wir es denn wollen und wenn es gesellschaftlich und politisch durchsetzbar ist.

Radikal hat der österreichisch-US-amerikanischer Philosoph Paul *Watzlawick* (1921-2007) dies 1976 unter der Frage diskutiert „Wie wirklich ist die Wirklichkeit?". Später hat er mit dem Diktum von der „erfundenen Wirklichkeit" geantwortet: Wir wissen nur, „was wir zu wissen glauben". – Diese Aussage deutet an, dass es im Umgang mit dem, was als „real" betrachtet werden könnte, um verschiedene Ebenen geht. Die Beziehung, die wir zu den „Dingen" (entwickelt) haben, lässt uns diese in bestimmter Weise „für wahr–nehmen". Was wir für zutreffend und gültig halten, erscheint uns mit mehr oder weniger guten Gründen als richtig, unsere Deutungen strukturieren und ordnen die Welt und unsere Beziehung zu ihr. Die verwendeten Begriffe erscheinen uns plausibel, sie befriedigen unser Bedürfnis nach Differenzierung und sie sind – nicht zuletzt – intellektuell reizvoll: Wir freuen uns, wenn wir mit ihrer Hilfe die Welt verstehen – und schon sind wir möglicherweise auf das Erlebnis von Plausibilität hereingefallen.

Der Physiker Heinz *von Foerster* (1911-2002) spitzt dieses Problem auf die Frage zu, ob ein Gegenstand der Erkenntnis durch Beobachtung und Reflexion erst konstituiert und hergestellt wird oder ob lediglich etwas in den Bereich des Wissens gelangt, was bis dahin zwar existent, aber durch Unkenntnis verborgen gewesen war. Radikal stellt er seine Überlegungen in Gesprächen mit Bernhard *Pörksen* (geb. 1969) unter den Buchtitel „Wahrheit ist die Erfindung eines Lügners" (2022 in 13. Aufl.). Als skeptische Rückfrage wird von Albert *Einstein* (1879-1955) die Frage überliefert (oder unterstellt?), ob „der Mond auch da [ist], wenn keiner hinschaut".

Die vielschichtige und durchaus differente Bedeutung von Wahrheit und Wirklichkeit wird noch einmal deutlicher, wenn man verschiedene gesellschaftliche und/oder politische Handlungsfelder betrachtet: Wer ein bestimmtes Interesse verfolgt oder in einem Streit Recht bekommen oder behalten möchte, wird etwas ggf. als „wahr" behaupten und eine Diskussion darüber ablehnen. Auch was immer wieder als „Tatsache" vorgetragen wird, kann sich so verfestigen, dass es nicht mehr angezweifelt wird. Wenn so etwas mit ästhetisch und emotional eindringlichen Bildern und Musik verbunden wird, kann man sich dem kaum noch entziehen. Und wenn auch andere das mit vermeintlicher Überzeugung vertreten, können Vermutungen zu „sozialer Realität" werden („sozial" hier im funktionalen Sinn vielseitiger Einflüsse der Umgebung).

Man kann diese unterschiedlichen Vorstellungen zum Wahrheits-Charakter der Wissenschaft auch *historisch* zuordnen: Während das wissenschaftliche Denken im 19. Jahrhundert überwiegend *„deterministisch"* orientiert war und an die „ewige", zumindest andauernde Gültigkeit und Wirksamkeit von Gesetzesaussagen und entsprechender Erkenntnisse glaubte, hat sich im Laufe des 20. Jahrhunderts zumindest in den Humanwissenschaften ein eher *„probabilistisches"* Denken durchgesetzt, das sich allenfalls Wahrscheinlichkeits-Aussagen zutraut und seine Erkenntnisse mit entsprechenden Vorbehalten formuliert.

Jenseits der Frage, was wahr *ist*, sind Prozesse denkbar, in denen etwas wahr *wird*. Unser Umgang mit den Dingen und die Deutungen, in denen wir diese Welt zu fassen versuchen, sind ja nicht „absolut" gegeben. Sie sind im historischen Prozess „geworden", sie wurden so oder anders „gestaltet" und „begriffen und benannt". Und nicht selten spielen Wunschvorstellungen und Erwartungen eine Rolle – seien diese bewusst oder unbewusst. Welchen Einfluss hat unser Reden über Wirklichkeiten auf diese selbst?

Solche Einflüsse können „fest-stellend" sein (Etwas soll so bleiben, wie es ist; mögliche Veränderungen werden angehalten oder verhindert) oder sie können einen Zustand verändern (Etwas, das als überholt oder nicht mehr wünschenswert gilt, wird beseitigt). Im Spektrum solcher denkbarer Einfluss-Versuche bewegt sich unser Umgang mit Wirklichkeit, wobei es erkenntnistheoretisch schwierig zu klären ist, ob das eine oder das andere tatsächlich „wirkt".

In diesem Sinne halte ich es für hilfreich, die Bedeutung von Realität und Wahrheit auf verschiedene Dimensionen bzw. Ebenen zu beziehen (s.u.): Etwas kann „gegeben", „geworden", „gestaltet", „begriffen und benannt" oder „gewollt" sein, etwas kann aber auch „verborgen oder verdrängt" sein. Wir können z.b. prüfen, ob vermeintlich als eindeutig und unveränderbar geltende Sachverhalte (wie z.B. bestimmte gesellschaftliche Institutionen oder Verhaltensweisen) als „gewordene" Entwicklungen durchschaut werden müssen. Solche „soziale Realitäten" können ihre gesellschaftliche Anerkennung verlieren und ggf. durch andere normative Orientierungen ersetzt werden. Die heutige parlamentarische Ordnung z.B. beruht auf solchen Prozessen, aber dass dafür die Parlamente zuständig sind, ist ja keineswegs immer so gewesen, sondern durch Umdeutungen politischer Verhältnisse und deren Legitimität geschaffen worden.

Bei alledem spielen im Denken und Handeln jenseits eindeutiger Wahrheiten Prozesse eine Rolle, die in sich und untereinander widersprüchlich sind und als *„Antinomien"* verstanden werden können. Das „weites Feld" solcher Spannungen kann hier nur angedeutet werden. Für die Frage nach

Wahrheit werden sie dann bedeutsam, wenn eindeutige Aussagen angesichts „gegenläufiger" Aussagen sich als fraglich erweisen und neues Nachdenken und ggf. Forschen herausfordern. Wenn solche Prozesse durchschaut und „auf den Begriff" gebracht werden, können sie sozusagen auf einem höheren Level auf (mögliche oder wahrscheinliche) Wirksamkeiten hinweisen. Dies kann nicht zuletzt durchaus in dem Sinne als „Wahrheit" verstanden werden, dass offener und vielfältiger über Prozesse und ihre Deutungen geredet werden kann.

Eine entsprechende Sensibilität für Antinomien sollte sich auf Spannungen *zwischen positiven* Wirksamkeiten (man möchte das eine *und* das andere) wie auch zwischen solchen *negativer* Art (das eine *und* das andere ist von Übel). Prinzipiell sind in antinomischen Beziehungen zwischen den positiven und negativen Polen *vier Konstellationen möglich*:

- Wenn beide Pole positiv sind (+ & +), wird man Prioritäten setzen oder ein gut begründetes „Sowohl-als-auch" finden wollen.
- Wenn beide Pole negativ sind (– & –), wird man das kleinere Übel wählen oder beides bekämpfen wollen.
- Wenn der eine Pol als positiv und der andere als negativ empfunden wird (+ & –), wird man prüfen, ob bzw. wie der negative Pol in seiner Wirkung begrenzt werden kann.
- Wenn ein negativer Pol von einem positiven überlagert wird (– & +), wird man versuchen, das Positive zu stärken.

In antinomie-sensiblem Bewusstsein wird man solche Entscheidungen gleichwohl mit aller Vorsicht treffen und die mögliche oder wahrscheinliche Wirkmacht beider Pole im Blick behalten.

Alltägliche Rede und wissenschaftlicher Diskurs

Im Alltagsverständnis geht man davon aus, dass Ergebnisse der Wissenschaft eine *besondere Qualität* haben. Aber unterscheidet sich eine „wissenschaftliche Erkenntnis" von alltäglichen Behauptungen? – Im *Alltag* nehmen wir unsere Umgebung mit unseren Sinnen wahr, wir entwickeln daraus Bilder und Begriffe. Damit kommunizieren wir miteinander und prüfen, ob unsere Vorstellungen mit denen der anderen übereinstimmen oder nicht. Wenn jemand eine andere Meinung vertritt, werden wir vielleicht zurückfragen und bitten, doch genauer anzugeben, wie etwas gemeint ist, was ein bestimmtes Wort bedeuten soll und warum die anderen gerade zu den geäußerten Einschätzungen gekommen sind. Man bittet um Erklärungen.

Im Alltag entwickeln sich mehr oder weniger gemeinsame, von vielen geteilte Sichtweisen. Dies beruht im Alltag auf einem *kaum steuerbaren Prozess* und ist kaum als ein von Methoden geleitetes oder gar kontrolliertes Vorgehen zu verstehen. Für das Reden und Handeln im Alltag ist das auch völlig ausreichend – solange die öffentliche Akzeptanz erhalten bleibt. Man darf in der Regel durchaus anderer Meinung sein, ohne dies genauer begründen zu müssen. Im persönlich-individuellen Alltag wird niemand gezwungen, sich strengen Kriterien wissenschaftlicher „Wahrheit" zu unterwerfen. Das Reden und Tun soll allenfalls *wahrhaftig* sein, aber außerhalb gesetzlicher Vorgaben bzw. bei deren Verletzung kann das nicht eingeklagt werden.

Es ist im Alltag erlaubt und ganz normal, dass in der Kommunikation eigene Interessen durchgesetzt werden sollen. Man darf versuchen, andere von der eigenen Sichtweise zu überzeugen oder sie dazu zu überreden. Auch Koalitionen dürfen gebildet werden, die sich ggf. gegen andere durchzusetzen versuchen. Dies kann zu einer verzerrten Wahrnehmung führen, die aus der komplexen Wirklichkeit bestimmte Aspekte ausblendet und andere hervorhebt.

In der *Wissenschaft* ist es im Grunde recht ähnlich: Theorien und Methoden sind von Menschen entwickelt worden und sie können nur von Menschen angewendet werden. Und in dem Maße, in dem wissenschaftliche Argumentation soziale Wirklichkeit deutet und dies publik macht, ist sie in den gesellschaftlichen Kommunikationsprozess eingebunden. Da liegt die *Versuchung* nahe, diesen Prozess so zu beeinflussen, wie es den eigenen Vorstellungen und Zielen entspricht. So wie Kommunikation im Alltag verzerrt sein kann, kann es auch die wissenschaftliche Argumentation sein. Bei pädagogischen Fragestellungen ist diese Gefahr besonders groß.

Damit soll natürlich nicht behauptet werden, dass es zwischen alltäglicher und wissenschaftlicher Argumentation keine *Differenz* gebe. Es bedarf allerdings einer besonderen Aufmerksamkeit, wenn sie gewahrt werden soll. Der erste Schritt dazu besteht darin, dass man einen Anspruch auf „Wahrheit und nichts als die Wahrheit" gar nicht erst erhebt, sondern den *relativen Charakter wissenschaftlicher Erkenntnismöglichkeiten* und der entsprechenden Aussagen bewusst macht. Entscheidend ist es, wie weit es gelingt, den Prozess transparent und kommunizierbar zu machen, der zu einer bestimmten Antwort vollzogen worden ist. Was dazu erforderlich ist bzw. hilfreich sein kann, wird unter dem Begriff der *Gütekriterien* später noch zu diskutieren sein.

Festgehalten sollte aber werden, dass Wissenschaft *im Grunde ähnlich* wie das Alltagsdenken und -handeln ein Versuch ist, sich über die Wirklichkeit, in der wir leben und in der wir uns so oder so orientieren und verhalten, zu verständigen. Wissenschaft ist *eine Form der Kommunikation* über unsere Lebenswelt – und zwar besonders in solchen Bereichen, die wir im Alltag durch schlichte Wahrnehmung und das Reden darüber nicht hinreichend verstehen und klären können.

Das Bemühen um wissenschaftliche Wahrhaftigkeit drückt sich konkret in den *Regeln* aus, nach denen man in der Argumentation angibt, auf welche

Quellen man sich bezieht und welche Ausschnitte man daraus übernimmt. Dazu gehören vor allem *bibliografische Angaben* und *korrekte Zitate*. Diese müssen vollständig und gut nachvollziehbar sein, wenn sie als Argument oder Beleg gelten sollen. – Aber auch da ist man schon wieder nahe beim Alltag: Es wäre unsinnig, für jeden Gedanken einen Beleg anzugeben. In die notwendige Auswahl fließen aber unweigerlich Vorlieben und/oder Abneigungen ein. Problematisch wird es, wenn sich so genannte *Zitierkartelle* bilden nach dem Motto „Wenn du mich zitierst, tue ich es auch!". Aber wie soll man entscheiden, wann solche Verweise sachlich sinnvoll sind oder wann die Auswahl als einseitig zu beurteilen ist? In einer transparenten wissenschaftlichen Kommunikation sollte einigermaßen nachvollziehbar sein, in welchem Kontext sie steht, und man sollte kritisch prüfen können, welche Intentionen, Interessen etc. damit verbunden sind.

Wenn Wissenschaft als Kommunikationsprozess verstanden wird, dann sind – wie im Alltag – *Kontroversen* ein wesentliches Moment einer lebendigen Interaktion. Positionen und unterschiedliche Sichtweisen werden deutlicher herausgearbeitet, Missverständnisse geklärt und – im Glücksfall – neue Perspektiven entwickelt. Dass es bei solchen Kontroversen auch um „Revierabgrenzungen" geht, dass sich klären soll, wer zu dieser oder jener Richtung steht, und dass auch letztlich festgestellt werden soll, welche Position am Ende als *herrschende Lehre* obsiegt, das wird nicht zu leugnen sein. Und bei mancher Auseinandersetzung fragt man sich im Nachhinein, warum es eigentlich so kontrovers zuging – aber das kann man sich vermutlich häufig tatsächlich erst hinterher fragen.

Solche Kontroversen können zum Problem werden, wenn die Vielfalt der Konzepte, vielfältige Deutungen und ihre Bewertungen so diffus und kontrovers werden, dass sie nicht mehr sachlich angemessen und begrifflich klar zu handhaben sind. Dies wird insbesondere jene irritieren, die von Wissenschaft konkrete Anleitungen oder wenigstens Orientierung erwarten. Dann kann es hilfreich sein, das, was als „wirklich" behauptet wird, sogfältig nach möglichen „Wirksamkeiten" zu durchdenken und sich über deren Gültigkeiten zu verständigen. Weil es in vielen Bereichen nicht mehr eindeutig ist, was als „Wahrheit" zu gelten hat, müssen Verfahren oder Rituale entwickelt und etabliert werden, mit denen kontroverse Positionierungen zunächst nachvollzogen und – hoffentlich – konstruktiv bearbeitet werden können. Die folgenden Vorschläge zur Unterscheidung zu bedenkender „Wirksamkeiten" sollen dies denkbar mache. Es ist allerdings fraglich, ob Personen, die ihre Positionen durchsetzen wollen, emotional, sozial und nicht zuletzt kognitiv zu entsprechenden Diskursen bereit sind.

Mögliche Wirksamkeiten

In der alltäglichen und auch in wissenschaftlicher Rede wird häufig behauptet, etwas Bestimmtes sei *Tatsache*, davon müsse und dürfe man ausgehen. Das ist erkenntnistheoretisch durchaus riskant. Ähnlich verhält es sich mit Worten wie „logisch" oder „plausibel". Ob solche Feststellungen einem Sachverhalt entsprechen, ist keineswegs sicher. Allzu rasch können Wunschvorstellungen bzw. Befürchtungen einen Streich spielen. Im Alltag und in politischen Debatten kann es durchaus hilfreich sein, eindeutig sagen zu können, „was Sache ist oder sein soll", aber in der wissenschaftlichen Argumentation kann dies nicht befriedigen.

Um dieses Problem zu klären, ist es hilfreich, im Nachdenken über „Realität" und „Wahrheit" verschiedene Ebenen zu unterscheiden und ein Spektrum aufzumachen von vermutlich „harten" Fakten bis zu verdrängten, aber gleichwohl wirksamen Bedürfnissen. Die folgenden *Ebenen der Realität* sind *heuristisch*, als *Methode des Findens,* zu verstehen. Sie sollen dazu anregen, Probleme differenzierter zu erörtern und vielleicht zu einer neuen, im besten Fall konstruktiven Sicht zu kommen:

Gegebenes

Manche Dinge dürften „gegeben" sein: Sie sind aller Wahrscheinlichkeit nach „real" und „objektiv" im umgangssprachlichen Sinne. Sie sind nicht durch menschliches Handeln zu beeinflussen oder zu verändern. Es handelt sich um Konstanten oder um Prozesse, die sich ohne besonderen Anstoß ständig wiederholen oder auch um Wirkungen, die durch bestimmte Handlungen immer wieder nur in gleicher Weise ausgelöst werden können. Solche Gegebenheiten sind uns zum Teil bekannt, andere sind vielleicht noch nicht ent–deckt (noch unter einer „Decke" verborgen), aber gleichwohl vorhanden. Allem Anschein nach gehören in diese Kategorie z.B. unser Sonnensystem mit Tag und Nacht, die Gravitation, die physischen und biologischen Grundlagen des Lebens wie z.B. die Generativität des Menschen etc.

Gewordenes

Andere Sachverhalte sind im Laufe der Zeit „geworden", ohne dass dies noch als Ergebnis bzw. Stand einer Entwicklung wahrgenommen wird oder ausdrücklich intentional hergestellt wurde. Sie beruhen auf (historischen) Prozessen, die im Prinzip auch anders hätten verlaufen können. Dass die Ergebnisse für „wahr genommen" werden, beruht auf sozialen Interaktionen und einem eher unbewussten Konsens. Solche *soziale Realitäten*[1] sind „habitualisiert", sie werden (gegenwärtig) nicht infrage gestellt und sind wirksam wie „objektive" Sachverhalte. – Vermutlich gehören hierzu viele Wirkungen latenter Sozialisationsprozesse, soziale Rollen und Institutionen, Riten, Gebräuche und Gewohnheiten. Biografische Entwicklungen sind wahrscheinlich in vielen Aspekten als geworden zu deuten. Hierher gehört auch der Begriff der *Kontingenz*: Etwas ist so geworden, wie es sich darstellt, aber warum es so ist, ist nicht erkennbar. Solche als zutreffend angenommenen „Fakten" wirken wie „objektive" Sachverhalte. Im Prinzip können solche Realitäten problematisiert und neu gestaltet werden. Vermutlich gehören hierzu soziale Grund-Normen des Verhaltens, Grundsätze der Menschenwürde, soziale Rollen und Institutionen, Riten und Gebräuche u.Ä. Das alles ist so vertraut geworden, dass es wie „gegeben" verstanden und akzeptiert wird.

Gestaltetes

Etwas kann bewusst mit erklärter Zielsetzung „gestaltet" worden sein. Wenn Verhältnisse und Entwicklungen beeinflusst worden sind und das Ergebnis den Zielsetzungen entspricht, wird „fest–gestellt" was so bleiben soll, wie es ist. Die „soziale Realität" wird intentional *konstituiert*. Sie ist mit mehr oder weniger bewusster Anstrengung hergestellt worden, und sie wird als „real" akzeptiert. Zumindest lässt man die Dinge so laufen, wie sie laufen, und so bestehen, wie man sie vorfindet. Dies beruht auf mehr oder weniger transparenten *Diskursen* und Entscheidungen über die Bedeutung verschiedener Gegebenheiten. Die Intentionen müssen aber nicht immer so transparent sein, dass sie kommuniziert werden können. Vermutlich gehören hierzu auch implizite, noch nicht reflektierte Erziehungsziele, auch die entsprechenden Einrichtungen und die dort üblichen Praktiken. Zugrundeliegen können dem gesellschaftliche Auseinandersetzungen und politische Entscheidungen, in denen Ziele (ggf. auf absehbare Zeit) für verbindlich erklärt wurden. Vermutlich gehören hierzu Gesetze, Organisationsformen u.Ä.

Begriffenes und Benanntes

Wenn Sachverhalte in bestimmter Weise „begriffen und benannt" werden, können sie Realität verstärken, diese aber auch überhaupt erst als solche er-

---

[1] Der Begriff „soziale Realität" ist doppeldeutig: Üblicherweise bezeichnet man damit „Strukturen der sozialen Zustände"; hier ist dagegen die durch „soziale" Prozesse geleitete Wahrnehmung gemeint.

zeugen. Wenn über etwas „Worte gemacht" werden, wird es bewusst und man kann darüber reden. Es entsteht eine zweite nominale, symbolische Realität. Die Welt wird in Symbolen verdoppelt, die eine eigenständige Realität bekommen. Worte werden häufig für bare Münze genommen, wenn sie im öffentlichen Diskurs etabliert sind. Sie haben jedoch einen mehr oder weniger weiten oder begrenzenden „Raum" möglicher Bedeutungen. Sie werden als zutreffend und „stimmig" wahrgenommen, wenn und solange sie das zum Ausdruck bringen, was als wichtig und richtig verstanden werden soll. Ihre „Wirklichkeit" ist auf soziale oder politische Anerkennung angewiesen. Dann können sogar Leerformeln und Parolen im gesellschaftlichen Leben und im politischen Streit wirksam werden. Die „korrekte" Verwendung bestimmter Begriffe schließt Menschen gleicher Denkungsart zusammen und sie grenzt zugleich von denen ab, die z.B. eine Sprachebene, eine Fachsprache oder einen Jargon nicht beherrschen. In diesem Sinne sind u.a. politische, gesellschaftliche, pädagogische Ziele und auch „Ideologien" hier zuzuordnen.. Begriffe können folglich als „Modelle" (s.u.) verstanden werden, in denen bestimmte Aspekte hervorgehoben bzw. ausgeblendet werden.

Gewünschtes

Verhältnisse bzw. deren Veränderung können „gewünscht" oder „gewollt" werden, ohne dass vorab zu entscheiden ist, ob sie realisiert werden können. Aber als Vorstellung und Leitbild können sie eine erhebliche Rolle spielen. Wunschvorstellungen beeinflussen die Wahrnehmung der Verhältnisse, und als solche können sie das Handeln stimulieren oder es beeinträchtigen. Einerseits können sie unsinnig sein, wenn der Wunsch nicht den Möglichkeiten entspricht. Problematisch wird es, wenn solche Vorstellungen nicht mehr kommunizierbar sind. Andererseits können alternative, kreative Ideen gewohnte Denkweise produktiv infrage stellen und zu immer wieder erneutem Nachdenken anregen. *„Ideologien"* im Sinne von Ideen und Programmen können eine solche Bedeutung haben. Als eine *sich-selbst-erfüllende Prophezeiung* kann etwas, was nur vermutet und geglaubt, aber weitergesagt und aufgegriffen wird, Grundlage des Handelns bzw. seiner Deutung sein und wirksam werden. Was heute noch als Utopie gilt oder als Vision abgetan wird, kann schon bald Wirklichkeit sein. Relevant ist diese Dimension nicht zuletzt in der wissenschaftlichen Argumentation. Es gilt zwar als selbstverständlich, dass wissenschaftliche Forschung und deren Präsentation nicht von normativen Prämissen geleitet sein sollen, sie sind aber gleichwohl im Sinne von Wünschbarkeiten wirksam. Und nicht zuletzt geht es in der „pädagogischen" Reflexion darum, was es z.B. bedeutet, als „Mensch" aufzuwachsen und seine Möglichkeiten entsprechend und zielorientiert zu entfalten: Was *ist* der Mensch und was *soll* er sein bzw. werden? Auch „Feststellungen" der erziehungswissenschaftlichen Forschung sind letztlich normativ bedeutsam, wenn/weil sie aufzeigen, welche alternativen „Wünsche" realisierbar sein können und umgesetzt werden sollten.

Verborgenes oder Verdrängtes

Aspekte der Realität und insbesondere mögliche Wirksamkeiten können „verborgen" sein, wenn sie noch nicht entdeckt sind. Sie müssten erst nach gefunden werden (s.o.), sind aber gleichwohl wirksam. Mögliche Wünsche u.Ä. können bewusst hinter vordergründigen „Feststellungen" oder Parolen „versteckt" oder „verschleiert" werden, weil es nicht opportun ist, z.B. die wirklichen Interessen zu bekunden. Zum anderen können Bedürfnisse aus dem Bewusstsein „verdrängt" worden sein. Sie können andere beiseitedrängen, damit eine eindeutige Orientierung erhalten bleibt. Ebenso können Befürchtungen oder schlechte Erfahrungen dazu führen, dass deren Auslöser ausgeblendet werden. Dies kann dazu führen, dass Wirkungen, die unter normalen Bedingungen zu erwarten wären, nicht eintreten. Manifeste Intentionen können durch latente Zielsetzungen konterkariert werden. Zu fragen wäre unter dieser Perspektive z.B., ob bekundete Erziehungsziele wirklich so eindeutig sind, wie sie artikuliert werden. Sie können vorgeschoben und übermäßig betont sein, weil andere, möglicherweise gegenwirkende Prozesse nicht bewusst werden sollen. Wenn in der Bildungspolitik und in den Schulen die offiziellen Ziele der Schulgesetze und der Lehrpläne in den Vordergrund gehoben werden, können Einflüsse, die mit der Organisationsform des Unterrichts einhergehen verborgen bleiben und nicht bewusst werden.

Die Unterscheidung dieser sechs Dimensionen – gegeben, geworden, gestaltet, begriffen und benannt, gewünscht und verborgen oder verdrängt – ist lediglich als *heuristisches Modell zu verstehen*, das zur Reflexion anregen soll. In welcher Weise ein Sachverhalt bzw. eine Aussage über ihn einer bestimmten Ebene zugeordnet werden kann, ist nicht definitiv zu entscheiden. Es gibt kein Kriterium, nach dem ein Phänomen definitiv einer dieser Dimensionen definitiv zugeordnet werden könnte. Die Ebenen sind nur begrifflich-analytisch zu trennen. In der Wirklichkeit spielen sie ineinander. Aber wenn solche Differenzen als Möglichkeit bewusst sind, wird die Wahrnehmung problematisiert und für mögliche neue Sichtweisen geöffnet. Wir werden nicht nur entlang unserer Erwartungen suchen, sondern wir können etwas finden, was ein Problem in einem anderen Licht erscheinen lässt. Wir können z.B. prüfen, ob Sachverhalte, die als eindeutig und unveränderbar gelten (wie z.B. bestimmte gesellschaftliche Institutionen oder Verhaltensweisen), als gewordene Entwicklungen durchschaut werden müssen und mit gewünschten Perspektiven verbunden werden können. Soziale Realitäten können ihre gesellschaftliche Anerkennung verlieren und ggf. durch andere normative Orientierungen ersetzt werden. Im Prinzip sollte folglich bei allen Fragestellungen geprüft werden, welche Aspekte als gegeben, als geworden, als gestaltet, als begriffen, als verdrängt oder als gewünscht zu verstehen sind. Von einer Dimension aus stellen sich Fragen nach den anderen. Die folgenden Hinweise sollen die Vielfalt solcher Fragen andeuten:

• Wie gehen wir mit Gegebenheiten um? Wir können sie als Argument verwenden, weil Fakten eben nicht veränderbar seien. Wir können aber auch fragen, wie stark solche Vorgaben wirksam werden sollen und wie dem ggf. entgegengewirkt werden kann.

• Wir können prüfen, ob Worte, die gebräuchlich geworden sind, einen angemessenen Begriff darstellen und welche latenten Bedeutungen sie transportieren.

• Wir können prüfen, ob unsere Intentionen mit den gewordenen und gestalteten Bedingungen vereinbar sind, ob sie eine Entwicklung fortschreiben, intensivieren oder aber eine Wendung einleiten würden.

Bei den folgenden drei pädagogischen Fragestellungen könnte dies z.B. bedeuten:

• Wie sind Veränderungen im Verhältnis zwischen den *Generationen* zu verstehen? Was ist daran biologisch bedingt, welche Erfahrungen und welche Intentionen spielen eine Rolle, wie weit sind diese in der Interaktion zwischen den Generationen bewusst, welche Varianten und Alternativen sind denkbar?

• Wie hat sich der *Bildungsbegriff* entwickelt, welche Interessen sind damit verbunden? Welche anthropologischen Voraussetzungen sollten als „gegeben" betrachtet werden, welche Annahmen sind unter Ideologieverdacht zu stellen? Sind mögliche latente Nebenwirkungen verdrängt? Wie sollte das Bildungswesen gestaltet werden?

• Welche Vorstellungen von Lehren und Lernen prägen die *Didaktik*? Welche Ziele stehen hinter verschiedenen Konzepten? Was wird ungefragt tradiert? Welche Rollen haben sich für Lehrende bzw. Lernende etabliert? Wie wirken sich diese auf die Erfahrungen aus, die Lernende dabei machen (müssen)? Kann man dies ggf. ändern?

• Wie ist „Statistik" zu der Form geworden, in der sie heute praktiziert wird? Welche Erwartungen sind damit verbunden? Welche Vorstellungen sind mit zentralen Begriffen wie „Korrelation" und „Signifikanz" verbunden? Was bleibt hinter den präsentierten Berechnungen verborgen, was wird (bewusst?) ausgeblendet?

In der Forschung sollen solche Fragen theoretisch reflektiert und methodisch transparent bearbeitet werden. Das kann allerdings nicht mit der Erwartung verbunden werden, dass Forschung zu eindeutigen Klärungen führt. Ihr Nutzen besteht zunächst nur darin, die Reflexion über Prozesse differenzierter und besser zu begründen. Zudem soll Forschung nicht nur feststellen, „was der Fall ist", sondern Gestaltungsmöglichkeiten aufzeigen, sie erproben und ihre Wirkungen kritisch reflektieren.

Theorien

In der wissenschaftlichen Reflexion spielen Theorien ohne Frage eine große Rolle. Sie regen dazu an, sich mit Beobachtungen und Erfahrungen intensiver zu beschäftigen, sie weiter und genauer zu entfalten oder zu überprüfen, wie weit unsere Deutungen die Sachverhalte verständlich machen und ggf. praktisches Handeln anleiten können. Auf der anderen Seite können aus Beobachtungen in der Forschung Deutungen entstehen, die mit mehr oder weniger neuen Begriffen in den wissenschaftlichen Diskurs eingebracht werden. Dort müssen sie sich in weiterer Forschung bewähren. Das ist ein unendlicher Prozess.

Was ist dabei unter *Theorie* zu verstehen? – Man sollte zunächst unterscheiden zwischen einem eher alltagssprachlichen Verständnis und der wissenschaftlichen Auffassung: Im Alltag wird *Theorie* häufig verstanden als eine Art Entwurf, als ein Ideal, an dem man sich orientieren könnte oder sollte. Theorie wird oft als „bloße Theorie", als Gedankenspiel o.Ä. abgewertet. Diese Auffassung von Theorie ist mit einer deutlichen normativen Komponente verbunden. Dies gerät leicht in einen *Gegensatz zu Praxis*, die als „handfest" und real verstanden wird und eigenen Gesetzen folgt.

In der erkenntnistheoretischen Diskussion soll Theorie ausdrücklich *nicht mit normativen Setzungen verbunden* sein. Sie soll keine Anleitungen zum Handeln vermitteln. Ihre Aufgabe besteht lediglich darin, Sachverhalte auf den Begriff zu bringen. Sie soll Beobachtungen verständlich machen, Prozesse in ihrer Dynamik transparent werden lassen, in Zielsetzungen die Motive aufklären, den Erfolg oder Misserfolg praktischen Handelns erklären. Das soll dazu verhelfen, im praktischen Handeln zwischen möglichen Alternativen besser begründet entscheiden und dann effektiver handeln zu können.

Die *Grenze* zwischen diesen beiden Auffassungen von Theorie ist allerdings *keineswegs einfach und eindeutig* einzuhalten. Nach Max *Weber* sollen normative Fragen zwar durchaus Gegenstand der Forschung sein, sie sollen jedoch nicht in der Wissenschaft entschieden werden. – Aber wirkt es sich nicht schon auf die Bedeutung normativer Fragen aus, wenn sie zum Gegenstand von Forschung werden? Es ist offenbar wichtig, sich gerade hierüber Gedanken zu machen. Und noch mehr Einfluss wird es haben, wenn z.B. festgestellt wird, dass die eine Zielsetzung besser begründet und/oder leichter realisierbar erscheint als eine andere. Dies kann in der öffentlichen Debatte über anstehende Entscheidungen als Argument verwendet werden. Das wäre weniger möglich, wenn über eben diese Fragen nicht geforscht worden wäre.

Dies macht noch einmal deutlich, wie rasch sich im Grunde *alltägliche und wissenschaftliche Kommunikation* berühren und dass sie ähnliche Strukturen aufweisen. Die prinzipielle Abgrenzung ist zwar wichtig, aber es muss sehr darum gerungen werden, die mit Wissenschaft verbundenen Ansprüche glaubhaft werden zu lassen und glaubhaft zu erhalten. Das wichtigste und grundlegende Kriterium kann dabei nur die Transparenz der Verfahren sein.

Bei pädagogischen Fragestellungen kommt noch hinzu, dass diese ohne Bezug auf die *normativen Implikationen* kaum sinnvoll erörtert werden können. Man kann z.b. über das Verhältnis der Generationen, über Bildung und Didaktik (s.o.) nur reflektieren, wenn neben den harten Fakten auch die damit verbundenen Zielsetzungen transparent gemacht werden. Weil man dabei schon durch die Auswahl der Zielsetzungen, mit denen man sich beschäftigt, Prioritäten setzt, ist man als Forscher unweigerlich in die Entscheidung über normative Fragen involviert.

Zur Lösung des Problems könnte man eine Art Zurückhaltung empfehlen, die sich auf das rein Faktische beschränkt. Dies ist jedoch im besten Fall eine Illusion. Sie wird bedenklich, wenn hinter der Vorderbühne der reinen Tatsachen verborgen bleibt oder gar bewusst verborgen wird, in welchem intentionalen und politischen Umfeld diese Forschung sich bewegt.

Aus dieser nicht möglichen Abgrenzung hat der amerikanische Philosoph Richard *Rorty* (1931-2007) eine radikal andere Konsequenz gezogen: „Realität" ist nach seiner Überzeugung nur das, was sich im sprachlich-sozialen Diskurs der Angehörigen der Gesellschaft etabliert hat. Theorie bringe nur zum Ausdruck, was jeweils unter den bestehenden Verhältnissen sprachlich formuliert wurde und dabei gültig geworden ist. Er verweigert folgerichtig der wissenschaftlichen Reflexion, sich auf irgendwie und irgendwoher begründete absolute Wahrheiten zu berufen. Stattdessen fordert er die Sozialwissenschaften auf, die Verhältnisse so zu beschreiben, dass ihre „sozialen Praktiken" phantasievoll gestaltet werden können. Es gehe nicht um distanzierte, neutrale „Objektivität", sondern um gesellschaftliche „Solidarität".

In diesem Sinne ist Wissenschaft ausdrücklich auf ihre normativen Implikationen verwiesen – und zwar nicht nur als Mahnung vor der möglichen Gefährdung ihrer Objektivität, sondern als Aufforderung, eine gesellschaftliche bzw. hier im Besonderen eine pädagogische Verantwortung wahrzunehmen. Wenn deren Intentionen transparent gemacht werden, kann die darauf bezogene Forschung genauer beurteilt und kritisch diskutiert werden.

Deutlich ist dieses Problem m.E. am Beispiel der *Ideologiekritik* zu zeigen: In den 1960er und 1970er Jahren wurde unter dieser Formel gefordert, dass bestehende Verhältnisse danach befragt werden, welche verborgenen, nicht transparenten (Herrschafts-)Interessen mit überkommenen Strukturen etc. verbunden sein könnten. Dass bis dahin solche latenten Faktoren nicht im Blick waren, wurde den damals dominanten methodischen Konzepten der Forschung angelastet. – Nach meinem Verständnis ist es jedoch keine Frage der Methoden im Sinne von Verfahrensweisen, ob eine bestimmte inhaltliche Fragestellung oder ein bestimmtes theoretisches und ggf. kritisches Konzept verfolgt wird. Mit welchen inhaltlichen Perspektiven Forschungsmethoden verwendet werden, ist vielmehr vom theoretischen und politischen Bewusstsein derer abhängig, die diese Methoden verwenden. Gegenwärtig spielen ideologiekritische Perspektiven eine wichtige Rolle in den Arbeiten des französischen Soziologen von Pierre *Bourdieu* (1930-2002). Diese werden auch in der deutschen Pädagogik intensiv diskutiert.

In ähnlicher Weise ist meines Erachtens die *Biografieforschung* nicht als eigenständige Methode zu verstehen, sondern als eine inhaltliche Fragestellung, die sich an entsprechendem Material abarbeitet: Können in dokumentierten oder erfragten Lebensläufen Strukturen und Prozesse identifiziert werden, die verständlich machen, warum sich Menschen zu unterschiedlichen Persönlichkeiten entwickeln? Dazu werden Methoden herangezogen, die auch bei anderen Fragestellungen hilfreich sind: vor allem Interviews und biografische Materialien.

Dass dies für andere Richtungen in ähnlicher Weise gilt, macht eine kurze Aufzählung nachvollziehbar: Jeweils spezifische Fragestellungen und theoretische Konzepte werden u.a. verfolgt in der *historischen Forschung*, in der *vergleichenden Pädagogik*, in der *Geschlechterforschung*, nach dem Konzept des *symbolischen Interaktionismus*, in *systemtheoretischer Perspektive*, unter *konstruktivistischen Fragestellungen* etc. Immer geht es um spezifische inhaltliche Ansätze, für die im Prinzip alle Methoden verwendet werden können, wenn auch jeweils bestimmte theoretische Konzepte Vorrang haben. Dass die vorliegende Einführung kein eigenes Kapitel zu diesen inhaltlich-theoretischen Ansätzen enthält, ist auf diese Sicht der Dinge zurückzuführen.

Es ist folglich auch nicht sinnvoll, dem einen oder anderen methodischen Konzept von Forschung eine bestimmte inhaltliche Bedeutung zu- oder abzusprechen. Ob in einem Forschungsprozess die Beobachtungen einer schon vorhandenen theoretischen Deutung *subsumptionslogisch* (wie Ulrich Oevermann (s.u.) es nennt) zugeordnet werden oder nach neuen Deutungen gesucht wird, entscheidet sich nicht durch die Wahl der Methode, sondern es hängt vom theoretischen Bewusstsein, genauer von einer theoretischen Fixierung oder theoretischen Offenheit der beteiligten Personen ab. Man kann nach jedem Konzept der Forschung nur nach Bestätigungen für seine Erwartungen suchen, Kritik üben oder für Neues offen sein.

Modelle

Forschung und Wissenschaft zielen darauf ab, die komplexe und sich in vielen Aspekten ständig verändernde *Wirklichkeit besser zu verstehen* und die Kommunikation darüber zu fördern. Sie tun dies, indem sie diese Wirklichkeit *in Modellen rekonstruieren*. Modelle sollen die Wirklichkeit anhand geeigneter Begriffe und/oder quantitativer Kennwerte so beschreiben, dass sie auf bestimmte Fragestellungen hin besser beobachtet, verstanden und (eventuell zunächst probeweise) verändert werden können. Man bereitet die Wirklichkeit so auf, dass bestimmte Aspekte, für die man sich besonders interessiert, herausgehoben, verdeutlicht und exemplarisch zugänglich werden. Je nachdem welcher Aspekt gerade interessiert, kann das Modell ganz verschieden aussehen – so wie etwa Landkarten die Wirklichkeit ganz verschieden darstellen: als Netz von Autobahnen, von Eisenbahnlinien oder von Wasserstraßen oder nach Postleitzahlbezirken, nach Bevölkerungsdichte oder Dialektgebieten usw. Auch macht es einen wesentlichen Unterschied, ob es mehr darum geht, einen Überblick zu gewinnen oder ob man sich im Detail möglichst gut orientieren will.

Modelle sollen die Wirklichkeit anhand geeigneter Begriffe und/oder quantitativer Kennwerte so beschreiben, dass sie auf bestimmte Fragestellungen hin besser beobachtet, verstanden und (eventuell zunächst probeweise) verändert werden kann. Man bereitet die Wirklichkeit so auf, dass bestimmte Aspekte, für die man sich besonders interessiert, herausgehoben, verdeutlicht und exemplarisch zugänglich werden. Je nachdem, welcher Aspekt gerade interessiert, kann das Modell ganz verschieden aussehen – so wie etwa Landkarten die Wirklichkeit ganz verschieden darstellen: als Netz von Autobahnen, von Eisenbahnlinien oder von Wasserstraßen oder nach Postleitzahlbezirken, nach Bevölkerungsdichte oder Dialektgebieten usw. Auch macht es einen wesentlichen Unterschied, ob es mehr darum geht, einen Überblick zu gewinnen oder ob man sich in Details möglichst gut orientieren will.

Ein Modell darf man *nicht als eine treue Abbildung von Wirklichkeit* verstehen, es ist fiktiv. Und natürlich kann es sogar falsch sein. Das Modell kann sich so sehr von der Wirklichkeit entfernen, dass es zu „abstrakt", zu „abgehoben" wird und nicht mehr „gültig" ist (s.u.). Dieser Vorbehalt sollte bei der Argumentation mit Modellen stets bewusst bleiben. Wer nun deshalb die Wirklichkeit in ihrer vollen Komplexität belassen und keine vereinfachenden Modelle verwenden will, wird aber möglicherweise wichtige Strukturen, Beziehungen, Effekte usw. nicht erkennen. Wer wiederum nur die Details sieht, wird die Zusammenhänge nicht verstehen. Ein Modell soll helfen, diese verschiedenen Ebenen aufeinander beziehen und miteinander verbinden zu können. Aber ein Modell bleibt immer eine Abstraktion der Wirklichkeit. Deshalb ist es wichtig, sich des Modellcharakters wissenschaftlicher Aussagen bewusst zu bleiben: Die Wirklichkeit wird jeweils nur unter bestimmten Perspektiven betrachtet, und es ist ggf. notwendig, verschiedene Modelle, die von einem Gegenstand oder Sachverhalt entworfen werden, wieder zu einem Gesamtbild von Wirklichkeit zusammenzufügen.

Der Philosoph Herbert *Stachowiak* (1921-2004) hat den Modellbegriff 1983 systematisch und konsequent in erkenntnistheoretischen Überlegungen entwickelt. Er geht dabei von zwei Annahmen aus: Zum einen sieht er den Anfang jeglicher Theoriebildung darin, dass ein „pragmatischer Entschluss" gefasst wird: Theorie wird dann entwickelt, wenn es dazu einen Anlass bzw. eine Zielsetzung gibt. Diese Intentionalität der Theoriebildung führt dazu, dass Erkenntnisse in „Modellen" formuliert werden, die von den Intentionen des „Wahrnehmungssubjekts" abhängig und zeitlich begrenzt gültig sind. Diesen Modellcharakter verliere eine Theorie auch dann nicht, wenn sie theoretisch anspruchsvoll und begrifflich differenziert entfaltet wird.

Christiane *Schäper* hat 2002 wechselseitige Zusammenhänge zwischen „Einkommensverteilung, Bildungspolitik und Wirtschaftswachstum" untersucht und in einem Modell herausgearbeitet, „unter welchen Voraussetzungen Bildungspolitik gleichzeitig sowohl Wachstums- als auch Verteilungspolitik sein kann". Sie macht die Wirkungen von Bildungspolitik auf Wachstum und Verteilung erkennbar. Es erweist sich, dass die „Interdependenzen" zwischen Einkommensverteilung und Wachstum „robust" sind. Das „Humankapital" spiele im Kontext von Bildungspolitik offenbar eine wesentliche Rolle für Wirtschaftswachstum und Verteilungsprozesse.

Nun können und sollen Modelle – besonders in den Human- und Sozialwissenschaften – nicht immer dazu führen, eine eindeutig richtige, einzig mögliche Wahrheit endlich herauszufinden und abzubilden. Soziale Wirklichkeit entsteht nicht von Natur her, sondern sie ist – zumindest in weiten Bereichen – *von den Definitionen, von den Sinnverständigungen abhängig, die Menschen ihr geben.* Manche Sachverhalte werden geradezu erst durch ihre ausdrückliche Benennung zu „Realität", weil sie vorher gar nicht ins Bewusstsein getreten waren. Als „soziale Realität" oder „konsensuale Sachverhalte" können sie entweder überhaupt erst bedeutsam werden oder ihre Bedeutung verändern. (Ich denke, dass z.B. religiöse Überzeugungen durch den Glaubensakt und deren Bestätigung durch den gesellschaftlichen und kulturellen Konsens zu einer *Tat*–sache werden.) So wie im Alltagshandeln das Reden über Sachverhalte diese nicht nur beschreibt, sondern sie auch beeinflusst oder gar verändert (auch eine „Fest-Stellung" bewirkt etwas!), so hat auch wissenschaftliche Kommunikation Einfluss auf unsere Lebenswelt. Ob die eine oder eine andere Sichtweise für wahr gehalten und wissenschaftlich „begründet" wird, ist keine Frage, die sich ausschließlich und verbindlich an der Realität selbst klärt, sondern auch eine Folge gesellschaftlicher Auseinandersetzungen und politischer Setzungen. Macht und

Wahrheit stehen durchaus in Zusammenhang miteinander. Das einzige verfügbare Kriterium für „Wahrheit" liegt in der Antwort auf die Frage, *was als Wahrheit gelten soll*. Darüber hinaus bleibt im Grunde alles vage – aber diese soziale Vergewisserung muss und kann als Basis des Entscheidens und Handelns – zumindest vorläufig und ggf. mit Vorbehalt – hinreichen.

Aber eben deshalb ist Vorsicht geboten: Modelle können einen komplexen Sachverhalt simplifizieren. Man erliegt möglicherweise der Verführung, die Unübersichtlichkeit der Verhältnisse beherrschen zu können. Aber eben dies kann in solchen Situationen (wieder) handlungsfähig machen, wenn man sich auf die in dem Modell ausgedrückte Perspektive verständigen kann bzw. bei den Adressaten seines Handeln Zustimmung findet.

Im Prinzip haben Modelle viele *Vorteile*: Sie können …
➢ den Erkenntnisprozess voranbringen,
➢ eine Sache überschaubar und leichter kommunizierbar machen,
➢ die unter einer Fragestellung für relevant gehaltenen Aspekte herausstellen,
➢ auf mögliche Nebenwirkungen aufmerksam machen,
➢ die Wirkung bestimmter Aspekte probeweise aufzeigen,
➢ alternative Sichtweisen durchspielen,
➢ Planung und Verwirklichung in Beziehung setzen,
➢ in didaktischer Funktion das Wichtige herausstellen und leichter vorstellbar machen.

Als *Nachteil* muss ggf. in Kauf genommen werden, dass Modelle …
➢ die ursprüngliche Komplexität so vereinfachen können, dass sie „zu einfach", „unterkomplex" erscheint,
➢ möglicherweise relevante Aspekte aus dem Blick drängen, sodass ein falsches Bild entsteht,
➢ Aspekte ausblenden, die den Betrachtern nicht bewusst werden,
➢ eindeutiger funktionieren als die Wirklichkeit und diese verfälschen,
➢ eine ästhetische Wirkung entfalten und die Betrachter verzaubern, sodass das Abbild schöner erscheint als das Abgebildete,
➢ sich in der Kommunikation verselbstständigen, wenn ihr tentativer (versuchsartiger) Charakter vergessen wird.

Generell ist festzuhalten: Theorien und Modelle sind immer glatter als die oft widersprüchliche Realität. Ob ein Modell der Realität gerecht wird, ist schwer zu beurteilen. Prüfen kann man ein Modell immer nur im Rahmen der herausgestellten Aspekte. Ausführlich wird dieses Problem bei Gerd *Gigerenzer* (geb. 1947) und bei Herbert *Stachowiak* diskutiert. Thomas S. Kuhn (1922-1996) hat die relative Bedeutung aufgezeigt, die Modellen im Wandel wissenschaftlicher Paradigmen zukommt.

Damit Modelle geprüft werden können, müssen die Annahmen, Interessen und Wünschbarkeiten, die in die Bildung eines Modells eingeflossen sind, transparent werden können. Dazu muss man Modelle lesen können. Man muss ggf. die Symbole verstehen (wie eine Legende bei Landkarten, Schaltplänen u.Ä.). Man muss sich das Original (die Vorlage bzw. das Gedachte, Zukünftige) vorstellen (es *imaginieren*) können. Vielleicht braucht man – ähnlich wie eine Medienkompetenz – eine Art *Modell-Kompetenz*: Man muss ein Modell lesen können, soll aber andererseits kritisch bleiben! – Dazu soll dieser Band beitragen!

Als „Modelle" sind auch die verschiedenen Kennwerte zu verstehen, die in der *Statistik* berechnet werden (s.u.). So ist z.b. ein Mittelwert eine reduzierende Information über die zentrale Position einer Verteilung von Messwerten. Er stellt diesen einen Aspekt heraus, macht aber nicht mehr erkennbar, in welcher Beziehung die einzelnen Daten zu ihrer durchschnittlichen zentralen Tendenz stehen. In der Regel gibt es keinen einzigen Fall, der genau den errechneten Mittelwert aufweist. Dennoch gibt der Mittelwert eine Information, die für die erste Beurteilung der Daten hilfreich sein kann.

Modelle sollen helfen, verschiedene Aspekte, Betrachtungsweisen und Ebenen aufeinander zu beziehen und miteinander in Verbindung zu bringen. Modelle bleiben aber immer Abstraktionen der Wirklichkeit. Deshalb ist es wichtig, sich des Modellcharakters wissenschaftlicher Aussagen bewusst zu bleiben: Die Wirklichkeit wird jeweils nur unter bestimmten Perspektiven betrachtet, und es ist notwendig, verschiedene Modelle immer wieder zu einem Gesamtbild von Wirklichkeit zusammenzufügen.

Als „Modell" ist auch das *Konzept des theoretischen „Konstrukts"* zu verstehen: Damit soll ein vermuteter Sachverhalt, ein Merkmal oder ein Prozess „begriffen" werden, den man zwar nicht „real" beobachten (nicht unter das Mikroskop legen) kann, für dessen Wirksamkeit aber gleichwohl Gründe genannt werden können, die eine solche Annahme zumindest als Entwurf sinnvoll erscheinen lassen. Es geht um den Versuch, für einen bestimmten Aspekt der Lebenswelt eine bestimmte Sichtweise vorzuschlagen und dafür einen Begriff zu prägen, der diese Sichtweise kommunizierbar macht. So legen z.B. Begriffe wie „Sozialschicht", „Motivation", „Über-Ich", „Lernen", „Leistung", „Kompetenz" etc. bestimmte Beschreibungen und Deutungen nahe, die im Verlauf eines entsprechenden Kommunikationsprozesses soziale Anerkennung finden und soziale Gültigkeit erlangen können. Aber ob damit Wirklichkeit „wirklich" angemessen erfasst wird, können wir letztlich nicht beurteilen und entscheiden. Im Grunde gilt, was für gültig gehalten wird.

Möglichkeiten und Grenzen des Erkennens

Mit dieser Überschrift soll angedeutet sein, dass es um eine Balance geht zwischen einer eher skeptischen Sicht auf die Grenzen des Erkennens und einer dennoch erlaubten Hoffnung auf Ergebnisse, die theoretisch befriedigend und/oder praktisch hilfreich sein können. Grundsätzlich sei davor gewarnt, irgendwelchen *All-Aussagen* Glauben zu schenken. Ob etwas immer so ist, wie manchmal behauptet wird, sollte grundsätzlich infrage gestellt bleiben – jedenfalls nach erkenntnistheoretischen Kriterien. Auf „essenzialistische Pauschalaussagen", die das Wesen (die „Essenz") einer Sache ergründet haben wollen, sollte man in der wissenschaftlichen Argumentation lieber verzichten bzw. ihnen mit Skepsis begegnen. In der Regel verkürzen sie die wirklichen Verhältnisse aus einer begrenzten, normativ geprägten Sichtweise auf jene Dimension, die der Verkünder gern als die einzige herausgestellt wissen möchte.

Gleichwohl lohnt sich natürlich jeder Versuch, einen Sachverhalt besser zu durchschauen. Das ist allerdings bei human- und sozialwissenschaftlichen Fragestellungen nicht ganz einfach. Und für pädagogische Probleme gilt dies in besonderer Weise, weil hier normative Fragen eine große Rolle spielen. Die Erziehungswissenschaft kann deshalb als eine *schwierige Wissenschaft* verstanden werden. Was sein soll, ist noch nicht wirklich – was ist, muss nicht auch sein sollen und so bleiben. Aber wie entscheidet man zwischen diesen Alternativen?

Es kommt hinzu, dass Wissenschaft nicht nur getreu abbildet, was auch ohne sie schon Fakt ist – sie trägt in der gesellschaftlich-politischen Kommunikation auch dazu bei, Wirklichkeit zu *konstruieren*. Sie macht evident, dass etwas (nicht) geht, sie liefert Argumente für oder gegen Positionen, sie relativiert oder verstärkt diese oder eben andere. Dabei ist es kaum möglich und im Sinne eines pädagogischen Ethos gar nicht einmal wünschenswert, Wahrheiten im Sinne eindeutiger Gesetze zu identifizieren. Pädagogische Situationen und Sätze darüber sind *kontingent*: Sie sind so, wie sie sind, sie könnten aber auch anders sein. Ganz beliebig sind sie zwar nicht, wir können nur die komplexen Konstellationen und eventuelle kausale Beziehungen nicht vollständig durchschauen. Deshalb werden in den Sozialwissenschaften in der Regel keine *deterministischen*, unausweichlichen Beziehungen erwartet, sondern lediglich wahrscheinliche, so genannte *probabilistische* Ereignisse, die häufig, aber eben nicht immer beobachtet werden können.

Im Folgenden sollen prinzipielle Fragen und Probleme diskutiert werden, zu denen man unterschiedlich Position beziehen kann und zu denen folglich jeder, der sich mit Forschung auseinandersetzt, eine begründete, aber letztlich eigene Sicht entwickeln muss. Manche halten Wissenschaft für *objektiv* und im Ergebnis eindeutig: Erst wenn etwas endgültig „bewiesen" und „geprüft" ist, könne es das Gütesiegel wissenschaftlicher Erkenntnis bekommen. Für andere ist Wissenschaft nicht besser und nicht verlässlicher als alltägliches Gerede. Von zwei Wissenschaftlern bekomme man auf eine konkrete Frage mindestens drei verschiedene, also im Grunde wertlose Antworten. – Ich will im Folgenden versuchen, ein Verständnis von Wissenschaft zu entwickeln, das für die sozialwissenschaftliche Reflexion hilfreich sein kann.

Grenzen und Fallen

Wenn man Wissenschaft als Kommunikation betrachtet, muss man davon ausgehen, dass sie prinzipiell den *Gefahren verzerrter Kommunikation* (s.o.) unterliegt. Damit ist gemeint, dass die Partner eines Gesprächs nicht selbstverständlich unvoreingenommen und offen miteinander reden, sondern dass sie von bestimmten Vor-Annahmen ausgehen oder bestimmte Ziele und Interessen verfolgen. Sie werden z.B. nur dann oder umso heftiger widersprechen bzw. zustimmen, wenn ihre eigenen Interessen berührt werden, oder nur auf Dinge eingehen, die ihnen selbst wichtig erscheinen. Auch für die Partner einer wissenschaftlich gemeinten Kommunikation (im weitesten Sinne) gilt deshalb, …
> dass sie unterschiedliche Interessen an einem Forschungsgegenstand haben und von den Ergebnissen unterschiedlich betroffen sind,
> dass sie unterschiedlich kompetent sind, sowohl im Umfang als auch im Profil ihrer Kompetenz,
> dass sie unterschiedliche Möglichkeiten haben, Forschung zu beeinflussen oder die Ergebnisse der Forschung zu verwerten.

Gleichwohl lassen sich auch im Medium der Wissenschaft jene Probleme, die mit alltäglicher Kommunikation verbunden sind, nicht ganz vermeiden – WissenschaftlerInnen sind eben doch auch „nur Menschen". Immer wieder werden Dinge als Tatsache behauptet, die auf Vermutungen beruhen und/oder als wünschenswert gelten, aber keineswegs entsprechend gesichert sind.

Zur Abwehr solcher Probleme haben staatliche und/oder standesrechtliche Instanzen (Verbände der Wissenschaften) Einrichtungen geschaffen, die darüber wachen sollen, dass die *Regeln wissenschaftlicher Ethik* (s.u.) eingehalten werden.

Die wissenschaftliche Argumentation kann dadurch *begrenzt* sein, dass sie im Rahmen jener theoretischen Konzepte kreist, an denen sich eine Untersuchung orientiert. Man sucht dann nur nach Antworten auf jene Fragen, die schon vorab gestellt waren. Es ist wie bei einer Reise: Man hat am Ziel nur das im Koffer, was man zu Hause eingepackt hat, und mancher sieht dort nur das, worüber er sich vorher informiert hat. In den Sozialwissenschaften wird dieser Gedanke als *gigo-Prinzip* (=garbage-in-garbage-out) bezeichnet: Wenn man eine Untersuchung unsinnig anlegt, kann auch nur

Unsinn herauskommen. Das schließt natürlich nicht aus, dennoch etwas Neues zu finden. Aber das kann allein durch bestimmte Methoden und Techniken der Forschung nicht sichergestellt werden. Neues entdeckt man nur, wenn man dazu bereit ist. Dafür können eine eher alltagsmäßige Naivität und eine unkontrollierte Neugierhaltung hilfreich sein.

In erkenntnistheoretischem Sinn können in der wissenschaftlichen Argumentation folgende grundlegende *Fehler* begangen werden:

• Der *Schluss vom Sein zum Sollen:* Man schließt aus der Beschreibung dessen, was empirisch der Fall ist, auf das, was sein soll; aus empirischen Beobachtungen dürfen aber keine normativen Aussagen abgeleitet werden.

• Der *Schluss vom Wollen auf das Sein:* Dieser Fehler unterläuft immer dann, wenn die Wahrnehmung und die Beschreibung von Sachverhalten beeinflusst werden durch Vorannahmen und Zielvorstellungen derjenigen, die diese Beschreibungen vornehmen; auch hier wird das Prinzip nicht strittig sein, es dürfte aber schwierig sein, es einzuhalten.

• Der *voreilige Schluss:* Aus ersten Versuchen, raschen Beobachtungen und Einzeldaten werden weitreichende Folgerungen abgeleitet, die allenfalls als Hypothesen gelten können.

• Der *ökologische Fehlschluss:* Man überträgt einen isolierten Laborbefund auf eine größere Gesamtheit, auf das Umfeld (deshalb „ökologisch").

• Die *unzulässige Deutung als Kausalität:* Konsekutive, zeitlich aufeinander folgende Phänomene werden als kausal zusammenhängend interpretiert („Das ist doch plausibel …").

• Der *Zirkel-Beweis:* Eine Vermutung wird durch ein Beispiel, eine Grafik o.Ä. erläutert und diese dann als Beleg herangezogen („Wie man sieht …").

Solche Fehler können auch dann unterlaufen, wenn man Befunde mit gutem Gewissen darzustellen versucht. Allzu leicht erliegt man den Eindrücken schöner Beispiele, der *Plausibilität* seiner Ideen und der Faszination einer scheinbar stringenten Gedankenführung. Unverzeihlich wird es dagegen dann, wenn Daten leichtfertig oder gar vorsätzlich gefälscht werden, um eine bestimmte These beweisen zu können und dadurch den Diskurs über Sachverhalte so zu beeinflussen, wie es die eigenen Zielvorstellungen oder die der Auftraggeber am besten stützen kann. Das wird unter „Fälschung und Betrug" später noch einmal näher betrachtet.

An diesen möglichen Fehlern wird noch einmal deutlich, wie leicht eine wissenschaftlich gemeinte Argumentation in die Fallen der alltäglichen Rede geraten kann. Deshalb gilt auch hier die häufig zitierte Regel, nach der Kon–trolle besser ist als Vertrauen!

Die Vielfalt der Fragen und Methoden

In den vorangehenden Erörterungen sollte das breite Spektrum entfaltet werden, in dem sich pädagogische Forschung bewegen kann. Entsprechend vielfältig sind die *methodischen Möglichkeiten*, mit denen diese Fragen bearbeitet werden können. Beispielhafte Hinweise müssen genügen. Forschung kann ...

> historische Verläufe rekonstruieren und die Kräfte transparent machen, die diese Prozesse gefördert oder behindert haben,

> auf dieser Folie die aktuelle Situation abbilden und an den Wurzeln aufzeigen, was heute anders oder ähnlich ist,

> ausgewählte Situationen oder Personen intensiv in den Blick nehmen und daran studieren, was der Fall ist,

> versuchen, sich in relevante Situationen hineinzuversetzen und nachzuvollziehen, wie dort aus welchen Beweggründen gehandelt wird,

> das Verhalten von Menschen unter ausgewählten Fragestellungen beobachten und versuchen, dies zu verstehen,

> Situationen in bestimmten Bedingungen gezielt verändern und prüfen, ob sich auch in anderen Aspekten etwas ändert,

> Menschen fragen, wie sie sich in bestimmten Situationen verhalten und warum sie es tun,

> versuchen, die eigentlichen, vielleicht unbewussten Motive für das beobachtete oder dokumentierte Verhalten zu ergründen,

> prüfen, ob Menschen sich unter bestimmten Bedingungen in einer Weise verhalten, die man mit einer gewissen Wahrscheinlichkeit voraussagen kann,

> erkunden, ob bestimmte Vorschläge zur weiteren Entwicklung Zustimmung finden und unter bestimmbaren Bedingungen erfolgreich umgesetzt werden könnten,

> Bilanz ziehen und Kriterien entwickeln, nach denen Erfolg oder Misserfolg beurteilt werden kann.

Das methodische Vorgehen hängt davon ab, welche *Materialien*, welche „Daten" verfügbar sind oder beschafft werden können. Denkbar sind ...

> non-verbale Spuren, Materialien, Gegenstände,

> schriftliche Materialien wie publizierte Texte, die für die Öffentlichkeit geschrieben wurden, oder vertrauliche Aufzeichnungen,

> mündliche, medial fixierte Aussagen, die ggf. zu Texten transkribiert werden,

> bildliche Darstellungen wie Gemälde, Fotos, Zeichnungen, Skizzen, Videos, Filme,

> alltägliche Statistiken (in der Zeitung ...) oder ohnehin anfallende Daten (z.B. Schulnoten),

> Daten aus Beobachtungen und Befragungen, die zum Zweck von For-
schung erhoben wurden/werden,
> Ergebnisse wissenschaftlicher Untersuchungen, die bereits publiziert sind
oder zur Verfügung gestellt werden.

Solche Verfahren können im Sinne des *Suchens* oder des *Findens* eingesetzt
werden:

• Man kann gezielt unter einer *theoretisch begründeten Perspektive* beobachten, befragen oder experimentieren, wenn man Indizien sucht, nach
denen sich eine These bestätigen lässt oder infrage gestellt und womöglich
gar verworfen werden sollte.

• Man kann sich ohne gezielte theoretische Annahmen und *mit offenem Ergebnis* in ein Feld begeben, sich in Situationen hineinversetzen, die Eindrücke auf sich wirken lassen und erst dann in mehreren Schritten und mit wiederholten (Selbst-)Prüfungen versuchen, zu einer Deutung zu kommen. Diese mag zunächst nur dieser einen Situation entsprechen, sie kann aber möglicherweise auch für vergleichbare Konstellationen angemessen sein.

Im Folgenden sollen die *theoretischen Grundlagen* jener Konzepte dargelegt werden, die in der pädagogischen bzw. erziehungswissenschaftlichen
Forschung diskutiert werden. Weil Ziele der Forschung unterschiedlich
sind, sich aber auch nicht strikt voneinander abgrenzen lassen, ist es schwierig, eine Einführung klar zu strukturieren. Jede eindeutig erscheinende Abgrenzung ist mehr oder weniger unbefriedigend, weil sich viele prinzipielle
Aspekte nicht eindeutig zuordnen lassen und abgrenzende Kriterien auch
für andere Konzepte in Anspruch genommen werden können.

Grob kann man unterscheiden zwischen Konzepten, die sich einer Fragestellung eher explorativ nähern und etwas Neues *entdecken* wollen, und
solchen, die sich auf vorliegende Theorien beziehen und diese *prüfen* wollen. Aber eine neue theoretische Entdeckung wird sich in nachfolgenden
Studien bewähren müssen, und die kritische Prüfung einer Theorie sollte
auch dazu beitragen, dass man sie modifiziert oder gar zu einer neuen Deutung weiterentwickelt: Entdecken und Prüfen lassen sich also nicht trennen.

Auch die häufig verwendete Unterscheidung zwischen *Verstehen* und
Erklären (s.u.) ist nicht nur auf den ersten Blick, sondern auch nach nähe-
rem Nachdenken irritierend: Natürlich kann man etwas, das man „verstanden" hat, auch anderen „erklären", und wenn man Gesetzmäßigkeiten erkannt hat, kann man nicht nur etwas erklären, sondern man versteht es (in
der Regel) auch besser.

Traditionell stehen sich *Hermeneutik* und *Empirie* abgrenzend gegenüber. Die eher als qualitativ zu verstehende Hermeneutik bezieht sich auf
den Sinn historischer Entwicklungen oder situativer Prozesse, während die
Empirie mit quantitativ-statistischen Analysen nach Gesetzmäßigkeiten

sucht, mit denen Beobachtungen erklärt und Entwicklungen vorhergesagt werden können. Aber aus situativen Prozessen kann auch herausgearbeitet werden, ob etwas Typisches oder Gesetzmäßiges erkennbar wird. Umgekehrt können Gesetzmäßigkeiten zur Analyse einzelner Fälle – zumindest im Sinne von möglichen Erklärungen – herangezogen werden. Im Grunde ist der Begriff „Empirie" in seiner Bedeutung keineswegs auf quantitativ-statistische Verfahren begrenzt. Erfahrungen macht man im Alltag natürlich auch ohne Statistik. In methodologischen Konzepten wird der Begriff allerdings enger gefasst als ein Prozess, der durch systematische Prüfung begleitet wird.

Ähnliches ist zum begrifflichen Gegensatz zwischen *qualitativ* und *quantitativ* zu sagen. Mit diesen Begriffen werden methodologische Prinzipien verbunden, deren trennende Zuordnung m.E. zu eng ist. Zumindest sollte sie überwunden werden. Im Grunde geht es um unterschiedliche Materialien, die hier bzw. dort verwendet werden: „Qualitativ" müssen Texte oder auch nonverbale Dinge analysiert werden, weil sie nicht numerisch verarbeitet werden können. Gleichwohl wird mit Erfolg versucht, Texte nach inhaltlichen Kategorien zu quantifizieren, damit anhand statistischer Kennwerte Strukturen erkennbar werden können, die sich beim Lesen nicht offenbaren. Zudem können Deutungen über das Gewicht (die Häufigkeiten) bestimmter Kategorien leichter überprüft werden. Natürlich müssen empirisch-statistische Studien auch reflektieren, was die ermittelten Werte qualitativ bedeuten, und qualitative Studien sollten über Einzelfälle hinaus auch für größere Gruppen quantitativ relevant sein können.

Mit diesen hier kurz angesprochenen Unterscheidungen werden durchaus relevante Aspekte hervorgehoben, aber die Abgrenzung gegenüber dem jeweils anderen weckt häufig den Eindruck, dass wissenschaftliche Reviere beansprucht und verteidigt werden sollen. Es ist eben manchmal doch wie im Alltag (s.o.).

Im Vergleich zu den genannten Varianten erscheint mir die traditionelle Unterscheidung zwischen *Hermeneutik* und *Empirie* immer noch als diejenige, die am deutlichsten grundsätzlich andere Perspektiven betont. Zur begrifflichen Klärung soll in dieser Einführung zwischen *hermeneutisch-interpretativen* und *empirisch-rationalistischen* Konzepten der Forschung unterschieden werden.

Diese Konzepte werden in den Kapiteln 3 und 4 zunächst je für sich erörtert. Dabei sollen Grenzen deutlich werden, aber auch mögliche Gemeinsamkeiten aufscheinen. Zunächst werden die methodologischen Positionen erläutert: Aus welchen erkenntnistheoretischen Positionen werden die Methoden und Techniken hergeleitet?. Methoden im Sinne von Techniken und Verfahren werden in den dann nachfolgenden Schritten behandelt.

2.3 Wissenschaftliches Argumentieren

Wissenschaft ist im Grunde ähnlich wie das Alltagsdenken und -handeln ein Versuch, sich über Wirklichkeit zu verständigen, in der wir leben und in der wir uns so oder so orientieren und verhalten. Wissenschaft ist *eine – wenn auch eine besondere – Form der Kommunikation über unsere Lebenswelt.* Sie wird besonders relevant in Bereichen, die wir im Alltag durch schlichte Wahrnehmung und das Reden darüber nicht hinreichend verstehen und klären können. Gleichwohl geht es im Grunde auch dabei darum, eine bestimmte, für richtig und evident erscheinende und für plausibel gehaltene Sichtweise in die Diskussion und die Gestaltung der Lebenswelt einzubringen – und damit erfolgreich zu sein und letztlich Recht zu bekommen und zu behalten.

Wissenschaftliches Argumentieren soll sich allerdings vom Reden im Alltag dadurch abheben und abgrenzen, dass sie in ihren „Methoden" besonderen Ansprüchen genügen und darin transparent sein soll. Im ursprünglichen Wortsinn ist „Methode" (gr. methodos, metá: hinterher, nach und hodós: Weg, Gang) zu verstehen als das Nachgehen eines bestimmten Weges und im übertragenen Sinne als das Verfolgen eines Verfahrens, das durch ein Regelsystem bestimmt ist.

Klaus *Mollenhauer* hat die Bedeutung der Argumentation mit folgender Aussage auf den Punkt gebracht: „Die Wissenschaft überzeugt nicht durch das Resultat..., sondern durch die Methode der Argumentation." (1979, S. 65). Gleichwohl relativiert er die Erwartung, durch Methoden gesichert zu eindeutigen Erkenntnissen kommen zu können.

Und schon in den Werken vom *Marx und Engels* ist zu lesen: „Zur Wahrheit gehört nicht nur das Resultat, sondern auch der Weg." (Band I, S. 7).

Solche prinzipiellen Fragen öffnen „ein weites Feld", auf dem in der philosophischen Disziplin der *„Epistemologie"* (von griechisch epistéme = Wissen, Wissenschaft und „wahre" Erkenntnis und lógos = Wort, Rede, Lehre) heftig diskutiert und gestritten wird. Es geht dabei einerseits um grundsätzliche Vorbehalte, nach denen alles vermeintliche „Erkennen" im Grunde nur als Vorstellung oder gar als Traum zu verstehen ist. Man erliege Illusionen, wenn man glaubt, etwas sicher erkennen zu können. Zwischen den „Dingen an sich", die man nicht erkennen kann, und den Worten, die man zu ihrer Beschreibung wählt, gebe es keine verlässliche Beziehung. – Das ist als prinzipielle Warnung durchaus bedenkenswert und als intellektuelle Herausforderung anregend, hilft aber nicht viel weiter, wenn man konkrete Prozesse und Probleme bearbeiten soll, über deren Beschreibung man sich immerhin einigermaßen verbindlich verständigen konnte. – Wie eine humanwissenschaftliche Argumentation ihren Weg finden kann zwischen prinzipieller Skepsis einerseits und pragmatischen Erwartungen andererseits, soll im Folgenden näher erörtert werden.

Ziele

Wissenschaft und Forschung beziehen sich vor allem auf ...

> die Wahrnehmung und Beschreibung von Merkmalen (Körpergröße, Einstellungen, Verhaltensweisen ...),

> die genauere Bestimmung (Explikation) von Begriffen sowohl der Alltagssprache als auch der Wissenschaftssprache,

> Behauptungen über das „Wesen" von Ereignissen oder Zuständen, über typische Merkmale von „Erscheinungen",

> Vermutungen über Gründe von Verhaltensweisen und Ursachen von Ereignissen,

> Vermutungen über Ursache-Wirkungs-Zusammenhänge,

> die Fragwürdigkeit von Gewohnheiten, Ansichten, Verhältnissen,

> die Entwicklung und Erprobung von Problemlösungen,

> Möglichkeiten, die Wirklichkeit zu verändern,

> die Prognose von Ereignisfolgen, sowohl in der Absicht, diese zu vermeiden, als auch in der Hoffnung, sie bewusst herbeiführen zu können.

> Warnung vor möglicherweise problematischen Entwicklungen: dabei können auch Übertreibungen eingesetzt werden, um die Adressaten wachzurütteln,

> usw.

Dabei kann Wissenschaft durchaus – neben den drei üblich so benannten öffentlichen „Gewalten" – als eine vierte Kraft verstanden werden, die mit ihren eigenen Möglichkeiten (aber auch deren Grenzen) ein öffentlicher Player an der Gestaltung der Lebenswelt mitwirkt: konstruktiv, stabilisierend, aber auch kritisch. Ziele und Zwecke der Wissenschaften und der Forschung können – ohne dass dies trennscharf unterscheidbar wäre – in folgenden Dimensionen gesehen werden:

• *Beschreiben (deskriptive Funktion)*: für einen beobachteten Sachverhalt Begriffe finden, mit denen über diesen geredet („kommuniziert") werden kann;

• *Erklären (analytisch-explanatorische Funktion)*: einen Sachverhalt in seinen Wirkfaktoren transparent (verstehbar) machen und mögliche (Be-)Handlungsweisen aufzeigen;

• *Bewerten (kritisch-evaluative Funktion)*: Merkmale eines Sachverhalts auf normative Kategorien beziehen und beurteilbar machen, in welchem Grad diese Normen erreicht werden (können);

• *Verändern (pragmatisch-interventive Funktion)*: Entwürfe für die (Neu- oder Um-)Gestaltung von Sachverhalten entwickeln und aufzeigen, unter welchen Bedingungen etwas möglich ist und welche Nebenwirkungen eintreten können.

Wissenschaftliche Argumentation kann *nomothetisch* oder *ideografisch* orientiert sein: In der nomothetischen Argumentation geht es um „gesetzgeberische" (gr. nomos: Gesetz; thesis: Leitsatz) Regel- und Gesetzmäßigkeiten, die für alle, jedenfalls für alle Betroffenen in gleicher Weise gelten (sollen). Das ideografische Denken (gr. idéas: u.a. Urbild) zielt auf die Beschreibung und das Verstehen des Einmaligen, Singulären und Eigentümlichen eines „Falles", eines (z.b. historischen) Prozesses oder einer Situation.

Wenn in den Sozialwissenschaften von „kausalen" Zusammenhängen gesprochen wird, werden in aller Regel keine „deterministischen", unausweichliche Beziehungen erwartet, sondern lediglich wahrscheinliche, so genannte „probabilistische" Ereignisse, die häufig, aber eben nicht immer bzw. in unterschiedlicher Intensität auftreten werden.

Wissenschaftliche Argumentation kann stärker an *Linearität* oder an *Zirkularität* orientiert sein: Im ersten Fall wird nach Aussagen gesucht, die möglichst eindeutig auf kausale Beziehungen zwischen Ursachen und abgeschlossene Wirkungen hinweisen. Zirkuläre Prozesse werden dagegen als komplexe Beziehungsgefüge und Wechselwirkungen verstanden, die nur als „System" und im jeweiligen „Kontext", also „ökosystemisch" angemessen erfasst und beschrieben werden können.

In den eher historisch orientierten Disziplinen geht es in der Regel um einmalige Situationen und Prozesse, die sich in ihren jeweiligen Besonderheiten nicht wiederholen können, aber gleichwohl verständlich machen können, wie etwas, das heute als „gegeben" erscheint, „geworden" ist. Es wird versucht, die entsprechenden Daten in ihrer Einmaligkeit zu verstehen; die „Grammatik" der Handlung herauszuarbeiten (zu „rekonstruieren"), die den Handelnden nicht (nicht mehr bzw. nicht vollständig) bewusst ist, aber doch faktisch das Handeln bestimmt (hat). Ob man (doch?) aus der Geschichte lernen kann, ist nach wie vor umstritten. Vermutlich ist das im Sinne eines „Sowohl-als-auch" eher „antinomisch" zu verstehen: Man kann sicherlich besser verstehen, warum etwa so geworden ist, wie es sich aktuell darstellt, man kann möglicherweise Stellschrauben finden, an denen gearbeitet werden kann, aber man wird daraus kaum ableiten können, was konkret und mit Blick auf die Zukunft getan werden muss. Vom Diskurs über Möglichkeiten und Grenzen des Wollens und Handelns wird man nicht entlastet!

Begründungen und Argumente

Wenn man in diesem Sinne Wissenschaft als eine Form der Kommunikation betrachtet, dann muss man (wie schon mehrfach erwähnt) auch davon ausgehen, dass sie prinzipiell den *Gefahren verzerrter Kommunikation* unterliegt. Damit ist gemeint, dass die Partner eines Gesprächs nicht selbstverständlich unvoreingenommen oder offen miteinander reden, sondern dass sie von bestimmten Vor-Annahmen ausgehen oder bestimmte Ziele und Interessen verfolgen. Sie werden z.b. nur dann oder umso heftiger widersprechen oder zustimmen, wenn ihre eigenen Interessen berührt werden, oder nur auf Dinge eingehen, die ihnen selbst wichtig erscheinen. Auch für die Partner einer wissenschaftlich gemeinten Kommunikation (im weitesten Sinne) gilt deshalb, …

> dass sie unterschiedliche Interessen an einem Forschungsgegenstand haben und von den Ergebnissen unterschiedlich betroffen sind,

> dass sie unterschiedlich kompetent sind (unterschiedlich sowohl im Umfang als auch in der Art ihrer Kompetenz),

> dass sie unterschiedliche Möglichkeiten haben, Forschung zu beeinflussen oder die Ergebnisse der Forschung zu verwerten.

Insofern unterscheidet sich Wissenschaft grundsätzlich nicht von den Grundbedingungen alltäglicher Kommunikation. Allerdings gibt es in den Zielsetzungen und den Ansprüchen deutliche Unterschiede.

Wissenschaftliches Argumentieren unterscheidet sich von anderen Formen der Kommunikation (wie z.b. dem normalen Alltagshandeln) dadurch, dass *versucht wird, solche verzerrte Kommunikation möglichst zu verhindern* oder aber (da dies prinzipiell nicht möglich ist) deren Auswirkungen zu kontrollieren. Die Art und Weise (die „Verlaufsform") der Kommunikation soll so gestaltet werden, dass sie möglichst transparent ist und kontrolliert werden kann. Dazu sollen Konventionen beitragen, die die „Wissenschaftlichkeit" von Aussagen ausmachen:

• Aussagen, die *als wissenschaftlich gelten* sollen, sind mit Gründen zu versehen, aus denen sie abgeleitet sind – sie sind zu *„belegen"*. Es ist zu unterscheiden zwischen der „Genese" und der „Geltung" von Aussagen; der „Entdeckungs- oder Entstehungszusammenhang" von Aussagen ist zu trennen von ihrem „Begründungszusammenhang": Warum und von wem Aussagen formuliert werden, ist im Prinzip zumindest zweitrangig und für deren Geltung allein nicht von Bedeutung. Gültigkeit kann erst beansprucht werden, wenn sachbezogen spezifische Gründe angeführt werden können und der Gang (die „Methode") der Argumentation überzeugt. Dazu werden u.a. folgende Regeln genannt:

• Das methodische Vorgehen muss *vollständig nachvollziehbar* sein; es muss zumindest von denen verstanden werden können, die sich in der Methodologie des Faches auskennen.

• Forschungsprozesse müssen *prinzipiell wiederholbar* und von anderen nachprüfbar sein.

• Ergebnisse sind (selbst)-*kritisch zu interpretieren* und vorsichtig zu generalisieren.

- *Tatsachenaussagen und Handlungsempfehlungen*, also „deskriptive" und „präskriptive" Sätze sind voneinander zu trennen und nach verschiedenen Regeln zu handhaben.

Die *Gesetze der Logik* sind zu beachten: Nach klassischem Verständnis gelten vor allem folgende „Sätze":

- Der „Satz der Identität": Gleiche Sachverhalte müssen in gleicher Weise bezeichnet werden („A" = „A")
- Der „Satz vom Widerspruch": Dasselbe kann nicht zugleich „sein" und „nicht sein". Über einen Sachverhalt kann keine zutreffende Aussage getroffen werden, wenn deren Gegenteil gilt.
- Der „Satz vom ausgeschlossenen Dritten" („tertium non datur" = ein Drittes ist nicht gegeben; deutlicher in englischer Fassung als „Law of the excluded middle") schließt aus, dass es zwischen zwei alternativ gemeinten Aussagen keine „Mitte" geben kann. So ist es auch wohl zu verstehen, wenn es in der Bibel (bei Matthäus 5,37) heißt: „Ja! Ja! Nein! Nein! Was darüber ist, das ist vom Übel."

Wissenschaft muss *ökonomisch und rechtlich unabhängig* sein; die inhaltliche und methodische Freiheit der Forschung ist eine wesentliche Voraussetzung dafür, dass wissenschaftliche Kommunikation möglich wird.

Es soll keine „Zirkel-Beweise" geben; z.B. eine Behauptung, einen Sachverhalt durch eine Zeichnung verdeutlichen wollen und dann diese Zeichnung als Beweis verwenden („Wie man in der Abbildung sehen kann.").

Scheinbar eindeutig ist die Frage, welche Bedeutung *Zitate und Hinweise* auf Publikationen anderer Autoren haben sollen bzw. haben können: In neutralem Sinn ist ein Zitat eine schlichte, wortwörtliche und zeichengenaue Wiedergabe einer Formulierung, die in einen eigenen Text übernommen wird. Der Zweck kann dabei aber variieren:

- Im eher engen Sinne werden Zitate als Belege für eine Aussage verstanden („Das hat schon xy gesagt und geschrieben!"). Und wenn dies auch noch bekannt ist und häufig zitiert wird („Edel sei der Mensch, hilfreich und gut!"), hat es den Anschein, dass es wohl als „wahr" gelten muss und die eigene Aussage stark machen kann – zumal diese Sentenz von Goethe(!) stammt.
- Damit ist aber noch nicht erkennbar, was mit einem solchen Zitat ausgedrückt werden soll. Ein Zitat kann als „Beleg" im Sinne von Begründung und Rechtfertigung gemeint sein, sodass man meint, es nicht weiter erklären zu müssen. Dann kann ein Zitat so verstanden werden, als würde der Zitierende sich mit der Aussage identifizieren. Das ist in manchen Kulturen die einzige zulässige und eindeutige Auffassung: Wer etwas zitiert, meint das selbst auch so.

- Im weiteren Verständnis können Zitate – im Sinne von „Finden" (vgl. Kap. 1.2) eine Aussage aufgreifen, mit der man sich auseinandersetzen möchte oder die man ablehnen will. Das ist dann näher zu erläutern.
- Fragwürdig sind nach meinem Verständnis pauschale Zitationen, die fast ohne Inhalt daherkommen (und eher wie ein „*name dropping*" erscheinen). Wenn lediglich ein „vgl. xy" eingefügt wird, ist häufig kaum nachvollziehbar, auf was aus der Vielfalt dessen, was „xy" gesagt und geschrieben hat, sich der Hinweis bezieht. Es ist dann auch wenig hilfreich, wenn im Literatur-Verzeichnis zwar die üblichen bibliografischen Daten aufgeführt werden, aber nicht erläutert wird, was sich hinter dem Titel verbirgt und welchen Bezug die zitierte Schrift zum Thema des Buches oder Aufsatzes hat vgl. den Hinweis auf die Literatur-Datei zu diesem Buch auf S. 270.).

Zitate sind also keineswegs so eindeutig zu verstehen und zu beurteilen. Sie spielen aber in der wissenschaftlichen Kommunikation eine wichtige Rolle.

Kommunikation

Auch wenn zwischen wissenschaftlicher und alltäglicher Kommunikation keine prinzipielle Differenz bestehen mag, werden Wissenschaftlerinnen und Wissenschaftler doch für sich in Anspruch nehmen, dass es unter ihnen nicht genauso zugehe wie bei „jedermann". Gleichwohl lassen sich auch im Medium der Wissenschaft jene Problem, die mit alltäglicher Kommunikation verbunden sind, nicht ganz vermeiden – WissenschaftlerInnen sind eben doch auch nur „Menschen". Immer wieder wird etwas als „Tatsache" behauptet, das lediglich dem einen oder anderen situativ Eindruck gemach hat. Es wird als wünschenswert gesetzt, ohne entsprechend gesichert zu sein.

Zur *Abwehr solcher Probleme* haben staatliche und/oder standesrechtliche Instanzen (Standesverbände der Wissenschaften) Einrichtungen geschaffen, die überprüfen sollen, ob die Regel der Kunst eingehalten werden und ob entsprechende Vorwürfe zu Recht erhoben werden. Eine Kommission der Max-Planck-Gesellschaft zur „Selbstkontrolle in der Wissenschaft" hat 1998 differenzierte „Vorschläge zur Sicherung guter wissenschaftlicher Praxis" entwickelt und dabei auch über entsprechende Maßnahmen in den USA, England und Dänemark berichtet.

Der Photograph Otto *Wunderlich* (1886-1975) hat (1993 und 2004) unter dem Titel „Entfesselten Wissenschaft" eine Reihe vergnüglich zu lesender Satiren zur „Wissenschaftsbetriebslehre" herausgegeben: Darin werden Merkwürdigkeiten und Exzesse wissenschaftlicher Kommunikation aufgezeigt. Es geht u.a. um „Phrasologie", „Pleonastik" und „Epigonik". Die AutorInnen tragen Namen wie Theodor Salbaderer, Phoebe Gschaftler, Massimo Dilletantini. Berufungsverhandlungen werden als „Das große Mysterium" entlarvt usw. – Da wird sicher – wie bei jeder Satire – übertrieben, aber so ganz falsch ist es wohl auch wieder nicht. Die Lektüre soll beim wissenschaftlichen Nachwuchs „ein tieferes Verständnis für das Wesen des Wissenschaftsbetriebs [...] wecken".

Der (New Yorker) Physik-Professor *Alan Sokal* (geb. 1955) hat 1996 eine nach ihm benannte „Affäre" ausgelöst, die einige problematische Merkmale wissenschaftlicher Kommunikation aufzeigt: Unter dem Titel „Die Grenzen überschreiten: Auf dem Weg zu einer transformativen Hermeneutik der Quantengravitation" bot er der renommierten kulturwissenschaftlichen Zeitschrift „Social Text" einen Artikel an, in dem er mit authentischen Zitaten und Verweisen auf bekannte Wissenschaftler Behauptungen aufstellte, die zwar jeglicher Begründung entbehrten, aber sehr aufregend und plausibel klangen. Diese Parodie beruht auf Sokals Besorgnis über den „Niedergang der intellektuellen Standards in bestimmten Kreisen der amerikanischen Geisteswissenschaften" und insbesondere die starke Resonanz, die ein „radikaler Relativismus" in intellektuellen Kreise gefunden hat. In seinem „Scherz"-Artikel behauptet Sokal, dass die „physikalische ‚Realität' ... im Grunde ein soziales und linguistisches Konstrukt" sei (die Anführungszeichen bei Realität hatte Sokal ausdrücklich gesetzt). An anderer Stelle behauptete er, dass „Lacans psychoanalytische Spekulationen kürzlich von der Quantenfeldtheorie bestätigt" worden seien – einen solchen Zusammenhang hatte er frei erfunden! Er verstieg sich schließlich zu der Feststellung, dass „die Wahrheitssuche in der Wissenschaft einem politischen Programm untergeordnet werden" müsse. Diese Aussagen und Folgerungen wurden von den Herausgebern der Zeitschrift – so deutet Sokal die Ereignisse – akzeptiert, weil sie in ihre wissenschaftstheoretische Grundhaltung passten, nach der die „postmoderne Wissenschaft" das „Konzept einer objektiven Realität aufgegeben" habe und „subjektivistisches Denken" verbreiten möchte. Sokal beharrt demgegenüber darauf, dass es „eine reale Welt gibt", deren Eigenschaften nicht einfach „soziale Konstruktionen" sind. Seine Satire sollte deutlich machen, dass auch „linke" (und feministische) Positionen (zu denen er sich als „Altlinker" ausdrücklich kennt) „Logik und Erfahrung" nicht aufgeben dürfen. – Sokal hat damit aufgezeigt, wie sehr auch ein angesehenes Organ der wissenschaftlichen Kommunikations-Gemeinschaft der Suggestion erliegen kann, die von gern gehörten Formulierungen, erwünschten Befunden und großen Namen ausgeht.

Kritik

Neben den beiden Grundrichtungen der Hermeneutik und der Empirie wird häufig als eine dritte Konzeption wissenschaftstheoretischen Denkens die *„Ideologiekritik"* genannt. Diese steht in der Tradition der „Kritischen Theorie" der „Frankfurter Schule": Die Philosophen und Soziologen Max *Horkheimer*, Theodor W. *Adorno* und Jürgen *Habermas* und andere haben aufgezeigt, dass menschliche Erkenntnis eingebunden ist in gesellschaftliche Interessen. Eine kritische Wissenschaft, die sich der Aufklärung verbunden weiß, muss versuchen, solche Verhaftungen auch und gerade des wissenschaftlich gemeinten Denkens (das ist in diesem Zusammenhang mit „Ideologie" gemeint) aufzudecken (das ist das kritische Moment) und aus der „Negation" der bestehenden Herrschaftsverhältnisse unter einem emanzipatorischen Erkenntnisinteresse zu entwickeln, wie die gesellschaftlichen Verhältnisse gestaltet werden könnten, damit sich (mehr) Humanität entfalten kann (das ist das konstruktive Moment).

Diese Forderungen sind auch aus der Kritik an den damals vorherrschenden wissenschaftstheoretischen Konzepten der Hermeneutik und der Empirie abgeleitet worden. Bei den Forschungen, die im Namen dieser Konzepte vorgelegt worden sind, wurde die gesellschaftskritische Intention vermisst. Und dies wurde erkenntnistheoretisch so interpretiert, dass es prinzipiell nicht möglich sei: Der Hermeneutik wurde vorgeworfen, sie verharre bei der Interpretation von Texten im Kontext bereits etablierter und damit herrschaftskonformer Deutungsmuster. Der Empirie wurde vorgeworfen, sie könne (und wolle) immer nur feststellen, was schon „der Fall ist" und habe keine kritische Instanz, die über diesen status quo hinausführe.

Zweifellos lassen sich viele Beispiele aufführen, die diese Vorwürfe stützen, es ist aber fraglich, ob diese Beschränkungen in den Verfahrensweisen der Hermeneutik bzw. der Empirie selbst begründet sind oder ob nicht vielmehr diejenigen, die diese Methoden anwenden bzw. angewendet haben, auf der inhaltlichen und theoretischen Ebenen die Frage nach den Herrschaftsverhältnissen, nach der Verknüpfung von Interessen und Erkenntnis sowie die Frage nach den Alternativen zur herrschenden Praxis vernachlässigt haben. Umgekehrt wäre zu fragen, ob Forscher, die sich einem emanzipatorischen Erkenntnisinteresse verpflichtet fühlen, andere Methoden als die der Hermeneutik und/oder der Empirie verwenden könnten. Der Kritischen Theorie kommt demnach das Verdienst zu, in die sozialwissenschaftliche Forschung auf der theoretischen Ebene eine Fragestellung eingebracht zu haben, die für die Weiterentwicklung der Forschung inhaltlich sehr wichtig war und ist. Kritische Theorie hat – so würde ich sagen – die Hermeneutik und die Empirie an ihre kritischen Intentionen erinnert und aufgezeigt, dass diese in der Forschungspraxis leicht vergessen werden können. Eine eigenständige wissenschaftstheoretische Position, aus der eine spezifische Methodologie folgt, kann ich in der Ideologiekritik nicht erkennen. Nur aus diesem systematischen Grund referiere ich die Ideologiekritik an dieser Stelle nicht als eine Theorie bzw. Methode pädagogischer Forschung; das soll und kann ihre Bedeutung für die Theorie pädagogischen Denkens und Handelns nicht schmälern.

Kontroversen

Wenn Wissenschaft als *Kommunikationsprozess* verstanden wird, dann sind *Kontroversen* zwischen Wissenschaftlern kein Betriebsunfall oder eine peinliche Angelegenheit, sondern ein wesentliches Merkmal einer lebendigen Interaktion. Positionen und unterschiedliche Sichtweisen werden deutlicher herausgearbeitet, Missverständnisse geklärt und – im Glücksfall – neue Perspektiven entwickelt. Dass es bei solchen Kontroversen auch um „Revierabgrenzungen" geht, dass sich klären soll, wer zu dieser oder jener Richtung steht, und dass auch letztlich festgestellt werden soll, welche Position am Ende als „herrschende Lehre" obsiegt, das wird nicht zu leugnen sein. Und bei mancher Auseinandersetzung fragt man sich im Nachhinein, warum es eigentlich so kontrovers zuging – aber das kann man sich vermutlich häufig tatsächlich erst hinterher fragen.

In solchen Kontroversen kann sich ein prinzipielles Problem ausdrücken: Die Vielfalt der Konzepte und ihre kontroversen Bewertungen führen zu einer Art „Unübersichtlichkeit". Dies mag insbesondere jene irritieren, die von Wissenschaft so etwas wie Hilfe oder wenigstens Orientierung erwarten. Andere scheinen sich in einem solchen Getümmel erst richtig wohlzufühlen. Wenn unterschiedliche Sichtweisen nicht (mehr) unter das Joch einer einzigen „herrschenden" Lehre gezwängt werden, sondern sich einem freien Spiel der wissenschaftlichen Diskussion entfalten dürfen, kann das zwar zu einer Beliebigkeit führen, bei der aus einem „alles ist gleich gültig" ein „alles ist gleichgültig" wird. An die Stelle kritischer Prüfung und „logischer" Entscheidung mag ein Ritual treten, bei dem Geschmacksurteile und/oder die Neigung zu spielerischem Wettbewerb eine größere Rolle spielen als Wahrheit oder Wahrhaftigkeit. Aber nachdem uns eindeutige Kriterien für Entscheidungen über das, was „wahr" ist, abhandengekommen sind, werden wir den Umgang mit der Pluralität lernen müssen. Wenn wir die damit verbundene Offenheit aushalten und produktiv verarbeiten, werden wir – möglicherweise – zu Erkenntnissen kommen, die uns ohne diese Pluralität verborgen bleiben.

Grenzen wissenschaftlicher Argumentation

Eine naheliegende, aber meistens kaum bewusste Grenze wissenschaftlicher Argumentation ergibt sich daraus, dass bei einer Untersuchung nie mehr oder nichts anderes herauskommen kann als das, was an Fragen, Daten oder theoretischen Konzepten zur Verfügung steht. Da unsere Möglichkeiten der Reflexion letztlich begrenzt sind, können wir den Rahmen der Wahrnehmung und des Denkens zwar möglichst weit öffnen, aber eben nicht weiter. Auch was uns als neue Idee erscheint, ist irgendwie doch schon in unseren Denkmöglichkeiten enthalten gewesen bzw. von dem, was von früheren

Denkern entwickelt und uns überliefert worden ist, beeinflusst. Anschaulich lässt sich dies mit dem Philosophen Nicolai *Hartmann* (1882-1950) als *„Koffertheorie"* beschreiben: Am Ziel einer Reise kann man seinem Reisegepäck nur das entnehmen, was man bei der Abreise eingepackt hat (Hartmann 1966). – Aber das muss natürlich nicht hindern, am Ziel der Reise die neue Umgebung auf sich wirken zu lassen, neue Eindrücke aufzugreifen, anderen Gedanken zu folgen und möglicherweise bessere Instrumente zu verwenden!

Wie schon erwähnt, wird dieser Gedanke als *„gigo-Prinzip"* benannt: Das ist die Abkürzung für „garbage *in* – garbage *out*" (Müll rein – Müll raus). Es ist sozusagen eine negative Koffertheorie: Wer eine Untersuchung unsinnig anlegt, wird auch nur Unsinn herausbekommen. – Aber wenn man merkt, welchen „Mist" man gebaut hat, wird man möglicherweise klüger werden, das Schlimmste korrigieren und es beim nächsten Mal besser machen (können).

Weitere Fehler können die wissenschaftliche Argumentation begrenzen oder gar in die Irre führen:
- Der *Schluss vom Sein zum Sollen:* Es ist nicht zulässig – und im Prinzip wohl selbstverständlich, in der Praxis allerdings schwer zu kontrollieren –, aus der Beschreibung dessen, was empirisch der Fall ist, auf das zu schließen, was sein soll. Aus empirischen Aussagen dürfen keine normativen abgeleitet werden – jedenfalls nicht im Kontext einer Argumentation, die für sich beansprucht, wissenschaftlich zu sein. Dieser Fehlschluss wird auch als „naturalistischer Fehlschluss" bezeichnet.
- Der *Schluss vom Wollen auf das Sein:* Dieser Fehler unterläuft immer dann, wenn die Wahrnehmung und die Beschreibung von Sachverhalten beeinflusst werden durch Vorannahmen und Zielvorstellungen derjenigen, die diese Beschreibungen vornehmen. Auch hier wird das Prinzip nicht strittig sein, es dürfte aber schwierig sein, es einzuhalten.
- Die *Gefahr voreiliger Schlüsse*: Aus ersten Versuchen, raschen Beobachtungen und Einzeldaten dürfen keine weitreichende Folgerungen abgeleitet werden. Aber als Hypothesen können sie freilich weitere Untersuchungen anregen.
- Ein nicht unproblematischer Usus ist das *„name dropping":* Namen bekannter, oft zitierter Autoren und Autorinnen werden mehr oder weniger passend in einen Text eingefügt, um sich in die „Aura" dieser Größen einzuordnen oder sich etwas „Glanz" von dort zu holen. Dies führt zwar zu einer langen Literaturliste, die den Eindruck der Belesenheit erwecken kann. Aber in der Sache ist das nicht unbedingt überzeugend. Mit der gegenteiligen Absicht können bestimmte Namen verheimlicht werden („*name hiding"*), weil man mit bestimmten Personen und deren Arbeiten nicht in Ver-

bindung gebracht werden möchte oder gar deren intellektuelle Vorarbeiten ignorieren will.

• *Ökologischer Fehlschluss:* Ein isolierten Laborbefund wird auf ein größeres Umfeld (deshalb „ökologisch") übertragen.

• Voreilige, *nicht gerechtfertigte Kausalschlüsse:* Bei zeitlich aufeinander folgenden Beobachtungen liegt es häufig nahe, einen Ursache-Wirkungs-Zusammenhang zu unterstellen, weil dies doch „plausibel" erscheint. Ähnlich werden häufig statistische Korrelationen kausal interpretiert, obwohl es sich lediglich um eine numerisch-funktionale Beziehung handelt (s. unten).

Ein wesentliches und recht wirksamen Instrument der Kommunikation ist das *Zitieren bzw. das Zitiert-werden:* Die Ergebnisse wissenschaftlicher Studien werden ja erst dadurch wirksam, dass sie von anderen wahrgenommen und in weiteren Argumentationen aufgegriffen werden. Dabei geht es irgendwann nicht mehr nur um die Inhalte, sondern um die Häufigkeit der Zitation. Ganze Institutionen beschäftigen sich damit, diese Wechselspiele zu dokumentieren. Weit verbreitet sind der „Social Science Citation Index" (SSCI) und das „Journal Citation Report" (JCR).

Weit verbreitet und einfach nutzbar ist das von Google entwickelte Suchportal *„Scholar".* Damit können alle bei Google LLC gespeicherte Dokumente blitzschnell nach gewünschten Informationen durchsucht werden. Google Scholar ist eine Suchmaschine des Unternehmens Google LLC und dient der allgemeinen Literaturrecherche wissenschaftlicher Dokumente. Man erhält einschlägige Zitate mit bibliografischen Angaben, sodass man diese in eigene Texte übernehmen kann.

Das kann die Neugier befriedigen, lenkt das Suchen aber immer wieder auf das, was schon oft gesagt, gedruckt und gespeichert wurde. Das schützt im doppelten Sinn vor „Neuerfindungen": Man muss nicht etwas erneut (im Sinne von noch einmal) entwickeln, was es bereits gibt, man wird aber auch nicht dazu angeregt, selbst etwas Neues (und womöglich Besseres) zu finden (vgl. Kap. 1.2). Im wissenschaftlichen Diskurs führt die Orientierung an etablierten Konzepten und Verfahren etc. häufig dazu, dass etwas wirklich Neues nicht aufgegriffen wird, weil es nicht in vertrauten Kategorien zugeordnet werden kann. Konkret kann daraus das Problem entstehen, dass Manuskripte, die jemand in einer Zeitschrift oder als Buch veröffentlichen möchte, in „Peer Review"-Verfahren negativ beurteilt werden, weil sie der „herrschenden Lehre" und dem behaupteten „state of the art" nicht entsprechen.

Problematisch ist es zudem, dass die Herausgeber empirisch orientierter Zeitschriften Studien, die zu „signifikanten" Ergebnissen geführt haben, tendenziell wohlwollender beurteilen, als Studien, in denen erwartete (oder gar gängige) Befunden nicht bestätigt werden konnten. „Null-Ergebnisse" gelten als nicht interessant.

In der (populären) wissenschaftlichen Kommunikation können sich Meinungen oder Zitate verselbstständigen: So wird Winston *Churchill* immer wieder und gern die Aussage zugeschrieben, er würde nur jener Statistik glauben, die er „selbst gefälscht" hat. Tatsächlich stammt dies mit hoher Wahrscheinlichkeit (so vermeldete DIE ZEIT vom 12.8.2004) aus dem deutschen Reichspropaganda-Ministerium, das dem britischen Premierminister unterstellen wollte, mit falschen Zahlen über Bomben und Kriegsopfer zu operieren und für seine Politik werben zu wollen.

Fälschung und Betrug

Wenn Wissenschaft als ein Prozess der Kommunikation verstanden werden soll, ist dies keineswegs nur „euphorisch" oder idealisierend gemeint. Kommunikation kann „verzerrt" sein – sei es in unreflektierter, ungewollter Weise, sei es in bewusster oder gar betrügerischer Absicht. Dass es solche „Fälscher" und den „Betrug in der Wissenschaft", allerdings auch ihre „Entlarver", schon immer gibt, hat der US-amerikanische Historiker Anthony *Grafton* (geb. 1950) am Beispiel zahlreicher klassischer Texte aufgezeigt.

Spektakulär geworden ist in dieser Hinsicht die Forschung über *genetisch bedingte Anteile der Intelligenz*: In den 1970er Jahren wurde nachgewiesen, dass der zuvor hoch geschätzte Forscher Sir Cyril *Burt* (1883-1971) einen wesentlichen Teil der Daten, aus denen er die Vererblichkeit der Intelligenz nachweisen wollte, gefälscht hatte. Aufgefallen war dies dadurch, dass diese Daten den behaupteten Zusammenhängen in einer Eindeutigkeit entsprachen, wie es selbst denen suspekt erschien, die von der Richtigkeit der Vererbungs-These überzeugt waren.

Zum Thema „Fälschung und Betrug" sei schließlich noch darauf verwiesen, dass in grafischen Darstellungen Effekte in unzutreffender oder irritierender Dimensionierung erscheinen können (dazu unten mehr).

Qualitätskriterien

Wenn Wissenschaft als Kommunikationsprozess verstanden wird, der mehr oder weniger gut gelingen kann, dann sind Kriterien zu entwickeln, an denen geprüft werden kann, ob und mit wie viel Erfolg versucht wird, die *Gefahren verzerrter Kommunikation zu vermeiden*. Dabei sind die Maßstäbe, nach denen dieser Erfolg beurteilt werden soll, natürlich selbst Ergebnis eines Kommunikationsprozesses. Wir können also nur Maßstäbe angeben, an denen man sich orientieren kann, die aber immerhin unter Wissenschaftlern im Prinzip weitgehend anerkannt sind. Gleichwohl kann man sich bei jeder einzelnen Untersuchung immer wieder darüber streiten, ob die Gütekriterien erfüllt sind und was sie in der spezifischen Thematik jeweils konkret bedeuten.

Eine methodologisch anspruchsvolle Sammlung von Kriterien, mit denen Forschungsberichte aus Pädagogik und Psychologie kritisch beurteilt werden können, hat der Psychologe Detlef *Rost* (geb. 1945) publiziert.

Im Folgenden werden zunächst eher prinzipiell-allgemeine Kriterien erörtert und dann die enger gefassten Gütekriterien empirischer Forschung. Am Ende steht im Sinne einer übergreifenden Kategorie die Transparenz. Generell sind die folgenden Kriterien pädagogischer, sozialwissenschaftlicher Forschung als Ideale zu verstehen, an denen sich die Forschung orientieren soll.

Relevanz

Dass Forschung relevant sein soll, bedarf im Grunde keiner besonderen Begründung. Natürlich sollen die personellen Kräfte und die finanziellen Mittel, die in die Wissenschaft gesteckt werden, zur Klärung oder Lösung von Problemen beitragen, die theoretisch und/oder praktisch bedeutsam sind. Schwieriger ist die Frage nach den Kriterien zu beantworten, nach denen die Relevanz bestimmt werden könnte. – Folgende Gesichtspunkte werden dabei eine Rolle spielen:

• Der *theoretische* Kontext: Kann eine noch nicht gesicherte Theorie geprüft oder in ihrem Aussagegehalt erweitert werden? Können neue theoretische Erkenntnisse oder Entwürfe entstehen?

• Der *praktische* Kontext: Wird ein in der Praxis nicht oder unbefriedigend gelöstes Problem bearbeitet?

• Der *politische* Kontext: Kann die Untersuchung zur Klärung eines umstrittenen Sachverhalts, zur Entscheidung zwischen Alternativen beitragen?

Relevanz-Entscheidungen über die Durchführung einer wissenschaftlichen Untersuchung können nicht auf eine quasi wissenschaftlich-neutrale Weise getroffen werden. Gleichwohl ist zu fordern, dass Forschende bei wissenschaftlichen Untersuchungen, die in der Regel nicht ganz billig sind und folgenreich sein können, sich selbst die Frage nach deren Bedeutsamkeit stellen und aufzuweisen versuchen, worin die Relevanz voraussichtlich bestehen kann.

Aber natürlich ist Forschung nicht nur dann relevant, wenn sich ihre Ergebnisse in einem vorab definierten engen Bereich bewegen. Wenn Forscher sich ihren *Auftraggebern* oder den an einem Forschungsprozess Beteiligten (z.B. Praktikern) in einer bestimmten inhaltlichen, politischen Weise so sehr verpflichtet fühlen, dass die Ergebnisse der Untersuchung nicht mehr offen sind, verkommt Forschung zum Argumentations- oder Alibilieferanten. Wenn bestimmte Erwartungen nur noch bestätigt werden sollen, dann verliert solches Tun seine Distanz zur Realität und zu Wertsetzungen. Es wird wissenschaftlich und dann auch politisch-gesellschaftlich bedeutungslos.

Wenn nun allerdings die Forschung sich zu sehr *von der Praxis entfernt*, wenn sich Forschende gar nicht mehr mit den Problemen der in der Praxis Handelnden identifizieren können, droht ihr Tun wiederum belanglos zu werden, weil die Distanz zwischen der Realität und dem Modell, das wissenschaftlich erarbeitet werden soll, zu groß wird. Forschung beschäftigte sich dann nur noch um ihrer selbst willen und/oder zur Befriedigung von Eitelkeit (oder zur Sicherung von Personalstellen und Forschungsmitteln) mit sich selbst.

Zwischen diesen Extremen gibt es ein *weites Spektrum*, in dem sowohl theoretisch abstrakte Forschungen wie auch praxisbezogene konkrete Entwicklungen ihren legitimen Platz haben und sich als „relevant" ausweisen können. Natürlich kann man am Beginn eines Forschungsprozesses noch nicht abschätzen, wie relevant die Ergebnisse sein werden – man hofft ja gerade, etwas zu finden, von dem man vorher noch nichts gewusst hat.

Einfachheit

Mit dem Kriterium der *Einfachheit* ist es so eine Sache: Von Albert *Einstein* (1879-1955) wird die Aussage überliefert, dass es Aufgabe der Wissenschaft sei, einen Sachverhalt „so einfach wie möglich zu erklären". – Das scheint „einfach" zu sein, Einstein hat jedoch einschränkend hinzugefügt: „aber nicht einfacher". Damit ist ein wichtiges Prinzip benannt, das man beim wissenschaftlichen Argumentieren nicht aus den Augen verlieren sollte. Man wird damit dankbare Zuhörer finden („Ich habe es sogar verstanden"), aber zweifellos riskiert man in einer wissenschaftlichen Kommunikation, dass man mit einer „möglichst einfachen" Erklärung nicht ernst genommen oder von jemandem übertrumpft wird, der oder die sich traut, es doch komplizierter auszudrücken – und beim Publikum sogar damit ankommt („Ich habe es zwar *nicht* verstanden, aber ich bin beeindruckt!").

Ein ähnliches Plädoyer ist von dem englischen Theologen und Philosophen *William von Ockham* (1285-1349) verbürgt. Er kritisierte die Metaphysik und begründete einen „ethischen Positivismus" (was ihn in Schwierigkeiten mit der Kirche brachte). Er wehrte sich gegen alle Aussagen, die von unnötigen Annahmen ausgingen: Das von ihm formulierte Prinzip wird als *Ockhams Rasiermesser* (engl. „Ockhams razor") bezeichnet und lautet:„Entia non sunt multiplicanda praeter necessitatem." (Wesenheiten soll man nicht über Gebühr vermehren.) und „Frustra fit per plura quod fieri potest per pauciora" (Es ist eitel, etwas mit mehr zu erreichen, was mit weniger zu erreichen möglich ist.)

Allerdings kann das Verbot unnötiger Gedanken auch zu einem *Verbot möglicherweise weiterführender Ideen* werden. Man wird ausprobieren müssen, ob das, was man auf Umwegen gefunden hat, vielleicht doch als Lösung für ein Problem taugen könnte, auf das man durch gezieltes Suchen nicht gestoßen wäre. Da hilft nur offene, kritische Kommunikation, die zulässt, vom Gängigen abzuweichen, es auszuweiten, sich aber doch nicht in diesen Weiten zu verlieren!

Objektivität – Intersubjektivität

Mit Objektivität ist dem Wortsinn nach gemeint, dass eine Aussage ihrem Gegenstand (ihrem „Objekt") entsprechen und ihm gerecht werden soll. Die Beschreibung eines Sachverhalts soll diesen möglichst treffend wiedergeben, sie soll von der Sache, dem „Objekt", bestimmt werden und nicht von den Mutmaßungen derjenigen abhängig oder beeinflusst sein, die diese Beschreibung vornehmen. Nun können oder wollen viele „Objekte" aber gar nicht in differenzierter Weise über sich selbst Auskunft geben. Auch Personen haben häufig von sich selbst gar kein deutliches oder kritisches Bewusstsein, das sie in Worte fassen könnten. Wissenschaft setzt jedoch gerade dort ein, wo Sachen, Personen oder Sachverhalte dem Alltagsdenken nicht hinreichend klar sind.

In der Regel kann also eine Aussage über ein „Objekt" auf ihre Richtigkeit nicht dadurch geprüft werden, dass dieses Objekt selbst dazu Stellung nimmt. Und selbst wenn es dies täte, wüsste man immer noch nicht, ob es sich nicht über sich selbst täuscht. Vom Objekt her kann man also nicht entscheiden, ob eine Aussage dem Objekt „gerecht" wird; in diesem Sinne kann man nicht „objektiv" sein.

In der Forschung versucht man sich damit zu behelfen, dass geprüft wird, ob verschiedene Subjekte, also die Betrachter von „Objekten", in ihren Beschreibungen zu denselben Aussagen kommen. Wählen sie dieselben Begriffe etwa für eine Farbe, kommen sie bei einer Messung zu denselben Werten etwa über die Größe eines Gegenstandes? Die „Objektivität" einer Aussage wird also hilfsweise an Aussagen möglichst verschiedener Subjekte überprüft. Wenn sich herausstellt, dass zwischen ihnen – *inter–subjektiv* – eine hohe Übereinstimmung besteht, dann wird – bis das Gegenteil bewiesen ist oder erhebliche Zweifel auftreten – davon ausgegangen, dass diese Aussage dem Objekt entspricht, dass sie „objektiv" ist. In diesem Sinne ist die gewünschte Objektivität also allenfalls als *Intersubjektivität* zu bestimmen. Erkenntnistheoretisch liegt also nicht mehr vor als die Feststellung, dass eine bestimmte Aussage intersubjektive Übereinstimmung gefunden hat. Mehr ist in den Grenzen menschlicher Beurteilungskraft nicht möglich. Ob dabei alle Beobachter miteinander der Suggestion des Plausiblen erliegen, ist zunächst nicht zu klären.

Technisch soll die Objektivität dadurch gewährleistet werden, dass möglichst genau festgelegt wird, wie in einer Untersuchung verfahren wird, wie eine Messung vorgenommen werden soll, wie z.B. bei einer Befragung oder einem Testverfahren die teilnehmenden Personen informiert werden sollen usw. – dies ist die so genannte *Durchführungs*-Objektivität. Und in ähnlicher Weise soll bei der Auswertung und Aufbereitung von Informationen gesichert werden, dass wieder alle nach der gleichen Methode verfahren – dies ist die *Auswertungs*-Objektivität.

In der methodologischen Diskussion hat das so verstandene Gütekriterium der Objektivität eine wichtige, aber *keine hinreichende Bedeutung*: Sie ist zwar unerlässliche Voraussetzung wissenschaftlicher Argumentation, sie reicht allein aber nicht aus.

Definitionen

Es ist keineswegs immer einfach, intersubjektiv eindeutige Klarheit zu finden. Wenn man die Kommunikation über einen Sachverhalt verbessern will, muss man sich zunächst darüber verständigen, welche *Begriffe* zur Beschreibung bestimmter Dinge oder bestimmter Eigenschaften verwendet werden sollen. Ob etwas „warm" oder „schön" ist, ob ein Kind sich „aggressiv" verhält oder sich „produktiv" entwickelt, das sind Aussagen, mit denen verschiedene Personen ganz verschiedene Vorstellungen verbinden können. Es ist also notwendig, die Bedeutungen bestimmter Begriffe von denen anderer abzugrenzen, die Begriffe zu „definieren" (lat. finis: Grenze).

Eine Definition ist der Versuch, einen Begriff, der im Rahmen einer wissenschaftlichen Argumentation verwendet werden soll, so genau zu klären, dass er in der Kommunikation eindeutig oder zumindest mit möglichst wenig Missverständnissen verwendet werden kann. Es geht darum, ein *Explanandum* (das zu Erklärende; lat. explanare: erklären) durch eine neue Beschreibung, ein *Explanans* (das Erklärende), zu erläutern oder einen weniger exakten Begriff durch einen exakteren (oder mehrere exakte) zu ersetzen. – Man kann folgende *Varianten* der Definition unterscheiden:
- Eine *Verbaldefinition* umschreibt einen Begriff mit Hinweisen auf seine sprachliche Herkunft (*Etymologie*) und seine allgemeine Verwendung.
- Eine *Nominaldefinition* weist einer bestimmten Sache eine bereits vertraute Bezeichnung zu, die die gleiche, synonyme Bedeutung haben soll wie der zu bestimmende Begriff. Man spricht auch von *semantischen Definitionen*, weil die inhaltliche Bedeutung, der Bedeutungshof, eines Begriffes herausgearbeitet wird. Begriffliche Definitionen sind tendenziell tautologisch, weil sie einen Begriff im Grunde nur durch ähnliche andere umschreiben.
- Eine *Realdefinition* benennt die wesentlichen Eigenschaften eines Gegenstandes oder Merkmals, indem dieses der „nächst höheren Klasse" (dem „genus proximum") zugeordnet und dann wieder durch eine Spezifikation (die „differentia specifica") von diesem abgegrenzt und herausgehoben wird. So ist z.B. „der Mensch" ein Lebewesen (=höhere Klasse), das sich

durch seine Verstandestätigkeit (=spezifisches Merkmal) von anderen Lebewesen unterscheidet.

• Eine *Operationalisierung* (oder *operationale Definition*) grenzt einen Sachverhalt noch genauer ein. Es wird ein Verfahren, ein „methodischer Vorgang", eine „Operation", angegeben, nach dem die Ausprägung eines Merkmals quantitativ bestimmt werden kann, das Merkmal wird „operational erfasst". Aus dem Alltag sind uns die *Maße des cgs-Systems* vertraut, ohne dass wir uns bewusst sind, dass internationale Vereinbarungen hinter der Messung nach „Centimeter", „Gramm" und „Sekunde" stehen. Als anschauliches, gut nachvollziehbares Beispiel für eine Operationalisierung wird gern auf die psychologische Definition der *Intelligenz* verwiesen: Danach ist eine Person in dem Maße „intelligent", in dem sie in begrenzter Zeit unter festgelegten Bedingungen eine bestimmte Art von Aufgaben in einem gewissen Umfang in einer vorab festgelegten Weise richtig löst. Man sagt deshalb etwas abfällig, aber in der Sache zutreffend, Intelligenz sei das, „was der Intelligenztest misst". Dies ist eine eindeutige Bestimmung, weil jeder – zumindest jeder Fachkenner – nachsehen kann, welche Aufgaben ein Test-Verfahren enthält, mit dem die Intelligenz gemessen werden soll. – Ob diese Art der Messung von der Sache her oder unter pädagogischen Gesichtspunkten sinnvoll ist, das ist eine Frage der inhaltlichen Gültigkeit und der Relevanz. Hier war zunächst nur nach der intersubjektiven Verständigung über die Abgrenzung eines Begriffes gefragt.

Wenn man die verschiedenen Möglichkeiten der Definition miteinander vergleicht, sind *erhebliche Unterschiede* festzustellen:

• Die *Verbaldefinition* steht am stärksten in der Tradition eines Begriffes: Wie ein Begriff entstanden ist, wie sich ggf. seine Bedeutung gewandelt hat, dies kann seine gegenwärtige Bedeutung verständlich machen. Möglicherweise hat sich die Bedeutung aber so gewandelt, dass frühere Auffassungen eher in die Irre weisen. Wenn „Intelligenz" die Fähigkeit ist, zwischen verschiedenen Dingen verständig auswählen zu können (lat. inter-legere), dann würde eine solche Definition den heutigen Bedeutungsgehalt von „intelligent" nicht hinreichend charakterisieren.

• Bei der *Nominaldefinition* kann es schwierig sein, eingrenzende Begriffe zu wählen, die ihrerseits nicht so festgelegt sind, dass sogleich Bedeutungen erinnert werden, die vielleicht gar nicht gemeint sind. So kann der Begriff „Intelligenz" (schon wegen seiner lateinischen, „gebildeten" Herkunft) viel abgehobener, elitärer klingen, als es der Fähigkeit, die er bezeichnen soll, angemessen sein mag.

• Eine *Realdefinition* kann zwar sehr anschaulich sein, aber man kann hier von einem definitionsbedürftigen Begriff zum nächsten geraten, weil man die „Realien", auf die man sich beziehen will, ja auch wieder nur mit Worten bezeichnen kann. Wenn man z.B. „Intelligenz" als die Fähigkeit um-

schreibt, „neue Aufgaben" in möglichst kurzer Zeit möglichst sicher zu lösen, dann stellt sich die Frage, wann eine Aufgabe „neu" ist und wie viele
Aufgaben welcher Art eine Person lösen können muss, um als „intelligent"
bezeichnet zu werden.

• Eine *Operationalisierung* ist vom Anspruch her die exakteste Form der
Abgrenzung, es bleibt aber fraglich, ob das Verfahren den Sachverhalt und
seine Merkmale wirklich trifft. Ist denn das, „was der Intelligenztest misst",
wirklich „Intelligenz"? Aber was wäre denn – als Gegenfrage – „wirkliche
Intelligenz"?[1] Kritisch kann man einwenden, dass eine Operationalisierung
immer mit einer Reduzierung von Komplexität verbunden ist – aber das ist
ja gerade der Zweck der Übung: Man will die Sicht auf einen klar ange-
grenzten Aspekt begrenzen, der intersubjektiv eindeutig ist.

Dennoch kann die *Verständigung schwierig* bleiben, alle Abgrenzungen sind
vorläufig, aber sie sind doch nicht mehr so beliebig wie zuvor. Sie bringen
den Kommunikationsprozess allemal in Gang, man tauscht sich aus, prüft
Übereinstimmungen und behebt – ein Stück weit wenigstens – Missverständnisse. Das ist nicht alles, aber immerhin mehr als gar nichts! Man kann
solche Abgrenzungen als willkürlich infrage stellen, aber man kann sich
nach solchen Begrenzungen rascher und in der Regel auch genauer verständigen.

Nicht ganz einfach voneinander abzugrenzen sind z.B. die Begriffe *Pädagogik und Erziehungswissenschaft* (vgl. Kap. 2.1). Sie werden manchmal
wie gleichbedeutend verwendet: Der eine klingt sprachlich etwas traditio-
neller, der zweite etwas moderner. Andere sehen einen deutlichen Unterschied: Mit „Pädagogik" wird eher die theoretisch-normative Reflexion
über Ziele und den Verlauf pädagogischer Prozesse verbunden, während
sich „Erziehungswissenschaft" um die systematische und normativ neutrale
Analyse solcher Prozesse bemühen soll. Normen können dann zwar Gegenstand der Analyse sein, sie werden aber nicht entschieden oder gar gesetzt.
Wieder andere verwenden den Begriff „Pädagogik" für die Praxis (in Familien, Schulen, Heimen etc.) und „Erziehungswissenschaft" für die distanzierte, nicht in Handlungszwänge eingebundene Forschung über diese Praxis. Dabei werden dann normative Fragen durchaus in die Reflexion und
ggf. Entscheidung einbezogen. Es zeigt sich, dass Fragen der Definition
keineswegs einfach zu klären sind.

---

1 Vielleicht hatte Hans Magnus *Enzensberger* recht, wenn er in seiner Auseinandersetzung mit dem „Irrgarten der Intelligenz" feststellt: „Wir sind eben nicht intelligent
genug, um zu wissen, was Intelligenz ist." (Suhrkamp 2007)

Reliabilität

Wenn Begriffe durch ihre Operationalisierung genau definiert sind, dann ist damit noch nicht gewährleistet, dass die darauf beruhenden Messverfahren zu eindeutigen und identischen Ergebnissen führen. Über die Intersubjektivität hinaus wird deshalb gefordert, dass die aufzustellenden Urteile, Messungen und Benennungen genau und stabil sind, dass sie *zuverlässig* oder *reliabel* sind. Andere Begriffe sind *Mess-Genauigkeit* oder *Mess-Stabilität*.

Wenn das zu untersuchende Merkmal sich in der Realität nicht oder nur wenig verändert, dann sollte eine operationalisierte Messung diese Ausprägung möglichst zuverlässig erfassen. Sie soll sich bei verschiedenen Erhebungen in möglichst identischen Daten oder Beschreibungen ausdrücken. Auch Veränderungen sollen ggf. zuverlässig erfasst werden.

Technisch versucht man die Reliabilität z.B. dadurch zu prüfen, dass eine Messung in zeitlichem Abstand wiederholt wird (*Re-Test-Reliabilität* oder *Wiederholungs-Genauigkeit*). Wenn nur zu einem Zeitpunkt gemessen werden kann, verwendet man zwei gleichartige Varianten desselben Verfahrens (*Parallel-Test-Relibilität*). In beiden Fällen sollten die erhobenen Daten nicht zu sehr voneinander abweichen. Schließlich kann man auch die Einzelinformationen, aus denen ein Gesamtergebnis gebildet werden soll (z. B. bei einem psychometrischen Test), nach dem Zufall halbieren und die Ergebnisse dieser Hälften miteinander vergleichen (*Split-half-Reliabilität*). Es sollte ein annähernd gleiches Ergebnis herauskommen – andernfalls würde das Verfahren als wenig zuverlässig eingeschätzt. Der Kennwert der Reliabilität ist meistens ein Korrelationskoeffizient (s.u.). Die Reliabilität ist lediglich ein formales Kriterium, das nur etwas darüber aussagt, ob eine Messung quantitativ stabil ist.

Validität

Eine hohe Stabilität einer Messung kann zu dem Schluss verleiten, dass diese Messung auch sinnvoll sei. Das ist aber keineswegs zwingend! Auch eine intersubjektiv und wiederholt geprüfte Messung kann völlig an der Sache vorbeigehen. Es ist also zu prüfen, ob wirklich das erfasst wird, was man gemäß der inhaltlichen oder operationalen Definition erfassen möchte. In diesem Sinne ist also die Objektivität im Sinne von „dem Objekt gerecht werden" (s.o.) zu prüfen. Für diese Prüfung wird der Begriff *Validität* (lat. validus: gesund, kräftig) verwendet. Unterschieden wird zwischen der inneren und der äußeren Validität einer Untersuchung.

Die *interne Validität*, die innere Gültigkeit, auch Validität im engeren Sinne, bezieht sich auf die Frage, ob die in einer Untersuchung verwendeten Erhebungs- oder Interpretationsverfahren dem Gegenstand der Untersuchung angemessen sind, ob die erhobenen Merkmale einen Sachverhalt angemessen bezeichnen. Die interne Validität kann u.a. dadurch gefährdet sein, dass die verwendeten Methoden den Untersuchungsgegenstand in bestimmter Weise zurichten, sodass nur jene Aspekte erhoben werden, für die die jeweiligen Messverfahren sensibel sind. Dies Problem war schon bei der Operationalisierung zu bedenken: Es werden bestimmte Aspekte herangezogen und andere ausgegrenzt, und es ergibt sich die Frage, ob dies dem Gegenstand gerecht wird.

Die *innere Validität* kann nach unterschiedlich strengen *Kriterien* beurteilt werden. In der Literatur werden verschiedene Konzepte unterschieden. Von diesen sollen hier nur einige ausgewählt werden, an denen das Prinzip deutlich wird:

• In weniger strengen Varianten wird lediglich nach dem *Augenschein* erörtert, ob z.B. die einzelnen Fragen in einem Fragebogen dem entsprechen, was der Sache nach erfasst werden soll. Das ist nicht sehr kritisch.

• Methodisch anspruchsvoller sind Verfahren, bei denen *Experten* gebeten werden, die Verfahren kritisch zu beurteilen. Das kann allerdings dazu führen, dass neue Verfahren danach beurteilt werden, ob sie dem entsprechen, was den Experten schon vertraut ist.

• Bei einer zutreffenden Messung sollten die Daten dazu geeignet sein, von einem gemessenen Merkmal *auf andere Merkmale zu schließen*. Bei einem Intelligenztest sollte z.B. ein bestimmter Testwert darüber Auskunft geben können, welche kognitiv-inhaltlichen Leistungen in der Regel erwartet werden können. Wie treffend eine solche Prognose wäre, gilt als Kriterium für die Güte der Messung.

• Man kann die Validität schließlich auch nach strukturellen Kriterien innerhalb einer Messung prüfen: Wenn zwischen Teilbereichen oder Dimensionen einer Definition Beziehungen bestehen, die theoretisch oder der Sache nach erwartet werden können, dann kann man prüfen, ob sich dies in den entsprechenden Daten widerspiegelt. Eine valide Messung sollte z.B. bei Untersuchungsgruppen, die sich bekanntermaßen in einem bestimmten Merkmal unterscheiden, zu entsprechend differenten Ergebnissen führen.

Die *externe Validität*, die *äußere Gültigkeit* oder die *Validität im weiten Sinne* wird unter der Frage geprüft, ob die Ergebnisse über den Rahmen der Untersuchung hinaus verallgemeinert werden können, ob also die Untersuchungs-Situation für einen größeren Bereich bzw. für reale Situationen repräsentativ ist. Dabei kann geprüft werden, ob die Merkmale einer Untersuchungssituation den Konstellationen entsprechen, unter denen im Alltag gehandelt wird. Man bezeichnet dies als die *ökologische Validität*. Die Bedingungen, unter denen ein Merkmal beobachtet oder gemessen wird, sollen den natürlichen Umfeld-Bedingungen entsprechen.

Um die externe Gültigkeit zu fördern, wird in der Regel von vornherein als Untersuchungsgruppe eine möglichst gut geeignete *Stichprobe,* ein *Sample* (in Anlehnung an lat. exemplum: Beispiel) ausgewählt. Wenn diese nach dem Zufall gezogen wird, kann sie wahrscheinlich als „repräsentativ" für die größere Gesamtheit gelten. Man hofft, dass alle relevanten Merkmale in angemessener Weise vertreten sein werden. Man kann eine Stichprobe aber auch bewusst nach Kriterien zusammensetzen, die für die Fragestellung relevant sind (z.b. könnte man Extremgruppen vergleichen wollen). Häufig werden aus pragmatischen Gründen eher anfallende oder gelegentliche Stichproben verwendet. Wie groß eine Stichprobe sein muss, damit die Ergebnisse extern valide sein können, hängt davon ab, wie genau die echten Werte getroffen werden sollen. Bei Meinungsumfragen (etwa zur Prognose von Wahlentscheidungen) genügen in der Regel etwas mehr als 1000 Personen. Wichtig ist dabei allerdings, dass die Stichprobe sorgfältig gezogen und konsequent beibehalten wird. Es darf z.B. nicht zu Verzerrungen kommen, weil eine bestimmte Teilgruppe nicht bereit ist, die erbetenen Auskünfte zu geben. Problematisch sind bei schriftlichen Umfragen immer wieder die relativ geringen Quoten ausgefüllter und zurückgesendeter Fragebögen. Trotz aller Bemühungen kann die Validität einer Untersuchung prinzipiell nicht abschließend beurteilt werden.

Transparenz

Wissenschaft kann als Kommunikationsprozess nur in dem Maße funktionieren, wie andere Forscher und die interessierte Öffentlichkeit den Gang einer Untersuchung nachvollziehen und überprüfen können. In der alltäglichen Kommunikation wird es häufig hingenommen, dass über Absichten, Erwartungen und Bewertungen usw. nicht aufgeklärt wird. Wissenschaft hebt sich aber gerade dadurch ab, dass prinzipiell offengelegt werden muss, welche Vorüberlegungen, Interessen und Erwartungen in den Prozess der Forschung eingegangen sind. Alle Verfahrensweisen und alle Interpretationen müssen durchschaubar sein. Ohne Transparenz können die anderen Gütekriterien überhaupt nicht beurteilt werden. Dazu gehören insbesondere Informationen über ...

➤ die ökonomischen und formalen Rahmenbedingungen,
➤ die Beziehung der Forschenden zum Untersuchungsfeld,
➤ die verfügbaren und ggf. die nicht zugänglichen Quellen,
➤ die verwendeten bzw. abgelehnten Methoden und Instrumente,
➤ die Definitionen der zentralen Begriffe,
➤ die Entscheidungen zwischen alternativen Interpretationsmöglichkeiten.

Dabei reicht es in der Regel nicht aus, sozusagen neutral-distanziert die verwendeten Verfahren zu beschreiben. Warum bestimmte Verfahren ausgewählt worden sind, ob diese Auswahl die Ergebnisse bereits beeinflusst haben könnte und ob die Interpretationen zwingend sind, dies alles können die Leser umso besser beurteilen, je deutlich die Verfasser erkennbar machen, von welchen Intentionen, von welchen Erwartungen sie ausgegangen sind, was ihre „erkenntnisleitenden Interessen" waren. Man kann dies mit der Forderung verbinden, dass eine Studie *authentisch* dargestellt wird. Die AutorInnen einer Studie sollen sich nicht hinter abstrakten, unpersönlichen Formeln verstecken, sondern ihre persönliche, subjekthafte Beziehung erkennbar machen.

Bedeutsam für die Transparenz ist vor allem die *Sprache*, in der über eine Untersuchung berichtet wird. Manche Verfasser wissenschaftlicher Texte scheinen der Vorstellung zu erliegen, dass ein Text sich umso mehr als „wissenschaftlich" ausweist, je eigentlicher und wesentlicher er klingt. So scheint es z.B. bedeutsamer zu klingen, „die Durchführung einer Untersuchung auf den Weg zu bringen", statt schlicht etwas zu „untersuchen". Solche Nominalismen sollen offenbar der Förderung des Eindrucks dienstbar sein, bei dem Text handele es sich um Feststellungen, die eine Art Amtsautorität verbindlich getroffen habe.

Andererseits kann man bei manchen Texten den Eindruck bekommen, die Autoren redeten in erster Linie mit sich selbst, ohne sich vorzustellen, ob und wie Leserinnen und Lesern das Gesagte nachvollziehen und verstehen können. Beim Schreiben könnte der Gedankengang im Kopf ganz klar gewesen sein, es wird aber versäumt, die Leserinnen und Leser Schritt für Schritt mit auf den Weg zu nehmen.

Häufig ist zu beobachten, dass sprachliche Wendungen verwendet werden, die eine *mögliche Kritik* von vornherein abwehren. Wenn z.B. gesagt wird, etwas sei „zwangsläufig" der Fall, etwas „ergebe sich" oder es sei „bekanntermaßen" so und so, dann signalisieren solchen Totalaussagen, dass es nicht für erforderlich gehalten wurde, sich mit Gegenargumenten oder Differenzierungen auseinanderzusetzen, und dass auch die Leserinnen und Leser dies nicht zu tun bräuchten.

Ethik der Wissenschaft

Als anspruchsvollstes Gütekriterium soll schließlich die Frage gestellt werden, welche ethische Verantwortung wissenschaftliche Forschung hat. Dies bezieht sich sowohl auf den Prozess der Forschung im engeren Sinne wie auf die möglichen Folgen der Befunde. Diese Folgen sind keineswegs einfach zu antizipieren. Es können Nachteile entstehen, die besser vermieden worden wären, es kann aber auch ein möglicher Nutzen vorenthalten werden, weil man mit großer Vorsicht Risiken und Nebenwirkungen vermeiden will, die aber kaum ins Gewicht fallen würden. Grundsätzlich ist zu fordern, dass Wissenschaftlerinnen und Wissenschaftler ihr Tun unter ethischer Perspektive reflektieren.

Entsprechende Fragen sind von den Institutionen und Verbänden, in denen Wissenschaftler tätig bzw. organisiert sind, ausführlich diskutiert worden. Nach intensiven Debatten sind z.B. in der *Deutschen Forschungsge-*

meinschaft (DFG) In Deutschland hat die *Deutsche Forschungsgemein-schaft* (DFG)[1] nach langen internen Diskussionen im Jahre 2001 „Standards zur Sicherung guter wissenschaftlicher Praxis" formuliert und als Maßstab auch der Förderung von Forschung etc. herausgegeben. (vgl. www.dfg.de).

In gleicher Intention hat die „*Max-Planck-Gesellschaft zur Förderung der Wissenschaften*" im Jahr 2000 einen Bericht über „Verantwortliches Handeln in der Wissenschaft" veröffentlicht, mit dem „gute wissenschaftli-che Praxis" gefördert und wissenschaftliches Fehlverhalten eingegrenzt werden soll (vgl. www.mpg.de). Schließlich sei auf die *Deutsche Gesell-schaft für Erziehungswissenschaft* (DGfE) verwiesen, die einen „Ethik-Kodex" verabschiedet hat, an dem sich alle Mitglieder zu orientieren haben (vgl. www.dgfe.de).

Eine der zentralen *Forderungen* bezieht sich darauf, dass Personen, die im Forschungsprozess beobachtet oder befragt werden, in ihrer *Integrität* nicht beeinträchtigt werden dürfen. In aller Regel ist deren Zustimmung einzuholen. Zugesicherte *Anonymität* muss strikt eingehalten werden. Daten dürfen nicht missbraucht werden. Verfahren und Ergebnisse müssen trans-parent referiert werden. Interpretationen müssen angemessen und mit der er-forderlichen Vorsicht erfolgen. Das Gleiche gilt für Folgerungen.

Wissenschaft und Alltag

Was unterscheidet wissenschaftliche Argumentation von alltäglicher? – Von Einstein wird die Aussage zitiert, „Wissenschaft [sei] nur eine Verfeinerung des Denkens des Alltags." Aber wie gehen wir im Alltag mit den Dingen um, die uns umgeben, und gibt es eine besondere, eben eine „wissenschaft-liche" Art des Umgangs mit unserer Lebenswelt?

Zunächst machen uns von der Realität eine *„Anschauung"*, wir nehmen unsere Umgebung mittels unserer Sinne wahr, daraus entwickeln sich Vor-stellungen, die uns verfügbar werden und mehr oder weniger auf Dauer auch verfügbar bleiben, wenn sie sich nicht mehr auf aktuelle Wahrneh-mungen beziehen: Wir speichern die Vorstellungen, wir machen uns interne

---

[1] Die DFG ist die „zentrale Selbstverwaltungsorganisation der Wissenschaft", sie un-terstützt und koordiniert Forschungsvorhaben in allen Disziplinen. Jeder deutsche Wissenschaftler kann Anträge stellen, die sich auf das sog. Normalverfahren oder auf Schwerpunkte beziehen müssen. Die DFG hat mehrere Sonderforschungsberei-che und Graduiertenkollegs eingerichtet. Sie finanziert Maßnahmen in den wissen-schaftlichen Einrichtungen (Bibliotheken, Rechenzentren...). Sie wird finanziert vom Bund und den Ländern sowie dem Stifterverband für die Deutsche Wissenschaft. Nähere Informationen sind im Internet über dfg.de zu beziehen.

Bilder und w*ir machen uns einen „Begriff"*. Wir finden Worte, mit denen wir bestimmte Vorstellungen festhalten (sie „fest-stellen") und beschreiben können. Mit Hilfe dieser Begriffe können wir dann auch miteinander über unsere Wahrnehmungen und Vorstellungen reden, wir können dabei feststellen, ob andere einen Sachverhalt ebenso beschreiben, wie wir es tun, oder ob sie die gleiche Sache vielleicht ganz anders sehen. Wir können uns dann sogar eine nur in Worten beschriebene Sache vorstellen, ohne sie sehen zu müssen. Wir können uns schließlich sogar Sachverhalte vorstellen, die man gar nicht mit den Sinnen wahrnehmen kann, wie z.b. Gefühle oder moralische Prinzipen u.Ä.

Wenn uns jemand etwas Interessantes erzählt oder eine ungewohnte Meinung vertritt, werden wir vielleicht zurückfragen und bitten, doch *genauer anzugeben, wie etwas gemeint sei*, was ein bestimmtes Wort bedeuten solle und warum der oder die andere gerade zu dieser bestimmten Einschätzung kommt. Möglicherweise wird man merken, dass man „aneinander vorbeigeredet" hat, dass man sich nicht richtig darüber verständigt hatte, was mit einem bestimmten Begriff gemeint sein sollte. Wenn es zum Streit kommt, wird man möglicherweise dritte Personen oder gar eine amtliche Instanz (etwa ein Gericht) hinzuziehen, die dann aus ihrer Perspektive vermitteln oder gar verbindlich „feststellen", was in Zukunft gelten soll.

Man versucht also im Alltag, sich mit Hilfe von Begriffen über die Realität, in der man lebt und handelt, selbst *ein Bild zu machen und sich darüber mit anderen auszutauschen*. Damit man dabei verstanden wird, ist es ratsam, sich nicht allzu weit von den nun einmal gängigen Redeweisen zu entfernen, sondern Begriffe so zu verwenden, dass man verstanden wird. „Verstanden" zu werden bedeutet dabei zweierlei: Zum einen wird die eigene Wahrnehmung der Welt von anderen bestätigt, zugleich kann man aber auch die anderen mehr oder weniger von der eigenen Sicht der Dinge überzeugen und sie in ihrer Wahrnehmung beeinflussen. Und damit verändert man etwas: zunächst nur Meinung(en) über Realität, weil aber Ansichten und Meinungen ihrerseits ein Bestandteil unserer Lebenswelt sind, verändert man auf diese Weise auch die Realität selbst.

Es entwickelt sich eine *„herrschende Meinung"*, nämlich das, was sich in der Diskussion als „gültiges" Bild von Wirklichkeit durchgesetzt hat. Dies beruht im Alltag auf einem kumulativen, kaum steuerbaren Prozess und ist weniger als ein methodengeleitetes oder gar -kontrolliertes Vorgehen zu verstehen. Für das Reden und Handeln im Alltag ist das auch völlig ausreichend – solange die öffentliche Akzeptanz erhalten bleibt.

Wissenschaften ist also keineswegs ein „Feld", das losgelöst von alltäglichen, gesellschaftlichen, ökonomischen und politischen Prozessen agiert. Sie ist in vielfältiger Weise darin verwoben. Aber sie ist eben doch ein Versuch, sich demgegenüber so weit wie möglich zu distanzieren – mit dem Risiko, sich in den viel zitierten Elfenbeinturm zurückzuziehen und sich vom echten Leben und dessen Problemen und Aufgaben zu isolieren. Wissenschaft braucht eine gewisse Distanz, sie sollte aber die Verbindung nicht verlieren und darauf trachten, in die Realität zurückzukehren und sich in den öffentlichen Diskurs (wieder) einzubringen. Wissenschaft kann deshalb verstanden werden als Versuch einer Art „Auszeit" aus den „Wirksamkeiten" (vgl. Kap. 2.2) des normalen Lebens. Sie soll dann intensiver und methodisch fundierter z.b. herausarbeiten, was wie „geworden" ist, ob Prozesse treffend „begriffen und benannt" werden, ob Gewünschtes realisierbar ist oder es werden könnte, was möglicherweise „verborgen und/oder verdrängt" ist. Nicht zuletzt sollte geprüft werden, ob das, was als „gegeben" hingenommen wird, neu und anders gestaltet werden könnte, sofern es „gewünscht" wird. Eine solche Auszeit sollte aber nicht unbefristet sein. Wenn etwas „erkannt" wurde, sollte es im öffentlichen Diskurs anerkannt und angemessen bedacht werden.

3. Hermeneutisch-interpretative Konzepte

Unter der Kategorie „hermeneutisch-interpretativ" sollen im Folgenden Konzepte vereint werden, die im weiten Sinn als *qualitativ* verstanden werden können. Das Spektrum reicht von klassisch hermeneutischen Konzepten der Text-Exegese bis zu modernen, informations-technisch gestützten Verfahren der Inhaltsanalyse und der Sequenzanalyse von Handlungssituationen.

3.1 Klassische Hermeneutik

Die Hermeneutik (von griech. hermeneuo: auslegen, erklären, übersetzen) hat ihre Wurzeln in theologischen und philosophischen Traditionen. Es geht zunächst um die richtige Auslegung der Bibel. Wie sind die Bücher des Alten und des Neuen Testaments zu verstehen, wie sind Begriffe aus dem Hebräischen bzw. Griechischen korrekt zu übersetzen? Was bedeuten die Gleichnisse wirklich, welche Folgerungen sind daraus bis in den Alltag hinein abzuleiten? – Solche Fragen gaben Anlass für Kontroversen bis hin zu kriegerischen Auseinandersetzungen. Aus dieser Tradition heraus hat sich die Hermeneutik als eine selbstständige Methode der Auslegung von Texten entwickelt. Als solche hat sie seit dem Ende des 19. Jahrhunderts in der *geisteswissenschaftlichen Pädagogik* eine zentrale Rolle gespielt. Dabei ging es vor allem um *ideengeschichtliche* Analysen der als „klassisch" geltenden Schriften bedeutender Autoren und Autorinnen.

Eine frühe und grundlegende erkenntnistheoretische Begründung der Hermeneutik hat der Theologe Friedrich *Schleiermacher* entwickelt. Nach seiner Auffassung ist das Verstehen eines fremden Textes nur möglich, wenn der Interpret sich in die „Grammatik" und in die „Psychologie" des Urhebers weitgehend hineinversetzen kann. Dabei betont *Schleiermacher* das Individuell-Biografische stärker als andere. Er will einen Text verstehen aus dem „Lebenszusammenhang" des Autors, dem er entstammt. Er spricht deshalb von der „psychologischen" Analyse, die deutlich machen soll, warum ein Autor gerade die vorliegende Formulierung gewählt hat. Der Einzelne soll gerade vor diesem Hintergrund verstanden werden. Das Verstehen des Einzelnen sei nur möglich „durch ein Verstehen des Ganzen".

Der Philosoph Wilhelm *Dilthey* (1833-1911) hat die Hermeneutik als zentrale Methode der Geisteswissenschaften herausgestellt. Damals hatten die Naturwissenschaften einen großen Entwicklungsschub vollzogen. Sie fanden große Resonanz und entsprechende Förderung, weil sie allgemein gültige Gesetze aufstellen konnten, mit deren Hilfe man wiederholbare Prozesse vorhersagen konnte. Dagegen verwies Dilthey auf die prinzipielle Einmaligkeit historischer Ereignisse und kultureller Phänomene. Um den Unterschied deutlich zu machen, schlug er die Unterscheidung zwischen *Erklären* und *Verstehen* vor. Natur und Technik könnten wir mit Hilfe von Gesetzen erklären, das „Geistesleben" müssten wir verstehen. Dabei ist der Begriff „Verstehen" nicht zu verwechseln mit „*Verständnis haben*". Das ist keineswegs Ziel der Interpretationen, im Gegenteil kann hermeneutisches Verstehen durchaus dazu führen, dass man nach der Analyse für die herausgearbeiteten Motive etc. „kein „Verständnis" hat im moralisch-wertenden Sinn. Historische Prozesse könnten nicht wie Phänomene der Natur aus gegebenen Gesetzmäßigkeiten kausal hergeleitet werden, sondern die Geisteswissenschaften müssten versuchen, historische Entwicklungen und Situationen als einmalige Prozesse nachzuerleben. Der jeweils besondere Sinn müsse in einem mühsamen Prozess herausgearbeitet werden.

Eine andere Gewichtung hat der Philosoph Hans-Georg *Gadamer* (1900-2002) gesetzt: Er suchte nach Verfahren, mit denen die objektive Seite eines Sachverhalts herausgearbeitet werden kann. Die individuelle Sicht, wie sie Schleiermacher betont, galt ihm allenfalls als eine subjekthafte Meinung, die nur als solche und damit begrenzt interessant sein könnte. Vielmehr seien Verfahren erforderlich, die eher als „Kunst" zu verstehen sind und nicht standardisiert werden können.

Als zentrale Ansatzpunkte der Hermeneutik sollen hier drei Gedanken herausgestellt werden: der „objektive Geist", das „Vorverständnis" und der „hermeneutische Zirkel".

• Der heute etwas merkwürdig anmutende Begriff *objektiver Geist* bezeichnet eine Voraussetzung, ohne die Verstehen gar nicht möglich ist. Die erkenntnistheoretischen Überlegungen zur hermeneutischen Analyse gehen davon aus, dass sich historische und geistige Prozesse in einem kulturellen Umfeld ereignen. Jedes Denken, alles Handeln und vor allem jede Interaktion ist darauf angewiesen, dass Sprache(n), Symbole, ästhetische Produkte u.Ä. zur Verfügung stehen, aus denen die Akteure auswählen können und die von den Adressaten ihrer Schriften auch verstanden werden. Es ist also nur möglich, den Text eines anderen zu verstehen, weil der Autor und der Leser einem gemeinsamen Kulturkreis angehören.

Diese Gemeinsamkeit von Begriffen und die damit verbundenen Vorstellungen, ethischen und ästhetischen Normen, grammatikalischen und syntaktischen Regeln bezeichnet man als den *objektiven Geist* einer Kultur. Gemeint ist damit der unabhängig von den beteiligten Subjekten bestehende kulturelle Kontext, in dem und mit dessen Hilfe Individuen miteinander verkehren können. Dieser Kontext ist so umfassend, dass verschiedene Subjekte das *objektiv* zur Verfügung stehende kulturelle Angebot für sich selbst in unterschiedlicher Weise nutzen. Man verwendet zwar die gleichen Begriffe, verbindet mit ihnen bestimmte Vorstellungen und verknüpft sie nach bestimmten Regeln, aber jeder tut dies in einer mehr oder weniger anderen Weise, sodass gleiche sprachliche Äußerungen subjektiv unterschiedliche Bedeutungen bekommen können. Der Philosoph Jean Paul *Sartre* (1905-1980) hat für diese Beziehung zwischen allgemein vorgegebenen, allen verfügbaren Elementen der Sprache und deren individuell eigentümlicher Kombination den Begriff vom *individuellen Allgemeinen* geprägt.

Wer sich nun mit den Äußerungen einer anderen Person auseinandersetzt und diese verstehen will, bezieht jene, mehr oder weniger andersartige subjektive Nutzung, die der Autor von dem objektiven Geist gemacht hat, auf die Gesamtheit des objektiven Geistes und versucht, durch diesen Vergleich erkennbar zu machen, in welcher Weise und aus welchen Gründen diese andere Person die Möglichkeiten des kulturellen Angebots genutzt bzw. nicht genutzt hat.

Erkenntnistheoretisch geht es also um das Verhältnis zwischen *gegebenen* bzw. *gewordenen* und *gestalteten* bzw. *gewollten* „Wirksamkeiten" (s.o.): In der hermeneutischen Analyse soll herausgearbeitet werden, in welcher Weise Autoren mit den verfügbaren kulturellen Möglichkeiten umgegangen sind und welche Intentionen sich in der subjekthaften Auswahl ausdrücken.

Auf dem Hintergrund des objektiven Geistes setzt das Verstehen eines Textes ein *Vorverständnis* voraus. Der Interpret hat – wenn und weil er an dem kulturellen Kontext des Autors teilhat – eine mehr oder weniger bewusste Vorstellung von dem Gegenstand, um den es geht. Diese Vorstellung muss nicht mit der des Autors übereinstimmen, aber sie muss dem Gegenstand und dem Text, um den es gehen soll, angemessen sein. Ohne eine solche Ahnung könnte der Text gar nicht erfasst werden, man wüsste gar nicht, worum es überhaupt geht. Konkret: Man muss die Sprache kennen, die Symbole deuten und auch die Feinheiten sprachlicher Wendungen erfassen können. Ein Interpret kann also nach dem erkenntnistheoretischen Verständnis der Hermeneutik nicht unvoreingenommen oder naiv an einen Text herangehen. Er hat ja schon vor der ersten Lektüre des Textes eine vielleicht noch nicht entfaltete, aber in jedem Fall vorhandene Ahnung von dem Gegenstand, über den er in dem Text etwas lesen wird. Damit gerät die Analyse allerdings in ein Paradox: Das Vorverständnis ist unvermeidlich und sogar unverzichtbar, aber es kann die Wahrnehmung des Textes in eine Bahn lenken, die voreingenommen machen kann.

Dies soll aber durch den *hermeneutischen Zirkel* vermieden werden. Diesem Konzept liegt folgender Gedanke zugrunde: Wenn der Interpret sich einem

Text nähert und dabei nicht nur nach Bestätigungen seines Vorverständnisses sucht, wird das primäre, vorläufige Vorverständnis herausgefordert. Es kann sich erweitern oder vertiefen und es kann sich ändern. Häufig wird ein Text nicht nach einmaligem Lesen zu verstehen sein, man wird sich erneut und ggf. immer wieder bemühen müssen. Und jedes Mal erweitert sich das (Vor)-verständnis des Interpreten, das Verstehen des Textes dringt immer mehr zu den Tiefenstrukturen vor, die wesentliche Bedeutung wird immer transparenter. Man prüft also am Material, ob Vorverständnis und Details miteinander vereinbar sind. Die Details können zum Vorverständnis passen oder sie können ihm widersprechen.

Nach diesem Konzept kann man erwarten, dass der Interpret einen Text besser verstehen kann, als der Autor selbst sich und seinen Text verstanden hat: Der Autor war sich möglicherweise gar nicht bewusst, dass er und wie er aus den vielfältigen Angeboten des objektiven Geistes in subjekthafter Weise auswählt. Der Interpret kann diese Subjekthaftigkeit transparent machen, wenn er das Ausgewählte mit den prinzipiellen Möglichkeiten vergleicht. Man klärt z.B. die gewählten Begriffe, deutet Formulierungen und Argumentationsketten etc. (s.u.).

Dass man diesen Prozess des immer tieferen Eindringens in den Text als *Zirkel* bezeichnet, sollte nicht missverstanden werden. Es geht nicht um einen Zirkel-Schluss, bei dem man immer wieder dort ankommt, wo man gestartet ist, und sich im Kreis dreht. Diese Gefahr besteht sicher – aber sie soll durch eine kritische Haltung gerade vermieden werden. Die Interpretation eines Textes soll sich zwischen dem Vorverständnis und dem Text hin- und herbewegen. Der Text wird auf dem Hintergrund des Vorverständnisses gedeutet und diese Deutung wirkt wieder auf das Verständnis der Sache zurück. Dieser Prozess ist als *eine spiralförmige Bewegung* zu verstehen. Das Vorverständnis soll in jeder Bewegung des Zirkels am Text kritisch überprüft und ggfs. verändert werden. Um dies methodisch, also vom Verfahren her zu stützen, sollen der Text und das Vorverständnis immer wieder in Details zerlegt werden, um *das Ganze und die Details* in ständigem Wechsel aneinander prüfen zu können. Das Verständnis einzelner Sätze oder Begriffe muss mit dem des gesamten Textes wechselweise in Einklang stehen: Kein Detail darf dem Gesamtverständnis widersprechen, und dieses soll sich nach und nach aus dem Verständnis der Details entfalten. Es wurde vorgeschlagen, den Begriff des Zirkels durch den der *hermeneutischen Spirale* zu ersetzen. Dabei kann sich das Bild der Vertiefung oder der Erhöhung einstellen – beides wäre angemessen.

Bei hermeneutischen Verfahren haben *intuitive Momente* des Verstehens, des Nachempfindens und des Erahnens eine große Bedeutung. Schleiermacher sprach gar von einer *divinatorischen* (seherischen) Tätigkeit. Die methodische Absicherung im Sinne der intersubjektiven Nachprüfbarkeit und der Transparenz des Vorgehens wurde in der Tradition der Hermeneutik wie in der geisteswissenschaftlichen Pädagogik nicht als zentrales Problem gesehen. Es ging in erster Linie darum, das Wesentliche eines Textes ganzheitlich, in sich stimmig und überzeugend zu formulieren. In der klassischen Hermeneutik wurde Wissenschaft kaum als ein kommunikativer Prozess verstanden, in dem methodisch nachvollziehbare und überprüfbare Deutungsvorschläge zur Diskussion gestellt werden.

In den 1960er Jahren wurde die hermeneutisch orientierte Wissenschaft aus zwei Perspektiven mit heftiger *Kritik* konfrontiert: Zum einen wurde aus Sicht empirischer Positionen bemängelt, dass geisteswissenschaftliche Deutungen sich der methodisch fundierten Überprüfung entziehen. Wissenschaftliche Erkenntnisse seien erst dann nützlich, wenn sie über einmalige Ereignisse hinaus wiederholt beobachtbar seien und dadurch auch für zukünftige Entwicklungen hilfreich werden. Zum anderen wurde aus gesellschaftskritischen Positionen vor allem der *Kritischen Theorie* bemängelt, dass historische Prozesse in hermeneutischen Deutungen idealisiert würden und dass nicht aufgezeigt werde, welche politisch-ökonomischen Interessen damit verbunden sind.

3.2 Wahrnehmen: Phänomenologie

Eine Sache, mit der wir im Alltag umgehen, hat für uns eine bestimmte Bedeutung: Sie kann uns wichtig sein oder nicht, wir können sie für bestimmte Zwecke verwenden. In anderen Zusammenhängen kann sie uns eher hinderlich sein usw. Nicht immer – ja sogar eher selten – sind wir uns beim Umgang mit einer Sache dieser Bedeutung bewusst: Wir benutzen die meisten Dinge wie selbstverständlich, und nur selten sind wir gezwungen, unseren Mitmenschen ausdrücklich darüber Rechenschaft zu geben. – Wer sich nun wissenschaftlich dafür interessiert, welche Bedeutung bestimmte Dinge für Menschen haben, die alltäglich oder beruflich mit ihnen umgehen, der muss versuchen, diese *Bedeutung transparent werden zu lassen* und sie auf den Begriff zu bringen. Er muss die Sache so rekonstruieren, dass ihr Sinn erkannt wird und dass über diese Sinndeutung kommuniziert werden kann. Mit der Frage, wie solche Bedeutungen erkannt werden können, beschäftigt sich die *Phänomenologie*. Deren Leitfrage lautet: Wie kann man verständlich machen, mit welcher Be–Deutung ein Sachverhalt wahrgenommen wird, in welcher Weise er zu einem „Phänomen" wird? – Der Philosoph Edmund *Husserl* (1859-1938) hat diese Sichtweise in mehreren Studien entwickelt und vertiefend gedeutet. Es ging ihm vor allem darum, die „transzendentalen" Erkenntnis-Möglichkeiten des Menschen auf eine methodisch verlässliche Basis zu stellen und dies zu entfalten. Auf Husserl beziehen sich die meisten Vertreter dieser „Schule". Dem Begriff nach ist die

Phänomenologie eine *Theorie der Erscheinungen* (von griechisch: „phainomenon": das Erscheinende).

Das Konzept greift Ansätze der klassischen Hermeneutik auf, entwickelt sie aber stärker im Blick auf das erkennende Subjekt. Die Phänomenologie ist in ihrem Ursprung wie die Hermeneutik eine Methode der Geisteswissenschaften. Sie will mit ähnlichen Fragestellungen und vergleichbaren methodischen Ansätzen unsere Lebenswelt verständlich machen, sie bezieht sich aber nicht auf Texte, sondern auf *nicht-verbale Gegenstände*.[1] Dies wird indes nicht etwa als ein Mangel gewertet, sondern als ein besonderer Vorteil. Denn jede Benennung einer Sache beinhaltet bereits eine bestimmte Deutung, wobei die Dinge selbst und ihre alltagssprachlichen Benennungen keineswegs deckungsgleich sein müssen. Wer sich auf sprachliche Umschreibungen verlässt, kann damit schon einer unangemessenen Deutung aufsitzen. Die Phänomenologie will hinter solche Deutungen zurückgehen. Husserl drückte dies in der Sentenz aus: „Wir wollen uns schlechterdings nicht mit bloßen Worten [...] zufriedengeben [...] wir wollen auf die Sachen selbst zurückgehen." Es gilt, die Sachen zunächst in ihrem unverstellten Sein zu erfassen und sie erst dann in abstrakter, begrifflich treffender Weise nachzubilden. Worte, Bilder, Symbole etc. können wir verstehen, wenn wir ein entsprechendes Vorverständnis haben. Nicht-sprachliche Dinge sind uns aber noch mittels Sprache zugänglich. sie können sich selbst nicht artikulieren und wir können sie auch nicht befragen. Sie haben jedoch in unserem Alltag eine Bedeutung. Wir nehmen sie wahr, sie lösen Empfindungen aus und können Gedanken anregen

Im Unterschied zur Hermeneutik fordert die Phänomenologie als Ausgangspunkt eine Wahrnehmung, die ausdrücklich *nicht von Vorannahmen* o.Ä. geleitet wird. Man soll von den Dingen ausgehen, sie unvoreingenommen betrachten, möglichst genau mit vielen Details beschreiben und nicht vorschnell mit vertrauten Begriffen operieren. Kein „Ich weiß schon!", sondern ein „Ich sehe etwas, weiß aber noch nicht, was es bedeutet!" Schon gar nicht darf man ein irgendwie wertendes Urteil treffen. Erst später soll man versuchen, die Beobachtungen begrifflich zu fassen. Damit wird die Erwartung verbunden, dass man den Dingen nicht zuschreibt, was man erwartet, sondern dass man sie selbst zum Sprechen bringt, wobei der Beobachter sozusagen als Medium fungiert.

---

1 Gelegentlich werden allerdings auch Texte als „Phänomene" verstanden; die Trennung wird in der Literatur nicht stringent durchgehalten.

Dieses Bemühen gerät bald in ein *Dilemma*: Auf der einen Seite soll die Bedeutung eines Phänomens möglichst intensiv erfasst werden und nachvollziehbar werden. Man kann dies aber nur auf der Grundlage seiner subjekthaften Wahrnehmung tun und damit ist man rasch außerhalb des intersubjektiv Kontrollierbaren. Da hilft nur eine möglichst große Transparenz des Verfahrens. Phänomenologische Analysen haben also durchaus eine „Sinn konstituierende" Wirkung: Sie ergänzen das einfache Dasein einer Sache um deren reflektierte Be–Deutung. Man kann darin eine Verfälschung sehen, wenn man meint, dass Wissenschaft auf das Gegebene beschränkt sein sollte. Dem Gegenstand ist ein Sinn aber schon als „gegeben", „geworden" oder „gestaltet" inbegriffen und soll/kann durch seine Analyse „begriffen und benannt" werden. Dadurch wird die Bedeutung nicht geschaffen, sondern aufgedeckt (aus dem Nicht-Wissen herausgezogen). Die Forderung, sich einer Sache möglichst unvoreingenommen zu nähern, soll dies befördern – eine Sicherung ist es allerdings nicht. Die Alternative kann aber wohl nicht lauten, dass man es bei den impliziten Bedeutungen und ihren verborgenen Wirkungen belässt!

3.3 Rekonstruktion von Interviews u.Ä.

Etwa seit den 1990er Jahren werden die an Hermeneutik und Phänomenologie orientierten Methoden qualitativer Forschung weiter entwickelt bzw. verfeinert. Ein wesentliches Motiv war und ist es dabei, Konzepte und Verfahren der Hermeneutik zu präzisieren und sie aus dem Dunst des Zufälligen oder gar des Genialen herauszuheben. Verstehen sollte nicht allein „großen Geistern" zugedacht werden, sondern sozusagen allen, die sich redlich um Erkenntnis bemühen (wollen). Wege dazu weisen sollen zum einen ein erweitertes Verständnis des Verstehens, ein erweitertes Verständnis des Untersuchungsgegenstandes und ergänzende methodische Hilfsmittel, die einen distanzierenden und schrittweisen Zugang ermöglichen und einen kooperativen Prozess der Bearbeitung anregen. Zudem sollen die Verfahren und die Prozesse der Bearbeitung so weit wie möglich nachvollziehbar und damit auch kritisierbar sein.

In sozialwissenschaftlichen Befragungen – insbesondere bei soziologischen und politologischen Fragestellungen – geht es zunächst um die persönliche Meinung oder das Verhalten der befragten Individuen – so weit es diesen bewusst ist. Darüber hinaus kann ein Interview auf tiefer liegende Dimensionen zielen. Der Stimulus, der z.B. in einem narrativen Interview (s.o.) gegeben wird, kann dazu anregen, Meinungen, Empfindungen, Assoziationen etc. zu einem bestimmten Problembereich eher spontan und entsprechend diffus in einer verbalen Reaktion auszudrücken. Man geht davon aus, dass in solchen Äußerungen auch weniger bewusste Meinungen, Empfinden etc. *projiziert* werden. Sie können Hinweise geben auf die Tiefenstruktur des zu untersuchenden Problems. Man nimmt sozusagen die verbalen Aussagen selbst noch nicht als Wahrheit, sondern fragt, was die Interviewten eigentlich zum Ausdruck bringen, was hinter den gewählten Worten etc. steckt.

Inhaltsanalyse

Einen Versuch, die Textanalyse methodisch abzusichern, stellt die Inhaltsanalyse dar. Sie ist in den – traditionell eher empirisch orientierten – Sozialwissenschaften entwickelt worden, und sie wird zunehmend auch in der Pädagogik zur Kenntnis genommen. Wesentliche Grundlagen und Techniken dieses Verfahrens hat Philipp *Mayring* (geb. 1952) ausgearbeitet. Er versteht die Inhaltsanalyse als eine Technik zur Auswertung sprachlichen Materials, wobei eine inhaltliche, theoretisch orientierte Fragestellung im Vordergrund stehen muss. – Man kann sich der Bedeutung eines Textes in drei *Grundformen des Interpretierens* nähern:

• Man kann das Material so *komprimieren*, dass bedeutsame Einzelheiten in abstrakterer Form überschaubar werden. Man kann z.B. konkrete Begriffe in übergreifenden, allgemeineren Kategorien zusammenfassen.

• Man kann einzelne Textstellen *näher erläutern:* Man interpretiert einzelne Worte und die sprachliche Struktur und zeigt Beziehungen zwischen verschiedenen Textstellen auf. Dabei können auch Informationen über den Urheber relevant sein.

• Man kann den Text *strukturieren:* Zu der jeweiligen Fragestellung wird ein Kategoriensystem entwickelt, das an den Text angelegt werden kann. Strukturmerkmale können formaler oder inhaltlicher Art sein, sie sollen typische Aspekte hervorheben.

• Schließlich kann man den Text *skalieren:* Es wird ein *Kodier-Leitfaden* entwickelt, mit dem der Text auf bestimmte Merkmale hin durchsucht und verschlüsselt („kodiert") wird. Dann kann man zählen, wie oft bestimmte Aspekte in einem Text angesprochen werden.

Bei umfangreichem Textmaterial kann die Auswertung durch *quantifizierende Verfahren* unterstützt werden. Die Entwicklung der elektronischen Medien hat wesentlich dazu beigetragen. Die zurzeit weit verbreitete Software ist das Programm *MAXQDA*. Es wurde von Udo *Kuckartz* (geb. 1951) entworfen, und es wird regelmäßig optimiert. Die Buchstaben „MAX" waren vom Autor zunächst als eine vorläufige Reverenz für den Soziologen Max Weber gedacht, die Bezeichnung hat sich aber verstetigt. „QDA" steht für „*q*ualitative *D*aten*a*nalyse". Die Bezeichnung erscheint mir weniger irritierend, wenn man sie als „Analyse qualitativer Daten" liest: Nicht die Methode ist „qualitativ", sondern das Material. Mit Hilfe des Programms werden (verbale) Texte um numerische „Daten" ergänzt, die dann quantitativ ausgewertet können und „qualitativ" interpretiert werden müssen.

Das Verfahren unterstützt den Anwender darin, Textdokumente – insbesondere Transkripte von Interviews – *nach ausgewählten Fragestellungen* zu durchsuchen, bestimmte Begriffe und Formulierungen als „Kategorie" zu kodieren und deren Häufigkeit zu ermitteln. Dabei können im Prozess theoretisch-abstrahierende Deutungen entwickelt und sogleich überprüft werden. Man kann zwischen einem eher induktiven und einem eher deduktiven Vorgehen wechseln. Für die Interpretation kann es nützlich sein, nicht nur nach Befunden zu suchen, die den Erwartungen entsprechen. Gerade Fälle, die sich erwartungswidrig darstellen, können für das Verständnis aufschlussreich sein. Dabei können insbesondere kontrastierende Konstellationen aus verschiedenen Fällen anregend und aufschlussreich sein.

Prinzipiell ist auch hier die Frage nach der Validität zu stellen: Sind die Kodierungen treffend, sind alle relevanten Aspekte angemessen erfasst und sind Deutungen vorsichtig entwickelt worden und treffend formuliert? Allgemein gesprochen bewegt man sich in einem Zwiespalt: Soll man vorab deduktiv aus einem theoretischen Konzept Kategorien festlegen und prüfen, ob diese im Text aufzufinden sind, oder soll man aus dem Text heraus in abstrahierend-induktiver Weise Kategorien entwickeln, die den Inhalt, die Struktur und den tieferen Gehalt des Textes repräsentieren?

Die „Objektive Hermeneutik"

Eine ähnliche Zielsetzung verfolgt die von Ulrich *Oevermann* (1940-2021) entwickelte so genannte objektive Hermeneutik. Der Begriff „objektiv" ist m.E. leicht missverständlich, treffender wird das gemeinte Ziel mit dem Begriff strukturale Hermeneutik angesprochen: Es geht auch hier darum, einen beobachteten Sachverhalt in seiner Bedeutung und der verborgenen „Sinnstruktur" zu verstehen. Ausgangspunkt ist das traditionelle hermeneutische Ziel, einen Text besser zu verstehen als dessen Urheber bzw. eine Interaktion besser als deren Akteure. Die latenten Sinnstrukturen werden als „objektiv" verstanden: Sie bestehen unabhängig von ihrer „psychischen Repräsentanz" bei den beteiligten Subjekten auch dann, wenn sie den Handelnden nicht bewusst sind oder sogar von ihnen als unzutreffend bezeichnet würden.

Der methodische Kern dieses Ansatzes ist eine *Sequenzanalyse*. Eine „extensive Sinnauslegung" soll mehr erbringen als eine bloße Umschreibung („Paraphrase") des Materials. Der Interpretationsprozess ist prinzipiell offen, die Ergebnisse sind jederzeit revidierbar. Mit „objektiv" ist hier also nicht der Anspruch intersubjektiver Nachprüfbarkeit gemeint, sondern das Ziel, an die nicht-subjektiv-bewussten Dimensionen des Handelns heranzukommen. Es geht nicht um die bewussten Intentionen der Handelnden, sondern um jene Strukturen, die vor oder gar trotz aller reflektierten oder vermeintlichen Intention das Verhalten beeinflussen.

Die extensive Sinnauslegung kann als eine *Folge von Gedankenexperimenten* verstanden werden, die mit einem Text durchgespielt werden. Dabei sollen im Diskurs der Forschenden alle erdenklichen Deutungen herausgearbeitet und erörtert werden – und zwar auch solche, die möglicherweise kontrafaktisch sind und damit auf etwas aufmerksam machen, was in der beobachteten Situation zwar nicht der Fall ist, aber im Prinzip unter anderen Bedingungen möglich oder wünschbar (gewesen) sein würde. Die Forschenden sollen sich dem jeweiligen Text gegenüber möglichst distanziert verhalten und keinesfalls versuchen, das Verhalten der Personen aus der Kenntnis des Handlungs-Kontextes oder gar aufgrund emotionaler Betroffenheit zu verstehen.

Die objektive, strukturale Hermeneutik ist als Verfahren äußerst aufwendig, wenn die einzelnen Schritte sorgfältig bearbeitet werden. Zudem bleibt nach der Lektüre einer solchen Analyse eine gewisse Skepsis: Die Interpretationen haben zwar einen hohen Grad an Plausibilität, aber ob die letztlich bevorzugte Lesart die einzig und objektiv zutreffende ist, kann letztlich nicht verbindlich entschieden werden. Die Intensität der Analyse ist beeindruckend, und es fragt sich, ob die Leser (wieder) so viel kritische Distanz finden, dass sie sich ein eigenes Urteil bilden können.

Die „Dokumentarische Methode"

Eine ähnliche Zielsetzung wird mit der so genannten dokumentarischen Methode verfolgt. Dieser Ansatz wurde von Karl *Mannheim* (1893-1947) entwickelt und wird zurzeit vor allem unter Leitung von Ralf *Bohnsack* (geb. 1948) weitergeführt. Die Bezeichnung bezieht sich darauf, dass Handlungen und Aussagen eines Menschen (z.B. über sein Leben) als „Dokumente" seiner Einstellungen aufgefasst werden. Dabei wird unterschieden zwischen der subjekthaft bewussten Ebene, die ein Befragter verbal artikulieren kann, und einer tieferen, als „objektiv" verstandenen Ebene, in welcher der eigentliche Sinngehalt der Handlungen verborgen ist. Es wird unterstellt, dass die Akteure nach einem impliziten Wissen handeln, das ihnen nicht bewusst ist. Gegenstand der Analyse bleibt das als handlungsleitend artikulierte Wissen der Akteure. Man vergleicht diese subjekthaften Äußerungen mit möglichen alternativen Anschlusshandlungen bzw. -äußerungen und beurteilt sie vergleichend mit Fällen, in denen ähnliche Themen auf unterschiedliche Weise dokumentiert worden sind. Man beginnt also in der Regel mit einer eher vordergründig rekonstruierenden Umschreibung der Beobachtung oder der Interaktion. Diese geht dann – so weit wie möglich – in eine reflektierende, hinter die Fassade blickende Deutung über.

Das Konzept

Dieses Konzept schließt an Überlegungen an, die der Soziologe Karl *Mann-heim* (1893-1947) im Sinne einer „praxeologischen Wissenssoziologie" entwickelt hatte. Diese geht davon aus, dass alltägliches Handeln („Praxis" im Sinne konkreten Tuns) nicht allein und oft nicht einmal vorrangig bewusst entworfen und vollzogen wird, sondern sich weitgehend unreflektiert (durch „Erfahrung", Nachahmung, Übung etc.) eigespielt hat und sich entfaltet, ohne darüber nachdenken zu müssen oder es erklären zu können. Dieses unbewusste Handlungswissen ist den Körpern und den Materialien „eingeschrieben", es wird (im Sinne von Bourdieu, s.o.) zum „Habitus", der das Denken und Handeln leitet, ohne dass es bewusst wird. Es ist im alltäglichen Handeln auch gar nicht nötig, darüber nachzudenken; nicht zuletzt könnten Routinen irritiert werden und sichere Orientierungen verloren gehen. Als anschauliches Beispiel wird gelegentlich das Binden einer Schleife oder das Radfahren angeführt.

In diesem erweiterten und auf reale Prozesse bezogenen Verständnis zielen diese Konzepte darauf, die „soziale Realität" in ihrer Entstehung und in ihren typischen Verlaufsformen nachzuvollziehen. Herausgearbeitet werden sollen „handlungsleitende Orientierungsmuster" und Verhaltensmuster, in denen Menschen in sozialen Gruppen miteinander umgehen.

Für die pädagogische bzw. erziehungswissenschaftliche Forschung hat dieses Konzept der Soziologe Ralf *Bohnsack* weiter ausgearbeitet und verfeinert. Auch der Erziehungswissenschaftler Arnd-Michael *Nohl* (geb. 1968) trägt mit grundlegenden Beiträgen dazu bei. In zahlreichen Forschungsprojekten wird die Dokumentarische Methode als Grundlage benannt. [1]

---

[1] Nach meinem Verständnis ist die Bezeichnung „dokumentarische Methode" etwas unglücklich gefasst. Ein Adjektiv soll eigentlich das begleitete Nomen charakterisieren, hier also über die Methode aussagen, was sie tut. Sie „dokumentiert" zwar die Ergebnisse ihrer Analysen, aber das tut jede Forschung. Verstanden werden müsste „dokumentarisch" hier aber im Sinne eines „adjektivus objektivus": Die Methode beschäftigt sich mit den „Dokumentationen" unbewussten Wissens, also gerade nicht (oder nicht nur) mit „Urkunden, zeitgenössischen Berichten usw., die etwas belegen und mit denen man etwa beglaubigen kann" (nach Google-Wörterbuch) oder gar „amtlich, urkundlich; beweiskräftig" sind (nach Duden 5). – Möglicherweise wird bei der Werbung für diese Methode hingenommen, dass Laien die präsentierten Deutungen als „beweiskräftige" Aussagen und Erkenntnisse (miss-)verstehen. Treffender und anschaulicher sind die alternativ verwendete Bezeichnungen des Verfahrens als „rekonstruktiv" oder „sequenzanalytisch". Die Bezeichnung als „praxistheo-

In Beschreibungen der „Dokumentarischen Methode" wird das in der „Praxis" wirksame Wissen unterschieden („begriffen und benannt") nach „kommunikativ" bzw. „konjunktiv". Über das eine können Handelnde (etwa auf die Frage „Warum machen Sie das?") sich äußern, das andere vollziehen sie unbewusst. Bohnsack hat dies 2023 beschrieben als „das Spannungsverhältnis zwischen zwei unterschiedlichen Dimensionen des Wissens: dem eher expliziten (propositionalen) Wissen mit seiner Struktur von (normativen) Erwartungen und Imaginationen sowie theoretisierenden Reflexionen über die eigene Praxis versus einem eher impliziten (performativen) Wissen, welches als handlungsleitendes Wissen mit seinen praktischen Reflexionspotentialen in die Praxisvollzüge selbst eingelagert ist." Dieses implizite, „performative" Wissen „dokumentiert" sich in Haltungen, in routiniertem Handeln, in davon beeinflussten („gestalteten") Strukturen, Prozessen und nicht zuletzt in den für Zwecke der Praxis hergestellten bzw. verwendeten Materialien.

Das Konzept geht davon aus, dass Personen, die in einer Gruppe miteinander interagieren, ihr handlungsleitendes Wissen nicht ausdrücklich formulieren (können), weil dieses intern als selbstverständlich verfügbar ist, intern nicht immer wieder ausgesprochen werden muss und auch nach außen hin anderen gegenüber in der Regel nicht dargelegt wird. Dieses Wissen dokumentiert sich aber gleichwohl in unbewusster Weise in den mündlichen Äußerungen, in beobachtbaren Handlungsweisen und nicht zuletzt körperlich sowie in verwendeten Materialien. Dies soll in einem methodisch differenzierten Verfahren „rekonstruktiv" transparent gemacht werden. Die Interaktionsmuster der Handelnden sollen dadurch besser verständlich werden, als sie den Beteiligten bewusst sind. Mit dieser Orientierung knüpft dieses Konzept an Zielsetzungen der Hermeneutik und der Phänomenologie an.

Es wird davon ausgegangen, dass sich in den untersuchten Handlungsfeldern die jeweiligen Handlungsorientierungen etc. in vielfältiger Form „dokumentieren" – nicht nur sprachlich in Texten und Interviews, sondern auch körperlich und materiell. All dies kann und soll in die Analyse einbezogen werden. – Im Sinne der oben (Kap. 2.2) aufgeführten *möglichen*

---

retisch" ist so lange irritierend, bis man sich bewusst macht, dass „theoretisch" ein besonderes Verständnis von „Praxis" untersucht werden soll: nämlich als Tun, in dem sich „Habitūs" und normative Orientierungen „performieren". Etwas bescheidener würde „explorativ" ausdrücken, dass es um den Versuch geht, beobachtete und „dokumentierte" Prozesse differenzierend zu betrachten und Vorschläge zur Deutung zu präsentieren..

„Wirksamkeiten" kann unterschieden werden zwischen dem, was „begriffen und benannt" wird, und dem, was „verborgen und/oder verdrängt" wirksam sein kann.

Damit wird verständlich, warum die Dokumentarische Methode beansprucht, Handelnde „besser verstehen" zu können, als diese es selbst tun können: Was den Akteuren nicht bewusst ist, soll so herausgearbeitet werden, dass es kommunizierbar wird. In der Forschung soll transparent, kommunizierbar und ggf. auch veränderbar werden, was zu einer mehr oder weniger gut funktionierenden Praxis „geworden" ist bzw. „gestaltet" wurde, ohne explizit zu wissen warum.

Solche Prozesse können mit dem Konzept der *„Dispositionalität"* gedeutet werden: Damit soll ein doppelter Ablauf angesprochen sein: Das Gehirn speichert („lernt") einerseits auf vielfältige Weise aus Eindrücken und Einflüssen der Umgebung und stellt andererseits deren „Spuren" dem Denken und Handeln unbewusst und/oder gewollt als „Dispositionen" zur Verfügung. Ob und wie Dispositionen unbewusst wirksam werden bzw. welche Möglichkeiten bewusst aktiviert werden, lässt sich daran erforschen, ob bzw. wie sie sich im Verhalten und Handeln (in der „Performanz"), also in der „Praxis" der Menschen „dokumentieren".

Damit beansprucht das Konzept der dokumentarischen Methode, eine traditionelle (selbst-)Begrenzung hermeneutischer Ansätze zu überwinden. Diese bezogen sich, in den Anfängen ausschließlich, auf schriftlich vorliegende Texte, in denen Autoren die Welt in ihren vielen Aspekten beschrieben haben. Die hermeneutische Analyse sollte herausarbeiten, wie sich solche Darstellungen zu dem verhalten, was allen als „objektiver Geist" als Quelle und möglicher Bezugsrahmen zur Verfügung gestanden hat. Inwiefern sie davon unterschiedlich Gebrauch machten, sollte verständlich machen, wie sie zu ihren Sichtweisen gelangt sind und wie diese einzuordnen sind. Dabei ging es vor allem um normative Orientierungen im Sinne von „richtig" vs. „falsch" und das Erkennen einer „absoluten", „metaphysischen" Wahrheit. – Damit beziehen sich hermeneutische Konzepte auf geisteswissenschaftliche und ideengeschichtliche Logiken, nach denen subjekthafte Darstellungen als Ausdruck größerer Ideen zu verstehen sind, die es zu erkennen gilt. Damit bewegt Hermeneutik sich in einem rein begrifflich-theoretischen Raum. Mit den so entwickelten Kategorien sollen dann aber doch auch Prozesse der „Praxis" gedeutet werden.

Demgegenüber sollen in der Dokumentarischen Methode nicht nur verbale Absichts-Bekundungen der Akteure gedeutet werden, sondern ausdrücklich jene Prozesse, in denen sich unbewusstes und (zunächst) nicht kommunizierbares „Wissen" ausdrückt. Es geht darum, über ideentheoretisches Reflektieren hinaus „praxis-theoretisches" Erkennen zu entwickeln.

Verfahren

Erster Schritt der dokumentarischen Methode ist die Sammlung geeigneter Materialien. In einem anspruchsvollen „sequenzanalytischen" Verfahren sollen diese Materialien sorgfältig interpretiert werden. Dabei ist insbesondere darauf zu achten, dass die Daten nicht voreilig aus der Perspektive der Forschenden verstanden oder gar beurteilt werden (etwa: „Das ist doch typisch und immer so …!"). Das kann leicht geschehen, wenn jemand sich allein mit dem Material beschäftigt und sich mehr oder weniger in seinen Vermutungen bestätigt sieht. Ziel ist deshalb ein „kontrolliertes Fremdverstehen", das in einer kollektiv-kooperativen Gruppe bewusst hergestellt werden soll.

Mit „*sequenzanalytisch*" ist gemeint, dass ein Text in kleinen Schritten von einer „Sequenz" des Beobachteten zur nächsten bearbeitet wird. Unterschieden werden – in verschiedenen Beschreibungen mehr oder weniger konsistent – folgende Stufen:

- Zunächst wird eine Ton- oder Videoaufnahme möglichst genau nach verbindlichen Regeln transkribiert; alle „ähs" und Pausen, alle mundartlichen Sonderheiten, alle Betonungen, unvollständige Sätze, Wiederholungen etc. werden möglichst präzise notiert. Dabei kann es – z.B. bei Zeitbegrenzungen – sinnvoll sein, dies nur für einen besonders relevant erscheinenden Auszug zu tun.
- Dann wird der Text in überschaubar kurze „Sequenzen" (etwa einzelne Äußerungen) zerlegt, die schrittweise näher bearbeitet werden sollen.
- Zu einer (ausgewählten) Sequenz wird eine erste paraphrasierende Umschreibung in der Sprache der Wissenschaft versucht, die jedoch so nah wie möglich an dem bleiben soll, was die Beforschten geäußert haben.
- Daran schließt sich der Versuch einer „reflektierenden Interpretation" an.
- Diese soll schließlich in einer abstrahierenden Typenbildung münden, die mehr zum Ausdruck bringen soll als das, was die Beforschten artikuliert haben (bzw. nach dem zugrundeliegenden Konzept: artikulieren konnten).

Dies wird für alle (oder zumindest mehrere) Sequenzen wiederholt, wobei darauf zu achten ist, dass bereits entwickelte Deutungen nicht einfach auf die nächsten Sequenzen übertragen werden, sondern der Prozess jeweils unvoreingenommen neu beginnt. Wenn es dann zu divergierenden Deutungen kommt, ist dies als Anlass für weitere Analysen aufzugreifen. Idealerweise ist es zudem wünschenswert, dass das verwendete Material auch von Personen bearbeitet wird, die zunächst nicht einbezogen waren und einen „fremden" Blick auf das Material werfen können.

Es geht also darum, nicht nur nach dem zu „suchen", was man aufgrund des eigenen „Vorverständnisses" (s.o.) erwarten zu müssen meint, sondern sich auf ein „Finden" einzulassen, das sich dem Material offen zuwendet.

Nur dann können über die offensichtliche und von den Beforschten artikulierte Ebene hinaus (bzw. in die Tiefe gehend) unbewusste Strukturen zu finden sein.

Erkenntnistheoretisch bleibt es bei alledem – wie bei hermeneutischen Ansätzen generell – fraglich, wie Forschende mit fremdem Blick verstehen und benennen können, was in einer erforschten Situation unter der Oberfläche wirksam ist. Im Grunde ist dies mit einem Dilemma (oder gar einem Paradox) verbunden: Einerseits wollen die Forschenden nicht nur abstrahierend wiederholen, was die Beforschten gesagt haben, andererseits sollen sie nicht ihre, wie auch immer begründeten, Vorannahmen und Vermutungen auf das Material projizieren. In ihren Deutungen können Forschende sich – zumindest im ersten Schritt – nur in dem artikulieren, was ihnen im wissenschaftlich Kontext als „begriffen und benannt" verfügbar ist. Es erfordert viel Offenheit des Verstehens und des Benennens, wenn die den Beforschten nicht bewussten Handlungsmuster möglichst treffend als deren eigentliche Orientierungen transparent werden sollen und nicht lediglich die Erwartungen der Forschenden bestätigt werden.

Vermutlich ist das im Grunde ein *immer nur vorläufig* und mit guter Absicht zu bearbeitendes Problem. Deshalb sollten aber Befunde und Erkenntnisse mit Vorbehalt präsentiert werden. Aus diesem Dilemma kommt man auch nicht dadurch heraus, dass die Forschenden ihre Deutungen den Beforschten mit der Frage präsentieren, ob die Erkenntnisse zutreffend sind, ob sich ggf. daraus Folgerungen ziehen lassen und ob sie diese ziehen würden. Gleichwohl wird man unterstellen und darauf hoffen, dass die Beforschten über ihr Handeln erneut nachdenken wollen – auch und gerade dann, wenn ihr Selbstverständnis und möglicherweise ihr Selbstwertgefühl irritiert werden könnten.

4. Empirisch-rationalistische Konzepte

In diesem Kapitel werden Konzepte vereint, die sich von hermeneutisch-interpretativen Ansätzen durch den Anspruch absetzen, sich nicht auf Deutungen, sondern auf „Tatsachen" im Sinne einer im Prinzip objektiven Gültigkeit zu beziehen. Die Abgrenzung ist problematisch. Der häufig verwendete Begriff empirisch-*analytisch* erfasst nur eine Variante. Empirie ist im weiteren Sinne natürlich auch deskriptiv und auch induktiv. Und zum anderen sind auch andere Konzepte „rational". Das Adjektiv *rationalistisch* soll hier einen besonderen Anspruch hervorheben.

Das intuitive Moment hermeneutisch-interpretativer Konzepte hat vermutlich manchen Leser kritisch fragen lassen, ob auf dieser Grundlage wirklich Aussagen entstehen, die über das Alltags-Verständnis mit all seinen Unwägbarkeiten hinausgelangen. Können das Verstehen-Wollen und das Wahr-Nehmen jene Irrtümer oder Voreingenommenheiten aufdecken, die in alltäglicher, von Interessen und Vorurteilen bestimmter Rede enthalten sind? Sollte im wissenschaftlichen Disput nicht genauer geprüft werden, ob man Irrtümern erliegt, die dem Alltagsbewusstsein verborgen bleiben?

Solche Fragen stehen hinter methodologischen Konzepten, die sich stärker einer *empirischen* Fundierung, einer rationalen Analyse und einer kritischen Prüfung verpflichtet fühlen. Sie wollen sich nicht auf Intuition und philosophische Deutungen verlassen, sondern Verfahren entwickeln, die sich auf *Erfahrung* beziehen. Dafür wird im weiten Sinne der Begriff *Empirie* (gr. Empireia: Erfahrung) verwendet. Man kann „Erfahrung" (mittelhochdeutsch ervarn: reisend erkunden) wörtlich nehmen: Durch Fahren bekommt man Anregungen, und wenn man diese sammelt und „reflektiert" (lat. reflectare: zurückbeugen, umwenden), kann man klug werden. In diesem Sinne sollen Erfahrungen Begründungen dafür erbringen, dass man Sachverhalte in bestimmter Weise auf den Punkt bringen und Prozesse als regelhaft erklären kann. – Methodologisch können unter Empirie zwei *Varianten* verstanden werden:

4.1 Induktives Schließen: Positivismus

Als Reaktion auf die als problematisch empfundenen Konzepte der geisteswissenschaftlichen Pädagogik haben einige Pädagogen versucht, ihre Disziplin dadurch zu einer besser anerkannten Wissenschaft zu machen, dass die eher exakten Verfahren der Naturwissenschaften auch auf pädagogische

Fragestellungen angewendet werden. Zu nennen sind hier vor allem Ernst Christian *Trapp* (1745-1818), August Wilhelm *Lay* (1862-1926), Ernst *Meumann* (1862-1915), Aloys *Fischer* (1880-1937) und Peter *Petersen* (1884-1952). Als eigentlicher Begründer des Positivismus gilt der französische Mathematiker und Philosoph Auguste *Comte* (1798-1857). Er hat dies als wesentliches Verfahren der von ihm mitgegründeten und von ihm so benannten „Soziologie" entworfen.

Erkenntnistheoretisch werden solche „positivistischen" Ansätze dem so genannten *Wiener Kreises* zugeordnet. Diese Gruppe wollte die wissenschaftliche Diskussion aus dem „Wirrwarr theologischer und metaphysischer Illusionen" herausführen und eine „Wissenschaftliche Weltanschauung" begründen. Wissenschaft sollte auf beobachteten, *positiv* festgestellten Tatsachen aufbauen. Nur aus solchen Tatsachenfeststellungen sollten allgemein gültige Gesetze abgeleitet werden. Einzelne Beobachtungen sollten zu generellen Aussagen verdichtet werden, indem ihre gemeinsamen Momente in eine umfassendere Aussage hineingeführt werden. Deshalb sprach man von einem Konzept der *Induktion*, mit dem man sich von jenen abgrenzte, die aus allgemeinen, metaphysischen Aussagen bzw. Annahmen über das Transzendente konkrete Aussagen oder gar praktische Anleitungen ableiten wollten. Man kann auch von einem *synthetischen* (zusammenführenden) Konzept sprechen, um den Unterschied zu *analytisch* (zergliedernd) prüfenden Verfahren deutlich zu machen.

Solche Analysen zielen darauf, in beobachteten Tatsachen gemeinsame Strukturen, Prozesse und gesetzartige Beziehungen zu entdecken. Was immer wieder zu beobachten ist und in Experimenten wiederholt bewirkt werden kann, lässt sich offenbar auf Ursache-Wirkungs-Beziehungen zurückführen, die unter entsprechenden Bedingungen wahrscheinlich immer wieder wirksam sind. Man kann deshalb im Umkehrschluss bestimmte Beobachtungen immer wieder als Ausdruck solcher Gesetzmäßigkeiten erklären. Man beruft sich dabei auf Erfahrungen, in denen sich Vermutungen wiederholt bestätigt haben und die man deshalb *induktiv* generalisieren darf. Solche Erfahrungen werden in empirischer Forschung systematisch gesucht. Wenn man dabei erfolgreich ist, kann das zu erklärende Phänomen, das *Explanandum* (s.o.), durch den logisch korrekten Bezug auf eine gültige Gesetzesaussage, das *Explanans*, gedeutet werden.

Man wurde jedoch bald *skeptisch*, ob Tatsachen unvoreingenommen festgestellt werden können. Können Wahrnehmung und ihre Deutungen nicht von jenen Erwartungen gesteuert sein, mit denen die Beobachter sich einem Sachverhalt nähern? Und wann kann man einen induktiven Schluss als vollendet beurteilen und als gültig abschließen? Aus mehreren singulären *Protokollsätzen* lassen sich noch keine generell verbindlichen *Allsätze* ableiten. Das Vertrauen auf die Gültigkeit induktiver Schlüsse wurde als „naiver Empirismus" bezeichnet und als „naiver Positivismus" diskreditiert.

4.2 Deduktives Prüfen: Kritischer Rationalismus

Dagegen versucht eine andere Richtung empirischer Forschung sozusagen den umgekehrten Weg. Statt Einzelaussagen zu Gesetzesaussagen zusammenzufügen, also induktiv und synthetisch vorzugehen, versucht sie es deduktiv und *analytisch*. Aus Vermutungen über mögliche allgemeine, theoretische Aussagen werden Teilaussagen abgeleitet, die sich in der Erfahrung wiederfinden lassen müssten, wenn die aufgestellte Theorie zutrifft. Umfassende All-Aussagen werden *analysiert* (zergliedert oder zerlegt) und als konkrete Einzelaussagen der empirischen Überprüfung zugänglich gemacht. Dabei wird *Theorie als ein der Analyse vorgängiger Entwurf* verstanden, sie wird nicht erst aus Beobachtungen heraus entwickelt.

Dieser Ansatz ist im Wesentlichen von Karl R. *Popper* (1902-1994) formuliert und von Hans *Albert* (1921-2023) weiterentwickelt worden. Er wird als *kritischer Rationalismus* bezeichnet: Theorien, die wissenschaftliche Gültigkeit beanspruchen, sollen mit den Mitteln der *ratio* (des Verstandes) kritisch unter die Lupe genommen werden.

Nach dieser Konzeption werden Aussagen nur dann als wissenschaftlich akzeptiert, wenn sie sich einer solchen Überprüfung nicht entziehen, wenn sie – wie man sagt – *an der Erfahrung scheitern können*. Eine Aussage, die sich dieser Prüfung von vornherein entzieht, gilt in diesem Sinne nicht als wissenschaftlich. Das zentrale Prinzip des kritischen Rationalismus ist deshalb die *Falsifizierbarkeit*. Dahinter steht die Überlegung, dass es prinzipiell nicht möglich sei, eine Theorie endgültig als wahr zu beweisen, sie zu *verifizieren* (lat. verus: wahr). Man könne allenfalls versuchen, aus dem Bestand an Vermutungen und Behauptungen über die Realität jene herauszufinden, die wahrscheinlich *nicht* richtig sind. Kriterium einer solchen Relativierung ist die empirische, also durch Methoden gestützte Erfahrung, also die Prüfung, ob allgemeine Theorie und konkrete Beobachtungen übereinstimmen.

Wenn eine solche Prüfung negativ ausgeht, dann ist die aus einem *Allsatz* abgeleitete Behauptung an der Erfahrung gescheitert, sie ist *falsifiziert*. Eine Theorie ist damit zwar noch nicht endgültig widerlegt, sie ist aber in ihrer Gültigkeit *belastet*. Umgekehrt ist eine Theorie aber noch *nicht verifiziert*, wenn eine aus ihr abgeleitete Erwartung eine empirische Prüfung bestanden hat. Sie hat sich lediglich – aber immerhin – *bewährt*. Weitergehende Schlüsse wären induktiv-synthetischer Art – deren Problematik gerade Ausgangspunkt für eine kritisch-rationalistische Wendung gewesen war. Man spricht im wissenschaftlichen Diskurs nicht von bewiesenen Erkenntnissen, sondern von *belastbaren* Befunden. Damit ist gemeint, dass bisherige Prüfungen positiv ausgegangen sind und dass dies wohl auch für zukünftige Falsifikationsversuche erwartet werden darf – natürlich ohne letzte Zweifel abweisen zu können. Ggf. kann man für eine Theorie einen *Belastungsgrad* angeben, z.b. wenn Hypothesen sich in manchen Fällen bewährt haben, aber in anderen gescheitert sind.

Eine überprüfbare Behauptung, die aus einer Theorie abgeleitet ist, wird als *Hypothese* bezeichnet. Dem Wortsinn nach ist das eine Unter–Stellung: Sie hat einen geringeren Anspruch auf Gültigkeit, weil sie sozusagen probeweise aus einer höheren These abgeleitet ist und weil sie diese ggf. unterstützen soll. – Hypothesen können in *zwei Varianten* beschrieben werden:

- In einer *Nullhypothese* H_0 (lies: „ha-null") wird behauptet, dass z.b. in einer experimentellen Studie (s.u.) die Veränderung eines Merkmals „Null" Effekt haben wird. Eine solche Hypothese wird auch als *Prüfhypothese* bezeichnet, wenn ein bereits erwarteter Effekt getestet werden soll.
- In einer *Alternativhypothese* H_1 (lies: „ha-eins"; auch H_2, H_3, etc. bis H_n) wird in der Regel das erwartete Ergebnis formuliert, das einer kritischen Prüfung unterzogen werden soll. Eine solche Hypothese wird auch als *Arbeitshypothese* bezeichnet.

Welche Variante der Hypothese man wählt, hängt vom methodologischen Konzept ab, an dem man sich orientiert und natürlich von der inhaltlichen Fragestellung. Wichtig ist letztlich, dass transparent wird, mit welchen Erwartungen ein Problem untersucht wird.

Wenn Hypothesen nach dem Konzept des kritischen Rationalismus formuliert werden, kann daraus ein recht *fragwürdiger Schematismus* werden: Es werden gelegentlich Sätze formuliert, die in ihren Behauptungen eigentlich von vornherein unsinnig oder zumindest sehr unwahrscheinlich sind (etwa: „Zwischen Jungen und Mädchen gibt es *keine* Unterschiede in der Bevorzugung von Puppen." oder: „Eine freundliche Architektur bei Schulbauten hat *keinen* Einfluss auf das Wohlbefinden der Schüler und der Lehrer."). Man stellt dann – angeblich überrascht – fest, dass diese Hypothesen falsch waren, und schließt daraus, dass das Gegenteil dann wohl richtig sein müsse. – Dies entspricht nur vordergründig und formal dem Konzept einer empirisch-analytischen Prüfung im Sinne des kritischen Rationalismus.

Wie man zu einer *neuen Theorie* im Sinne eines Entwurfs, der noch zu prüfen ist, kommt, ist nach dem Konzept des kritischen Rationalismus ziemlich beliebig. Man könnte sie sogar im Traum erlebt haben. Wichtig ist allein, dass sie falsifizierbar formuliert und der kritischen Prüfung unterzogen wird. Ähnliches gilt für den Fall, dass sich eine Theorie in der empirischen Prüfung nicht bewährt hat. Dann gilt es, nach den möglichen Ursachen für dieses Scheitern zu suchen und einen Entwurf zu finden, der sich möglicherweise besser bewähren könnte. Ob er dies tut, ist dann im nächsten Schritt genau so kritisch zu prüfen, wie man es zuvor getan hatte. Diese beiden Bereiche werden mit den Begriffen *Entdeckungszusammenhang* und *Begründungszusammenhang* strikt voneinander abgegrenzt: Wie man im *context of discovery* zu Vermutungen kommt, ist erkenntnistheoretisch völlig offen. Entscheidend ist, dass man im *context of justification*_genau prüft, ob die Vermutungen sich in Form von Hypothesen bewähren.

In der alltäglichen Rede, aber auch in der wissenschaftlichen Argumentation wird häufig nicht genau zwischen *Hypothese* und *Theorie* unterschieden. Manche geben schon eine Vermutung als Theorie aus („Ich sage das mal theoretisch!"), andere sprechen von Theorie erst dann, wenn sie vom Wahrheitsgehalt völlig überzeugt sind („Das ist eindeutig!").

Sinnvoll ist die Unterscheidung zwischen Hypothesen im engeren, empirisch-analytischen Sinne und eher offenen Forschungsfragen. *Hypothesen* behaupten, *dass* unter bestimmten Bedingungen ein Ereignis eintreten wird, *Forschungsfragen* wollen herausarbeiten, *wie* ein Problem beschrieben oder gedeutet werden kann oder *ob* eine Vermutung sich in der Prüfung bewährt. In der aktuellen Forschungspraxis bzw. in deren Beschreibung spielt die strenge Form der Hypothesen-Prüfung nicht mehr die zentrale Rolle. Der Grundgedanke, dass Vermutungen und theoretische Entwürfe einer kritischen Prüfung unterzogen werden müssen, bleibt im Sinne von Transparenz und Kommunikation aber unverändert wichtig.

Im Verhältnis zwischen „Suchen" und „Finden" (vgl. Kap. 1.2) zielt das Konzept der „Falsifikation" im Wesentlichen auf ein „Suchen": Man leitet aus einer zu prüfenden Theorie ab, was unter konkreten Bedingungen „der Fall" sein müsste, wenn die theoretische Vermutung zutrifft. Wenn sich dies nicht bestätigt, kann man im glücklichen Fall Hinweise darauf „finden", warum die Vermutung nicht bestätigt wurde bzw. wie die theoretische Annahme korrigiert und verbessert werden könnte. Insofern kann „Falsifikation" offener verstanden werden: nicht lediglich als Prüfung dessen, was man im Grunde schon weiß, sondern auch als Versuch, sich im Sinne des „Findens" auf unerwartete Ereignisse und Beobachtungen einzulassen. Das kann z.B. geschehen, wenn man bei statistischen Berechnungen auf unerwartete Beziehungen (Abweichungen oder Korrelationen) stößt, die dann weiter untersucht werden könnten. Man muss allerdings dafür offen sein und darf seine Fragestellungen und Methoden nicht allzu eng auf zielgenaue Hypothesen begrenzen.

4.3 Strategien der Forschung

An der Diskussion erkenntnistheoretischer Positionen sollte deutlich geworden sein, dass Forschung – vor allem zu pädagogischen Fragestellungen – mit *unterschiedlichen Zielsetzungen* betrieben werden kann. Verschiedene Vorstellungen über das richtige Vorgehen auf dem Weg zur Wahrheit hängen offenbar mit Erwartungen zusammen, die mehr oder weniger bewusst in die Forschung einfließen. Dies wirkt sich auch in forschungspraktischen Konzepten und Verfahrensweisen aus. Im nächsten Schritt dieser Einführung sollen *Strategien* behandelt werden, nach denen Forschung in unterschiedlicher Weise angelegt werden kann. Statt von Strategie wird auch von *Paradigma*, *Arrangement* oder *Design* gesprochen. Ein Paradigma ist das, was den Mitgliedern einer wissenschaftlichen Gemeinschaft gemeinsam ist, und umgekehrt besteht eine wissenschaftliche Gemeinschaft aus Menschen, die ein Paradigma teilen.

Unterschiede im strategischen Vorgehen ergeben sich vor allem aus dem jeweiligen Stand der Forschung und nicht zuletzt aus ganz konkreten personellen und finanziellen Möglichkeiten. Gerade das Untersuchungsfeld der Pädagogik ist so komplex, dass es in seiner Vielschichtigkeit unmöglich mit einem einzigen Verfahren ausgelotet werden kann. Dabei ist es aber nicht beliebig, welches Verfahren angewendet wird. Folgende Ziele und/oder Bedingungen können unterschiedliche Vorgehensweisen nahelegen:

- Wenn ein Forschungsfeld in seinen vielfältigen Dimensionen untersucht werden soll und wenn man die natürlichen Konstellationen möglichst wenig stören möchte, wird man sich in dieses „Feld" begeben und *Feldforschung* betreiben.
- Wenn ein ausgewähltes Merkmal möglichst genau auf seine Wirkung(en) untersucht werden soll, dann wird man *experimentell* vorgehen.
- Wenn man eine Frage in möglichst vielen Aspekten und in vielen Details möglichst genau verstehen möchte, wird man sich auf eine begrenzte Anzahl von *Fällen* konzentrieren.

Man kann sich also in einer Makroperspektive einem weiten Feld zuwenden oder sich in einer Mikroperspektive mit wenigen Merkmalen oder mit wenigen Fällen auseinandersetzen. Diese Strategien sollen im Folgenden näher betrachtet werden.

Feldforschung

Das Konzept der Feldforschung beruht auf der „Feldtheorie", die der Psychologen Kurt *Lewin* (1890-1947) entwickelt hat. In sozialpsychologischer Perspektive wird angenommen, dass Menschen in ihrem Handeln von ihrem sozialen Umfeld beeinflusst werden und dass ihr Handeln auf das

Umfeld zurückwirkt. Dies beruht auf zwei erkenntnistheoretischen Annahmen, die sich in entsprechenden Zielsetzungen ausdrücken:

• Zum einen ist mit Feldforschung ein eher technisch-*pragmatischer* Aspekt gemeint: Man forscht nicht in künstlichen Situationen oder in experimentell gestalteten Kontexten (wie z.b. im Labor), sondern man sucht Menschen (*Probanden*) dort auf, wo sie alltäglich leben und handeln. Dort werden Daten unter natürlichen, normalen Bedingungen erhoben.

• Zum anderen wird mit dem Feldbegriff die inhaltlich-*theoretische* Annahme verbunden, dass das Verhalten und das Handeln von Menschen nicht als isoliertes, autonomes oder gar statisch-stabiles Ereignis zu sehen sind, sondern erst in den jeweiligen sozialen, strukturellen Bezügen konkret werden und dass sie deshalb auch nur verstanden werden können, wenn man diese „Feld"-Beziehungen mit in den Blick nimmt.

Ein pragmatischer Vorteil der Feldforschung liegt darin, dass in der Regel eine *größere Anzahl von Personen* in die Untersuchung einbezogen wird, sodass die Ergebnisse eher als repräsentativ und generalisierbar angesehen werden können. Damit ist aber zugleich der Nachteil verbunden, dass in der Regel aus inhaltlichen, zeitlichen und/oder personellen Gründen nur einige wenige Merkmale intensiv erfasst werden können. Die Komplexität der vielfältigen Wirkungszusammenhänge – von der man ja gerade ausgegangen ist – kommt dann doch nur in einem engeren thematischen Ausschnitt in den Blick.

Wenn man im Feld forscht, kann man hoffen, dass die externe Validität (s.o.) besser gewährleistet ist. Eine Feldstudie soll in der Regel repräsentativ sein für eine *Grundgesamtheit* wie z.B. „Schülerinnen und Schüler" oder „Wählerinnen und Wähler". Diese Einheit bezeichnet man als *Population* (wie „Volk" oder „Bevölkerung"). Da man solch große Gruppen nicht vollständig untersuchen kann, beschränkt man sich auf *Stichproben*. Wenn die *Probanden*, die *Versuchspersonen*, sorgfältig ausgewählt wurden, kann man von deutlich kleineren Untersuchungsgruppen mit hinreichender Treffsicherheit *auf die Gesamtheit schließen*. Der Begriff Stichprobe wird bei vielen Studien auch dann verwendet, wenn die Probanden nicht nach systematischen Kriterien oder nach dem Zufall ausgewählt worden sind, sondern die Untersuchungsgruppe sich irgendwie ergeben hat. Man spricht dann von einer *anfallenden Stichprobe*. In solchen Fällen ist es natürlich nicht sicher, ob auf eine Grundgesamtheit geschlossen werden kann bzw. für welche Fall-Gruppe die Aussagen gültig sind.

In der pädagogischen Forschung geht es in vielen Fällen aber nur darum, für eine bestimmte Gruppe von Personen transparent zu machen, in welcher Weise bestimmte Merkmale oder Personen zueinander in Beziehung stehen. Dann steht der Feldbegriff eher in seiner thematischen Bedeutung im Vordergrund. Die Strategie nähert sich dann der einer Fall-Studie (s.u.).

Um die Vorteile der Feldforschung zu wahren, sollen die Forschenden die soziale Realität möglichst wenig verändern. Sie versuchen, die laufenden Prozesse möglichst wenig zu stören, aber doch mit ihnen vertraut zu werden. Es kann aber aufschlussreich sein, eine im Feld als wirksam vermutete Bedingung bewusst zu beeinflussen und dann zu beobachten, ob der erwartete Effekt (oder etwas anderes) eintrifft. Man hofft, dass die Manipulation eines Merkmals deutlicher werden lässt, welche Beziehungen etc. bestehen. Dabei hofft man, dass durch diesen Eingriff die Verhältnisse nicht gravierend verfälscht werden.

Nun kann man allerdings unter pädagogisch-ethischen Gesichtspunkten häufig nicht taten- und teilnahmslos zuschauen, unter welchen Bedingungen z.B. Kinder und Jugendliche in Familien aufwachsen oder in der Schule lernen sollen. Pädagogische Forschung wird dann rasch mit der Aufforderung konfrontiert, zur Weiterentwicklung beizutragen und herauszuarbeiten, mit welchen Maßnahmen bestimmte Bedingungen zugunsten der Betroffenen verbessert werden können. Unter dieser Perspektive bekommt Forschung im Feld einen „experimentellen" Charakter. Man spricht dann von einem *„Feldexperiment"*.

In konsequenter Form wird daraus das anspruchsvolle Konzept der *Entwicklungsforschung*. Man spricht auch von *Handlungsforschung, Aktionsforschung* oder neuerdings von *Interventionsforschung*. Dem liegt die Forderung zugrunde, dass sich sozial relevante Forschung nicht (nur) an abstrakten Fragestellungen aus der Wissenschaft abarbeitet, sondern sich konkreten Bedürfnissen von Menschen in konkreten Lebens- und Handlungssituationen zuwendet. Denen kann man nicht distanziert begegnen, man darf sie nicht als „Objekt" von Forschung behandeln, sondern man muss sie in die „Aktion" einbeziehen. Erst dadurch kann deutlich werden, welche Probleme vorliegen, welcher Handlungsbedarf besteht und vor allem, an welchen Punkten angesetzt werden kann. Entwicklungsforschung soll dann herausarbeiten, welche „Aktionen" angebracht sind, sie soll diese erproben und methodisch fundiert aufklären, welchen Erfolg und welche möglichen Nebenwirkungen dies hat.

Ein solcher Aktionismus ist mit den traditionellen Vorstellungen von Forschung nicht ohne Weiteres vereinbar. Man ist der Gefahr ausgesetzt, die für wissenschaftlich fundierte Analysen wichtige *kritische Distanz zu verlieren*. Man wird eingebunden in praktisch und letztlich politisch bedeutsame Prozesse. Man bekommt (Mit-)Verantwortung für den Erfolg und ggf. auch für Misserfolg oder mögliche Nebenwirkungen. Die prinzipielle Differenz zwischen alltäglicher und wissenschaftlicher Kommunikation kann verschwinden.

Aus diesem Dilemma kann pädagogische Forschung sich allerdings nicht herauswinden. Sie ist auf der einen Seite immer in der Gefahr, sich zu verselbstständigen, und auf der anderen Seite, ihre auf Unabhängigkeit angewiesenen Erkenntnismöglichkeiten zu verlieren. In diesen beiden Extremfällen würde sie für die Entwicklung pädagogischer Prozesse irrelevant. Auch da hilft es nur, die Bedingungen transparent zu machen, unter denen sich Forscher in die pädagogische Entwicklungsarbeit einbringen und das Verhältnis zwischen politischem Engagement und wissenschaftlicher Reflexion zu kontrollieren.

Als eine Variante der Feldforschung, die sich besonders intensiv auf konkrete Strukturen und Prozesse einlässt, ist die *ethnografische Forschung* zu verstehen. Es geht dabei um den Versuch, in einer in der Regel überschaubaren Handlungssituation die Interaktionen der Beteiligten möglichst genau zu erfassen, detailliert zu beschreiben und die Beobachtungen so zu deuten, dass das je Besondere zum Ausdruck kommt. Methodologisch werden dabei vor allem hermeneutisch-interpretative Verfahren eingesetzt.

Aus Kosten- und Zeitgründen wird häufig versucht, einen Effekt *im Querschnitt* (*synchron*, zur gleichen Zeit) zu erfassen. Man misst z.B. in der Schule bestimmte Merkmale in einer 5, einer 7. und einer 9. Klasse. Wenn sich dabei Unterschiede zeigen und womöglich die erhoffte Tendenz aufweisen, ist daran noch keineswegs sicher erkennbar, ob dies als Entwicklungsverlauf über das Alter bzw. die Schulzeit zu interpretieren ist. Die Unterschiede können auf unterschiedlichen Konstellationen beruhen, die in den verschiedenen Gruppen wirksam gewesen sind (z.B. andere oder bessere Lehrkräfte o.Ä.).

Weil sich Prozesse im Feld in der Regel mehr oder weniger deutlich wandeln und weil bei vielen Untersuchungen auch langfristige Effekte (*diachron*, über die Zeit) beobachtet werden sollen, werden in der Feldforschung zunehmend *Längsschnitt-Designs* eingesetzt. Gegenüber Querschnitt-Studien haben sie den Vorteil, dass sicherer beurteilt werden kann, ob eine beobachtete Veränderung wirklich auf eine langfristige Wirkung zurückzuführen ist. Viele pädagogische Prozesse sind nicht in einer zeitlichen Momentaufnahme angemessen zu erfassen. Wirkungen sind in vielen Fällen erst über die Zeit zu erwarten. Dem sollten Strategien der Forschung entsprechen:

• In einer *Trend-Untersuchung* wird eine Fragestellung zu verschiedenen Zeiten an verschiedenen Stichproben untersucht. – Die Aussagekraft ist begrenzt, weil man nur schwer beurteilen kann, ob eventuelle Differenzen auf die vergangene Zeit oder auf Merkmale der verschiedenen Personengruppen zurückzuführen sind.

• In einer *Panel-Untersuchung* wird eine bestimmte Erhebungsgruppe zu verschiedenen Zeiten wiederholt untersucht. Die Personen stehen auf der „Liste der Teilnehmer" (englisch „panel"). Diese Gruppen müssen (im Unterschied zur „Kohorte", s.u.) nicht nach einem bestimmten Merkmal zusammengesetzt sein. In der Regel werden dieselben Instrumente eingesetzt. – Dabei kann es zu Problemen kommen, weil die Personen durch die ersten Erhebungen in Einstellungen oder Verhalten bereits beeinflusst sein können. Man bezeichnet dies als *Paneleffekt.* Und es kann sich im Laufe der Zeit herausstellen, dass die eingangs verwendeten Instrumente mögliche Veränderungen (wie z.b. im Sprachgebrauch, bei Moden etc.) nicht mehr valide erfassen können. Wenn man daraufhin die Instrumente verändert, kann man nicht mehr über die Zeit vergleichen.

• Nach einem *Kohorten-Design* werden in einer thematisch spezifischen Form der Panel-Studie Personen untersucht, die gemeinsame, meist biografische Merkmale haben. So kann z.b. eine Schulklasse über die Schulzeit hinweg oder sogar auch in späteren Jahren begleitet werden.

Diese Varianten haben unterschiedliche Aussagekraft: Lediglich bei einer Panel-Studie kann man davon ausgehen, dass eventuell beobachtete Veränderungen nicht auf Besonderheiten und Unterschiede der jeweiligen Erhebungsgruppen (z.b. in Persönlichkeitsmerkmalen oder situativen Faktoren) beruhen können. Aber dieses Verfahren ist natürlich ungleich anspruchsvoller und schwieriger zu bewerkstelligen. Nicht immer sind alle Personen über eine längere Zeit hinweg verfügbar, weil sie z.b. umziehen und ihre neue Adresse nicht mitteilen. Dabei bedeutet ein Umzug ja auch, dass sich die Lebensumstände verändern – und schon gehören diese Personen nicht mehr im engeren Sinne zum Panel.

Natürlich macht die bloße Sammlung und Aufzählung von Daten noch nicht erkennbar, auf welche Faktoren die beobachteten Veränderungen zurückzuführen sind, eine zeitliche Abfolge ist noch kein Kausalzusammenhang. Häufig bleibt es bei der reinen Beschreibung von Phänomenen oder es werden Spekulationen entworfen, die plausibel erscheinen, aber kaum wirklich begründet sind oder geprüft werden können.

4.3.1 Fallstudien und -analysen

Fallstudien sind – insbesondere in biografischer Art – in der pädagogischen Forschung sehr beliebt und in vieler Hinsicht sinnvoll. Häufig ist ein Problem noch gar nicht so weit erschlossen, dass man die *wesentlichen Merkmale des Feldes* bereits benennen könnte, an denen nach einer experimentellen Manipulation ein gewünschter Effekt zu erwarten wäre. Man muss erst einmal mit offenen Erwartungen hinsehen, bevor man zu allgemeineren Beobachtungen oder zu experimentellen Untersuchungen fortschreiten kann. Dies könnte mit Hilfe einer Fallstudie versucht werden. Neben methodologischen Gründen ist der Blick auf den Fall in der pädagogischen Forschung in der besonderen Zielsetzung begründet: Pädagogik hat es mit Individuen zu tun, deren Entwicklungsmöglichkeiten verbessert werden sollen. Deshalb muss sich die Forschung in diesem Feld auch intentional an Einzelnen orientieren.

Eine Fallstudie ist also der Versuch, eine besondere Situation, ein Problem, einen Prozess etc. dadurch transparent zu machen, dass eine kleine Gruppe von Personen oder nur eine einzige Person intensiv untersucht wird. Der Vorteil liegt darin, dass der eine Fall viel besser in mehreren (allen?) Dimensionen aufgearbeitet werden kann, als es in einer Feldstudie oder gar einem Experiment möglich wäre. Der Bericht über diese Art von Forschung kann dichter, authentischer und komplexer sein.

Eine große Rolle spielt bei Fallstudien *biografisches Material*. Das können schriftliche Dokumente wie Tagebücher, aber auch Fotos u.Ä. sein oder eigens im Rahmen der Forschung durchgeführte Interviews (s.u.). Man bittet Personen, ihr „Leben" (bios = Leben) zu „beschreiben" (graphe = Schrift). Dabei stellt sich die Frage, in welchem Grad jemand valide Auskunft geben kann über den tatsächlichen Verlauf seines Lebens, über Beweggründe des Handelns und die Bedeutung bestimmter Ereignisse. Wer sein Leben beschreibt, der schreibt es eben so, wie er sich und seine Interaktion mit der Lebenswelt subjekthaft wahrnimmt und/oder wie er sich gern darstellen möchte. Insofern sind Lebensgeschichten *konstruiert*. Allerdings kann man gerade hierin das Spezifische dieser Materialien sehen: Subjekthaftes Verhalten vollzieht sich ja nicht losgelöst vom situativen, sozialen Kontext des Handelnden, sondern es wird durch diesen Kontext (die Interaktionspartner, die Bezugspersonen etc.) beeinflusst und die Person versucht, auf diesen Kontext einzuwirken. Und gerade diese Prozesse können sich in der biografischen Darstellung ausdrücken und nur durch diese Vermittlung können sie der forschenden Analyse zugänglich werden. Ob dabei tatsächlich die eigentlichen Beweggründe und Prozesse zutage kommen, kann natürlich nicht sicher geklärt werden.

Ein Nachteil von Fallstudien liegt darin, dass kaum eingeschätzt werden kann, in welcher Weise die Besonderheiten eines Falles *auch für andere Personen gültig* sein können. Dies gilt im Prinzip auch dann, wenn solche Personen in vielerlei Hinsicht „ähnlich" zu sein scheinen. Einzelne Fallstudien sind kaum generalisierbar. Aber das mindert ihre Bedeutung in der pädagogisch orientierten Forschung keineswegs. Sie sind allemal näher an den Personen, sie sind authentischer und sie lenken den Blick auf Prozesse, die in der professionellen Reflexion pädagogischen Handelns im Mittelpunkt stehen (sollten).

Experimente

In den Sozialwissenschaften und in der Psychologie gilt das *Experiment* als die exakteste Form der Forschung. In der pädagogischen Forschung ist die

Bedeutung – jedenfalls zurzeit – deutlich geringer. Empfohlen wird es gleichwohl immer wieder.

In Experimenten wird in methodisch strenger Form geprüft, ob zwischen beobachteten Merkmalen eine Beziehung erkennbar ist und wie intensiv diese ggf. ist. Wenn solche Befunde reliabel und valide sein sollen, dann müssen sie wiederholbar sein, also von anderen Forschenden *repliziert* werden können. Wenn man Gesetzmäßigkeiten des Handelns oder den regelhaften Ablauf von Prozessen, Ereignissen etc. aufdecken möchte, so ist dies in der Feldforschung oft nicht hinreichend möglich. In den komplexen Handlungsbedingungen werden einzelne Zusammenhänge oft nicht erkennbar. Erst eine kontrollierte experimentelle Manipulation bestimmter Bedingungen kann Aufschluss geben über Wirkungen und Kausal-Beziehungen.

Experimente beziehen sich sinnvollerweise auf Merkmale, die unterschiedlich ausgeprägt sein können, also *variabel* sind. Solche Merkmale werden als *Variable"* („Veränderliche") bezeichnet. Merkmale, die ihre Ausprägung nicht verändern können, sind „*Konstante"*. In einem Experiment geht es in der Regel um zwei Variablen: Die eine Variable (oder ein Bündel von Variablen) löst etwas aus, bei der anderen tritt möglicherweise ein Effekt ein. Die zweite Variable wird als von der ersten abhängig gesehen, sie ist deshalb die *abhängige Variable* (kurz: *AV*). Die andere, die manipulierte Variable wird zwar ihrerseits von anderen Faktoren abhängig sein, aber im Rahmen des Experiments geht es nur um ihre Beziehung zu den anderen hier untersuchten Merkmalen. Gegenüber der abhängigen Variable ist die bewirkende Variable die *unabhängige Variable* (kurz: *UV*). In der empirischen Forschung werden häufig die Begriffe *Treatment* für die Manipulation der UV und *Kriterium* für das Merkmal, an dem sich ein Effekt in der AV zeigen soll, verwendet. Andere Begriffs-Paare sind „Ursache – Wirkung", „experimentelle Variable – Kontrollvariable".

Als einfachste Form eines Experiments kann ein *Vergleich zu zwei Zeitpunkten* verstanden werden. Wenn zwischen „vorher" und „nachher" ein Treatment erfolgt (z.B. dass man verschiedenartige Lerngruppen bildet) und beim Kriterium (z.B. im Lernerfolg) eine Veränderung zu beobachten ist, dann kann man vermuten, dass diese Änderung durch die veränderte Bedingung bewirkt worden ist oder vermindert sein könnte. Aber ein solcher Schluss ist keineswegs zwingend, denn man kann nicht kontrollieren, ob der beobachtete Effekt auch ohne eine Veränderung der Treatment-Variable entstanden wäre.

In einem methodisch anspruchsvollen Experiment werden deshalb Beobachtungen in einer *Experimentalgruppe* und einer *Kontrollgruppe* verglichen. In letzterer soll die unabhängige Variable nicht verändert werden. Natürlich müssen auch die anderen Merkmale konstant gehalten werden. Wenn sich in der Kontrollgruppe die Ausprägung des Kriteriums nicht (oder deutlich geringer) verändert als in der Experimentalgruppe, dann kann das als Beleg für die Wirkung des Treatments gewertet werden. Denkbar ist auch, dass sich das Kriterium in der Kontrollgruppe negativ verändert – dann wäre es positiv zu werten, wenn das Kriterium in der Experimentalgruppe auf dem vorherigen Niveau verbleibt. Dieses Grundmuster eines echten experimentellen Designs kann auf mehrere Variablen (UVs und AVs) erweitert und komplizierter gestaltet werden, und es können sog. „intervenierende Variablen" einbezogen werden, die einfache Effekte verringert oder verstärkt haben können.

Natürlich gibt es in der pädagogischen Forschung kaum Sachverhalte, die mit einem eindimensionalen Kausalmodell hinreichend erklärt werden können. Man hat es weder mit einzelnen, allein wirkenden Ursachen, noch mit einzelnen Wirkungen zu tun. Faktoren und Effekte sind in der Regel „konfundiert" (vermengt), sie mögen gar als „konfus" erscheinen. Hier kommen lineare Modelle, wie sie gelegentlich in eindeutigen Ursache-Wirkungs-Gesetzen formuliert werden, an ihre Grenzen.

Ein Experiment unter *Laborbedingungen* versucht, alle Faktoren auszuschließen, die nicht untersucht werden sollen. Das Verhalten wird unter Bedingungen manipuliert und beobachtet, die durch nichts anderes gestört werden. Die Versuchspersonen werden aus ihrem alltäglichen Handlungskontext herausgenommen und in eine Situation gebracht, in der sie sich ganz auf das zu beobachtende Verhalten konzentrieren können.

In dem Maße, in dem dies gelingt, kann ein Effekt, der nach einem Treatment beobachtet wird, auf dieses kausal zurückgeführt werden, weil etwas anderes ja nicht Verursacher gewesen sein kann. Aber es stellt sich in gleichem Maße die Frage, ob das Verhalten unter Laborbedingungen extern valide ist, also auf das Alltagshandeln übertragen und verallgemeinert werden kann. Unter den isolierten Bedingungen des Labors, wo die Probanden z. B. nicht von ihren sozialen Bezugsgruppen beeinflusst werden und für die Folgen ihres Verhaltens in der Regel nicht verantwortlich sind, verhalten sie sich möglicherweise anders als im Alltag.

Trotz aller Umsicht – oder gerade deshalb – kann es indes passieren, dass in einem Experiment etwas nachgewiesen wird, was es nur unter den Bedingungen des Experiments gibt. Solche *Placebo-Effekte* sind ja auch im Alltag bekannt. In der Medizin dient der Vergleich mit Scheinpräparaten zur Prüfung neuer Medikamente. In den Sozialwissenschaften wird als Beispiel häufig eine Untersuchung in den amerikanischen *Hawthorne-Werken* zitiert. Hier waren neue Formen der Arbeitsorganisation erprobt und in ihrer Wirkung wissenschaftlich untersucht worden. Die gesteigerte Effektivität und die größere Zufriedenheit der Arbeitenden erwiesen sich jedoch langfristig nicht als Folge der neuen Organisationsformen, sondern vielmehr als Effekt der besonderen Aufmerksamkeit, die die begleitenden Wissenschaftler den Arbeitenden hatten zukommen lassen.

Weiterhin gibt es z.T. nur *schwer kontrollierbare Effekte*, die sich aus der Reihenfolge der Untersuchungen, aus den Untersuchungen selbst, dem Verhalten der Forschenden, den situativen Umständen usw. ergeben können. Da man Experimente nicht immer geplant durchführen kann und weil es manchmal von Interesse sein kann, eine Veränderung, die schon eingetreten ist, nachträglich auf die bedingenden Faktoren hin zu untersuchen, sind Verfahren entwickelt worden, mit denen im Nachhinein – *ex-post-facto* – versucht wird, ein „quasi-experimentelles Design" zu simulieren. Dies sind vor allem Verfahren der Datenanalyse, bei denen die relevanten Merkmale rechnerisch kontrolliert werden. Es werden dann Personen, die beim Treatment bestimmte Merkmalsausprägungen aufweisen, mit solchen verglichen, bei denen dies nicht der Fall ist.

Kritisch wird gegenüber Experimenten darauf verwiesen, dass es moralisch unzulässig sein kann, mit Menschen zu experimentieren, dass künstliche experimentelle Situationen der komplexen Realität nicht gerecht werden, dass die externe Validität nicht zu sichern ist, dass pädagogische Praxis eigentlich nicht wiederholbar ist und dass man im Grunde nur vorhandene Theorien überprüft und kaum zur Weiterentwicklung der Theorie beiträgt.

Ein Problem kann sich auch daraus ergeben, dass bestimmte Bedingungen des Umfeldes (des „Kontextes") die Wirkung der untersuchten Variablen positiv oder negativ beeinflussen. Ein beobachteter Effekt kann gerade durch die besondere Situation erst hervorgebracht, verstärkt oder ein an sich möglicher Effekt unterdrückt worden sein.

Als eine Variante des Experimentierens kann man die Strategie der Entwicklungsforschung (s.o.) verstehen: In einem „Feld" wird erprobt, ob bestimmte Veränderungen zu besseren Ergebnissen führen. Man bezeichnet dies dann als „Feldexperiment".

4.4 Daten erheben

Im Rahmen dieser verschiedenen Strategien müssen zunächst Daten erfasst werden, mit denen die jeweiligen Fragestellungen bearbeitet werden können. Das können zunächst Materialien sein, die man an entsprechenden Stellen einfach nur *sammeln* muss. Darüber hinaus kann man *beobachten*, wie sich Menschen in bestimmten Situationen verhalten, und man kann sie *fragen*, wie sie bestimmte Aspekte einschätzen oder auch, warum sie sich so verhalten. Diese drei Techniken der Datenerhebung sollen im Folgenden näher betrachtet werden.

Spuren sammeln

Jegliche Forschung wird versuchen, ihren Gegenstand möglichst unverändert untersuchen zu können. Gleichwohl muss man versuchen, relevante Daten zu bekommen:

• Man kann zunächst versuchen, mit Materialien zu arbeiten, die *nonreaktiv* vorhanden sind und nicht erst als Reaktion auf einen Impuls der Forschenden entstehen. Man hofft, dass darin *Spuren* des Denkens und Handelns zu finden sind und dass deren Interpretation aufschlussreich ist. Zu denken ist an offizielle, formelle Dokumente (Zeugnisse, Urkunden), an persönliche, informelle Texte (Briefe, Tagebücher) oder andere Medien (Fotos, Zeichnungen).

• Man kann den Verlauf politischer, gesellschaftlicher *Diskursen* und Entwicklungen anhand von Entwürfen, Anträgen etc. rekonstruieren.

• Man kann solche Spuren auch provozieren, ohne die Handelnden darüber zu informieren: Man kann z.B. Briefe „verlieren" und registrieren, für welche Adressaten diese (nicht) weitergeleitet werden. Man kann Notfälle simulieren und beobachten, wie sich Menschen in solchen Situationen verhalten.

• Im weiteren Sinn kann es auch als non-reaktiv verstanden werden, wenn in einer Situation das Verhalten zunächst nicht beeinflusst wurde und erst nachträglich in einer Befragung um eine Erläuterung gebeten wird.

Die Grenzen dieser Verfahren liegen darin, dass man in solchen Spuren nur wenige Aspekte erfassen kann und wenig Auskunft über Motive des Verhaltens bekommt. Die Spuren sagen nicht, warum sie entstanden sind.

Beobachten

In den meisten Interaktions-Situationen wird ständig bewusst oder unbewusst „beobachtet". Man nimmt den anderen „wahr", deutet Gestik und Verhalten und macht sich darauf seinen Reim. Wissenschaftlich zu beobachten ist jedoch deutlich schwieriger. Etwas zu beobachten, das scheint auf den „ersten Blick" eine ganz normale Sache zu sein. Man müsse doch nur seine Sinne wachhalten und sie auf das betreffende Objekt richten. Im Alltag reicht dies in den meisten Situationen tatsächlich aus. Es kann aber zu erheblichen Problemen führen, wenn aus Beobachtungen sichere Kenntnisse abgeleitet werden. Wie weit sind unsere „Wahr-*nehmungen*" – im Wortsinn also das, was wir „für wahr nehmen" – von Erwartungen geprägt bzw. wie viel müssen wir von einer Sache bereits verstehen, wenn wir sie angemessen erfassen wollen? So könnte z.B. eine naive, d.h. unvoreingenommene und nicht informierte Person, die einen Tischler beobachtet, zu dem Schluss kommen, dass es beim Hobeln vor allem darauf ankomme, Hobelspäne zu produzieren.

Ein klassisches Beispiel, das sich in der geistigen Entwicklung eines jeden Kindes wiederholt, ist die alltägliche und sinnlich eindrückliche Beobachtung, dass sich die Sonne um die Erde dreht. „Im Osten geht die Sonne morgens auf, im Süden hat sie mittags ihren Lauf, im Westen sehen wir sie untergeht, im Norden können wir sie niemals sehn." – so sagt es der Kinderreim. Aber ist diese Beschreibung schlicht falsch? Hat sie nicht auch eine lebenspraktische Bedeutung und eine subjektive Wahrheit, die nur in der Astronomie nicht weiterhilft? Wie verlässlich sind unsere Wahrnehmungen, welche Begriffe leiten wir aus ihnen ab und welche Folgerungen können wir ziehen etc.? Für eine wissenschaftliche Beobachtung, deren Aussagen intersubjektiv nachvollziehbar sein sollen, sind deshalb Anforderungen zu stellen und zu erfüllen, die über das Beobachten im Alltag hinausgehen.

Wissenschaftliches Beobachten ist der Versuch, über das Verhalten von Personen in bestimmten Situationen *möglichst zuverlässige und gültige Informationen* zu sammeln, deren Interpretation dazu verhilft, die jeweilige Handlungssituation zu verstehen (ggf. besser als die Handelnden selbst es tun) und sie in ihren Zusammenhängen aufzuklären. Dazu kann man verschiedene Verfahren verwenden, die unterschiedlichen Bedingungen angemessen sind. Im Unterschied zum alltäglichen Zusehen werden bei der wissenschaftlichen Beobachtung in der Regel vorab oder spätestens im Verlauf des Verfahrens mehr oder weniger präzise formulierte Kategorien entwickelt, mit denen die Beobachtung auf jene Aspekte konzentriert werden soll, die für die Fragestellung als wichtig erachtet werden.

Wie man eine Beobachtung konkret gestaltet, hängt von der Fragestellung und den spezifischen Möglichkeiten ab. Prinzipiell sind folgende *Varianten* zu unterscheiden:
- Man kann *verdeckt oder offen* beobachten. Es kann sinnvoll sein, die Beobachteten nicht wissen und merken zu lassen (z.B. mit Hilfe eines Einwegspiegels), dass sie beobachtet werden, damit sie ihr Verhalten nicht reaktiv verändern. Wenn man dagegen offen auftritt, kann man sich im Feld vermutlich besser orientieren und bewegen.
- Man kann *teilnehmend oder nicht-teilnehmend* beobachten. Als Teilnehmer ist man in die üblichen Rollen und Prozesse einbezogen und kann deren Funktionen am eigenen Leibe miterleben. Allerdings gibt man eine Distanz auf, die für eine systematische Wahrnehmung wichtig sein kann.
- Man kann *thematisch offen oder inhaltlich vorstrukturiert* beobachten. Im einen Fall findet man möglicherweise Dinge, die man nicht erwartet hat, im andern Fall sucht man nach Daten, mit denen Vermutungen oder Hypothesen überprüft werden können.

• Man kann *in natürlichen oder in künstlichen Situationen* beobachten. Dies entspricht in der Regel der gewählten Strategie: In der Feldforschung sucht man eine unveränderte Situation, im Experiment konzentriert man sich auf einen Ausschnitt. Das eine ist komplex und möglicherweise unübersichtlich, das andere hat in der Regel eine mehr oder weniger eingeschränkte externe Validität.

Die wichtigste *Vorarbeit* besteht darin, die Kategorien zu klären, nach denen beobachtet und dokumentiert werden soll. Die Kategorien müssen klar definiert sein und sich deutlich voneinander unterscheiden. Damit sie eindeutig angewendet werden („Durchführungsobjektivität"), sollten die Beobachter vor Beginn ihrer Tätigkeit informiert und trainiert werden.

Die *Vorteile* der Beobachtung gegenüber anderen Verfahren liegen darin, dass die beobachteten Personen sich im Prinzip mehr oder weniger natürlich und normal verhalten können, und vor allem, darin, dass sie ihr Verhalten nicht selbst beschreiben und interpretieren müssen. Die Beobachtung kann Ereignisse unter vielfältigen Aspekten erfassen. Sie ist prinzipiell – wie bei einer ethnografischen Orientierung – offen für neue Einsichten.

Als *Grenzen* der Beobachtung können folgende Punkte benannt werden: Das Beobachtete kann durch die Beobachtung verändert werden. Es ist nicht sicher, ob der beobachtete Ausschnitt nach Inhalt und Zeitpunkt repräsentativ ist. Beobachtungen sind nur begrenzt wiederholbar. Es ist nicht erkennbar, mit welchen Intentionen die Personen handeln, die subjektive Bedeutung ihres Verhaltens ist nicht beobachtbar. Beobachtungen können durch Erwartungen und Bewertungen der Beobachter gefiltert sein.

Geradezu magisch und für Laien kaum durchschaubar sind unsere Wahrnehmungen in der *Zauberei*. Dabei geht es vordergründig um Fingerfertigkeit, Geschwindigkeit, „doppelte Böden" und zum Teil raffinierte Technik. Aber all dies wird im Grunde nur dadurch als Zauberei wirksam, dass unsere Wahrnehmung getäuscht wird. Und dies scheint um so wirksamer zu sein, je mehr man als skeptischer Zuschauer versucht, dem Magier auf die Schliche zu kommen: Man schaut nämlich gebannt genau dorthin, wo der Blick gebannt wird, und sieht nicht, was an anderer Stelle (und zwar im technischen Sinne durchaus sichtbar) passiert. Ein Beispiel: Ein Zauberer wirft einen Ball wiederholt senkrecht in die Höhe, fängt ihn wieder auf und löst ihn im Eindruck der Zuschauer beim letzten Wurf in Luft auf. Der Trick besteht darin, dass die Beobachtung der Zuschauer auf das Gesicht und die (intensive) Blickbewegung des Zauberers fixiert wird; dieser blickt nun auch beim letzten Wurf des Balls in die gewohnte Richtung, während er vorher den Ball hat verschwinden lassen. Hier werden also Verhaltensweisen eingespielt, die eine bestimmte Erwartung entstehen lassen, der dann der Beobachter erliegt. – Durch solche Manipulationen wird das Verhältnis zwischen Realität und ihrer Wahrnehmung getäuscht; die „Beobachtung" produziert, was erwartet wurde. Wir sind in der Regel sicher, dass uns so etwas nur passiert, wenn wir einem Zauberer ausgeliefert sind – aber wissen wir immer, ob dies tatsächlich nicht der Fall ist?

Mündlich befragen

Wenn man sich mit den Ergebnissen der Beobachtens nicht zufriedengeben will, wird man nachfragen. Aber auch das ist in der Wissenschaft schwieriger als im Alltag. Wenn man etwas über die Intentionen des Verhaltens erfahren möchte, wird man sich nicht auf Mutmaßungen verlassen, sondern die Personen fragen. Dies kann mündlich in einem Gespräch zwischen Interviewer und Befragten (im wechselseitigen Blick: „inter–"„view") oder schriftlich mittels Fragebögen bzw. standardisierter Tests erfolgen. Hier geht es zunächst um die mündliche Befragung.

Wenn der Augenschein nicht ausreicht, um das Verhalten seiner Mitmenschen zu verstehen, wird man fragen, welche Beweggründe ihr Handeln leiten oder welche Erwartungen sie mit einer bestimmten Situation verbinden. In der wissenschaftlichen Befragung versucht man, solche Auskünfte systematisch und methodisch möglichst gut kontrolliert zu erhalten. Dabei ist prinzipiell nicht sicher zu beurteilen, ob die Antworten das ausdrücken, was eine Person „wirklich" denkt oder empfindet. – Verschiedene *Techniken* des Fragens sollen mögliche Fehler vermeiden und zur Gültigkeit der Ergebnisse beitragen:

• Man kann *offen* fragen. Das wird man tun, wenn man keine Vorgaben machen kann oder machen will. Die Gesprächspartner sollen in einem „narrativen Interview" oder einem „biografischen Interview" ihr Leben in lockerer Form (aus dem Stegreif) so beschreiben, wie es ihnen als bedeutsam erscheint. Welche Schwerpunkte die Erzähler setzen, kann man vorher nicht wissen. Bedeutsam ist aber möglicherweise gerade das, was ihnen spontan einfällt.

• Man kann ein Interview *fokussieren*, indem man das Gespräch nur zu einem ausgewählten Themenbereich führt. Das können z.B. herausgehobene Ereignisse (z.B. Examina) oder „kritische" Lebensphasen (Konflikte zwischen Eltern und Kindern) sein.

• Man kann einen *Leitfaden* verwenden, wenn die Fragestellung auf bestimmte Aspekte zielt und sichergestellt werden soll, dass dazu etwas gesagt wird.

• Man kann *projektive Impulse* setzen, die Assoziationen auslösen sollen, in denen (auch) weniger bewusste Aspekte erkennbar werden (z.B. Einstellungen zu „Leistung" oder zu „Bildung").

● Man kann ein Interview strikt *standardisieren*, wenn bestimmte Informationen gesammelt werden sollen. Dazu kann es wichtig sein, dass alle Interviewer die Fragen in allen Interviews genau in gleicher Weise stellen (Durchführungs-Objektivität) und die Befragten entsprechend Auskunft geben.

● Man kann *explizit* (ausdrücklich und gezielt) zu bestimmten Aspekten fragen („Welche Partei haben Sie gewählt? Wie ist Ihre Meinung zu …?").

● Man kann sich als Interviewer eher *passiv-neutral* verhalten oder *aktiv zuhören,* also zurückfragen, ob man etwas richtig verstanden hat, oder um Erläuterungen bitten.

● Die *Art des Fragens* kann Antworten schon im Voraus kanalisieren. Durch ungewollte Andeutungen über den Wert eines Sachverhalts kann der Fragende Antworten im Sinne einer *sozialen Erwünschtheit* (social desirability) provozieren.

● Der *Ort*, an dem das Interview stattfindet, kann beeinflussen: Ein wissenschaftliches Institut weckt andere Assoziationen als die Wohnung der Interviewten.

● Man kann Personen *einzeln* befragen oder in einer *Gruppendiskussion* dazu anregen, dass unterschiedliche oder gar kontroverse Sichtweisen zum Ausdruck kommen (s.u.).

Grundsätzlich ist bei Interview-Aussagen skeptisch zu beurteilen, wie *ehrlich* die Befragten antworten. Nehmen sie eine wissenschaftliche Befragung ernster als ein Gespräch im Alltag, oder halten sie ein bisschen Schummeln für erlaubt? Ist ihnen bewusst und können sie verbal ausdrücken, was sie empfinden, wie sie denken und wie sie handeln, gehandelt haben oder handeln würden?

Die Befragung setzt einigermaßen gute *verbale Fähigkeiten* der Befragten voraus. Nicht alle Befragten können sich auf die in der Regel mittelschichtorientierte Sprachebene der Interviewer einstellen. Zudem müssen die Befragten von konkreten Situationen abstrahieren können, wenn allgemeine Verhaltenstendenzen und Einstellungen erfasst werden sollen.

In einem Interview ist das *Engagement* der Befragten nicht zuletzt davon abhängig, wie wichtig ihnen das zu behandelnde Thema erscheint. Wenn sie selbst betroffen sind oder gar erwarten können, dass etwas herauskommt, was für sie bedeutsam sein könnte, werden sie vermutlich genauer nachdenken, bevor sie antworten.

Als eine gerade in der pädagogischen Forschung interessante Variante sei auf das von Angelika *Wagner* (1944-2023) entwickelte Konzept des *nachträglichen lauten Denkens* verwiesen. Im Anschluss an eine Handlungssituation (die per Video dokumentiert sein kann) werden die beteiligten Personen gebeten, sich zu einer ausgewählten Szene in Erinnerung zu rufen, was ihnen dabei – meist blitzartig – durch den Kopf gegangen ist. Wie wurde eine vielleicht kritische Situation erlebt, welche Handlungsalternativen hätte es gegeben, warum wurde die dokumentierte Entscheidung so und nicht anders getroffen? Möglicherweise bittet man nachträglich auch um eine (selbst-)kritische Reflexion.

Aktuell sehr bedeutsam ist das Konzept der *Gruppendiskussion*: Hier geht es darum, dass Einstellungen und Verhaltensweisen in der Regel in einen sozialen Kontext eingebunden sind, von diesem beeinflusst sind und darauf zurückwirken. Solche Prozesse sollen erkennbar werden, wenn man mehrere Personen zu einer Fragestellung ins Gespräch bringt. Dabei sollen die wechselseitigen Beeinflussungen gerade nicht unterbunden werden, sondern sich in Rede und Widerrede, ggf. auch in Kontroversen im Verlauf des Gesprächs entfalten. Zu hoffen ist, dass sich verschiedene Sichtweisen und Ebenen des angesprochenen Problems ausdrücken.

Schriftlich befragen

Mündliche Interviews können in der Regel nur mit einer kleinen Anzahl von Personen durchgeführt werden. Bei größeren Stichproben können schriftlich zu bearbeitende *Fragebögen* eingesetzt werden. Schriftliche Umfragen haben einen sehr breiten Anwendungsbereich. Mit ihrer Hilfe kann auf relativ einfache Weise und für eine große Anzahl von Personen ermittelt werden, wie bestimmte Sachverhalte wahrgenommen und interpretiert werden. So können im Rahmen einer Feldstudie auch große Zufallsstichproben erfasst werden. Ein weiterer Vorteil besteht darin, dass die erhaltenen Antworten meistens quantifiziert und statistisch analysiert werden können (s.u.).

Eine Befragung soll *sinnvoll aufgebaut* sein, damit die Befragten einen gut gegliederten Ablauf erkennen können. Es kann allerdings auch sinnvoll sein, spontane, assoziative Reaktionen auf vielfältige Impulse zu sammeln, ohne dass die Befragten einen Zusammenhang erkennen oder rekonstruieren können. Ein Fragebogen muss in jedem Fall sorgfältig vorbereitet, in einer *Pilotstudie* erprobt und in der Regel mehrfach überarbeitet werden. Ohne solche Vorarbeiten sind die Ergebnisse in aller Regel später nicht sinnvoll zu interpretieren.

Schriftliche Befragungen werden in der Regel *anonym* durchgeführt, weil die Befragten dann vermutlich unbefangener antworten. Allerdings kann dies dazu führen, dass die Befragten weniger sorgfältig antworten, weil sie ja nicht persönlich für ihre Angaben einstehen müssen. Wenn eine Befragung zu einem späteren Zeitpunkt wiederholt werden soll (z.B. bei einer experimentellen Strategie, s.o.), kann die Anonymität gewahrt werden, indem die Befragten auf den Fragebögen eine Kennung eintragen, die nur ihnen bekannt ist (z.B. die Geburtsdaten der Eltern).

Auf die gestellten Fragen kann in offener, eigener Formulierung oder anhand vorgegebener Kategorien, z.b. mit einem Grad der Ablehnung oder der Zustimmung zu den Aussagen, den so genannten *Items,* reagiert werden.

– Items sollen folgenden *Ansprüchen* gerecht werden. Sie sollten...

> für die Befragten *verständlich* sein; die Sprache und die Begriffe müssen klar sein,

> *eindeutig* sein, sie sollen nicht mehrere Dimensionen auf einmal ansprechen, sie sollen keine Doppelfragen enthalten,

> *nicht suggestiv* wirken, sie sollen keine Stereotypen verwenden und keine impliziten Werturteile ansprechen,

> sich *nicht gegenseitig beeinflussen,*

> *echte Fragen* sein, d.h. sie sollen unterschiedliche Antworten ermöglichen,

> *inhaltlich valide,* also für die Fragestellung bedeutsam sein.

Die wissenschaftliche Brauchbarkeit von Befragungen kann unter folgenden Gesichtspunkten *eingeschränkt* sein:

● Es kann den Befragten relativ „egal" sein, worüber sie Auskunft geben sollen. Das kann sich darin ausdrücken, dass die Antworten ohne Überlegung gegeben werden oder Skalenwerte z.b. nach einem grafischen Muster angekreuzt werden.

● Gravierender ist – wie bei mündlichen Interviews – die Frage, ob die Befragten ehrlich über ihre Empfindungen etc. Auskunft geben können bzw. Auskunft geben wollen.

● Und kaum zu beurteilen ist, in welchem Verhältnis die Äußerungen in der Befragung zu dem tatsächlichen Verhalten stehen, ob sich Wort und Tat entsprechen, also wie valide die Auskünfte sind.

„Einstellungen und Kenntnisse zur Statistik"

Als Beispiel für eine schriftliche Befragung wird im Folgenden ein Fragebogen über „Einstellungen und Kenntnisse zur Statistik" (kurz EKS) dokumentiert. Mit ihm wurden bei Studierenden eines pädagogischen Studiengangs entsprechende Einstellungen erhoben. Das soll auch zur Klärung der Frage beitragen, was Laien bzw. Novizen der Wissenschaften unter „Statistik" verstehen und wie sie damit umgehen, dass sie entsprechende Kenntnisse erwerben müssen. Die erhobenen Daten wurden mehrfach in Lehrveranstaltungen als Beispiele für statistische Auswertungen verwendet und sollen auch hier die verschiedenen Verfahren nachvollziehbar machen.

„Einstellungen und Kenntnisse zur Statistik"
Mit diesem Fragebogen werden Daten erhoben, die in Veranstaltungen zur Einführung in die Statistik o.Ä. als Beispiele verwendet werden können.

Die Beantwortung ist anonym. Zur Auswertung werden die Daten elektronisch ge-speichert und verrechnet.
Im Folgenden sind einige Aussagen zusammengestellt, die verschiedene Personen über Statistik und ihre Bedeutung für das Studium der Pädagogik treffen könnten. Bitte geben Sie an, in welchem Grad Sie persönlich den einzelnen Aussagen zustim-men. Tragen Sie jeweils eine der Ziffern von 1 bis 7 ein, wobei die „1" völlige Ab-lehnung und die „7" völlige Zustimmung bedeuten sollen, die Ziffern dazwischen stehen für graduelle Abweichungen zwischen diesen Polen:

$$1\text{---}2\text{---}3\text{---}4\text{---}5\text{---}6\text{---}7$$

lehne	*stimme*
voll ab	*voll zu*

Die „4" bedeutet demnach, dass Sie die Aussage etwa zu gleichen Teilen für zutref-fend wie für unzutreffend halten, dass sie dieser weder zustimmen noch dass Sie sie ablehnen wollen.
Bitte nehmen Sie möglichst zu allen Statements Stellung und antworten Sie spontan!
Wenn Ihnen bei einigen Aussagen die nötigen Erfahrungen fehlen, lassen Sie sich bitte von Ihren Erwartungen leiten!

1) Pädagogische Forschung ist ohne Statistik kaum möglich. [ ]
2) In meiner späteren Berufspraxis werde ich Statistik kaum benötigen. [ ]
3) Ich glaube, dass mir die Beschäftigung mit Statistik Spaß machen wird. [ ]
4) Mit Statistik kann man alles beweisen. [ ]
5) Ich habe schon erlebt, dass ich mit Kenntnissen der Statistik Fachliteratur besser verstanden hätte. [ ]
6) Bei Texten mit Formeln und Tabellen empfinde ich Abneigung. [ ]
7) Empirisch-statistische Verfahren sind unbestechlich. [ ]
8) Wer in abstrakten Zahlen denkt, verliert den Blick für die Zusammenhänge. [ ]
9) Ich benötige Statistik, um Fachliteratur zu lesen. [ ]
10) Wer seine Aussagen nicht empirisch-statistisch belegen kann, genügt den Ansprüchen der Wissenschaftlichkeit nicht. [ ]
11) Empirisch-statistische Verfahren können nur bestätigen, was schon „der Fall" ist. [ ]
12) In den Lehrveranstaltungen des Pädagogischen Seminars wird häufig mit empirisch-statistischen Untersuchungen argumentiert. [ ]
13) Empirisch-statistische Forschung mag zwar „objektiv", also von anderen nachprüfbar sein, aber sie gibt die tatsächlichen Verhältnisse nur gebrochen wieder. [ ]
14) Ich finde es richtig, dass Studierende der Pädagogik bis zur Zwischenprüfung Kenntnisse in Statistik erwerben müssen. [ ]
15) Es fasziniert mich, dass man mit einer einzigen Formel Aussagen über große Datenmengen machen kann. [ ]
16) Ich würde mich lieber mit Statistik beschäftigen, wenn ich es nicht müsste. [ ]
17) Ich finde es nicht angemessen, dass Studierende der Pädagogik sich mit Statistik beschäftigen müssen. [ ]
18) Es macht mir Spaß, grafische Darstellungen zu betrachten. [ ]
19) Mit Mathematik hatte ich schon immer Probleme. [ ]
20) Wer ein Fach wie Pädagogik studiert, hat meist eine Abneigung gegen statistische Methoden. [ ]

Welchen Stellenwert haben in Ihrem Studium die folgenden Bereiche?
Bitte tragen Sie jeweils eine der Ziffern von 1 bis 5 ein, die folgende Bedeutungen haben sollen:

1 = nicht wichtig
2 = kaum wichtig
3 = weniger wichtig
4 = ziemlich wichtig
5 = sehr wichtig
21) Wissenschaftstheorie   [ ]
22) Vorschulerziehung   [ ]
23) Pädagogische Beratung   [ ]
24) Sozialisationstheorie   [ ]
25) Theorie der Bildung   [ ]
26) Pädagogische Psychologie   [ ]
27) Politische Ökonomie   [ ]
28) Geschichte der Pädagogik   [ ]
29) Jugend und Jugendbildung   [ ]
30) Erwachsenenbildung   [ ]
31) Forschungsmethoden   [ ]
32) Haben Sie sich in der Schule oder vor diesem Seminar
schon mit Statistik beschäftigt?
Bitte kreuzen Sie an, was für Sie am besten zutrifft:
 [ ] *nein, noch gar nicht*
 [ ] *kaum*
 [ ] *etwas*
 [ ] *intensiv*
33) Bitte lösen Sie die folgenden Aufgaben:
 a) $4^2 + (-3)^2 =$
 b) $(3 + 7) \bullet (1 - 5) =$
 c) $3 + 7 \bullet 4 =$
 d) 25 % von 500 =
Für die Aufgaben e) bis h) gelten die Werte: x_1 bis x_5 = 4, 3, 2, 5, 3

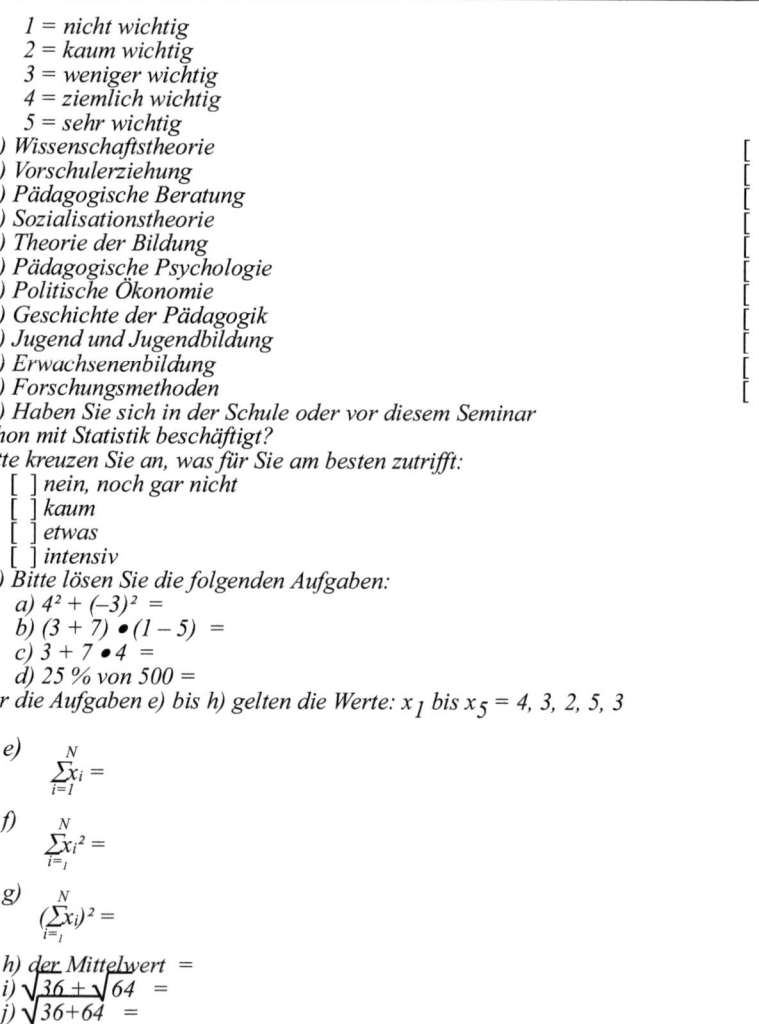

e) $\displaystyle\sum_{i=1}^{N} x_i =$

f) $\displaystyle\sum_{i=1}^{N} x_i^2 =$

g) $\displaystyle\left(\sum_{i=1}^{N} x_i\right)^2 =$

h) der Mittelwert =
i) $\sqrt{36} + \sqrt{64} =$
j) $\sqrt{36+64} =$

Bitte tragen Sie bei den folgenden Fragen die entsprechenden Werte ein:
34) Welche Zensur haben Sie in den letzten drei Schuljahren, in denen Sie Mathematikunterricht hatten, im Durchschnitt (gerundet) gehabt?
    Punkte = ... Zensur = ...   [ ]
35) Wie alt sind Sie (Jahre)?   [ ]
36) Sind sie weiblich (= 1) oder männlich (= 2)? [ ]
37) Im wievielten Semester studieren Sie Pädagogik? *im* [.]
38) Studieren Sie Pädagogik im Hauptfach (= 1)

oder im Nebenfach (= 2)?   [ ]
39) Hat der Beruf Ihres Vaters und/oder Ihrer Mutter etwas mit Technik,
Naturwissenschaften, Mathematik oder dergleichen zu tun bzw. zu tun gehabt? –
„nein" = 0; „ja" = 1   [ ]
Vielen Dank für Ihre Auskünfte!

Erhoben wurden die Daten in insgesamt 20 Veranstaltungen in den Universitäten Göttingen, Marburg und Frankfurt. Die Anzahl der Personen variiert zwischen 14 und 135 (Mittelwert = 45,6). Insgesamt liegen Daten von 913 Personen vor.

Projektive Verfahren

Bei einer Befragung ist es nicht immer eindeutig, wie die Antworten zu bewerten sind: Auch eine Aussage „nach bestem Wissen und Gewissen" gibt nicht unbedingt wieder, was eine Person denkt und empfindet. Sie kann sagen, was ihr mehr oder weniger zufällig in den Sinn kommt, sie kann durch die Frage in eine bestimmte Richtung gelenkt worden sein, sie kann auf vermutete Erwartungen des Fragenden reagieren etc. Um solche Einflüsse zu vermeiden, kann man versuchen, mit so genannten *projektiven Verfahren* den Impuls zu einer Antwort möglichst neutral zu halten und keine Andeutung über eine erwartete Antwort zu geben. Man legt einen Stimulus vor und wartet mehr oder weniger zurückhaltend ab, wie darauf reagiert wird. Manche Verfahren verzichten dabei auf sprachliche Antworten und bieten offene szenische Situationen an, die zu emotionalen, symbolischen oder aktiv-körperlichen Reaktionen anregen können. Die Befragten sollen ihre nicht bewussten oder gar tabuisierten Empfindungen auf den Stimulus *projizieren*. Erleichtert wird dies dadurch, dass keine Ich-Aussagen getroffen werden sollen, sondern über abgebildete oder symbolisierte Personen geredet wird. Die Probanden sollen nicht bewusst in sich hineinschauen, sondern vermuten, wie Dritte handeln und denken würden. Thematisch geht es z.B. um Beziehungen, Interaktionen, Aggressivität, um Schulangst, um das Selbstbild, um Motive und Motivationen.

Die Verfahren sind vielfältig, im Grund aber ähnlich: Es gibt Vorlagen, die thematisch völlig neutral sind (wie z.B. „Tintenkleckse" oder abstrakte Gemälde). Häufig werden den Probanden Fotos vorgelegt; sie sollen dann beschreiben, was dort passiert, was vorher geschehen sein könnte und wie es vermutlich weitergeht. Solche Fotos oder Bilder sind thematisch nicht eindeutig, rufen aber bei verschiedenen Personen unterschiedliche Deutungen hervor. Daraus kann man Hinweise bekommen, in welcher Weise und in welcher Stärke bestimmte psychische Dispositionen (vermutlich) ausgeprägt sind. So können z.B. zwei abgebildete Menschen als freundlich oder als gegnerisch gedeutet werden, eine Situation kann mehr oder weniger als leistungsbezogen empfunden werden, sie kann eher Angst oder eher Zuversicht auslösen. Aus den Äußerungen kann in mehr oder weniger standardisierter Form auf Gefühle und verborgene Gedanken der Probanden geschlossen werden. In einigen Verfahren werden kurze Geschichten vorgelesen oder vorgelegt, die zu Ende erzählt werden sollen. Schließlich kann auch zu zeichnerischen Produktionen angeregt werden.

Projektive Verfahren werden in der empirisch anspruchsvollen Psychologie etwas skeptisch beurteilt, weil die klassischen Gütekriterien schwierig zu beurteilen sind. In der diagnostischen Praxis werden sie jedoch gern verwendet. Besonders bei Kindern ist der spielerische Charakter von Vorteil. Die Kinder merken gar nicht, dass sie einen diagnostischen Test bearbeiten. Bei der Interpretation ist es dann sehr wichtig, dass die Befunde diagnostisch vorsichtig bewertet werden. Aber das gilt für standardisierte Verfahren in gleicher Weise.

Projektive Verfahren stoßen an die Grenzen des ethisch Zulässigen: Ist es erlaubt, sozusagen trickreich nach Dingen zu fahnden, die den Probanden nicht bewusst sind, die sie möglicherweise für sich behalten wollen? Es ist also zu bedenken und zu beobachten, ob diese Form der Befragung Emotionen und Gedanken auslöst, mit denen man die Probanden nicht allein lassen darf. Gerechtfertigt sind solche Verfahren nur dann und in dem Maße, wie die begründete Hoffnung besteht, aus den Befunden etwas schließen zu können, das den Probanden oder anderen möglichen Betroffenen helfen wird, mit sich und bestimmten Situationen besser umgehen zu können.

Testen

Bei einer Befragung weiß man oft nicht, wie die Antworten der Befragten einzuordnen sind: Ist es eher durchschnittlich oder abweichend, wenn jemand einen bewölkten Himmel „schön" findet? Oder ist ein Kind, das in der Erziehungsberatung vorgestellt wird, tatsächlich überdurchschnittlich ängstlich – wie die Eltern es vielleicht darstellen – oder ist das Verhalten unauffällig? Wenn man hier zu einem objektivierten Urteil kommen will, verwendet man standardisierte Formen der Befragung, die als *Test* bezeichnet werden.

- Testverfahren sollen Merkmale erfassen, die in der Regel nicht direkt beobachtet werden können, aber als wirksame bzw. relevante Dimensionen des Denkens und Handelns vermutet werden. Durch Testverfahren werden solche Merkmale operationalisiert (vgl. Kapitel 4.8). Dadurch werden sie in ihrer Ausprägung quantitativ bestimmbar.
- Merkmale von Persönlichkeiten zu messen, kann nur dann interessant sein, wenn zu erwarten ist, dass sie bei verschiedenen Personen (bzw. bei derselben Person zu verschiedenen Zeitpunkten) unterschiedlich ausgeprägt sind. Ein Test identifiziert die Position, an der eine Person im Vergleich zu anderen Personen bzw. zu einer größeren, vergleichbaren Gruppe steht.

• Die meisten Verfahren sind nach der klassischen Testtheorie (s.u.) konstruiert. Dabei wird davon ausgegangen, dass die zu messenden Persönlichkeitsmerkmale in einer größeren Personengruppe normalverteilt (s.u.) ausgeprägt sind. Nach diesem Konzept können Testwerte für einzelne Personen bestimmt werden.

Die *pädagogische Bedeutung* solcher Testverfahren ist in der Erziehungswissenschaft umstritten. In jüngster Zeit haben die groß angelegten internationalen Leistungs-Studien (insbesondere TIMSS, PISA und IGLU), mit denen Kenntnisse und Kompetenzen von Schülerinnen und Schülern in ausgewählten Bereichen erfasst worden sind, erhebliche öffentliche Aufmerksamkeit gefunden. Dabei wurde auch diskutiert, ob solche Verfahren den eigentlichen Zielen und Aufgaben der Schule gerecht werden. Dahinter steht die kritische Einschätzung, dass Tests nicht nur gegebene Sachverhalte (s.o.) abbilden, sondern eine Ebene von Wirklichkeit konstruieren, die es vorher so noch nicht gegeben hat. So zentriert die Diskussion über PISA und andere Studien den Blick auf die dort einbezogenen Kompetenz-Bereiche, während andere Dimensionen der Bildung (wie z.b. die ästhetische) vernachlässigt zu werden drohen.

In neueren Testverfahren wird versucht, die Sachverhalte nicht (oder nicht nur) über verbale Fragen/Aufgaben und Antworten zu erfassen, sondern Aufgaben zu stellen, die praktisch-handelnd zu bearbeiten sind. Dies spielt z.B. bei dem Versuch eine Rolle, Handlungskompetenzen zu erfassen. Statt zu fragen „Können Sie …?" oder „Wie gut können Sie …?" wird eine Situation präsentiert, in der konkret gehandelt werden muss. Dies kann in realen, laborartigen „Settings" geschehen oder durch Simulation solcher Situationen auf einem Computer. Auf diese Weise wird der Praxisbezug eines Testverfahrens enger und die prognostische Validität der Ergebnisse kann verstärkt werden.

Standardisierte Test-Verfahren werden in der pädagogischen Diskussion immer wieder mehr oder scharf kritisiert. Zentraler Vorwurf ist dabei, dass aus den Testergebnissen voreilige bzw. unzulässige Folgerungen abgeleitet werden. Die Daten würden nicht mit den nötigen Vorbehalten und der erforderlichen Vorsicht interpretiert, sondern zu klassifizierenden Urteilen oder gar Ver–Urteilungen herangezogen. So würde z.B. bei Schulleistungstests aus einem unter dem Durchschnitt liegenden Messwert geschlossen, dass der Schüler bzw. die Schülerin nicht zu besseren Leistungen befähigt sei. Wenn man dies schon vorher vermutet hatte, werde es jetzt wissenschaftlich-objektiv fest–gestellt. Je mehr den standardisierten Verfahren eine hohe Gültigkeit zugemessen werde, desto größer sei diese Gefahr. – Diese Kritik richtet sich nach meinem Verständnis gegen einen unreflektierten und politisch missbräuchlichen Einsatz von Tests bzw. ihrer Ergebnisse. Als diagnostische Hilfsmittel können sie sehr sinnvoll und hilfreich sein.

5. Qualitativ orientierte Analysen

In diesem Kapitel wird der Begriff *Daten* in weitem Sinn gebraucht: als etwas „Gegebenes" (lat. dare: geben, datum: gegeben). Das können neben Texte auch dingliche Materialien sein. Im Unterschied zum nachfolgenden Kapitel geht es hier um Material, das nicht numerisch-statistisch analysiert werden kann, sondern qualitativ interpretiert werden muss. Dabei werden Varianten unterschieden, die sich in Details durchaus voneinander abgrenzen, aber im Grunde von Konzepten der Hermeneutik bzw. der Phänomenologie abgeleitet sind. Die grundlegenden Beziehungen zwischen hermeneutischen und empirischen Konzepten sollen in dieser Einführung aufgezeigt werden.

5.1 Hermeneutische Textanalyse

Schriftliche Dokumente spielen in der pädagogischen Forschung eine wichtige Rolle. Das Spektrum reicht von Interaktions-Szenen aus dem Alltag bis zu theoretisch anspruchsvollen Texten des wissenschaftlichen Diskurses. Sie alle können zum Gegenstand einer methodisch gestützten Analyse werden. Immer geht es um den Versuch, einen Text in seiner Tiefenstruktur zu verstehen, möglichst differenziert herauszuarbeiten, welcher Sinn in ihm verborgen ist, und dies in einer gut nachvollziehbaren Weise darzustellen und anderen zugänglich zu machen.

Mit hermeneutischen Methoden soll erschlossen werden, was in einem Text eigentlich ausgedrückt wird. Das ist zunächst eine Frage nach der richtigen Interpretation: Was hat der Autor (damals) sagen wollen? Dabei stellt sich die Frage nach der Bedeutung eines Textes bzw. des darin behandelten Problems immer wieder neu, weil jede Zeit ihre eigenen Fragen stellt und ihre spezifischen Probleme klären will. Dazu soll die Auseinandersetzung auch mit klassischen Texten immer wieder neu beitragen.

In der methodologischen Literatur zur Hermeneutik wird die Meinung vertreten, es sei unmöglich, die Hermeneutik abstrakt als eine Sammlung von quasi technisch anwendbaren Verfahrensregeln zu beschreiben. Man könne eigentlich nur gute Beispiele vorlegen und an ihnen konkret – und deshalb jeweils anders – nachvollziehbar machen, was mit Hermeneutik gemeint ist. Hermeneutik sei eine „Kunst". Der Ausgangspunkt der Analyse sei beliebig, sie könne sogar dem Zufall überlassen bleiben und mit einem „Verdacht" einsetzen. Dieser sollte allerdings im Sinne des Vorverständnisses (s.o.) explizit gemacht werden. Der Interpret müsse dann den Text bzw. seine Aspekte so lange hin und her gruppieren, bis die verborgenen Strukturen und Bedeutungen erkennbar werden. Dieser im Prinzip unendliche Prozess kann abgebrochen werden, wenn in weiteren Schritten der hermeneutischen Spirale (s.o.) keine neuen Aspekte mehr erkennbar sind.

Schleiermacher hat für die Auslegung eines Textes zwei wesentliche Gesichtspunkte vorgeschlagen: die „grammatische" und die „psychologische" Auslegung. Die *grammatische Auslegung* bezieht sich auf die „objektive" Seite. Sie soll deutlich machen, wie die Rede „herausgenommen (ist) aus der Sprache". Alles, woraus eine Rede besteht – die Zeichen, die Worte, die syntaktischen Strukturen, die symbolischen Mittel etc. – dies ist schon vorher dagewesen. Es ist ein kulturelles Erbe, das jedem Redner, jedem Schreiber zur Verfügung steht (vgl. das Konzept des „objektiven Geistes" in Kap. 5.1). Diese Betrachtung muss mit einer *psychologischen Auslegung* in Beziehung gesetzt werden, die den Text als Ausdruck von Motiven, eines bestimmten „Lebensmoments" und der persönlichen „Eigentümlichkeit des Verfassers" versteht. Beide Aspekte gehören zusammen. Die Analyse muss sich immer wieder zwischen der Betrachtung des Besonderen und des Allgemeinen hin und her bewegen.

Damit sind einige Prinzipien und Grundregeln benannt, nach denen eine hermeneutische Textanalyse verfahren soll. Da es in jedem Fall darauf ankommt, sich auf einen bestimmten Text und dessen Urheber einzulassen, scheint es kaum möglich, die Verfahren noch genauer anzugeben. Die detaillierten Analyseschritte ergeben sich zum Teil erst im Verlauf der Analyse selbst.

Wolfgang *Klafki* hat die *Verfahrensweise* einer hermeneutischen Textanalyse in elf „Grunderkenntnissen" anschaulich beschrieben (Klafki 2007). Besonders wichtig sind dabei die folgenden Hinweise:

● Das Vorverständnis, mit dem eine hermeneutische Analyse begonnen wird, muss der Interpret sich selbst und den Rezipienten deutlich machen.

● Dieses Vorverständnis ist wiederholt mit konkreten Details des Textes zu vergleichen und mit jeder Wendung einer hermeneutischen Spirale zu erweitern und ggf. zu verändern.

● Solche Details können einzelne Worte und deren etymologische Entwicklung, syntaktische Strukturen, argumentative Folgerungen u.Ä. sein.

● Der Text ist auch im Kontext seiner Entstehung zu beurteilen: Worauf bezieht er sich, wogegen wendet er sich? Dazu können ggf. weitere Quellen herangezogen werden.

● Auf dieser Grundlage kann der Gedankengang herausgearbeitet und auf seine inhaltliche Stimmigkeit geprüft werden. Dabei soll auch geprüft werden, welche möglicherweise verborgenen oder gar verheimlichten Zielsetzungen (im kritischen Sinne von „Ideologien") in der Quelle zum Ausdruck kommen.

Christian Rittelmeyer (geb. 1940) unterscheidet sechs Aspekte bzw. Schritte einer hermeneutischen Interpretation:

• In der *strukturalen* Interpretation wird die „Bauform" des Textes (seine Grundgedanken, die rhetorischen Figuren) betrachtet.

• Die *komparative* Interpretation vergleicht einen Text mit anderen Texten zum gleichen Thema.

• Eine *experimentelle* Interpretation verändert in einem Text z.b. die Redeform („ich" statt „man") oder stellt eine bildliche Darstellung in eine verfremdende Umgebung.

• Eine *psychologische/mimetische* Interpretation bemüht sich um ein einfühlendes, innerliches Nacherleben (vgl. die „psychologische Deutung" bei Schleiermacher).

• Eine *kontextuelle* Interpretation zieht Informationen aus dem Umfeld des Interpretationsobjektes heran.

• Die *kulturanalytische* Interpretation verortet einen Text in seinem historischen, situativen Umfeld (vgl. das Konzept des „objektiven Geistes").

Bei all diesen Aspekten wird vor der Illusion gewarnt, dass man im Sinne einer Technik rasch zu eindeutigen Ergebnissen kommen kann. Wichtig ist ein *Habitus* des „An-sich-herankommen-lassens", also eine Erwartung des „Findens" und nicht (nur) des „Suchens" (vgl. Kap. 1.2).

Die Anfänge der „Statistik"

Wenn man „verstehen" will, was es mit „Statistik" auf sich hat, liegt es nahe, sich deren historische Entwicklung zu vergegenwärtigen. Dazu können hermeneutische Text-Analysen hilfreich sein. Die ersten dokumentierten Entwicklungen einer „Statistik" beziehen sich auf Daten über Bevölkerung, Handel und Ökonomie. Sie sind bereits im 17. Jahrhundert zu finden. In Preußen wurde die Landbevölkerung ab 1686 gezählt, ab 1725 die Gesamtbevölkerung. 1853 wurde auf einem internationalen Kongress die Zählung der Bevölkerung standardisiert.

Zunächst zur *historischen Entwicklung*: Nach Dennis G. *Haack* (1979) stammt der Begriff „Statistik" wahrscheinlich von dem deutschen Philosophen Gottfried *Achenwall* (1719-1772). Er bezog ihn auf Untersuchungen über die Bevölkerung, die politischen und wirtschaftlichen Verhältnisse und weitere Angelegenheit eines Staates. Der Sache nach sind solche Ansätze aber schon in früher Zeit gefunden worden, z.B. in Babylon vor ca. 5000 Jahren, auch im klassischen Rom gab es solche Aufstellungen, nach denen u.a. Steuern berechnet werden konnten. In England wurden von John

Graunt (1654-1705) Sterblichkeitstabellen erstellt, auf deren Grundlage eine Art Lebensversicherung entwickelt wurde. Ansätze einer Wahrscheinlichkeitstheorie hat Abraham *de Moivre* (1667-1754) anhand von Beobachtungen bei Spielern entwickelt. Weiterentwickelt wurde dies von Pierre-Simon *de Laplace* (1749-1827) und vor allem von Karl Friedrich *Gauß* (1777-1855). Seitdem wird das Konzept der „möglichst kleinen Summe der Quadrate" („least squares") für möglichst gute Prognosen von Ereignissen verwendet (vgl. Kap. 10.9) Damit war der Gedanke angeregt, dass man „Statistik" auch in experimentellen Verfahren verwenden konnte. Hier ist vor allem Karl *Pearson* (1857-1936) zu nennen, der u.a. die Korrelationsstatistik (s.u.) entwickelt hat. Ähnliches ist für Sir Ronald A. *Fisher* (1890-1962) zu sagen: Seine Publikation „Statistical Methods for Research Workers" von 1925 hat als eine der ersten systematischen Darstellungen die weitere Entwicklung wesentlich beeinflusst.

An einem klassischem Text aus den Anfangsjahren der „Statistik" soll im Folgenden nachvollzogen werden, warum und wie diese besonderen Verfahren entstanden sind. Dazu wird *August Ludwig von Schlözer's „Theorie der Statistik"* von 1804 einer hermeneutischen Analyse unterzogen.

Welche Fragestellung kann an solch einen Text herangetragen werden? Welches Vorverständnis geht der Interpretation voraus? – Vielleicht kann an diesem Text verständlich werden, wer welche Erwartungen und Interessen mit diesen Verfahren verbunden hat. Aus welchen Anlässen wurde „Statistik" entwickelt und für welche Zwecke wurde sie verwendet? Sind Vorläufer erkennbar? Und hat es Einwände oder gar Widerstand gegen solches Vorgehen gegeben?

Um das Jahr 1800 herum hat es vermutlich noch keine etablierte Statistik gegeben, jedenfalls wird sie nicht in der Weise institutionalisiert gewesen sein, wie wir das heute kennen. Vermutlich ist das, was in jener Zeit als „Theorie der Statistik" gelten konnte, eher ein Probieren und ein Programm als eine ausgefeilte Wissenschaft gewesen. Was das Umfeld des Textes und seines Urhebers betrifft, so ist das Jahr 1804 gekennzeichnet von politischen, gesellschaftlichen und kulturellen Umbrüchen (Französische Revolution) und gegensätzlichen Strömungen (Aufklärung, Romantik, Sturm und Drang, Klassik). Zu diesen Zeitläuften mit ihren wechselnden Bedingungen kann sich jemand ganz verschieden verhalten und dementsprechend Statistik mit unterschiedlichen Intentionen betreiben. Die gesellschaftliche Stellung des „Statistikers" dürfte eine wichtige Rolle spielen, weil diese ihm Möglichkeiten eröffnet oder verschließt.

Mein Vorverständnis ist also noch recht diffus, es beschränkt sich auf Vermutungen, sowohl in Hinblick auf den Gegenstand im engeren Sinn als auch darauf, wie dieser von den historischen Umständen beeinflusst sein könnte. Mein Interesse ist zudem auch instrumenteller Art: Ich möchte an diesem Text eine Methode demonstrieren, die für historische Fragestellungen in besonderer Weise als geeignet gilt. Ob ich am Ende aufgrund dieser Beschäftigung auch die gegenwärtige Bedeutung von Statistik besser verstehen werde, kann ich nicht beurteilen; ich bin skeptisch, aber nicht ohne Hoffnung: Worin ein solcher Erkenntnisgewinn bestehen könnte, kann ich vorab nicht abschätzen. – Sehen wir uns den Text erst einmal an [DieZeilennummern sind hinzugefügt und sollen die Orientierung erleichtern].

[Titelseite:] Theorie der Statistik. Nebst Ideen über das Studium der Politik ueberhaupt. Erstes Heft. Einleitung. Göttingen, in Vandenhoek = und Ruprechtschem Verlag 1804.

[Zweite Titelseite:] StatsGelartheit nach ihren HauptTheilen, im Auszug und Zu-
5 *sammenhang. Zweiter Theil. Allgemeine Statistik. Erstes Heft.*

[Am Ende der Vorrede:] August Ludwig von Schlözer

[S.1:] Versuch, den Begriff, die wesentlichen Teile (also Umfang und GränzLinien), und die Methode, der Statistik zu bestimmen. [...]

I. Statistik, eine, dem Namen wie der Sache nach, ganz neue Wissenschaft. Ihre Ma-
10 *terie existirte schon Stückweise, seitdem es Regirungen, Geschichte, und ReiseBe-*
schreibungen gibt. Aber der zerstreuten Materie eine scientivische Form zu geben,
eine Menge von heterogenen, aber zum gegebnen Zweck unentberlichen Datis [S.
1/2] unter Einen GesichtsPunct zu vereinen, und diese Data in Ordnung, in ein ge-
schlossenes System, zu bringen, wodurch diese Wissenschaft eine wichtige Gehilfin
15 *der erhabnen RegirungsWissenschaft wurde: dazu hat erst ACHENWALL, mein Le-*
rer, und dessen Nachfolger im Amte ich, seit 1772, zu seyn die Ehre habe, in Göttin-
gen im J. 1749 einen Anfang gemacht. [...]

Statistik, Statistique, welch ein barbarisches Wort! vox hybrida, weder lateinisch,
noch deutsch, noch französisch. Aber in Deutschland nicht nur ist der Name einmal
20 *allgemein; sondern auch alle gebildete europäische Nationen, Franzosen und Eng-*
länder (Brion de la Tour, und Monthly Review, beide zuerst im J. 1789) u. a., haben
ihn in ihren Sprachen naturalisirt. Es gefiel dem Vater der Statistik, seinem wolge-
stalten Kinde einen unförmlichen Namen (wenn gleich [S.2/3] nie auf dem Titel sei-
ner HandBücher) zu geben: und dies one Not. Die deutsche Sprache, samt ihren
25 *Schwestern, ist vielleicht die einzige, die das Charakteristische dieser Wissenschaft*
mit Einem Wort ausdrücken kan, – StatsKunde: verschieden von StatsLere, Stats-
Recht, StatsGeschichte: [...]

[S.37] Hier also die schon längst gefundne, nun aber genauer entwickelte, Achen-
wallsche Definition: Statistik eines Landes und Volkes ist Inbegriff seiner Stats-
30 *Merkwürdigkeiten. Wer sie studiren will, oder erst erschaffen soll, hebe 1. aus der*

zallosen Menge andrer LandesMerkwürdigkeiten, nur diejenigen heraus, die den Charakter von StatsMerkwürdigkeiten tragen. 2. Ist dieser Charakter nicht in die Augen fallend, so mache er ihn kenntlich. Dann 3. ordne er alle seine Data zum Zwecke, so daß man sie bequem übersehen könne, um den jedesmaligen Zustand des
35 *Stats im Ganzen zu beurteilen, und solchen mit dem Zustande andrer Zeiten und andrer Staten zu vergleichen und abzumessen.*
Was gehört also n i c h t in die Statistik, und wie ist sie von so vielen [S.37/38] andern Länder- und VölkerBeschreibungen verschieden? – Malerische Schilderungen entzückender Gegenden überlasse der BerichtErstatter den Schöngeistern seiner
40 *Provinz. Geschichte geht ihn auch nichts an. Selbst Antiquitäten nicht [...]*
Und was gehört, nach der angegebnen Definition, n o t w e n d i g hinein, wenn es gleich die alte und manche neuere Statistik versäumt hat? Außer den nie angefochtenen Gegenständen, – doch wol auch StatsVerwaltung, wie sie, in allen ihren Zweigen, nach den Gesetzen seyn sollte, und wie sie wirklich ist. Hängt nicht das halbe
45 *Glück des [S.38/39] Bürgers, z. B. von der Justiz, ab? Und wer wird es wagen, das Wol oder Weh eines Volkes abzuwägen, one seine StatsVerfassung (RegierungsForm) in Anschlag zu bringen? [...]*
[S.40] Warheit ist natürlich die erste und unerläßlichste Eigenschaft einer statistischen Angabe: aber ein Factum ist ein eigensinniges Ding [...]; und ein statistisches
50 *Factum ist das allereigensinnigste. Immer noch sind daher die Statistiken der meisten Reiche mit Unwarheiten wie übersät: [...]*
[S.41] [...] und mit gerechter Verachtung sahen die besser unterrichteten GeschäftsMänner, auf die „Katheder- und Studir-Stuben-Statistik" – so nannten sie sie – herab. [...]
55 *[S.42] Wol uns Statistikern des neuen JarHunderts! Wie sorglos (oder unwissend) waren noch vor einem MenschenAlter die meisten Regirungen in solchen Dingen! Unzäliche LandesHerren wußten nicht einmal die Zal ihrer Untertanen: und wußten sie sie, so behandelten sie dergleichen Notizen als StatsGeheimnisse, die der Nachbar nicht erfaren sollte, noch weniger das Publicum. Die Aufklärung hat die Herren*
60 *sorgsamer und offenherzig gemacht. Seitdem hört der entehrende Unterscheid zwischen Cabinets- und Katheder-Statistik auf; [...]*
[S.45] VII. Manches Datum scheint unbedeutend zu seyn, und wird übersehen; seine Wichtigkeit ist versteckt, und wird erst durch Combination gefunden. Hier zeige sich Genie und Gelersamkeit des Statistikers: je reicher er an Kenntnissen aller Art ist,
65 *desto öfter, und manchmal überraschend, wird er zwischen 2 Erscheinungen einen Zusammenhang, als zwischen Ursache und Wirkung, finden; einen Zusammenhang, der dem bloßen Homme-des-lettres nicht in die Seele kam. Die Kleidung der Nationen ist an sich keine StatsMerkwürdigkeit: aber wenn die Schnürbrüste, die bei Weibern und Kindern auf den OberAlpen Mode sind, „des consequences extrèmement*
70 *facheuses chez [S.45/46] les femmes enceintes" haben (Statist. du Départ. des Hautes-Alpes, p. 18): dann wird die modische Schnürbrust eine StatsMerkwürdigkeit.*
VIII. Manch andres Datum übersieht der Beobachter, weil es sich nur einzeln und selten zeigt, und seine Erheblichkeit erst durch Summirung aller kleinen Zalen, die nur die Regirung veranstalten kan, offenbar wird. [...]
75 *[S.47] IX. [...] Neue Regel also: was zu einer Zeit keine StatsMerkwürdigkeit ist, kan es zu andrer Zeit und unter eignen Umständen werden. [...]*

[S.51] XI. Statistik und Despotism vertragen sich nicht zusammen. Unzäliche Gebrechen des Landes sind Feler der StatsVerwaltung: die Statistik zeigt sie an, controlirt dadurch die Regirung, wird gar ihr Ankläger: das nimmt der Despot ungnä-
80 *dig, der in solchen Angaben sein SündenRegister liest. [...]*
[S.52] XII. Offene hingegen, und Jar aus Jar ein fortgesetzte Statistik, ist, so wie das Barometer der bürgerlichen Freiheit, also auch die unverdächtigste und urkundliche LobRede auf eine weise Regirung. Unzäliches Gutes im Lande ist ihr Werk; der Bürger erfärt es nun actenmäßig und in Zalen, wie die Menschen wachsen, wie sich die
85 *Exporten meren, und die Anzal der groben Verbrechen, folglich auch die TodesStrafen, abnemen u. s. w.; welche süße Belonung für gute Regenten! Diese fangen daher an, sich aus den JaresBerichten über ihre Reiche ein Studium zu machen; sie lernen sie gar auswendig. [...]*

So weit der Text von Schlözer in Auszügen. – Es ist zunächst überraschend, dass ein Text über Statistik in den Kontext von „StatsGelartheit" bzw. von „Politik überhaupt" eingeordnet wird. Das könnte in der Titelei noch mit verlegerischen Zwängen zu tun haben. Vielleicht sollte der Band in einer bestimmten Reihe erscheinen und dort „von Staats wegen", also von der Obrigkeit, auch zur Kenntnis genommen werden. Aber gleich im zweiten Absatz wird dies als ein systematischer, enger begrifflicher Zusammenhang verdeutlicht: Schlözers Lehrer, Gottfried Achenwall (1721-1772), habe es gefallen, der von ihm entwickelten Wissenschaft den „unförmlichen Namen" Statistik zu geben (Zeile 23), und damit sei nichts anderes gemeint als „StatsKunde" im Unterschied zu „StatsLere, StatsRecht, StatsGeschichte" (Zeile 26f.); Schlözer referiert später die „Achenwallsche Definition: „Statistik eines Landes und Volkes ist Inbegriff seiner StatsMerkwürdigkeiten" (Zeile 29/30). Dabei habe nicht jede „LandesMerkwürdigkeit" den Charakter einer „StatsMerkwürdigkeit", dieser sei aus der Menge jener erst herauszuheben, gegebenenfalls kenntlich zu machen und so anzuordnen, dass man sie bequem „übersehen könne" (Zeile 34). Daran solle der „jedesmalige Zustand des Stats im Ganzen" beurteilt und mit dem Zustand zu anderen Zeiten oder dem anderer Staaten verglichen werden können (Zeilen 34-36).

Nach diesem ersten Blick in den Text klärt sich also das anfangs diffuse Verständnis der historischen Ursprünge der Statistik in etwa folgendermaßen: Statistik ist als ein Verfahren entstanden, mit dessen Hilfe herausgearbeitet werden soll, was an einem „Staat" besonders auffällig und erwähnenswert sein könnte – insbesondere, wenn man ihn über die Zeit betrachtet bzw. mit anderen Staaten vergleicht. – Ist also die Statistik ihrem Ursprung nach eine dem Staat, oder gar der Regierung loyale, eine staatstragende Wissenschaft, die die Verhältnisse in ihren guten Seiten herausstellen will oder soll? – Wenden wir uns mit solchen Fragen wieder dem Text zu!

Gegen Ende des Auszugs wird eindeutig auf den Staat Bezug genommen: eine „offene, [...] und Jar aus Jar ein fortgesetzte Statistik [sei] [...] auch die unverdächtigste und urkundliche LobRede auf eine weise Regirung" (Zeilen 81-82): es klingt nach Loyalität und Dienstbarmachung, wenn die Bürger „unzaeliches Gutes [...] aktenmaeßig und in Zalen" erfahren sollen. Solche „süße Belonung für gute Regenten" würden diese wahrlich gern zur Kenntnis nehmen und „gar auswendig" lernen wollen (Zeile 89). Schlözer würde die Statistik offenbar durchaus gern solche „LobReden" halten lassen, wenn denn die Voraussetzungen, die „StatsMerkwürdigkeiten" dies rechtfertigen: Wenn „die Menschen wachsen" (d.h. an Zahl zunehmen), wenn „sich die Exporten meren, und die Anzal der groben Verbrechen … abnehmen" (Zeilen 85 ff.). Im andern Fall sei es aber Aufgabe der Statistik, jene „unzaeliche Gebrechen des Landes", die „Feler der StatsVerwaltung" sind, anzuzeigen, sie „controlirt dadurch die Regirung, wird gar ihr Anklaeger" (Zeile 77 ff.). Das nimmt der Despot „ungnaedig" zur Kenntnis, und aus diesem Grund „vertragen sich Statistik und Despotismus nicht zusammen" (ebd.). Eine aufgeklärte Regierung ist deshalb Voraussetzung und Ziel jener Wissenschaft, die die jeweiligen „StatsMerkwürdigkeiten" kenntlich machen will. Informationen über den Zustand des Staates sollen nicht mehr als „StatsGeheimnisse" vor dem „Nachbarn" und dem „Publicum" geheim gehalten werden, der „entehrende Unterscheid zwischen Cabinets- und Katheder-Statistik" (Zeilen 57 ff.) soll aufgehoben werden.

Wenn wir zum zweiten Mal unser (Vor-)Verständnis von Statistik reflektieren, so müssen wir zur Kenntnis nehmen, dass zumindest dem Anspruch nach die Statistik als eine kritische und wertende Instanz verstanden worden ist, die sowohl löbliche Entwicklungen als auch beklagenswerte Zustände zu bewerten haben sollte. – Aber woher sollte die Statistik die Kriterien für ihre Bewertungen nehmen? Könnte sie sich etwa als eine autonome Instanz verstehen, die aus eigener Souveränität Lob und Tadel zu verteilen hat? Sagt der Text hierüber etwas aus?

Schlözer äußert sich hierüber nicht direkt, aber als einen notwendigen Gegenstand der Statistik benennt er „doch wol auch StatsVerwaltung, wie sie in allen ihren Zweigen, nach den Gesetzen seyn sollte, und wie sie wirklich ist" (Zeilen 43-44). Hiervon hänge das „halbe Glück des Bürgers" ab, an der „StatsVerfassung" sei „das Wol oder Weh eines Volkes abzuwaegen" (Zeilen 45-46).

Der Statistiker habe sich in seinen Bewertungen also daran zu orientieren, was der Staat selbst seinem Anspruch nach für die Bürger leisten will, nämlich ihr Glück zu mehren und das Wohlergehen des Volkes zu verbessern. Es sind nicht seine persönlichen Maßstäbe, die er heranziehen darf, sondern er muss sich an denen der Gesellschaft, des Staates orientieren, wenn seine Feststellungen dazu verhelfen sollen, die Entwicklung dieser

Gemeinschaft zu fördern. – Aber welche Daten sind nun bedeutsam, um solche Bewertungen vornehmen zu können?

Schlözer sagt, manches Datum scheine „unbedeutend zu sein", „seine Wichtigkeit [sei] versteckt" (Zeile 63); es liege an „Genie und Gelersamkeit des Statistikers" (Zeile 64), ob er zwischen verschiedenen Erscheinungen einen Zusammenhang erkennen könne, auf den hinzuweisen sich lohnt.

Dies scheint eine allgemeine, fast ausweichende Antwort zu sein. Dahinter steht aber vermutlich folgende Überlegung: Der Statistiker kann sich nicht auf eine Art neutraler Datenerhebung zurückziehen, die nur widerspiegeln will, was sich ereignet hat. Mit „Genie und Gelersamkeit" wird offenbar ein eher qualitatives Moment angesprochen, das die Arbeit des Statistikers über eine diffuse, willkürliche oder routinehafte Zählerei hinaushebt. Für dieses Zusätzliche ist m.E. der Begriff der „Intuition" angebracht. Dieses intuitive Moment hat eine Verbindung herzustellen zwischen den bloßen Fakten und jenen Kriterien, an denen ihre Bedeutung zu messen sein kann. Dies können die Zielsetzungen sein, denen sich eine Gesellschaft verpflichtet fühlt, oder Gütemaßstäben, die das „Wol und Weh eines Volkes" ausmachen. Erst wenn die Daten und diese Kriterien in Beziehung zueinander gebracht werden, kann Statistik dazu verhelfen, die Entwicklung eines Staates zu beurteilen. Von der bloßen Sammelei der Daten zu ihrer Bewertung scheint es nach Meinung Schlözers keinen mechanischen Weg, keine Routine zu geben. Es hängt wohl auch von glücklichen Zufällen ab, ob die relevanten Erscheinungen so in Verbindung gebracht werden, dass wichtige Einsichten daraus erwachsen können. – Ist diese Interpretation von allen Aussagen des Textes wirklich gedeckt? Sehen wir uns den Text daraufhin erneut an!

Schlözer legt einen hohen Maßstab an, wenn er sagt, „Warheit [sei] natürlich die erste und unerläßlichste Eigenschaft einer statistischen Angabe" (Zeilen 48-50), ein Factum sei aber ein „eigensinniges Ding" und ein statistisches Factum „das allereigensinnigste" (Zeile 50). Es ist also immer möglich, Irrtümern aufzusitzen und Fehlinformationen weiterzugeben. Dies habe dazu geführt, dass „die besser unterrichteten GeschaeftsMaenner auf die ‘Studir-Stuben-Statistik'" „mit gerechter Verachtung" herabsahen. Dies will Schlözer offenbar geändert wissen, indem auf die Verlässlichkeit der Informationen großer Wert gelegt wird, bevor daraus Verknüpfungen hergestellt und Schlüsse gezogen werden. Die Forderung nach „Warheit" bezieht sich also auf die quantitativen Grundlagen, auf denen dann Interpretationen mit durchaus intuitivem Charakter beruhen sollen.

Insgesamt lässt sich aus diesem Text *folgende Sicht der Statistik* entwickeln: Es geht der Statistik darum, aus den vielfältigen Erscheinungen der Wirklichkeit jene herauszuheben, die für ein besseres Verständnis dieser Wirklichkeit hilfreich sein können. Dieses Verständnis soll es möglich machen, Zustände und Entwicklungen differenziert zu verstehen und sie ggf. kritisch zu bewerten. Es geht darum, Zusammenhänge aufzudecken, die der alltäglichen Wahrnehmung nicht oder nicht so deutlich zugänglich sind. – Ich verstehe dies letztlich so, dass eine statistische Analyse die komplexe Wirklichkeit in einem Modell so rekonstruieren soll, dass daran jeweils bestimmte Aspekte deutlicher nachvollzogen und beurteilt werden können. Dabei hat die Statistik zwar die Verlässlichkeit der verwendeten Informationen möglichst zu sichern, aber die Interpretationen, die aus diesen Daten abgeleitet werden, bleiben Deutungen mit mehr oder weniger intuitivem Charakter, sie werden als solche in den gesellschaftlichen Prozess der Auseinandersetzung über die Realität eingebracht.

Es muss nun den Leserinnen und Lesern überlassen bleiben, ob sie dieser Interpretation folgen. Viele Fragen wären noch zu stellen, und etliche weitere Schritte könnten die Interpretation sicher noch verbessern: So müssten semantische Aspekte untersucht werden, die Biografie Schlözers wäre zu befragen, dieser Text wäre mit anderen Schriften desselben Urhebers oder von anderen Autoren zu vergleichen. Zu erörtern wäre nicht zuletzt die ideologiekritische Frage nach dem Zusammenhang zwischen gesellschaftlicher Lage und Bewusstsein (vgl. Kap. 2.3) usw. – Das sei hier nicht weiter verfolgt, weil sich ein in diesem Rahmen hinreichend differenziertes Verständnis der Anfänge der Statistik ergeben hat.

5.2 Deutung von Phänomenen

Ähnlich wie in der Hermeneutik geht es bei der Phänomenologie darum, Dinge in ihrer Bedeutung zu erfassen. Aber anders als dort wird ein Vorverständnis eher als eine problematische Vor-Eingenommenheit gesehen, die eine unverstellte Wahrnehmung behindert (s.o.).

Es ist deshalb zu Beginn einer phänomenologischen Analyse wichtig, sich von allen Vorkenntnissen, Einstellungen u.Ä. freizumachen, die sich auf den zu betrachtenden Gegenstand beziehen. Dieser soll in seinen ursprünglichen Eigenschaften möglichst unvoreingenommen betrachtet werden. Man soll den jeweiligen Gegenstand schlicht vor sich hinstellen, damit dieser sozusagen aus sich selbst heraus erscheinen kann und nicht in einem bestimmten Licht gesehen wird. Die Sache soll wirken können, ohne von bestimmten Erwartungen verändert zu werden. Die Dinge sollen möglichst unvoreingenommen betrachtet, sensibel wahrgenommen und sorgfältig beschrieben werden. Wer eine Sache verstehen will, muss sich mit Ruhe, Geduld und Zeit auf diese einlassen, ja sich ihr hingeben, um möglichst viel aufnehmen zu können.

Nun wäre es falsch, die Phänomenologie als eine Art naiven Empirismus (s.o.) zu verstehen, der sich der trügerischen Hoffnung hingäbe, eine Sache völlig objektiv betrachten zu können. Es soll vielmehr erkennbar werden, was eine Sache zum „Phänomen" macht, warum sie Bedeutung für den Menschen hat. Diese Bedeutung haben die Sachen nicht aus sich selbst heraus, sondern erst in der Art und mit der Intensität, in der Menschen ihnen eine Bedeutung geben. Bedeutungen entstehen also aus subjektiven Bewusstseinsleistungen der Menschen, wenn sie mit den Dingen umgehen.

Der zweite Schritt einer phänomenologischen Analyse besteht darin, sich von der reinen Beschreibung des äußeren Gegenstandes zu lösen und danach zu fragen, wie der Gegenstand dem eigenen Bewusstsein erscheint. Dies ist ein aktiver Prozess, in dem aus den zunächst bedeutungslosen Dingen, die den Menschen umgeben, dessen Lebenswelt gestaltet wird. Diese beiden Schritte sollen das Objekthafte der Dinge und das Subjekthafte der menschlichen Auseinandersetzung mit den Dingen in Beziehung zueinander bringen und diesen Wechselprozess transparent machen.

Solche individuellen, subjekthaften Deutungen können jedoch nur als ein erster Versuch gelten. In einem dritten Schritt ist zu fragen, ob die herausgearbeiteten Merkmale einem Gegenstand auch dann zu eigen sind, wenn er in verschiedenen Variationen und/oder in verschiedenen Lebenswelten erscheint. Erst das, was über solche Variationen hinweg identisch ist und sich in seiner Grundstruktur nicht verändert, das macht das Wesen dieses Gegenstandes aus, dies ist die ursprüngliche Idee, von dem der anfangs betrachtete Gegenstand als ein mehr oder weniger zufälliges Abbild verstanden werden kann.

Einen ähnlichen Ansatz hat der US-amerikanische Anthropologe Clifford *Geertz* (1926-2006) als „dichte Beschreibung" bezeichnet (Geertz 2007). Er thematisiert die Beziehung zwischen einer Situation und deren Beschreibung. Diese habe immer eine „Verdoppelung" zur Folge. Der Beobachter erweitert die Situation um seine Person und er verändert diese durch seine Tätigkeit. Die Situation bleibt nicht die ursprüngliche. Zudem wird die Situation symbolisch „verdoppelt", weil sie in sprachliche „Zeichen" gefasst wird. Diese gedoppelte Ebene bleibt in Distanz zur eigentlichen Sache.

Aber aus dieser Distanz lässt sich „die Sache" anders lesen, als es die Beteiligten selbst vermögen. Eine „dichte Beschreibung" zielt deshalb nicht darauf, die Selbst-Wahrnehmung der Akteure zusammenzufassen und deren Bild von sich selbst auszumalen und zu vermitteln. Dies wäre wegen der prinzipiell verbleibenden Distanz gar nicht möglich. Vielmehr soll der Beobachter herausarbeiten, mit welchen Begriffen die Situation aus seiner distanzierten Sicht erfasst werden könnte. Dabei bleibt der skeptische Vorbehalt erhalten, dass diese Beschreibungen immer nur „Deutungen über Deutungen" sein können. Aber als solche sind sie mehr als die Deutungen der Akteure, denn es wird sozusagen versucht, deren Deutungen auf eine höhere Ebene zu heben, sie transparenter zu machen und auch Bedeutungen aufzuzeigen, die den Akteuren nicht bewusst sind.

Phänomenologische Verfahren sind häufig nur schwer nachvollziehbar und intersubjektiv kaum kontrollierbar. Als methodologische Mahnung bleibt zu fragen, ob die Bedeutung eines Phänomens historisch, situativ und interindividuell invariant ist und allgemeingültig beschrieben werden kann. In extremer Polarisierung kann eine phänomenologische Analyse irrelevant werden, wenn sie unzulässig generalisiert oder wenn sie lediglich subjekthaft-individuelle Mutmaßungen erbringt. Das spekulative Moment soll bewusst eine große Rolle spielen, es ist aber in Untersuchungen, die sich als phänomenologisch verstehen, häufig kaum nachvollziehbar, wie die Verfasser zu ihren Deutungen gekommen sind. Ein „unvoreingenommenes Sich-Einlassen" auf die Dinge ist äußerst schwierig. Gibt es überhaupt Worte, mit denen ein Sachverhalt „unvoreingenommen" beschrieben werden kann? Vielleicht wäre es (doch) sinnvoll, die Prinzipien und Verfahren des hermeneutischen Textverstehens auch auf non-verbale Gegenstände anzuwenden.

Ein statistisches Phänomen

„Statistik" spielt im Alltagsleben eine wichtig Rolle. Wir finden häufig in Zeitungen und Zeitschriften grafische Darstellungen zu bestimmten Sachverhalten unseres Lebens, z.B. die folgende Abbildung in einer Zeitung.

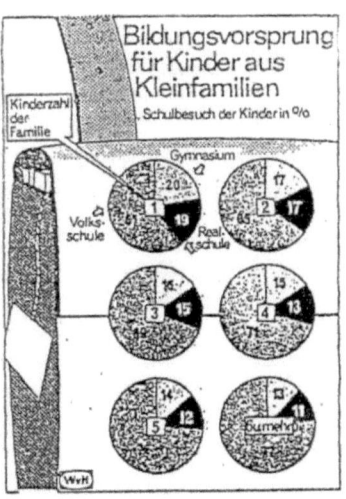

Man kann versuchen, diese Abbildung so zu analysieren, wie man es in einer phänomenologisch gemeinten Analyse tun würde: Zunächst sollte man möglichst unvoreingenommen beschreiben, was man als „Statistik" vorfindet: Ein Rahmen von (im Original des Zeitungsausschnitts) 45 mm Breite und 63 mm Höhe ist zu etwa drei Vierteln mit dem Bild eines durch eine Klappe geschlossenen Schulranzens gefüllt, in dem Bücher und/oder Hefte zu erkennen sind und aus dem an einer Schnur ein unbeschriebener Zettel heraushängt. Nach oben hin ist der Ansatz eines Riemens zu erkennen, der vom Betrachter aus hinter dem Ranzen aus diesem herausläuft. Vor diesem Hintergrund sind auf der Vorderfläche des Ranzens sechs Kreise mit jeweils 12 mm Durchmesser dargestellt; sie sind in zwei Spalten mit jeweils drei Kreisen angeordnet. Jeder Kreis enthält in seiner Mitte in einem Quadrat von 2 mm Kantenlänge eine der Ziffern von 1 bis 5 bzw. die Benennung „6 u. mehr"; von einem kleinen Kästchen mit der Inschrift „Kinderzahl der Familie" weist ein langer Pfeil auf die Ziffer in dem Quadrat des linken oberen Kreises. Die Flächen der Kreise sind jeweils in drei verschieden markierte und unterschiedlich große Sektoren aufgeteilt, die mit zweistelligen Zahlen versehen sind. Neben dem Kreis mit der Ziffer 1 sind drei Pfeile an den Kreis angelegt, denen die Bezeichnungen „Volksschule", „Realschule" und „Gymnasium" beigefügt sind. Im oberen Viertel der Darstellung steht in deutlich größeren Buchstaben: „Bildungsvorsprung für Kinder aus Kleinfamilien" und klein gedruckt darunter „Schulbesuch der Kinder in %".

Im zweiten Schritt wäre zu klären, was diese Darstellung für den Betrachter zu einem „Phänomen" macht, inwiefern die dargestellten Zeichen und Zahlen für ihn eine Bedeutung haben. – Die Betrachtung weckt Assoziationen: Es ist ein Schulranzen dargestellt, wie ihn Schulkinder in den unteren Schuljahren verwenden und wie die meisten Betrachter ihn auch benutzt haben werden. Früher hing häufig ein feuchter Schwamm heraus, mit dem die Schiefertafel abgewischt werden konnte: Der Betrachter erinnert sich an eine frühe, noch überwiegend positiv gefärbte Schulzeit. Der offensichtlich gefüllte und schwere Ranzen lässt jedoch auch die Erinnerung daran wach werden, dass ein Schultag mit vielen verschiedenen Unterrichtsfächern ausgefüllt war. Der starke Riemen, an dem dieser Ranzen hängt, verstärkt den Eindruck der Schwere und deutet darauf hin, dass es durchaus ein Stück Arbeit ist, eine solche Tasche zu tragen und die Schule zu besuchen. Wenn der Betrachter sich den sechs Kreisen zuwendet, so wird er sich daran erinnern, welche der drei hier einbezogenen Schulformen er selbst besucht hat: die Volksschule, die Realschule oder das Gymnasium. Und er wird zudem feststellen, ob er zu den Besuchern der Volksschule gehört, die in allen sechs Kreisen etwa zwei Drittel bis zu drei Viertel der Fläche einnehmen, oder zu jenen Gruppen, die mit Prozentanteilen zwischen 11 und 19 % bei den Realschülern bzw. zwischen 13 und 20 % bei den Gymnasiasten eine Minderheit ausmachen. Sofern der Betrachter selbst Pädagoge ist, wird er assoziieren, dass diese Grafik mit seinem Berufsfeld in Beziehung steht; er ist also auch professionell betroffen. Es wird also deutlich, dass die Betrachtung einer solchen Abbildung mehr oder weniger intensive „Bewusstseinsleistungen" erforderlich macht bzw. auslöst. Die Druckerschwärze, die Zeichen und Buchstaben erhalten erst durch die Assoziationen und Interpretationen des Betrachters für diesen eine Bedeutung. Der Betrachter wird sich zudem einem dieser Kreise zuordnen, nämlich jenem, der der „Kinderzahl" seiner elterlichen Familie entspricht, und – je nachdem – seine Schlüsse daraus ziehen: Wenn er einziges Kind war, wird er möglicherweise seinen gymnasialen Schulbesuch auch darauf zurückführen, dass offenbar – wie es der Titel der Grafik ausdrückt – Kinder aus Kleinfamilien einen „Bildungsvorsprung" haben, den er selbst also nutzen konnte usw.

Lässt sich die an diesem Beispiel erkennbare Beziehung zwischen dem Objektiven und dem Subjektiven, zwischen der Grafik und ihrem Betrachter, auf ein „Wesen" hin verallgemeinern, lässt sich etwas Prinzipielles erkennen, das nicht nur für diesen einen Fall gilt? – Das sei vorsichtig formuliert: Offenbar wird in solchen grafischen Darstellungen versucht, im Betrachter bestimmte Assoziation auszulösen, ihn einzubinden in eine bestimmte Sichtweise, zumindest seine Neugier zu wecken. Wenn dies nicht Absicht ist, so dürfte ein solcher Effekt nicht zu vermeiden sein, weil die meisten Menschen von den Sachverhalten, die so dargestellt werden können, das eine mal mehr, das andere mal weniger betroffen sind. Ein Bezug zur Lebenswelt ist in irgendeiner Form immer gegeben, so dass subjektive Bewusstseinsleistungen herausgefordert werden oder zumindest hilfreich sein können. – Ein weiteres Wesensmerkmal ist darin zu erkennen, dass in einer Statistik etwas dargestellt wird, das in verschiedenen Ausprägungen, Häufigkeiten o.Ä. auftritt (hier die Anteile der Schüler an den drei Schulformen). Eine Statistik scheint besonders geeignet zu sein, wenn Abweichungen, Unterschiede oder Entwicklungen sichtbar gemacht werden sollen. Und ein drittes Merkmal fällt auf: Eine Statistik versucht, irgendeinen Sachverhalt aus seinem komplexen alltäglichen Zusammenhang herauszugreifen und etwas Bestimmtes deutlich zu machen – etwas, was den Gestaltern dieser Statistik offenbar wichtig ist. Damit dürfte in der Regel die Absicht verbunden sein, in die öffentliche Diskussion über den jeweiligen Sachverhalt einen bestimmten Gesichtspunkt, eine bestimmte Betrachtungsweise mit Nachdruck einzubringen und diese Diskussion vielleicht zu beeinflussen. Dabei können auch Mittel verwendet werden, die den Betrachter in der einen oder anderen Weise assoziativ beeinflussen, zumindest seine Neugier wecken.

Soweit ein Versuch, eine Sache in ihrer phänomenalen Bedeutung zu erfassen. Es ist nun kein Kriterium zu finden, nach dem über die Richtigkeit der Interpretation zu entscheiden wäre. Sie erscheint plausibel, aber andere mögen diese Grafik vielleicht ganz anders deuten. Allenfalls im anschließenden Diskurs mit anderen Interpreten wird dies zu klären sein.

6. Quantitativ orientierte Analysen

Etliche Einführungen wollen Statistik dadurch verständlich machen, dass die verschiedenen Verfahren anhand von Formeln und Beispielen ausführlich erläutert werden. Dies ist sicher hilfreich, wenn man die Verfahren in ihren Details verstehen und selbst anwenden will. In der vorliegenden, eher kurz gehaltenen Einführung sollen die zentralen Konzepte als *Modelle* (vgl. Kap. 2.2) vorgestellt werden, von denen die meisten Verfahren abgeleitet sind. Hier sollen lediglich jene Konzepte in ihren Grundgedanken zugänglich gemacht werden, die für die kompetente Rezeption und eine kritische Diskussion empirisch-statistischer Forschungs-Ergebnisse hilfreich sind. An einem kleinen fiktiven Datensatz und den Ergebnissen einer kurzen Befragung sollen diese Verfahren nachvollziehbar werden. Berechnet wurden die im Folgenden referierten Beispiele mit EDV-Programmen auf der Grundlage der Programmsprache FORTRAN.

Inzwischen stehen vielfältige elektronische Routinen im „Statistical Package für Social Sciences (kurz SPSS)" zur Verfügung. IBM wirbt dafür im Rahmen der Vertriebsstrategie mit der Aussage, diese „leistungsstarke statistische Softwareplattform [biete] eine benutzerfreundliche Oberfläche und einen leistungsfähigen Funktionsumfang". Claus *Braunecker* (2023 in 2. Aufl.) macht in seiner „Gebrauchsanleitung" nachvollziehbar „How to do Statistik und SPSS".

Seit kurzem gilt die kostenlose Open-Source-Programmiersprache und Softwareumgebung „R" als besonders einfach und benutzerfreundlich. Sie werde – so heißt es im Internet – für statistische Berechnungen und Grafiken „in der Datenanalyse und statistischen Modellierung in verschiedenen Disziplinen eingesetzt, darunter Wirtschaftswissenschaften, Biologie und Psychologie". Bei Maike *Luhmann* (jüngst 2020 in 5. Aufl.) werden „für Einsteiger" viele Beispiele und Daten zur Einübung auch online zur Verfügung gestellt.

6.1 Nutzen und Grenzen des Messens

In einer Untersuchung mit quantitativen Informationen geht es darum, die zu untersuchenden Phänomene durch eine operationale Definition – also durch die Angabe einer „Operation", hier eines Messverfahrens (vgl. Kap. 2.3) – eindeutig nachvollziehbar zu machen. Die so geschaffenen Daten können mit vielfältigen statistischen Verfahren analysiert werden. Davon erhofft man sich Aussagen, die weniger als bei qualitativen Verfahren von Intuitionen abhängig sind. Im Grunde geht es aber bei der Analyse quantifizierter Informationen um etwas Ähnliches wie bei der Hermeneutik: So wie man versucht, aus einem Text herauszuarbeiten, was in seiner Tiefenstruktur verborgen ist oder sein könnte, so ist Empirie der Versuch, aus Daten herauszuholen, was an Strukturen in ihnen zum Ausdruck kommen kann. Das Quantifizieren eröffnet Analysen, die bei nicht-numerischen Daten nicht möglich sind.

Durch statistische Auswertungen soll deutlich(er) werden …
> wie *häufig* die möglichen Ausprägungen eines Merkmals auftreten,
> wie stark die Merkmale im *Durchschnitt* ausgeprägt sind,
> wie groß *Unterschiede* zwischen den Personen sind,
> an welcher *Position* einzelne Personen in dieser Verteilung verortet sind,
> ob *Beziehungen* zwischen Merkmalen erkennbar sind und wie eng diese sind,
> als wie *verlässlich* statistische Befunde zu beurteilen sind,
> wie *bedeutsam* die Ergebnisse in inhaltlicher, praktischer Hinsicht sind.

Zunächst werden die in einer Untersuchung gesammelten Daten *deskriptiv* aufbereitet. Später kann dann geprüft werden, ob induktiv von der Untersuchungsgruppe auf eine größere Population geschlossen werden kann. Dabei sind immer nur Aussagen über Wahrscheinlichkeiten möglich. Statistische Befunde müssen immer kritisch auf ihre Bedeutung und mögliche Folgerungen reflektiert werden.

Im *Alltag* werden viele Sachverhalte mit vertrauten Messwerten beschrieben: Ein Meter hat 100 cm, eine Stunde 60 Minuten usw. Wir verwenden diese Maße, ohne noch daran zu denken, dass sie nicht *gegeben* sind, sondern *gestaltet* wurden oder uns *vertraut* geworden sind. Es ist aber keineswegs selbstverständlich, welches Maß wir für welchen Sachverhalt verwenden und ob die Zuordnung numerischer Kennwerte zu den Sachverhalten angemessen ist. Dieses Problem des Messens stellt sich vor allem dann, wenn das zu untersuchende Merkmal in seiner Ausprägung variieren kann und wenn nicht einmal eindeutige Mindest- und Höchstwerte vorliegen.

Dennoch gibt es in der Regel einen *Bereich*, den man bei Messungen sinnvoll in den Blick nehmen kann. So variiert die Körpergröße von Menschen in einem bestimmten, aber prinzipiell offenen Bereich und für das Geschlecht gelten zurzeit über die traditionelle Unterscheidung von männlich und weiblich einige weitere Ausprägungen. Bei Schulleistungen und Schulnoten ist es weniger eindeutig: Die Leistung einer Schülerin oder eines Schülers kann sich über einen Bereich erstrecken, in dem es keine natürlichen Abschnitte gibt, die Erstreckung ist *stetig*. Zensuren werden mehr oder weniger willkürlich bestimmten Abschnitten dieser kontinuierlichen Erstreckung zugeteilt, die Messwerte sind *diskret*. Schulnoten sind relativ ungenau. Eine Leistung, die z.b. den Wert „gut" bzw. „2" der Skala erhält, kann in Wirklichkeit näher bei „1,51" oder bei 2,49 liegen, sie erhält aber den pauschalen Mittel-Wert „2", genauer wird die Leistung nicht bestimmt. Quantifizieren bedeutet also häufig einen Verlust an Genauigkeit. Diesen Preis nimmt man in Kauf, weil mit den gewonnenen Daten in vielfältiger Weise weitergearbeitet werden kann. Die unvermeidliche Willkürlichkeit des Messens sollte aber bei der Interpretation statistischer Befunde im Bewusstsein bleiben.

Schwierig ist auch die Frage zu klären, in welcher Weise das Messen eines Sachverhalts diesen beeinflusst. Bleibt ein Mensch, dessen „Intelligenz" psychometrisch festgestellt wird, noch derselbe – zumal dann, wenn er erfährt, als wie (wenig) intelligent er bemessen wurde? Und grundsätzlich kann man fragen, ob die Entscheidung, ein Merkmal messen zu wollen, dieses in seiner Bedeutung verändert. Wenn etwas des Messens und des damit verbundenen Aufwands für würdig erachtet wird, erfährt es eine zusätzliche Aufmerksamkeit, es wird ins Bewusstsein gehoben und damit im Sinne einer sozialen Realität (vgl. Kap. 2.2) konstituiert.

6.2 Skalenwerte, Messwerte und Kennwerte

Bei numerischen Datenanalyse werden in der Regel zunächst relativ einfache, zum Teil aus dem Alltag vertraute Kennwerte deskriptiver Art berechnet. Zur Orientierung werden im Folgenden drei Begriffe unterschieden:
- Ein *Skalenwert* ist ein Messpunkt auf einer Messskala; er wird mit großen Buchstaben geschrieben: X = 3 ist z.B. ein Punkt auf einer mehrstufigen Antwort-Skala in einem Fragebogen.
- Ein *Messwert* bezeichnet eine für eine Person o.Ä. gemessene Ausprägung eines Merkmals; er wird mit kleinen Buchstaben geschrieben und ggf. um einen Laufindex i ergänzt: $x_i = 3$ ist die von einer Person i gewählte Antwort.
- Ein statistischer *Kennwert* ist eine nach einem statistischen Modell berechnete Größe; $\bar{x} = 3{,}0$ ist z.B. der für alle Personen einer Untersuchungsgruppe berechnete gemeinsame Mittelwert.

Das Skalenniveau

Wenn man etwas messen will, muss man den Besonderheiten eines Merkmals gerecht werden. Mit diesem Problem befasst sich die *Messtheorie*. Modellartig werden vier *Mess- oder Skalen-Niveaus* unterschieden:

- Bei vielen Merkmalen gibt es nur *eindeutige, diskrete Unterschiede*. So ist man/frau männlichen, weiblichen oder diversen Geschlechts, man gehört der evangelischen oder der katholischen, einer anderen oder gar keiner Religionsgemeinschaft an. Messen bedeutet hier, die einzelnen Fälle den verschiedenen möglichen Kategorien eindeutig zuzuordnen. Messverfahren dieser Art bezeichnet man als *Nominalskala* (nomen = Name) oder auch als *Nummernskala*.

- Viele Merkmale sind *graduell unterschiedlich* ausgeprägt sein, ohne dass diese Grade nach gleich großen Schritten definiert sind. Bei Schulnoten kann man z.b. lediglich ablesen, dass ein Schüler mit einer „2" (in der Regel) besser ist als ein Schüler mit einer „4". Aber der Unterschied zwischen einer „2" und einer „3" kann ganz anders sein als der zwischen einer „4" und einer „5". Messwerte dieser Art können also lediglich in eine Rangfolge gebracht werden. Diese Messskala bezeichnet man als *Ordinalskala* (ordo= die Reihe) oder als *Rangskala*.

- Bei anderen Merkmalen sind die *Abstände zwischen den verschiedenen Messwerten genau bestimmt* und immer gleich groß. Tests der psychologischen Diagnostik sind so konzipiert, dass die Daten diesen Voraussetzungen entsprechen. Die Intervalle zwischen einem Intelligenzquotienten (IQ) von 100 und 110 oder zwischen 105 und 115 sind aufgrund der Konstruktionsweise als gleich groß zu verstehen. Man bezeichnet eine Messskala dieser Art als *Intervallskala* oder auch als *metrische* oder als *äquidistante Skala*.

- Zusätzlich zu den bisher genannten Merkmalen kann eine Mess-Skala einen *absoluten Nullpunkt* haben (weniger als Null gibt es nicht). Dann kann man die Messwerte zueinander ins Verhältnis setzen (etwas ist x-mal so warm/groß/schwer wie...). Alle Maße der Größe, der Zeit und des Gewichts erfüllen diese Voraussetzungen. – Eine Skala dieser Art bezeichnet man als *Rationalskala* (nach engl. ratio = Verhältnis), als *absolute Skala* oder als *Verhältnisskala*.

Vom Skalenniveau der Daten hängt es ab, welche mathematischen und statistischen Verfahren angewendet werden dürfen:

- Bei Messwerten auf *Rational-Niveau* sind alle Operationen einschließlich der Multiplikation und Division möglich: 20 Euro sind doppelt so viel wie 10 Euro. Eine dreißigjährige Person ist 3,0 mal so alt wie eine zehnjährige.

- Auf dem *Intervall-Niveau* dürfen die Skalenwerte addiert oder subtrahiert werden, aber nicht multipliziert oder dividiert. Zwei Personen haben z.B. beim IQ eine Differenz von 100 minus 105 = 5 Punkten, aber ein IQ von 120 ist nicht 1,2 mal so groß wie 100.

- Auf dem *Ordinal-Niveau* dürfen die Skalenwerte nicht addiert und nicht subtrahiert werden; erlaubt ist es lediglich, die Häufigkeiten aufeinander folgender Messwerte zu kumulieren: 60 % der Lernenden einer Gruppe können zusammen eine der Noten von „1 *bis* 3" haben. Ein Durchschnitt ist messtheoretisch nicht korrekt, weil die Abstände zwischen den drei Noten nicht definiert sind.

• Auf dem *Nominal-Niveau* ist es nur erlaubt, die Häufigkeiten der einzelnen Skalenwerte anzugeben: Die Kita-Gruppe „A" *und* „B" *und* „C" werden von 45 Kindern besucht.

Ob eine Messskala dem behaupteten Skalenniveau entspricht, ist häufig strittig. Viele Forschende möchten gern ein möglichst hohes Skalenniveau annehmen, weil sich damit anspruchsvollere statistische Verfahren anwenden lassen.

Im Fragebogen „Einstellungen zur Statistik" (s.o.) wurden diese Skalenniveaus bei folgenden Items verwendet:

• *Nominalskala*: Geschlecht (m/w), Pädagogik als Hauptfach oder Nebenfach (ja/nein).

• *Ordinalskala:* Stellenwert verschiedener Studienbereiche im Studium; u.a. Wissenschaftstheorie und Politische Ökonomie mit den Einschätzungen 1 = nicht wichtig, 2 = kaum wichtig, 3 = weniger wichtig, 4 = ziemlich wichtig, 5 = sehr wichtig. Die Rangfolge ist eindeutig, aber die Abstände zwischen den Skalenwerten sind nicht definiert und nicht messbar.

• *Intervallskala:* Zu 20 Aussagen wurden Einschätzungen mit folgender Anleitung erbeten.

„Im Folgenden sind einige Aussagen zusammengestellt, die verschiedene Personen über Statistik und ihre Bedeutung für das Studium der Pädagogik treffen könnten. Bitte geben Sie an, in welchem Grad Sie persönlich den einzelnen Aussagen zustimmen. Tragen Sie jeweils eine der Ziffern von 1 bis 7 ein, wobei die „1" völlige Ablehnung und die „7" völlige Zustimmung bedeuten sollen, die Ziffern dazwischen stehen für graduelle Abweichungen zwischen diesen Polen:
1-----2-----3-----4-----5-----6-----7
lehne voll ab   stimme voll zu
Die „4" bedeutet demnach, dass Sie die Aussage zu etwa gleichen Teilen für zutreffend wie für unzutreffend halten, dass Sie ihr weder zustimmen noch sie ablehnen wollen."

Der Hinweis auf graduelle Abweichungen zwischen den Polen sollte auf Intervalle verweisen.

Einschätzungen wurden u.a. zu folgenden Aussagen erbeten:

Item 3: Ich glaube, dass mir die Beschäftigung mit Statistik Spaß machen wird.

Item 9: Ich benötige Statistik, um Fachliteratur zu lesen.

Item 19: Mit Mathematik hatte ich schon immer Probleme.

• *Rationalskala:* Lebensalter, Semesterzahl

Die Einheitsskala

In empirischen Untersuchungen werden häufig Skalen mit unterschiedlich definierten Skalenwerten verwendet. Sie variieren z.b. manchmal von 0 bis 10, von -5 bis +5 oder um einen willkürlich gesetzten Mittelpunkt herum (wie z.B. bei PISA um 500). Zwischen verschiedenen Untersuchungen zum gleichen Thema variiert die Skalenbreite mehr oder weniger. Dabei hat z. B. ein numerisch gleicher Mittelwert bei verschieden breiten Skalen ganz verschiedene Bedeutung: so bedeutet z.b. $\bar{x} = 2{,}0$ auf einer dreistufigen Skala etwas anderes als auf einer siebenstufigen. Man muss sich bei der Deutung also jeweils erst vergegenwärtigen, in welchem Wertebereich sich statistische Kennwerte bewegen, wie niedrig oder hoch sie mindestens oder höchstens sein können, bevor man einschätzen kann, ob der errechnete Wert hoch oder niedrig ist. Das ist zwar kein prinzipielles Problem, aber es macht es – vor allem einem ungeübten Leser –unnötig schwer, eine Untersuchung zu lesen und darüber zu kommunizieren. Abhilfe bringt eine Skala, auf die man alle Kennwerte, die sich auf eine Messskale beziehen, umrechnen kann. Diese *„Einheitsskala"* erleichtert es, die Position eines Kennwerte auf der jeweiligen Skale zu deuten und ggf. unterschiedliche Skalen besser aufeinander zu beziehen. Forschungsberichte werden leichter lesbar und die Daten aus verschiedenen Untersuchungen können besser miteinander verglichen werden.[1]

Die Einheitsskala ist definiert durch ihre *Endpunkte 0,0 und 1,0*. Die „0,0" steht für den niedrigsten möglichen Skalenwert und soll Bedeutungen haben wie „trifft überhaupt nicht zu", „lehne völlig ab", „niedrigste Ausprägung" u.Ä. Die „1,0" steht dementsprechend für die anderen Pole der genannten Bedeutungen („stimme völlig zu" usw.). Auf diese Skalenbereite mit dem Einheitswert 1,0 werden alle Kennwerte umgerechnet, deren verwendete Original-Skala definierte oder sinnvoll bestimmbare Anfangs- und Endpunkt hat. Dies geschieht nach der Formel

$$\text{Einheitswert} = \frac{\text{Originaler Messwert} - \text{Mindestwert der Skala}}{\text{Höchster Messwert} - \text{Mindestwert der Skala}}$$

---

[1] Eine ähnliche Vereinheitlichung wird auch bei Korrelationskoeffizienten (s.u.) vorgenommen: Die „Kovarianz", mit der Beziehungen zwischen zwei Merkmalen anhand der originalen Skalenwerte berechnet werden, wird auf die Beziehung zwischen „Standardwerten" transformiert, sodass Korrelationen zwischen -1,0 und +1,0 variieren und leichter gedeutet werden können.

Nach dieser Formel wird bestimmt, welchen Anteil ein Kennwert an der gesamten Skala einnimmt:

$$\frac{\text{Mindestwert} \mid \qquad \mid \text{Messwert oder Kennwert}}{\text{Mindestwert} \mid \qquad\qquad\qquad \mid \text{Höchster Skalenwert}}$$

Ein Beispiel: Für die Items aus „Einstellungen und Kenntnisse zur Statistik" war eine Antwortskala mit den Endpunkten „1" und „7" vorgegeben worden. Ein Kennwert von „4" wird nach obiger Formel folgendermaßen umgerechnet:

$$\text{Einheitswert (4)} = EZ(4) = \frac{4-1}{7-1} = \frac{3,0}{6,0} = 0,50 = {,}50$$

Da bei allen Einheitswerten (außer bei 1,0) eine Null vor dem Komma steht, hat diese hier keinen Informationswert; sie wird deshalb nicht mitgeschrieben. – Für die sieben Skalenwerte in der Befragung über „Einstellungen und Kenntnisse zur Statistik" ergeben sich die folgenden Einheitswerte:

Originalwert	1	2	3	4	5	6	7
Einheitswert	,00	,17	,33	,50	,66	,83	1,0

Ein Einheitswert ,50 bedeutet also immer, dass er auf der Mitte der Skala liegt, der Wert ,66 bei Zweidrittel, ,25 bei einem Viertel der Skala.

Weil es sich um eine einfache Transformation der Skala handelt, ist der Einheitswert für Daten auf allen Skalenniveaus verwendbar, bei denen es definierte Mindest- und Höchstwerte gibt. Bei nominalskalierten Daten ist dies nicht der Fall. Bei den Maßen der zentralen Tendenz (s.u.) werden die Werte auf der Einheitsskala als *„Einheitsmittelwert"* (EM) bzw. *„Einheitszentralwert"* (EZ) bezeichnet. (Man könne den EZ-Wert als Prozentanteil der Zustimmungen verstehen. Das ist numerisch nicht korrekt, entspricht aber doch in den meisten Fällen in etwa der Verteilung der Daten. – Aber das ist allenfalls eine grobe Näherung!)

Fiktive Daten für Beispiele

Die Verfahren der statistischen Analyse soll im Folgenden beispielhaft an einem kleinen und dadurch leicht überschaubaren *fiktiven Datensatz* mit fünf Items (A bis E) und vier Fällen:

Fall \ Messwert	a_i	b_i	c_i	d_i	e_i
i=1	3	3	6	125	30
i=2	4	1	8	115	50
i=3	5	6	3	95	20
i=4	6	4	5	85	40

Dieser Datensatz ist so konstruiert, dass im Folgenden die statistischen Kennwerte in ihrem Modellcharakter verständlich sind und einfach nachgerechnet werden können.

Ergänzend herangezogen werden dann Daten der schriftlichen Befragung über „*Einstellungen und Kenntnisse zur Statistik*" (der Fragebogen wurde im Kap. 4.4 als Beispiel für schriftliches Befragen vorgestellt). Dieser Fragebogen wurde in Lehrveranstaltungen zur Einführung in Forschungsmethoden in der erste Sitzung der Semester eingesetzt und später mit den dann verfügbaren Daten zur Erläuterung der Verfahren verwendet.

6.3 Häufigkeiten

Einen ersten Überblick erhält man, wenn man die Häufigkeiten auflistet, mit denen die einzelnen Skalenwerte als Messwerte vorliegen (von den Befragten eingetragen wurden). Häufigkeiten können in *vier Varianten* ausgedrückt werden:

- Wenn ohne weitere Berechnungen gezählt wird, geht es um die *absolute Häufigkeit* oder *absolute Frequenz;* man schreibt dies als

> f(X) (lies „f von X").

- Das Gewicht der absoluten Frequenzen wird besser ersichtlich, wenn man sie auf die Gesamtzahl der Fälle bzw. auf die fiktive Größe 100 bezieht. Solche Prozentangaben (auch „Prohundert-Angaben") sind aus dem Alltag vertraut. Die *prozentuale Häufigkeit* P(X) eines Skalenwertes wird berechnet als

> prozentuale Häufigkeit = P(X) = f(X) / N * 100
> (Anmerkung: Mit dem Sternchen wird im Folgenden
> eine Multiplikation markiert)

Für die verbale Umschreibung von Prozentanteilen gibt es keine verbindlichen Regeln. Die sprachlichen Formulierungen ergeben sich häufig aus inhaltlichen Bewertungen (etwa wie bei einem Glas, das man als „halb voll" oder als „halb leer" beschreiben möchte). Hier ist Vorsicht angesagt, wenn man solchen Manipulationen nicht erliegen will. Es macht einen Unterschied, ob z.B. ein Prozentanteil von 50 % umschrieben wird mit „manchmal", mit „gerade die Hälfte" oder als „starker Anteil".

Daran zeigt wieder einmal, wie wichtig es ist, nachvollziehen zu können, mit welchem Vorverständnis und welchen Erwartungen eine Untersuchung verbunden ist. Die inhaltliche Bewertung sollte man prinzipiell den Leserinnen und Lesern einer Studie überlassen – was nicht verbietet, die eigene Sicht als solche offenzulegen.

In der wissenschaftlichen Statistik wird anstelle des Anteils „von Hundert" häufig die Relation zur Größe 1,0 berechnet. Dies erbringt keinen Erkenntnisgewinn, die *relative oder proportionale Häufigkeit p(X)* ist aber in der schließenden Statistik (s.u.) üblich. Die Berechnung ist ähnlich wie bei der prozentualen Häufigkeit:

relative (proportionale) Häufigkeit = p(X) = f(X) / N

Diese Kennwerte der Häufigkeit können für die einzelnen Skalenwerte bei Daten auf allen vier Skalenniveaus berechnet werden, weil die Skalenwerte nicht untereinander in Beziehung gesetzt werden.

Wenn die Daten mindestens auf dem Niveau von Ordinalskalen vorliegen, kann man die Häufigkeiten *kumulieren.* Kumulative Häufigkeiten machen ggf. rasch erkennbar, wie viele Fälle bis zu einem bestimmten Skalenwert vorliegen, z.b. wie viele Studierende das Examen mit der Note „3" oder besser bestanden haben. – Beispiele für kumulative Häufigkeiten sind:
• Wieviel Prozent der Jungen und/oder Mädchen sind in verschiedenen (sub-)kulturellen Kontexten mit welchem Lebensalter geschlechtsreif?
• Nach wieviel Semestern werden bei Frauen und/oder Männern Promotionen abgeschlossen?
• Wieviel Prozent der Bevölkerung besitzen wieviel Prozent des Volksvermögens?

Für das Item 3 aus EKS sind in der folgenden Tabelle die vier Kennwerte der Häufigkeiten zusammengestellt (N= 843).

Skalenwerte	1	2	3	4	5	6	7	Summen
f(X)	116	172	110	217	113	79	36	N = 843
p(X)	0,14	0,20	0,13	0,26	0,13	0,09	0,04	0,99
P(X)	14	20	13	26	13	9	4	99
cP(X)	14	34	47	73	86	95	99	

Die Werte in den Zeilen bringen die Verteilung mit ähnlichen, aber doch etwas differenten Orientierungen zum Ausdruck: Zunächst geht es um echte, absolute Werte, dann werden Bezüge hergestellt und schließlich wird eine Dynamik erkennbar (diese wird bei grafischer Darstellung noch deutlicher werden, s.u.). Wie unterschiedlich die Verteilungen bei verschiedenen Aussagen ausfallen können, zeigt die folgende *Tabelle* für fünf Items; es werde nur die prozentualen Verteilungen dargestellt:

Nr.	Item	1	2	3	4	5	6	7
13	Empirisch-statistische Forschung mag zwar "objektiv", also von anderen nachprüfbar sein, aber sie gibt die tatsächlichen Verhältnisse nur gebrochen wieder. (−)[1]	2	3	7	17	17	27	28

Nr.	Item	1	2	3	4	5	6	7
6	Bei Texten mit Formeln und Tabellen empfinde ich Abneigung. (−)	10	15	14	19	12	15	14
7	Empirisch-statistische Verfahren sind unbestechlich.	36	20	12	20	7	4	2
3	Ich glaube, dass mir die Beschäftigung mit Statistik Spaß machen wird.	14	20	13	26	14	9	4
4	Mit Statistik kann man alles beweisen.	48	20	9	11	5	4	3

Es wird deutlich, wie unterschiedlich die Befragten sich positioniert haben und dass es neben den starken bzw. schwachen Zustimmungen auch gegenteilige Einschätzungen gibt (die allerdings auch auf einem falschen Verständnis der Item-Texte beruhen können).

Eine solche Tabelle ist noch nicht sehr aufschlussreich. Es ist kaum zu erkennen, wie stark die einzelnen Aussagen Zustimmung gefunden haben und ob sie sich darin voneinander unterscheiden. Hilfreich können dann grafische Darstellungen und weitere statistische Kennwerte sein.

---

[1] Das (−) bei einigen Items soll hier (nicht im Fragebogen) darauf hinweisen, dass die Aussage negativ gefasst ist, aber im Sinne von Einstellungen ggf. (z.B. bei Korrelationskoeffizienten, s.u.) positiv zu verstehen ist.

6.4 Graphische Darstellungen

Numerische Häufigkeits-Verteilungen sind nicht sehr anschaulich und viele LeserInnen finden es mühsam, Tabellen zu lesen. Da helfen bildliche, *grafische Darstellungen*. Hierzu gibt es Computer-Programme, die Tabellen rasch in Abbildungen umwandeln. Man kann die Anteile als Streifen, als Säulen, als Kreisanteile oder als Figuren darstellen. Dabei sind die Anteile leichter nach ihrer Größe miteinander in Beziehung zu setzen und zu beurteilen.

Probleme entstehen hier, wenn eine Grafik den Daten nicht gerecht wird. So können nebeneinander stehende Säulen eine Entwicklung suggerieren. Wenn die einzelnen Werte dann noch mit einer Linie verbunden werden, ist der Eindruck eines Trends kaum zu vermeiden. Das kann natürlich sinnvoll und gewollt sein, aber nicht immer sind die Voraussetzungen dafür gegeben. Manipuliert werden kann auch mit den Achsen eines Diagramms, auf denen die Werte abgetragen werden. So kann man z.B. eine Steigerung um wenige Prozentpunkte groß herausstellen, indem man nur die Zone der Steigerung (z.B. zwischen 50 und 55 %) groß abbildet. Wenn man stattdessen die volle Skala von 0 bis 100 Prozent darstellt, fällt eine Veränderung um einen Prozentpunkt kaum auf. Aber auch hier kommt es auf die jeweilige Sache und die für sinnvoll gehaltene Aussage an. Wenn eine Steigerung um einen Prozentpunkt in der Sache bedeutsam ist, darf sie auch herausgestellt werden – aber nur dann, und es muss transparent sein, dass und warum man es so macht! Der Sozialstatistiker *Walter Krämer* (geb. 1948) hat in mehreren Publikationen an anschaulichen Beispielen eindringlich aufgezeigt, wie mit grafischen Darstellungen manipuliert wird:

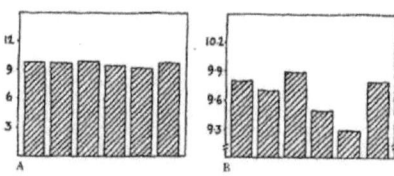

Die linke Abbildung ist korrekt, aber nicht gerade aufregend. Die rechte Darstellung zeigt zwar große Unterschiede an, aber die ausschnitthafte Skala verfälscht die Struktur der Daten.

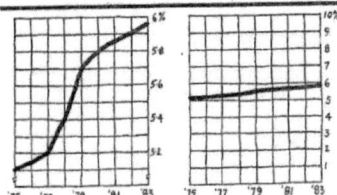

In der linken Grafik wurde die Skala im Bereich der Daten gedehnt und der untere Bereich abgeschnitten (die kleinen Striche im unteren Feld übersieht man leicht).

Hier drückt die Höhe der Figuren ein Wachstum zwar korrekt aus, aber die zugleich breiter werden Körper lassen es überproportional erscheinen.

Beispiele aus „Einstellungen und Kenntnisse zur Statistik"

Auch durch die sprachliche Umschreibung kann einer Abbildung eine Bedeutung zugesprochen werden, die mehr oder weniger unangemessen ist. An einem Beispiel aus „Einstellungen und Kenntnisse zur Statistik" soll dies demonstriert werden, wobei die Fehler sensibel machen sollen für solche Manipulationen. Die *Tabelle* referiert die prozentualen Anteile für richtig gelöste Rechenaufgaben:

X	0	1	2	3	4	5	6	7	8	9	10
P(X)	2	1	3	4	9	15	38	14	5	4	6
cP(X)	2	3	6	10	19	34	72	86	91	95	101

Diese Verteilung kann folgendermaßen veranschaulicht werden:

Abbildung: Anzahl richtig gelöster Aufgaben; Säulendiagramm der prozentualen Häufigkeiten

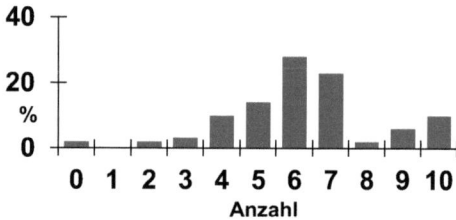

Diese Abbildung könnte folgendermaßen beschrieben werden:

• Zutreffend, aber unvollständig wären folgende Beschreibungen:

➤ Zwei Prozent der Befragten haben keine Aufgabe richtig gelöst.

➤ Jede zehnte Person hat neun oder zehn Aufgaben richtig gelöst.

➤ Knapp zwei Drittel (67 %) der Befragten haben 5, 6 oder 7 Aufgaben richtig gelöst.

➤ Die Anzahl der gelösten Aufgaben weist unterschiedliche Häufigkeiten auf.

• Wertende Aussagen wären:

➤ Nur zwei Prozent der Befragten haben keine Aufgabe richtig gelöst.

➤ Nur jede zehnte Person hat alle zehn Aufgaben richtig gelöst.

➤ Weniger als jede zehnte Person hat alle zehn Aufgaben richtig gelöst.

➤ Die Mehrheit der Befragten hat jede zweite Aufgabe richtig gelöst.

➤ Fast alle Befragten sind an den Aufgaben gescheitert.

➤ Die Befragten unterscheiden sich in ihren Rechenkünsten erheblich.

• Eine problematische, verfälschende Aussage:

➤ Die größte [Teil-]Gruppe [38 %] hat sechs Aufgaben richtig gelöst.

Noch anfälliger sind kumulative Darstellungen:

Abbildung: Anzahl der richtig gelösten Aufgaben; Säulendiagramm der kumulativen prozentualen Häufigkeiten (steigend)

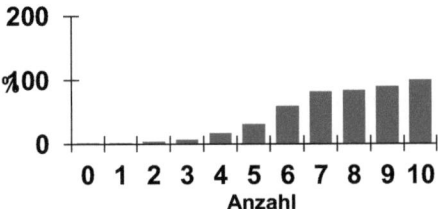

● Korrekt, aber wenig hilfreich wären folgende Aussagen:
> Mehr als vier Fünftel [cP = 86 %] haben bis zu 7 von 10 Aufgaben richtig gelöst.
> Etwa ein Drittel [34 %] hat nicht mehr als die Hälfte der Aufgaben gelöst.
> Zwei Drittel [69 %] haben bis zu 4 von 10 Aufgaben nicht gelöst.

● Falsch wäre: Über 80 % (mehr als vier von fünf) haben sieben Aufgaben richtig gelöst [korrekt wäre: 82 % haben bis zu 7 Aufgaben richtig gelöst].

Es ist verführerisch, die ermittelten Daten mehr oder weniger aufdringlich zu präsentieren. Aber als Betrachter erliegt man dem vor allem dann, wenn das scheinbar Eindeutige den eigenen Erwartungen bzw. Befürchtungen entspricht.

6.5 Zentrale Tendenzen: Mittelwerte u.a.

Mehrere Häufigkeitsverteilungen können einfacher miteinander verglichen werden, wenn man die *zentrale Tendenz* herausstellt. Dies kann nach drei Modellen geschehen:
● Eine erste Orientierung geben jene Skalenwerte, die in einer Verteilung die höchste Häufigkeit auf sich gezogen haben. Dieser Skalenwert (nicht seine Häufigkeit!) wird als *Modalwert* (lat. modus: Menge) kurz *Mo* oder als *Gipfelwert* (kurz *G*) bezeichnet. Bei Daten auf Nominalniveau ist dies der einzig zulässige Kennwert für die zentrale Tendenz.
● Bei Messwerten auf Ordinalskalen-Niveau kann die Mitte zwischen der unteren und der oberen Hälfte der Verteilung über die zentrale Tendenz orientieren. Dieser *Median* (lat. medius: die Mitte) kurz *Md* ist jener Punkt der Messskala, an dem diese Teilung ausgezählt oder rechnerisch durch Interpolation zwischen den beiden nächstliegenden Werten bestimmt werden kann. Zur besseren Unterscheidung wird der Median auch als *Zentralwert (Z)* bezeichnet.
● Bei empirischen Erhebungen werden häufig Skalen auf dem Intervallniveau verwendet. Hier kann die zentrale Tendenz durch den *arithmetischen Mittelwert* (umgangssprachlich: den „Durchschnitt"; häufig kurz *M*) beschrieben werden. Als Abkürzung findet man auch „*aM*", selten ein „*D*"

(für *D*urchschnitt). In statistischen Formeln (so auch hier im Folgenden) wird der Mittelwert in der Regel als $\bar{x}$ abgekürzt (lies: „x-quer").

Der arithmetische Mittelwert wird berechnet, indem man die Messwerte aller Fälle addiert und durch die Anzahl der Fälle (N) dividiert

arithmetischer Mittelwert = $\bar{x}_i$
= Summe aller Messwerte / Anzahl der Fälle = $\sum x_i$ [lies: Summe x] / N

Der arithmetische Mittelwert kann bei Daten auf dem Intervallniveau und bei Rationalskalen berechnet werden, weil hier die Abstände zwischen den Skalenwerten als gleich groß definiert sind.

Der Mittelwert wird manchmal als *theoretischer Wert* oder als *Erwartungswert* bezeichnet. Dies ist dann sinnvoll, wenn in entsprechenden Studien für ein bestimmtes Merkmal zuverlässig immer derselbe (oder nahezu derselbe) Wert ermittelt worden ist. Dann kann man den durchschnittlichen Wert als den typischen verstehen, der eigentlich den Normalfall zum Ausdruck bringt. Ob dies angemessen ist, muss natürlich kritisch geprüft werden. Unzulässig ist es m.E., aus deskriptiven Befunden den Anspruch abzuleiten, dass es immer so sein müsse. Deshalb ist die Bezeichnung Mittelwert in der Regel angemessen bescheiden(er).

Ob man bei einer Verteilung den Median oder den Mittelwert berechnet, ist nicht nur nach dem Skalenniveau zu entscheiden. Wenn eine Verteilung (grafisch) symmetrisch ist, sind die beiden Werte identisch, aber wenn es einseitige Extremwerte gibt (die Verteilung „schief" ist), gibt es Unterschiede: Beim Mittelwert ziehen extreme Messwerte den Kennwert zu diesem Pol hin, während sie auf den Median keinen Einfluss haben (weil dort lediglich jene zwei Fälle maßgeblich sind, die (ggf. rechnerisch) unterhalb bzw. oberhalb der Mitte der Verteilung liegen). Inhaltlich bedeutsam kann dieser Unterschied z.B. dann sein, wenn man die Einkommensverteilung ansieht. Da diese deutlich schief ist, sieht das durchschnittliche Einkommen nach dem Mittelwert wesentlich höher aus als nach dem Median. Bei Leistungsnoten geht eine eventuell einmalige, vom Mittel besonders stark abweichende Leistung in den Mittelwert ein, während sie beim Median ignoriert würde. – Ist das Absicht?

Beispiel: „Einstellungen zur Statistik"

In die folgenden Auswertungen werden jene zwanzig Items einbezogen, in denen Einstellungen zur Statistik und deren Bedeutung für das Studium der Pädagogik erfragt wurden. Diese Items sind in der folgenden *Tabelle* mit den Mittelwerten auf der Original (M)- und der Einheitsskala (ME) aufgeführt (N= 890).

Nr.	Item	M Original skala.	M Einheits skala
13	Empirisch-statistische Forschung mag zwar "objektiv", also von anderen nachprüfbar sein, aber sie gibt die tatsächlichen Verhältnisse nur gebrochen wieder. (–)	4,38	,73
1	Pädagogische Forschung ist ohne Statistik kaum möglich.	4,14	,69
14	Ich finde es richtig, dass Studierende der Pädagogik bis zur Zwischenprüfung Kenntnisse in Statistik erwerben müssen.	4,14	,69
8	Wer in abstrakten Zahlen denkt, verliert den Blick für die Zusammenhänge. (–)	3,36	,56
19	Mit Mathematik hatte ich schon immer Probleme. (–)	3,30	,55
10	Wer seine Aussagen nicht empirisch-statistisch belegen kann, genügt den Ansprüchen der Wissenschaftlichkeit nicht.	3,18	,53
20	Wer ein Fach wie Pädagogik studiert, hat meist eine Abneigung gegen statistische Methoden. (–)	3,12	,52
6	Bei Texten mit Formeln und Tabellen empfinde ich Abneigung. (–)	3,06	,51
12	In den Lehrveranstaltungen der Pädagogik wird hier häufig mit empirisch-statistischen Untersuchungen argumentiert.	3,06	,51
2	In meiner späteren Berufspraxis werde ich Statistik kaum benötigen. (–)	2,94	,49
11	Empirisch-statistische Verfahren können nur bestätigen, was schon "der Fall" ist.	2,88	,49
5	Ich habe schon erlebt, dass ich mit Kenntnissen der Statistik Fachliteratur besser verstanden hätte.	2,82	,47
18	Es macht mir Spaß, grafische Darstellungen zu betrachten.	2,70	,45
9	Ich benötige Statistik, um Fachliteratur zu lesen.	2,58	,43
15	Es fasziniert mich, dass man mit einer einzigen Formel Aussagen über große Datenmengen machen kann.	2,52	,43
3	Ich glaube, dass mir die Beschäftigung mit Statistik Spaß machen wird.	2,40	,41
16	Ich würde mich lieber mit Statistik beschäftigen, wenn ich es nicht müsste.	2,22	,37
17	Ich finde es nicht angemessen, dass Studierende der Pädagogik sich mit Statistik beschäftigen müssen. (–)	2,04	,34
7	Empirisch-statistische Verfahren sind unbestechlich.	1,62	,27
4	Mit Statistik kann man alles beweisen.	1,32	,22

Herausragend ist zunächst die skeptische Einschätzung, dass „Statistik" die Wirklichkeit „nur gebrochen wiedergeben" könne (,73). Überraschend ist dann jedoch die relativ hohe Zustimmung zur Wichtigkeit der Statistik in der Pädagogik: Forschung sei „ohne Statistik kaum möglich" (,69) und es sei „richtig, dass Studierende der Pädagogik ... Kenntnisse in Statistik erwerben müssen (,69). Aber man dürfe wohl nicht (nur) „in abstrakten Zahlen denken" (,56). Geringe Zustimmung finden dementsprechend die positiv formulierten Aussagen, dass „empirisch-statistische Verfahren unbestech-

lich" seien („27) und dass man „mit Statistik alles beweisen" könne („22). –
Auf den ersten Blick ist das Bild noch nicht sehr konsistent. Weitere Analysen sollen die Einstellungen differenzierter aufschlüsseln.

6.6 Streuung und Varianz

Bei Kennwerten der zentralen Tendenz bleibt verborgen, dass diese allenfalls für jene Fälle zutreffen, die in der Mitte liegen. Die meisten Fälle weichen aber von diesem Punkt ab. Im nächsten Schritt kann näher betrachtet werden, wie sich die Antworten bei den einzelnen Items *verteilen*. Deshalb liegt es nahe, mit weiteren Kennwerten zu beschreiben, wie stark die Messwerte um den Wert der zentralen Tendenz herum streuen. Diese Variation der Daten kann mit fünf, zum Teil ähnlichen Modellen dargestellt werden.

Variationsbreite

Bei allen Skalenarten kann mit der *Variationsbreite* (kurz *VB*; auch engl. „range") als einfachster Kennwert angegeben werden, wie groß der Abstand zwischen dem höchsten und dem niedrigsten beobachteten Messwert ist. Das kann dann informativ sein, wenn nur ein Teil der verfügbaren Skala verwendet wird. Bei Kursen in der Erwachsenenbildung kann es z.B. interessant sein, wie groß das Spektrum der TeilnehmerInnen nach dem Alter ist. Allerdings lässt eine Variationsbreite von VB = 20 nicht erkennen, wie alt die jüngsten und die ältesten Personen tatsächlich sind. Deshalb kann es sinnvoller sein, die tatsächliche Spannweite (z.B. „von 19 bis 39 Jahren") anzugeben.

Quartilgrenzen

Wenn die Skala wenigstens Ordinalniveau aufweist, können – ähnlich wie beim Modell des Zentralwertes – die *Quartilgrenzen* als jene Punkte bestimmt werden, an denen auf der Skala das untere und das obere Viertel rechnerisch vom jeweiligen Rest getrennt werden können. Die *Quartildifferenz* zwischen diesen Quartilgrenzen beschreibt den Skalenbereich, in dem die mittleren 50 % der Fälle liegen. Wenn es sinnvoll erscheint und anschaulicher ist, können auch die Skalenbereiche für andere Prozentanteile (z.B. die unteren 5 Prozent) berechnet werden.

Grafisch können die Quartilgrenzen und die Variationsbreite in so genannten *Boxplots* dargestellt werden: Die mittleren 50 Prozent werden durch ein geschlossenes Kästchen repräsentiert, die Entfernungen zu den Mindest- und Maximalwerten durch entsprechend lange Flügel.

Durchschnittliche Abweichung

Wenn die Abstände zwischen den Skalenpunkten eindeutig definiert und gleich groß sind, kann man als Kennwert der Streuung die *durchschnittliche Abweichung* (kurz *dA*) bestimmen. Man berechnet die Abweichungen der einzelnen Fälle vom gemeinsamen Mittelwert als absolute Beträge (also ohne die Vorzeichen) und ermittelt deren Durchschnitt:

durchschnittliche Abweichung = dA = $\sum |x_i - \bar{x}|$ / N

Dieser Kennwert ist – anders als die Standardabweichung (s.u.) – anschaulich interpretierbar, aber (noch) wenig gebräuchlich. Die folgende *Tabelle* gibt die Mittelwerte und die mittleren absoluten Abweichungen auf der Einheitsskala wieder:

Nr.	Item	dA	ME
19	Mit Mathematik hatte ich schon immer Probleme. (–)	,33	,55
5	Ich habe schon erlebt, dass ich mit Kenntnissen der Statistik Fachliteratur besser verstanden hätte.	,26	,47
9	Ich benötige Statistik, um Fachliteratur zu lesen.	,25	,43
3	Ich glaube, dass mir die Beschäftigung mit Statistik Spaß machen wird.	,24	,41
7	Empirisch-statistische Verfahren sind unbestechlich.	,23	,27
4	Mit Statistik kann man alles beweisen.	,23	,22

Herausragend ist die breite Streuung zwischen Ablehnung und Zustimmung bei der Frage, ob man „schon immer Probleme mit Mathematik" hatte (dA = ,33). Jeweils etwa ein Drittel der Befragten widerspricht (mit den Antworten „0" oder „1") bzw. stimmt (mit „6" oder „7") zu. Auch eine „Faszination", dass man „mit einer einzigen Formel Aussagen über große Datenmengen machen kann", wird sehr unterschiedlich erlebt (dA = ,28). Ebenso ist die „Abneigung bei Texten mit Formeln und Tabellen" unterschiedlich ausgeprägt (, 27). Eher einig scheinen die Befragten in der Wahrnehmung zu sein, ob „in den Lehrveranstaltungen der Pädagogik ... „häufig mit empirisch-statistischen Untersuchungen argumentiert wird" (dA = ,19). Diese Einigkeit bezieht sich allerdings auf die mittlere Einschätzung (M= ,51), dass dies mehr oder weniger der Fall ist (was vermutlich darauf zurückzuführen ist, dass in den Veranstaltungen zu unterschiedlichen Themen solche Argumente mehr oder weniger möglich bzw. sinnvoll sind).

Standardabweichung

In der empirischen Forschung wird üblicherweise als Maß der Streuung die *Standardabweichung* (kurz *s* oder *SD* wie Standard-Deviation) berechnet. Dieser Kennwert spielt in der schließenden Statistik (s.u.) eine wichtige Rolle, er wird jedoch – vermeintlich der Einfachheit halber und trotz seiner geringen Anschaulichkeit – auch in der deskriptiven Statistik als Kennwert der Streuung verwendet. Begründet wird diese Berechnung häufig damit, dass die Differenzen zum Mittelwert wegen der positiven und negativen Vorzeichen in der Summe Null ergeben würden. Damit könne man nicht weiterrechnen. Dies werde vermieden bzw. umgangen, wenn die Differenzen zunächst quadriert und erst dann addiert werden. Die Summe wird durch die Anzahl der Personen dividiert. Daraus wird dann noch die Wurzel gezogen (gewissermaßen macht man damit das Quadrieren rückgängig). Die Formel der Standardabweichung lautet[1]

$$\text{Standardabweichung} = s(x) = \sqrt{[\sum(x_i - \bar{x})^2 / N]}$$

Im Vergleich zur durchschnittlichen (absoluten) Abweichung sind die Werte der Standardabweichung (als Folge des Quadrierens) in der Regel etwas größer. Durch das Quadrieren wird bewirkt, dass geringe Abweichung weniger ins Gewicht fallen als große – ob das wichtig ist, mag dahingestellt sein. An der durchschnittlichen Abweichung bzw. der Standardabweichung ist beim Vergleich zwischen mehreren Merkmalen oder zwischen verschiedenen Untersuchungsgruppen rasch erkennbar, wie stark die Personen vom jeweiligen Mittelwert abweichen.

Die Standardabweichung ist – auch oder gerade, wenn man ihre Berechnung genau nachvollzieht – wenig anschaulich: Was soll man sich unter der „Wurzel aus der durchschnittlichen quadrierten Abweichung" vorstellen? Demgegenüber ist die mittlere (absolute) Abweichung vom Mittelwert halbwegs anschaulich. Deshalb sollte die dA verwendet werden, wenn keine statistischen Berechnungen durchgeführt werden sollen, bei denen die Standardabweichung verwendet werden muss (s.u.).

Varianz

In Verfahren der schließenden Statistik wird häufig als Kennwert für die Streuung nicht die Standardabweichung verwendet, sondern die so genannte *Varianz* (kurz s^2). Sie ist definiert als der Durchschnitt der quadrierten Abweichungen vom Mittelwert bzw. als Quadrat der Standardabweichung (s.u). In der deskriptiven Statistik ist die Varianz als Kennwert der Verteilung wenig sinnvoll, weil eine „durchschnittliche quadrierte Abweichung" wenig anschaulich ist. Die Standardabweichung kann man sich in etwa – wenn auch mathematisch nicht ganz korrekt – als die mittlere Abweichung vom Mittelwert vorstellen.

---

[1] Nach strengen Maßstäben ist die Standardabweichung nur bei Daten sinnvoll, die den Merkmalen der Zufalls-Normalverteilung nach Gauß(s.u.) entsprechen.

Für die *fiktiven Daten* ergeben sich die Mittelwerte, Varianzen und Standardabweichungen aus folgender Berechnung:

	ai-ā	bi-b̄	ci-c̄	di-d̄	ei-ē
	ā=4,5	b̄=3,5	c̄=5,5	d̄=105	ē=35
i=1	-1,5	-0,5	0,5	20	-5
i=2	-0,5	-2,5	2,5	10	15
i=3	0,5	2,5	-2,5	-10	-15
i=4	1,5	0,5	-0,5	-20	5
$\Sigma(x_i - \bar{x})^2$	5	13	13	1000	500
$s(x)^2$	$s(a)^2 = 1{,}25$	$s(b)^2 = 3{,}25$	$s(c)^2 = 3{,}25$	$s(d)^2 = 250$	$s(e)^2 = 125$
$s(x)$	$s(a) = 1{,}12$	$s(b) = 1{,}80$	$s(c) = 1{,}80$	$s(d) = 15{,}81$	$s(e) = 11{,}18$

Die Unterschiede und Besonderheiten der verschiedenen Kennwerte für die Streuung (die Quartildistanz, die durchschnittliche absolute Abweichung, die Standardabweichung und die Varianz) sollen noch einmal an sechs ausgewählten Beispielen aus „Einstellungen und Kenntnisse zur Statistik" deutlich werden:

Nr.	Aussage	Qd	dA	s	s^2
19	Mit Mathematik hatte ich schon immer Probleme. (−)	,37	,33	,37	0,14
5	Ich habe schon erlebt, dass ich mit Kenntnissen der Statistik Fachliteratur besser verstanden hätte.	,26	,26	,31	0,10
9	Ich benötige Statistik, um Fachliteratur zu lesen.	,24	,25	,29	0,08
3	Ich glaube, dass mir die Beschäftigung mit Statistik Spaß machen wird.	,22	,24	,28	0,08
4	Mit Statistik kann man alles beweisen.	,19	,23	,28	0,08
7	Empirisch-statistische Verfahren sind unbestechlich.	,22	,23	,27	0,07

Die verschiedenen Modelle ergeben deutlich verschiedene Kennwerte. Wie sind diese zu verstehen? – Die *Quartildistanz* Qd bezieht sich lediglich auf den Abschnitt der Verteilung, in dem die mittleren 50 % liegen, ohne zu berücksichtigen, wie sich die Fälle in den äußeren Quartilen verteilen. Dies kann aber sehr unterschiedlich der Fall sein.

Die *Standardabweichung* hat bei allen Items den größeren Betrag. Hier werden alle Werte einbezogen und ihre Differenzen zu den Mittelwerten quadriert und damit höhere Abweichungen stärker gewichtet (s.o.).

Weil die verschiedenen Kennwerte der Streuung in ihrer Größe deutlich voneinander abweichen, muss man in der Literatur jeweils genau zur Kenntnis nehmen, mit welchem Kennwert die Streuung der Daten beschrieben wird. Immer wieder findet man recht pauschale Aussagen über die „Unterschiedlichkeit", „die Streuung" oder „die Variation" der Daten, wobei manchmal die Standardabweichung, ein andermal die Varianz oder lediglich die Breite der Verteilung gemeint ist.

6.7 Individuelle Lagen: Prozentrang, Standardwert

Bis hierher ging es um Kennwerte, mit denen Daten in ihrer Verteilung bei allen Fällen/Personen beschrieben werden. Nun kann es gerade bei pädagogischen Fragestellungen, die sich auf einzelne Personen oder bestimmte (Teil-)Gruppen beziehen, interessant sein, diese Fälle innerhalb der Verteilung aller Fälle verorten zu können. Man möchte vielleicht wissen, in welche Richtung und wie stark eine Person vom Durchschnitt abweicht. Hier sind zwei Modelle zu betrachten.

Prozentrang

Die Position eines Falles innerhalb einer Gruppe kann relativ einfach und anschaulich bestimmt werden durch den *Prozentrang* (PR). Man gibt an, wie viel Prozent vergleichbarer Personen einen niedrigeren Messwert aufweisen als der betrachtete Fall (bzw. Gruppe). Dies ist ein anschauliches, aber doch recht grobes Maß für die Lage eines einzelnen Falles.

Standardwert

Ein genauerer Kennwert ist der *Standardwert* (häufig kurz z oder z-*Wert*). Man berechnet zunächst die Differenz zwischen dem individuellen Messwert und dem gemeinsamen Kennwert der zentralen Tendenz. Um diese Abweichung einschätzen zu können, setzt man sie zur Standardabweichung aller Fälle in Beziehung. Berechnet wird der z-Wert nach der Formel:

$$\text{Standardwert} = z$$
$$= \text{individuelle Abweichung} / \text{Standardabweichung} = (x_i - \bar{x}) / s(x)$$

Der Standardwert bringt zum Ausdruck, in welcher Richtung und wie stark ein Fall vom gemeinsamen Mittelwert abweicht. Wenn z.B. für einen Fall bei einem Merkmal der Standardwert mit $z = -0{,}3$ bestimmt wird, dann ist an dem negativen Vorzeichen erkennbar, dass das Merkmal geringer ausgeprägt ist als im Mittelwert bei der Gesamtgruppe, und am Betrag lässt sich ablesen, dass die Abweichung weniger stark ist, als sie im Durchschnitt aller Fälle beobachtet wurde. Eine Person z.B. mit $z = 1{,}5$ weicht in positiver Richtung und sozusagen mit 1,5-facher Intensität überdurchschnittlich stark ab, das Merkmal ist bei ihr auffällig herausragend ausgeprägt.

Der Unterschied zwischen den beiden, so ähnlich klingenden Kennwerten soll noch einmal deutlich gegenübergestellt werden:

- Die Standard*abweichung* „*s*" ist – in etwa – ein Kennwert für die *mittlere* Abweichung *aller* individuellen Messwerte von ihrem gemeinsamen Mittelwert. Sie hat die Einheit der Messskala.
- Der Standard*wert* „*z*" ist ein Maß für die Richtung und die Stärke der Abweichung *eines* bestimmten Falles bzw. einer Gruppe. Der Standardwert hat keine Einheit, denn mathematisch heben sich die Einheiten von tatsächlicher Abweichung und Standardabweichung in der Division auf.

Standardwerte können bei der pädagogischen Beratung hilfreich sein: Wenn z.B. bei einem Kind für Intelligenz ein z-Wert von +1,5 und für die Schulleistung ein z-Wert von –0,5 festgestellt wird, dann deutet dies darauf hin, dass dieses Kind seine intellektuellen Leistungsmöglichkeiten nicht voll entfalten konnte. Dies kann zu weiteren Fragen und eventuellen Maßnahmen anregen.

In empirisch-statistischen Untersuchungen werden die vorgefundenen Daten häufig in z-Werte transformiert, weil man dann z.B. in Vergleichen zwischen Merkmalen oder Gruppen einen Anhaltspunkt dafür hat, wie die Werte einzuschätzen sind. Wenn die Messskala und die Standardabweichung sich in hohen Zahlenwerten bewegen, dann hat eine Abweichung ein geringeres Gewicht, als wenn sie sich auf eine kleine Standardabweichung bezieht. Anders gesagt: Die Standardabweichungen der Daten – die ja nicht normiert sind und beliebig groß oder klein sein können – werden auf z-Werte transformiert, deren Standardabweichung immer = 1,0 ist.

Beispiele für individuelle Positionen

Aus den Daten der Befragung zu „Einstellungen und Kenntnisse zur Statistik" kann für einen zufällig ausgewählten Fall deren Position in der Gesamtgruppe berechnet und näher betrachtet werden. Die *Tabelle* referiert Mg = Mittelwert der Gesamtgruppe, Mf = Mittelwert des Falles, Diff = Differenz zwischen Fall und Gruppe, den Prozentrang PR in der Gesamtgruppe, s = Standardabweichung der Gruppe, z = Standardwert des Falles; alle Wert auf der Einheitsskala; sortiert nach z):

Nr.	Item	Mg	Mf	f-g	PR	s	z
19	Mit Mathematik hatte ich schon immer Probleme. (−)	,58	,83	,25	59	,37	0,68
3	Ich glaube, dass mir die Beschäftigung mit Statistik Spaß machen wird.	,46	,50	,04	58	,28	0,14
4	Mit Statistik kann man alles beweisen.	,19	,17	-,02	46	,28	-0,07
9	Ich benötige Statistik, um Fachliteratur zu lesen.	,36	,33	,-,03	48	,29	-0,10
7	Empirisch-statistische Verfahren sind unbestechlich	,29	,17	-,12	30	,27	-0,44
5	Ich habe schon erlebt, dass ich mit Kennt-	,45	,17	-,28	22	,31	-0,90

Nr.	Item	Mg	Mf	f-g	PR	s	z
	nissen der Statistik Fachliteratur besser verstanden hätte.						

Deutlich wird erkennbar, dass diese Person ihre (schulischen?) Erfahrungen in der Mathematik deutlich stärker als negativ einschätzt (Item 19, $z = 0{,}68$), dass sie aber (dennoch) einigermaßen zuversichtlich erwartet, dass ihr die Beschäftigung mit Statistik Spaß machen wird (Item 3; $z = 0{,}14$). Dennoch äußert sie sich eher skeptisch über die fachliche Bedeutung der Statistik (vgl. Item 5, $z = -0{,}90$) sowie über deren Aussagekraft im Sinne „unbestechlicher" Gültigkeit (vgl. Item 7, $z = -0{,}44$) – Anhand der z-Werte sind die Einstellungen zur Statistik für diese Person als Profil vorstellbar.

Test-Werte

Standardabweichung und Standardwert spielen bei *Testverfahren* eine große Rolle. Man möchte einschätzen, wie stark bestimmte Merkmale – soweit sie messbar sind – bei den beobachteten Personen ausgeprägt sind. Dabei können zwei Konzepte unterschieden werden. Hier geht es zunächst um die traditionelle, klassische Testtheorie.

Nach der *klassischen Testtheorie* werden bei der Entwicklung eines standardisierten Testverfahrens in der Regel viele Personen einbezogen. Ihnen werden Aufgaben gegeben, die für die zu untersuchende Sache als „valide" gelten (s.o.). Die gesammelten Daten werden zunächst mit deskriptiven Kennwerten beschrieben: Wie häufig werden die Aufgaben im Durchschnitt gelöst und wie groß ist die Standardabweichung? Daraus können individuelle Standardwerte berechnet werden.

Mit diesen z-Werten könnte man sich zufriedengeben. Es ist aber üblich, *normierte Testwerte* zu berechnen, bei denen negative Werte vermieden werden und sich glattere Beträge (häufig ohne Komma-Stellen) ergeben. Es handelt sich dabei um eine schlichte lineare Transformation, die an der Relation der Werte nichts ändert. Man ersetzt den Mittelwert relativ willkürlich nach praktischen Gesichtspunkten durch einen neuen Test-Mittelwert und setzt eine neue Test-Standardabweichung.

Bei solchen Transformationen werden bei verschiedenen Verfahren für den Mittelwert und die Standardabweichung unterschiedliche Werte gesetzt. Die folgende *Tabelle* enthält ein paar Beispiele:

Testverfahren	M	s	Testwert für z.B. $z = 0{,}5$
Intelligenz	100	15	107,5
Schulleistung	50	10	55
PISA	500	100	550

Wenn man Test-Kennwerte interpretiert, muss man sich also immer vergegenwärtigen, auf welchen Test-Mittelwert und welche Test-Standardabweichung die Daten normiert worden sind. Ein Testwert von 80 ist z.b. bei einem Test mit dem Mittelwert 50 und der Standardabweichung 10 (so ist es häufig bei Schulleistungstests) außerordentlich positiv zu werten, während ein Intelligenzwert von 80 bei einem Mittelwert von 100 und der Standardabweichung 15 sehr niedrig ist. Standardwerte sind also wesentlich besser vergleichbar. Sie bezeichnen die Richtung und die Stärke der Abweichung gegenüber dem Mittelwert in einheitlicher Skalierung mit dem Mittelwert = 0,0 und der Standardabweichung = 1,0.

Die so genannte *„Rasch-Skalierung"* (benannt nach dem dänischen Statistiker Georg *Rasch* (1901-1980), der dieses Verfahren entwickelt hat) wird auch als *Item-Response-Theorie (IRT)* bezeichnet. Es beruht auf der Annahme, dass sich im beobachtbaren Verhalten, nämlich in den „Antworten" (engl. response) in einem Fragebogen oder den Lösungen in einem Leistungstest Personen-Eigenschaften ausdrücken, die der direkten Beobachtung nicht zugänglich sind. Es wird angenommen, dass sich diese latenten Eigenschaften im Test-Verhalten manifestieren und dort mehr oder weniger sicher erschlossen werden können. Das beobachtbare Verhalten gilt als Indikator der Merkmale, die untersucht werden sollen.

Dieser Ansatz bezieht sich auf die so genannte *Probabilistische Testtheorie*. Es wird ermittelt, mit welcher Wahrscheinlichkeit (engl. probability) in einer relevanten Gruppe relevante Aufgaben gelöst werden. Daraus kann dann für eine bestimmte Person (oder eine Gruppe von Personen), die diese Aufgaben bearbeiten, auf die Stärke der vermuteten latenten Merkmale geschlossen werden. Je schwieriger die von einer Person gelösten Testaufgaben sind, als desto stärker ausgeprägt wird das latente Merkmal angenommen. So werden z.B. bei PISA die richtig bearbeiteten Test-Aufgaben als Indikatoren für die Ausprägung der vorhandenen Kompetenzen interpretiert.

6.8 Beziehungen zweier Merkmale: Korrelation

Bis hierher wurden nur jeweils die Daten eines einzelnen Merkmals betrachtet. Ein so begrenzter Blick ist in der Forschung aber eher selten sinnvoll. Meistens hat man es mit mehreren Merkmalen oder ähnlichen Messungen zu einem Merkmal zu tun, und es stellt sich dann rasch die Frage, ob bzw. wie eng diese miteinander in Beziehung stehen. Kann man womöglich gar von einem Merkmal auf das andere schließen und voraussagen, wie stark das Merkmal „y" wahrscheinlich ausgeprägt ist, wenn man das Merkmal „x" kennt?

Diese Fragen werden in der Statistik vor allem mit drei Verfahren der Datenauswertung bearbeitet: mit der Kovarianz, der Korrelation und der

Regression. Diese drei Konzepte beruhen auf einem ähnlichen Modell. In den Lehrbüchern wird manchmal ein erheblicher Unterschied behauptet, aber wenn man es näher betrachtet, sind die Modelle im Prinzip ähnlich.

Ein Beispiel anhand fiktiver Daten

Die Berechnung anhand der *fiktiven Daten* mit fünf Items und vier Fällen nachvollziehbar werden:

Item	A	B	C	D	E
Fall	a	b	c	d	e
i=1	3	3	6	125	30
i=2	4	1	8	115	50
i=3	5	6	3	95	20
i=4	6	4	5	85	40
Mittelwerte	$\bar{a} = 4,5$	$\bar{b} = 3,5$	$\bar{c} = 5,5$	$\bar{d} = 105,0$	$\bar{e} = 35,0$

Die Beziehungen zwischen diesen Items sind besser zu erkennen, wenn man die *Differenzen zu den Mittelwerten* betrachtet. Die folgende *Tabelle* enthält bereits die Kennwerte der Varianzen und der Standardabweichungen, auf die später Bezug genommen wird.

\Variable Fall\	A	B	C	D	E
	$a_i - \bar{a}$	$b_i - \bar{b}$	$c_i - \bar{c}$	$d_i - \bar{d}$	$e_i - \bar{e}$
i=1	-1,5	-0,5	0,5	20	-5
i=2	-0,5	-2,5	2,5	10	15
i=3	0,5	2,5	-2,5	-10	-15
i=4	1,5	0,5	-0,5	-20	5
$\Sigma(x_i - \bar{x})2$	5	13	13	1000	500

Für die möglichen Merkmalspaare sind folgende Beziehungen erkennbar:
• Bei den Items A und B sind die Werte ähnlich verteilt: Jeweils zwei Werte liegen unterhalb bzw. oberhalb der Mittelwerte.
• Bei den Variablen A und C stehen höhere Werte bei C neben niedrigeren Werten bei A.
• Bei den Variablen B und C haben die Abweichungen die gleichen Beträge, aber entgegengesetzte Vorzeichen.
• Bei der Variable D fällt auf, dass die Werte von Person 1 nach Person 4 geringer werden, während sie bei A ansteigen.
• Bei der Variable E ist keine Beziehung zu Item A erkennbar.

Man könnte sich damit zufriedengeben, diese Beziehungen verbal zu beschreiben. Bei größeren Datensätzen wird es aber hilfreich, die Art und die Stärke solcher Beziehungen numerisch zu erfassen.

Der Grundgedanke ist im Grunde ganz einfach: Wenn man die Messwerte zweier Merkmale gemeinsam betrachtet, dann gibt es für ihre Beziehungen miteinander zwei Möglichkeiten: Entweder weichen die Messwerte der einzelnen Fälle von den Mittelwerten in gleicher oder in entgegengesetzter Richtung ab. Bei gleich gerichteten Abweichungen haben die Differenzen zum Mittelwert die gleichen Vorzeichen (beide + oder beide −), im anderen Fall haben sie unterschiedliche Vorzeichen (− und + bzw. + und −). Nach der mathematischen Rechenregel ist ein Produkt bei gleichen Vorzeichen immer positiv, bei ungleichen Vorzeichen immer negativ. Addiert man diese Produkte für alle Fälle, dann wird diese Summe positiv, wenn die Produkte gleichgerichteter Abweichungen überwiegen; die Summe wird negativ, wenn gegenläufige Abweichungen (mit negativem Vorzeichen ihrer Produkte) überwiegen. Durch das Multiplizieren wird zugleich die Stärke der Abweichungen berücksichtigt, weil geringe Abweichungen weniger ins Gewicht fallen als große. Aus diesem Grundmodell werden drei Varianten abgeleitet, die im Folgenden beschrieben werden.

Kovarianz (cov)

Damit man Art und Stärke der Beziehung zwischen verschiedenen Gruppen vergleichen kann, relativiert man die Summe aller Produkte noch zur Anzahl der Fälle. An diesem durchschnittlichen Produkt kann man auch bei unterschiedlich großen Stichproben rasch erkennen, wie sich die beiden Messwertreihen zueinander verhalten. Diese Berechnung führt zu einem einfachen Maß für den Zusammenhang zweier Merkmale, zu der so genannten *Kovarianz* (etwa wie verbundene Streuung; kurz meistens cov). Sie ist definiert als das durchschnittliche Produkt der individuellen Abweichungen von den Mittelwerten:

Kovarianz= cov(x,y) = [Σ (x_i - $\bar{x}$) $*$ (y_i - $\bar{y}$)] / N

Als Beispiel wird aus der obigen Tabelle fiktiver Daten die *Kovarianz für die Items C und D* berechnet:

Variable/ Fall	C		D		
	c_i	$c_i-\bar{c}$	d_i	$d_i-\bar{d}$	$(c_i-\bar{c}) * (d_i-\bar{d})$
i=1	6	0,5	125	20	10
i=2	8	2,5	115	10	25
i=3	3	-2,5	95	-10	25
i=4	5	-0,5	85	-20	10
N = 4	$\bar{c} = 5,5$		$\bar{d} = 105$		$\Sigma = 70$

Kovarianz (für c und d) = cov(c,d) = 70 / 4 = 17,5

Die Kovarianz ist ein sehr grober und in der Bedeutung schwer einschätzbarer Kennwert. Der Koeffizient sagt lediglich etwas über die rechnerische Beziehung aus: Für die Items C und D ist lediglich festzustellen, dass ihre Abweichungen von den Mittelwerten überwiegend die gleiche Richtung haben. Die Größe der Kovarianz ist von den jeweiligen Skalen abhängig – und die können ja ganz unterschiedlich sein. Wenn man z.B. mit IQ-Werten oder der Körpergröße (in cm) rechnet, ist der Betrag der Kovarianz deutlich höher als in der Regel bei Antwortskalen in einem Fragebogen. Man kann also Kovarianzen nur vergleichen, wenn sie sich auf dieselben Skalen beziehen.

Korrelation (r)

Ein weit verbreitetes Maß für die Beziehung zwischen zwei Variablen ist die *Korrelation*. Der Grundgedanke ist fast identisch mit dem der Kovarianz. Es wird lediglich deren Makel behoben, dass sie von den jeweiligen Original-Skalen abhängig ist. Damit man auch Beziehungen zwischen verschiedenen Skalen vergleichen und überhaupt die Stärke der Beziehungen beurteilen kann, werden die Abweichungen von den jeweiligen Mittelwerten zunächst standardisiert. Man bedient sich dazu jenes Kennwertes, mit dem individuelle Abweichungen von den Mittelwerten vereinheitlicht werden (s.o): Man setzt die Differenzen in Beziehung zu den Standardabweichungen, d.h. man berechnet Standardwerte z.

Statt der originalen Abweichungen von den Mittelwerten (wie bei der Kovarianz), multipliziert man für die Korrelation die Standardwerte $z(x_i)$ und $z(y_i)$. Damit kommt man zu einem Wert, der nicht mehr von den jeweiligen Mess-Skalen abhängig ist. Wenn man die Summe dieser Produkte wieder durch die Anzahl der Fälle dividiert, erhält man den so genannten *Korrelationskoeffizienten*. Er wird mit einem kleinen „r" (für engl. relation = Beziehung) abgekürzt. In der am häufigsten verwendeten Form – der *Produkt-Moment-Korrelation* – lautet die Formel:

Korrelation der Merkmale x und y = $r(x,y) = \Sigma[z(x_i) * z(y_i)] / N$

Auch hier ergeben sich positive Werte, wenn die Standardwerte bei den Messwertpaaren überwiegend das gleiche Vorzeichen haben, sie werden negativ, wenn die Standardwerte überwiegend unterschiedliche Vorzeichen haben. Korrelationskoeffizienten werden nach englisch-amerikanischem Standard nicht mit einem Komma, sondern mit einem Punkt notiert. Dabei wird auf die Null vor dem Punkt verzichtet, weil sie ja überall (außer bei r = 1.0) stehen müsste. Die Berechnung soll an den fiktiven Items C und D nachvollziehbar werden:

Variable		C				D		
Fall	c_i	c_i-c̄	$(c_i$-c̄$)$ / $s(c)$ $= z(c_i)$	d_i	d_i-d̄	$(d_i$-d̄$)$ / $s(d)$ $= z(d_i)$	$z(c_i) * z(d_i)$
i=1	6	0,5	0,278	125	20	1,27	0,353
i=2	8	2,5	1,389	115	10	0,63	0,875
i=3	3	-2,5	-1,389	95	-10	-0,63	0,875
i=4	5	-0,5	-0,278	85	-20	-1,27	0,353
N=4	c̄ = 5,5	s(c) = 1,80		d̄ = 105,0	s(d) = 15,81		Σ = 2,456

Für den Korrelationswert ergibt sich:

$r(c,d) = \Sigma [z(c_i) * z(d_i)] / N = 2,456 / 4 = 0,614 \approx .61$

Um diesen Wert einschätzen zu können, wird er mit dem denkbaren Fall verglichen, dass bei zwei Items die Standardwerte bei allen Personen völlig identisch sind, dass also die Abweichungen bei dem einen Item vollständig mit dem bei dem anderen übereinstimmen. Dies ist rechnerisch auch dann der Fall, wenn man ein Item mit sich selbst korreliert. Für die Korrelation des Items C mit sich selbst ergibt sich:

$r(c,c) = \Sigma [z(c_i) * z(c_i)] / N = 2*0,278^2+2*1,389^2 = 4,012 / 4 = 1,003 \approx 1.0$

Enger kann eine Beziehung zwischen den Standardwerten zweier Items nicht sein. Ein Korrelationskoeffizient kann also im Betrag niemals größer werden als 1,0. Bei einer völlig *gleich*gerichteten Beziehung ergibt sich als Korrelationskoeffizient r = 1,00. Im Falle einer vollständig *gegen*läufigen Beziehung ergibt sich r = −1,0. Alle anderen Werte liegen zwischen diesen beiden Extremen. Dadurch wird an Korrelationskoeffizienten relativ einfach erkennbar, in welcher Richtung und in welcher Stärke die Messwerte miteinander in Beziehung stehen.

Weil Kovarianz und Korrelation das gleiche Grundmodell haben, kann der Korrelationskoeffizient auch aus der Kovarianz berechnet werden. Man standardisiert das durchschnittliche Produkt der individuellen Abweichungspaare (also die Kovarianz) am Produkt der beiden Standardabweichungen:

$$r(x,y) = cov (x,y) / (sx * sy)$$

Für die Items C und D ergibt sich (mit kleinem Rundungsfehler):

$$r(c,d) = 17,5 / (1,80 * 15,81) = 17,5 / 28,458 = 0,6149 \approx .61$$

In empirischen Studien berechnet man in der Regel diesen Kennwert für alle Merkmalspaare und stellt die Ergebnisse in einer *Korrelationsmatrix* zusammen. Dabei stehen in der Diagonalen (also für die Korrelation der Items mit sich selbst) die Werte 1.0. Weil die Werte oberhalb der Diagonalen mit denen unter ihr spiegelbildlich identisch sind, werden sie in der Regel nicht mit abgebildet. Die Werte für Item A stehen in der ersten (Daten-)Spalte, die für Item E in der untersten (Daten-)Zeile. Manche Werte muss man sozusagen um die Ecke lesen (der Wert für die Items C und D ist hervorgehoben):

A	1.0				
B	.50	1.0			
C	-.50	-1.0	1.0		
D	-1.0	-.61	**.61**	1.0	
E	.00	-.87	.87	.14	1.0
	A	B	C	D	E

In diesen Werten drückt sich aus, in welcher Richtung und in welcher Stärke zwischen den Messwerten, die für die Items erhoben worden sind, numerische Beziehungen bestehen:

• Zwischen den Items A und B besteht eine positive Beziehung. Sie ergibt sich daraus, dass die Werte bei beiden Items entweder oberhalb oder unterhalb der Mittelwerte liegen (s.o.). Dadurch sind alle Produkte der Abweichungen positiv. Aber weil diese Abweichungen unterschiedlich stark sind, ergibt sich für die Korrelation nicht der maximal mögliche Wert 1,0, sondern nur r = .50.

• Ähnlich verhält es sich bei der Beziehung zwischen A und C: Hier liegen die höheren Werte der Fälle bei dem einen Item unterhalb des Mittelwertes, bei dem anderen darüber; bei den niedrigeren Werten ist es umgekehrt. In der Struktur sind die Werte dem Mittelwert jedoch ähnlich wie bei A zugeordnet, nur die Vorzeichen sind umgedreht. Deshalb ergibt sich hier für die Korrelation der gleiche Betrag, aber mit negativem Vorzeichen: r = −.50.

• Bei der Verteilung für Item D entsprechen die Werte in der Struktur denen bei Item A: Die Abstände zu den Mittelwerten sind bei den vier Personen für beide Items identisch, allerdings ist die Reihenfolge vertauscht. Deshalb

ergibt sich hier als Korrelationskoeffizient der höchstmögliche negative Wert r = −1.00.
• Zwischen den Werten für die Items A und E ist keine Beziehung zu erkennen. Als Korrelationskoeffizient ergibt sich deshalb r = .00.

Für verschiedene Arten der Daten, für kleine Stichproben und verschiedene Konstellationen sind Korrelationskoeffizienten nach anderen, aber im Grundsatz ähnlichen Modellen zu berechnen. Diese sind in jedem ausführlichen Statistik-Buch nachzuschlagen.

Wie sind diese Werte zu verstehen? – Man kann sich die *inhaltliche Bedeutung* einer korrelativen Beziehung folgendermaßen deutlich machen: Der Korrelationskoeffizient ist ein Maß dafür, wie eng die Streuung der Messwerte bei dem einen Merkmal mit der Streuung eines anderen Merkmals in Beziehung steht. Aus dem Standardwert, den ein Fall bei dem einen Merkmal aufweist, kann geschätzt werden, welcher Standardwert bei dem anderen Merkmal im Mittel erwartet werden kann. Die Streuung der Messwerte eines Merkmals, das man verstehen möchte, kann sozusagen in zwei Anteile zerlegt werden: zum einen in jenen Anteil, der mit den Abweichungen bei einer anderen untersuchten Variable in Beziehung steht, und zum anderen in einen Anteil, der aus weiteren, hier noch nicht erfassten oder nicht erfassbaren Faktoren herrührt. Der Korrelationskoeffizient erfasst nur den erstgenannten Anteil. Ein Korrelationskoeffizient weist (im statistisch-numerischen Sinne) aus, wie stark die Streuung des einen Merkmals mit der Streuung bei dem anderen in Beziehung steht.

In der Literatur wird häufig gesagt, dass die Streuung erklärt werde. Dieser Begriff legt die Annahme nahe, dass ein *Kausalzusammenhang* bestehe. Dies ist jedoch allein aufgrund der korrelativen Beziehung nicht zulässig. Es wird lediglich ein mathematisch-funktionaler Zusammenhang zwischen zwei Messwertreihen herausgearbeitet. Es wird nur die Intensität erfasst, mit der die Messwerte zweier Merkmale mit gleich bzw. entgegen gerichteter Tendenz auftreten. Eine solche funktionale Beziehung darf nicht kausal als Ursache-Wirkungs-Beziehung interpretiert werden. Natürlich ist eine Kausalbeziehung nicht ausgeschlossen, sie kann jedoch anhand der Korrelation weder nachgewiesen, noch widerlegt werden. Folgende Beziehungen zwischen Merkmalen X und Y sind denkbar:

➤ Das Merkmal X kann das Merkmal Y beeinflussen.
➤ Das Merkmal Y kann das Merkmal X beeinflussen.
➤ X und Y können sich wechselseitig beeinflussen.
➤ X und Y können gemeinsam von einem dritten Merkmal abhängig sein.
➤ Die numerische Beziehung kann Zufall sein.

Bei der *Interpretation* der Korrelationskoeffizienten ist darauf zu achten, wie die Skalen der beiden Messverfahren gerichtet sind und was ein niedriger bzw. hoher Wert in der Sache bedeutet. Ein positiver Korrelationskoeffizient besagt nur, dass zwischen den jeweiligen Messwerten eine positive Beziehung besteht. Wenn nun aber die Messskala bei inhaltlich positiven Ausprägungen mit niedrigen Skalenwerten und bei negativer Bedeutung mit positiven Skalenwerten definiert ist, dann drückt ein negativer Korrelationskoeffizient in der Sache eine positive Beziehung aus. Dies ist z.B. bei Schulnoten (in Deutschland) der Fall: Der niedrige Ziffernwert 1 steht für eine hohe Leistung. Die korrelative Beziehung z.B. zu Intelligenz- oder Leistungstests ist also negativ. In der Interpretation wird dies häufig dennoch als (inhaltlich) „positive Beziehung" beschrieben. Gemeint ist dann der inhaltliche Zusammenhang (gute Leistung entspricht guten Noten), nicht der statistisch-zahlenmäßige.

In der Forschung oder auch als interessierter Laie ist man häufig enttäuscht, wenn *keine auffällige Beziehung* zwischen den untersuchten Merkmalen zu bestehen scheint. Eine niedrige Korrelation muss aber keineswegs bedeuten, dass kein Zusammenhang besteht! Mit Hilfe der Korrelation wird lediglich die *lineare Beziehung* zwischen zwei Merkmalen abgebildet. Der Korrelationskoeffizient bringt nur zum Ausdruck, in welcher Richtung und in welchem Maße die Beziehung zwischen den Merkmalen gleichförmig und stetig ist und in einem Koordinatenkreuz grafisch durch eine gerade Linie (eben „linear") abgebildet werden kann. Ein Wert in der Nähe von r = .00 bedeutet lediglich, dass zwischen den Messwerten keine lineare Beziehung erkennbar ist. Wenn die grafische Darstellung eher einer *J-Kurve*, einer *Parabel* oder einer *U-Kurve* ähnelt, ergibt die Berechnung des Korrelationskoeffizienten einen Wert nahe .00. Dies als „kein Zusammenhang" zu deuten, würde in die Irre führen. Ob eine *nicht-lineare Beziehung* vorliegt, kann man prüfen, indem man z.B. eine bivariable Häufigkeitsverteilung erstellt oder die Verteilung grafisch darstellt.

Es wäre eine vielleicht naheliegende, aber eindeutig falsche Deutung, wenn man aus dem Betrag eines Korrelationskoeffizienten darauf schließen wollte, *wie stark die untersuchten Merkmale an sich ausgeprägt sind* oder wie groß die Unterschiede zwischen den Personen bzw. den Messwerten sind. Weil der Korrelationskoeffizient sich auf die Abweichungen von den jeweiligen Mittelwerten und auf die standardisierte Streuung bezieht, ist dies nicht sinnvoll. Ein hoher Korrelationskoeffizient kann sich auch ergeben, wenn die Streuung ganz gering ist, und umgekehrt ist bei großen Streuungen der Korrelationskoeffizient nicht automatisch hoch.

Wie ist die *Stärke eines Korrelationskoeffizienten* zu beurteilen? – Die Stärke des Zusammenhangs ist zwar eindeutig erkennbar, aber wann ist eine Beziehung als „hoch" oder „bedeutsam" einzuschätzen? Man kann sich an

folgenden Umschreibungen orientieren, die Grenzen sind allerdings als flie-
ßend zu verstehen:

$r =$ bis .20 = „schwach", „gering",
$r = .20$ bis .40 = „niedrig", „mäßig"
$r = .40$ bis .60 = „deutlich"
$r = .60$ bis .80 = „hoch", „eng", „stark"
$r = .80$ bis 1.0 = „sehr hoch"

Solche Einteilungen sind sehr schematisch: Es müsste vielmehr bei jedem
Merkmalspaar letztlich nach inhaltlichen Kriterien entschieden werden, wie
bedeutsam ein Zusammenhang ist (vgl. dazu Kap. 7.3 über praktische Bedeutsamkeit). Zum anderen sind die Grenzen so hoch angesetzt, dass in sozialwissenschaftlichen Studien selten mehr als „mäßig" hohe Koeffizienten
gefunden werden. Dabei kann bereits eine Korrelation von etwa $r = .30$ im
Vergleich mit theoretisch hergeleiteten Erwartungen durchaus sehr bedeutsam sein.

Kritisiert wird an Korrelationsstudien häufig, dass sie theoretisch unbefriedigend sind, weil (bzw. wenn) die vermuteten Beziehungen nicht stringent begründet werden, sondern *ex-post-facto* berechnet und dann nach
Plausibilität gedeutet werden. Bei einem solchen *Schrotschussverfahren*
werden irgendwelche Daten erhoben und hinterher schaut man mal, ob es
hier und da Korrelationen gibt, die man interpretieren kann. Häufig wird
dabei auch noch auf kausale Beziehungen geschlossen, weil man der Faszination plausibler Funde erliegt und gern davon berichten möchte.

Beispiel: „Einstellungen zur Statistik"

Bei der Befragung zu EKS wurden zu den schon oben ausgewählten sechs
Items folgende Korrelationen berechnet (Reihenfolge nach Item-Nummern):

X	Item Y	3	4	5	7	9	19
3	Ich glaube, dass mir die Beschäftigung mit Statistik Spaß machen wird.	1.00					
4	Mit Statistik kann man alles beweisen.	.05	1.00				
5	Ich habe schon erlebt, dass ich mit Kenntnissen der Statistik Fachliteratur besser verstanden hätte.	.26	.01	1.00			
7	Empirisch-statistische Verfahren sind unbestechlich.	.03	.23	-.03	1.00		
9	Ich benötige Statistik, um Fachliteratur zu lesen.	.20	.00	.37	.00	1.00	
19	Mit Mathematik hatte ich schon immer Probleme. (−)	-.40	-.06	-.07	.02	-.04	1.00

Die stärkste Korrelation besteht zwischen den beiden Aussagen, die sich auf
die eigene Beziehung zu Mathematik bzw. Statistik beziehen ($r_{3,19} = -.40$):

Wer der Aussage, dass die Beschäftigung mit Statistik „Spaß machen" werde, überdurchschnittlich zustimmt, lehnt die (in der Sache negative) Aussage, dass man „mit Mathematik schon immer Probleme" hatte, stärker ab, als es die Befragten im Durchschnitt getan haben. Ob das als Kausalbeziehung interpretiert werden darf, kann aus dem Korrelationskoeffizient selbst nicht abgeleitet werden. Man wird allerdings einen solchen Zusammenhang vermuten dürfen, wenn man die beiden Aussagen in eine zeitliche Reihenfolge bringt: Wer mit einer Sache schon immer Probleme „hatte" (= Vergangenheit!), wird eher erwarten, dass Statistik wenig Spaß machen „wird" (= Zukunft!). Umgekehrt geht es kaum.

In ähnlicher Weise wird man eine andere starke Korrelation ($r_{5,9}$ = .37) interpretieren dürfen: Wer schon erlebt hat (= Vergangenheit!), dass mit Kenntnissen der Statistik Fachliteratur besser verstanden würden, wird für Gegenwart und Zukunft eher erwarten, Statistik für Fachliteratur zu benötigen. Diese beiden Erfahrungen scheinen ihrerseits die Erwartung, dass Statistik Spaß machen werde, zu befördern (vgl. $r_{9,3}$ = .20 und $r_{5,3}$ = .26).

Korrelationen des Items 3 mit anderen Einstellungen

Die relativ breiten Streuungen bei mehreren Aussagen legen die Frage nahe, wie diese zu verstehen ist. Bei einer mündlichen Befragung würde man ggf. nachfragen, um Erläuterungen bitten und versuchen, eine Aussage zu anderen Statements in Beziehung zu setzen. Einen ersten Einblick in solche Beziehungen kann man sich statistisch dadurch verschaffen, dass man für jeweils zwei Aussagen die korrelative Beziehung zwischen den Daten berechnet (s.o. den kritischen Hinweisen auf die Bedeutung von Korrelationskoeffizienten). Dadurch wird erkennbar, in welchem Maße die Ablehnung bzw. Zustimmung zu einer Aussage mit der Ablehnung bzw. Zustimmung zu jeweils einer anderen Aussage auftritt.

Exemplarisch soll dies in der folgenden *Tabelle* für die eher unscharfe Aussage versucht werden, dass „die Beschäftigung mit Statistik Spaß machen wird" (Item 3). Welche anderen Aussagen werden bei Ablehnung bzw. Zustimmung zu dieser Aussage tendenziell gleich- oder entgegengerichtet beantwortet?

Nr.	Item	r mit Item 3
15	Es fasziniert mich, dass man mit einer einzigen Formel Aussagen über große Datenmengen machen kann.	.39
14	Ich finde es richtig, dass Studierende der Pädagogik bis zur Zwischenprüfung Kenntnisse in Statistik erwerben müssen.	.38
18	Es macht mir Spaß, grafische Darstellungen zu betrachten.	.38
5	Ich habe schon erlebt, dass ich mit Kenntnissen der Statistik Fachliteratur besser verstanden hätte.	.26
9	Ich benötige Statistik, um Fachliteratur zu lesen.	.19
1	Pädagogische Forschung ist ohne Statistik kaum möglich.	.15
4	Mit Statistik kann man alles beweisen.	.05
7	Empirisch-statistische Verfahren sind unbestechlich.	.04
16	Ich würde mich lieber mit Statistik beschäftigen, wenn ich es nicht müsste.	.02
3	Ich glaube, dass mir die Beschäftigung mit Statistik Spaß machen wird.	1.00
10	Wer seine Aussagen nicht empirisch-statistisch belegen kann, genügt den Ansprüchen der Wissenschaftlichkeit nicht.	.01
12	In den Lehrveranstaltungen der Pädagogik wird hier häufig mit empirisch-statistischen Untersuchungen argumentiert.	.01
11	Empirisch-statistische Verfahren können nur bestätigen, was schon "der Fall" ist.	.00
13	Empirisch-statistische Forschung mag zwar "objektiv", also von anderen nachprüfbar sein, aber sie gibt die tatsächlichen Verhältnisse nur gebrochen wieder. (−)	-.16
20	Wer ein Fach wie Pädagogik studiert, hat meist eine Abneigung gegen statistische Methoden. (−)	-.16
2	In meiner späteren Berufspraxis werde ich Statistik kaum benötigen.	-.19
8	Wer in abstrakten Zahlen denkt, verliert den Blick für die Zusammenhänge. (−)	-.19
17	Ich finde es nicht angemessen, dass Studierende der Pädagogik sich mit Statistik beschäftigen müssen. (−)	-.32
6	Bei Texten mit Formeln und Tabellen empfinde ich Abneigung. (−)	-.38
19	Mit Mathematik hatte ich schon immer Probleme. (−)	-.40

Der erwartete „Spaß an Statistik" geht offenbar mit zwei Aspekten einher: Zum einen wird eine „Faszination" bei Formeln wie bei grafischen Darstellungen erwartet und zum anderen wird es für richtig gehalten, als Studierende der Pädagogik Kenntnisse in Statistik erwerben zu müssen, so wie man auch erlebt hat, Fachliteratur mit Kenntnissen der Statistik besser verstehen zu können. In gegengerichteter Tendenz (die sich in negativen Korrelationskoeffizienten in den unteren Zeilen der obigen Tabelle ausdrückt) werden Aussagen bewertet, die den positiv formulierten Statements widersprechen: Mit Mathematik schon immer Probleme gehabt zu haben und bei Formeln und Tabellen eine Abneigung zu empfinden. Dem folgend wird es als nicht angemessen eingeschätzt, dass Studierende der Pädagogik sich mit Statistik beschäftigen müssen.

In dieser Form der Auswertung können immer nur jeweils zwei Aspekte in ihrer Beziehung zueinander betrachtet werden. Das ist zwar bereits mehr als die einzelne oder additive Betrachtung der Items, aber das Bild bleibt mehr oder weniger diffus. Dem kann durch eine weitere Auswertung begegnet werden.

Regression (b)

Das Modell der Korrelation ist insofern unbefriedigend, als es keine Auskunft darüber gibt, wie die statistisch-funktionale Beziehung zu deuten ist. Die Wirkungen scheinen in beiden Richtungen gleich stark zu sein – was vermutlich inhaltlich als unwahrscheinlich gelten muss. Erklären kann man mit Korrelationskoeffizienten relativ wenig, wenn mit erklären gemeint ist, dass ein Gesetz zur Deutung bzw. für Prognosen herangezogen werden kann. – Einen Ausweg verspricht eine Variante dieses Konzept.

Der Begriff *Regression* bezieht sich auf die Beobachtung, dass manche Merkmale sich auf andere Merkmale auszuwirken scheinen, dass sie dies aber in der Regel nicht vollständig tun. Meistens sind nämlich noch andere Faktoren mit im Spiel. Der britische Naturforscher Francis *Galton* (1822-1911) untersuchte im Jahr 1885 den Zusammenhang zwischen den Körpergrößen von Vätern und Söhnen. Er stellte fest: Große Väter haben im Durchschnitt große Söhne, aber diese sind meistens nicht ganz so groß wie sie selbst. Kleine Väter haben dagegen häufig kleine Söhne, wenn auch nicht ganz so kleine, wie sie selbst es sind. Die Körpergröße der Söhne bewegt sich somit auf den allgemeinen Durchschnitt zu. Diesen Schritt zur Mitte nannte Galton *Regression* (lat. regredi: zurückgehen). Als Beispiel aus der Pädagogik kann das Verhältnis von Intelligenz und Schulleistung dienen: Nicht alle Kinder mit einem hohen IQ haben entsprechend hohe Schulleistungen, und auch Kinder mit niedriger Test-Intelligenz können zu Schulleistungen gefördert werden, die über ihrer Test-Intelligenz liegen. Die Schulleistungen der Kinder dieser beiden Gruppen liegen im Durchschnitt näher zur Mitte der Messskala, sie „regredieren" zur Mitte. Da sie aber gleichwohl häufig oberhalb bzw. unterhalb der mittleren Schulleistung anderer Kinder liegen, scheinen die Schulleistungen doch von der Intelligenz beeinflusst zu sein. Man kann also durchaus von der Intelligenz darauf schließen, welche Schulleistung in etwa zu erwarten ist.

Mit dem Begriff *Regression* ist also nur indirekt gemeint, dass etwas auf eine beeinflussende, zugrundeliegende Variable „zurückgeht", wie es in der Literatur häufig umschrieben wird. Die ursprüngliche Bedeutung wird besser getroffen, wenn man sich klar macht, dass es darum geht, ob und wie stark ein Faktor eine abhängige Variable so beeinflusst, dass deren Messwerte und ihre Abweichungen vom Mittelwert vorhergesagt werden können. Man bezeichnet den auf das Kriterium wirkenden Faktor (das Treatment) als *Regressor* – seine Wirkung ist die *Regression*. So gesehen geht bei der Regression der Blick in der Sache also doch auf bedingende Variablen zurück. Geschätzt wird deren numerisch-funktionaler Einfluss. Die in der Statistik übliche Verwendung des Begriffs ist sozusagen etwas um die Ecke gedacht.

Im Unterschied zur Korrelation soll bei der Regression eine kausale Wirkung von der unabhängigen auf die abhängige Variable erkundet werden. Dies ist im Grunde ein kühner Schluss, der nur gerechtfertigt ist, wenn dafür stringent hergeleitete theoretische Begründungen vorliegen. Man kann das Verfahren durchaus im Sinne des kritischen Rationalismus (s.o.) als Prüfung einer Theorie verstehen: Man behauptet eine kausale Beziehung, operationalisiert sie durch die Messung entsprechender Variablen und prüft, ob sich diese Hypothese in den erhobenen Daten bewährt.

Berechnet wird die Regression nach dem oben skizzierten Modell: Ausgangspunkt ist wieder das durchschnittliche Produkt der Abweichungspaare, die Kovarianz. Während diese bei der Korrelation zum Produkt der beiden Standardabweichungen ins Verhältnis gesetzt wird, zieht man jetzt zum Vergleich die Varianz (also das durchschnittliche Quadrat der Abweichungen vom Mittelwert) jenes Merkmals heran, von dem eine Wirkung erwartet wird. In der folgenden Formel ist der Einfachheit halber im Zähler und im Nenner die jeweilige Division durch N weggelassen:

$$\text{Regression (von x nach y)} = b(x,y) = \Sigma[(x_i - \bar{x}) * (y_i - \bar{y})] / (\Sigma(x_i - \bar{x})2$$

Für ein Beispiel wird im Folgenden berechnet, ob eine *regressive Beziehung von Merkmal C auf Merkmal D* besteht:

Fall	c_i	$c_i - \bar{c}$	$(c_i - \bar{c})^2$	d_i	$d_i - \bar{d}$	$(c_i - \bar{c}) * (d_i - \bar{d})$
i=1	6	0,5	0,25	125	20	10
i=2	8	2,5	6,25	115	10	25
i=3	3	-2,5	6,25	95	-10	25
i=4	5	-0,5	0,25	85	-20	10
	$\bar{c} =$ 5,5	$s(c) =$ 1,50	13,0	$\bar{d} =$ 105,0	$s(d) =$ 15,81	$\Sigma = 70$

Es ergibt sich:

$$b(c,d) = \Sigma[(c_i - \bar{c}) * (d_i - \bar{d})] / \Sigma(x_i - \bar{c})^2 = 70,0 / 13,0 = 5,3846 \approx 5,38$$

Man kann die Regression auch aus der Kovarianz berechnen:

$$b(x,y) = cov / s(x)^2$$

Für b(c,d) ergibt sich: 17,5 / 3,25 = 5,385 ≈ 5,38.

Für die Beziehung zwischen den Items C und D bedeutet der Koeffizient b(c,d) = 5,38, dass die Abweichungen bei D zu den Abweichungen bei C im Durchschnitt mit dem Faktor 5,38 in Beziehung stehen. Nach diesem empirischen Befund könnte man allein aus der Kenntnis eines Messwertes für C vorhersagen, wie stark der entsprechend zu erwartende Wert vom Mittelwert $\bar{d}$ abweichen wird. Wenn man sich mit einem solchen Schätzwert zufriedengeben kann, müsste man das zweite Merkmal gar nicht messen. Solche geschätzten Werte werden häufig mit einem Häkchen versehen, hier also y′ bzw. d′ (lies: „y-Strich").

Dieser Schätzung liegt folgende Überlegung zugrunde: Wenn Merkmal C bei D eine Regression zur Mitte bewirkt, dann ist bei D eine Abweichung vom Mittelwert $\bar{d}$ zu erwarten. Der auf die Regression zurückzuführende Anteil ergibt sich also aus dem Produkt der Differenz c - $\bar{c}$ und dem Regressionskoeffizienten b(c,d).

Die Formel lautet

d′(für einen c_i-Wert) = (c_i-$\bar{c}$) $*$ b(c,d) + $\bar{d}$.

Für Messwerte des Items C würden sich (bei $\bar{c}$ = 5,5 und ($\bar{d}$ = 105,0) folgende *Schätzwerte d′* ergeben:

Item C	3	4	5	6	7	8
c-$\bar{c}$	-2,5	-1.5	-0,5	+0,5	+1,5	+2,5
(c-$\bar{c}$) $*$ 5,38	-13,45	-8,07	-2,69	+2,69	+8,07	+13,2
+ $\bar{d}$ =d′	91,55	96,93	102,31	107,69	113,07	118,45

Für Personen, die z.B. bei C den Messwert 7 haben, würde aufgrund der errechneten Regression bei D im Durchschnitt(!) ein Wert von d′ = 113,07 zu erwarten sein. Dass diese Erwartungswerte nicht mit denen übereinstimmen, die Ausgangspunkt der Berechnung waren (s. obige Tabelle), liegt daran, dass alle vier Werte in der Berechnung der Regression sozusagen gemittelt wurden.

Wenn man die Regression zwischen verschiedenen Variablen vergleichend beurteilen möchte, stören die unterschiedlichen Größen der Regressionskoeffizienten. Man kann sie standardisieren, indem man sie zu den beiden Standardabweichungen – die ja im Zähler der Berechnung enthalten sind – in Relation setzt. Diesen Kennwert bezeichnet man als *β-Wert:*

β(x,y) = b(x,y) $*$ [(s(x) / s(y)]

Für die Items C und D ergibt sich

β(c,d) = 5,3846 $*$ (1,80 / 15,81) = 5,3846 $*$ 0,11385 = 0,61304

Dies ist (bis auf Rundungsfehler) identisch mit dem oben bereits berechneten Korrelationskoeffizienten! Daran zeigt sich, dass Regression und Korrelation eng miteinander verwandt sind. Man kann allgemein nach folgender Formel hin und her rechnen:

b(x,y) = r(x,y) * [s(y) / s(x)]

für b(c,d) ergibt sich:

b(c,d) = 0,6130 * [15,81 / 1,80] = 0,6130 * 8,7833 = 5,3842.

Korrelation und/oder Regression

In der Literatur werden die Bedeutung und das *Verhältnis* von Regression und Korrelation eher verunklart: Es wird oft behauptet, dass die Regression nur etwas über die *Art* eines Zusammenhangs aussagt, während die Korrelation ein Maß für die *Stärke* der Beziehung sei, aber keine Prognosen möglich mache. Das ist m.E. insofern richtig, als bei Korrelationskoeffizienten an den absoluten Beträgen einzuschätzen ist, wie eng die Beziehung ist (s.o.). Die Standardisierung zu den Standardwerten setzt die Grenzen zwischen −1.0 und +1.0. Regressionskoeffizienten sind von den originalen Skalenwerten abhängig, also in ihrer Größe offen. Der Korrelationskoeffizient ist durch die Transformation auf die Standardabweichungen abstrakter geworden. Das verhindert aber nicht, dass man schätzen kann, welche Ausprägung für ein Merkmal zu erwarten ist, wenn man den Wert für das andere kennt. Da der Korrelationskoeffizient definiert ist als das durchschnittliche Produkt der Standardwerte, kann man aus einem für die eine Variable bekannten Standardwert den wahrscheinlichen der anderen Variable vorhersagen. Von diesem Standardwert kann man dann auf die zugrundeliegende Skala zurückrechnen. Dass dies zu demselben Ergebnis führt wie bei der Regression (s.o.), soll an einem Beispiel verdeutlicht werden.

Der Grundgedanke ist folgender: Eine Korrelation von r = .50 bedeutet, dass für Personen, die bei x um eine ganze Standardabweichung (z(x) = 1,0) vom Mittelwert abweichen, bei der Variable y die Werte im Mittel um eine halbe Standardabweichung (z(y) = 0,50) abweichen. Den für y geschätzten Standardwert kann man als z´(y) bezeichnen. Dieser Gedanke gilt für andere Standardwerte z(x) in entsprechender Weise. Als Formel ausgedrückt bedeutet das:

z´(y) = z(x) * r(x,y)

Je größer der Betrag des Korrelationskoeffizienten ist, desto eindeutiger sind solche *Prognosen*: Bei r = .00 kann lediglich vorausgesagt werden, dass die geschätzten Werte bei der anderen Variable im Durchschnitt beim Mittelwert liegen; das ist als Prognose wertlos. Bei r = 1.0 ist eindeutig zu erwarten, dass die Standardwerte bei beiden Variablen genau gleich sind. Zur Bedeutung des Korrelationskoeffizienten wird häufig gesagt, dass man an ihm die *Güte* oder die *Genauigkeit* der Prognose ablesen könne. Das ist m.E. nicht ganz treffend, weil bei jedem Betrag eines Korrelationskoeffizienten in gleicher Weise nach dem „Prinzip der kleinsten Quadrate" eine optimale Prognose angestrebt wird. Korrelationen von r = .20 oder r = .70 sind lediglich darin unterschiedlich genau, dass bei r = .20 eine durchschnittliche Abweichung um 0,2 Standardabweichungen prognostiziert werden kann, bei r = .70 aber eine um 0,7 Standardabweichung. Dabei können die Streuungen bei den Items sehr verschieden sein.

Regression und Korrelation sind also *im Grunde recht ähnlich*. Sie beziehen sich auf dasselbe Modell. Sie unterscheiden sich lediglich darin, dass bei der Regression mit den Daten der Originalskalen gerechnet wird, während bei der Korrelation mit Hilfe der Standardabweichungen standardisiert wird. Der Korrelationskoeffizient ist durch diese Normierung einfacher zu interpretieren, mit dem Regressionskoeffizienten kann sozusagen anschaulicher (nämlich auf die Messskalen bezogen) von einer Variablen auf eine andere geschätzt werden, welcher Messwert im Durchschnitt bei der als abhängig gedachten Variable zu erwarten ist.

Solche Schätzungen haben natürlich deutliche Grenzen, denn bei kaum einer Person entspricht die Beziehung zwischen zwei Merkmalen genau jener, die im Korrelationskoeffizienten ausgedrückt wird. Die abhängige Variable y wird durch die unabhängige Variable x nur teilweise determiniert. Deshalb ist der mit Hilfe der Regression oder der Korrelation geschätzte Wert – wie gesagt – lediglich als der zu erwartende Durchschnittswert zu verstehen, von dem einzelne Personen mehr oder weniger deutlich abweichen können. Ein Erwartungswert kann aber in der pädagogischen Praxis, z.B. bei der Diagnose von Problemen, gleichwohl bedeutsam und hilfreich sein.

Wie bei allen statistischen Kennwerten sind auch mit der Berechnung der Regression oder der Korrelation nicht nur Vorteile, sondern auch *Nachteile* verbunden, die bei der Interpretation berücksichtigt werden müssen. Man erhält mit dem Korrelationskoeffizienten einen relativ leicht deutbaren Kennwert, mit dem Richtung und Stärke einer numerisch-funktionalen Beziehung herausgestellt werden. Dieser scheinbar eindeutige Kennwert kann zu leichtfertigen Deutungen verführen. An die bereits genannten möglichen Fehlschlüsse (s.o.) möchte ich deshalb ausdrücklich erinnern. Die gleichen Vorbehalte sind im Grunde auch bei der Regression zu machen. Ob eine kausale Beziehung vorliegt, ist weder an einem Korrelationskoeffizienten noch an einem Regressionskoeffizienten selbst zu entscheiden. Diese Werte geben lediglich Hinweise. Dass bei der Regression im Unterschied zur Korrelation kausale Beziehungen nachgewiesen werden könnten, ist schlicht eine Illusion. In beiden(!) Fällen wird lediglich eine numerisch-funktionale

Beziehung zwischen den erhobenen Daten quantitativ ausgedrückt. Kausale Beziehungen können nur durch experimentelle Designs geprüft werden (s.o.). Deren Effekte können allerdings mit Hilfe der Regression – aber auch mit Hilfe der Korrelation – quantitativ bestimmt werden. Bewiesen werden kann eine kausale Beziehung nur durch eine experimentelle Strategie und deren stichhaltige inhaltliche Begründung. Zu deren Prüfung und Interpretation können diese Berechnungen aber beitragen.

Allerdings bleibt auch bei solchen Interpretationen unklar, welche *Ebenen der Realität* (s.o.) dabei wirksam sind: Es kann für mögliche Folgerungen einen großen Unterschied ausmachen, ob eine Tatsache gegeben, geworden, gestaltet, begriffen, gewünscht oder verdrängt ist. Beziehungen können innerhalb dieser Ebenen bestehen oder zwischen ihnen übergehen.

6.9 Inhaltliche Dimensionen: Faktorenanalyse

In Tabellen von Korrelationskoeffizienten (s.o.) zeigt sich in der Regel, dass einige Merkmale offenbar zu einigen Variablen in stärkerer Beziehung stehen als zu anderen. Das lässt vermuten, dass darin Aspekte zum Ausdruck kommen, die auch inhaltlich zu einer gemeinsamen Dimension gehören. Vielleicht kann man die Befragten – im Sinne des Konzepts der Hermeneutik – besser verstehen, wenn man solche Bündelungen identifiziert. Eine solche Dimension würde erkennbar werden, wenn mehrere Items mit einer ähnlichen Tendenz beantwortet wurden. Das lässt darauf schließen, dass sich inhaltlich ähnliche Aspekte bündeln lassen.

Mit einer *Faktorenanalyse* kann man versuchen, solche Dimensionen mit Hilfe komplexer mathematischer Verfahren zu identifizieren. Es wird versucht, die komplexen Beziehungen zwischen mehreren Merkmalen als wenige so genannte „*Faktoren*" zu bündeln. Als Faktor wird dabei eine mutmaßliche Dimension verstanden, an der das Gemeinsame einiger Variablen erkennbar werden kann. Diese Beziehungen der Items zu den Faktoren werden als „Ladungen" bezeichnet. Durch so genannte „Rotationen" wird versucht, eine Konstellation zu finden, in der die Faktoren einerseits an deutlich hohen Ladungen erkennbar werden, sich aber möglichst deutlich von den anderen Faktoren unterscheiden. Das Ergebnis soll besser überschaubar sein als eine große Tabelle mit vielen Korrelationskoeffizienten.

Eine Faktorenanalyse für *fünf fiktive Items* (s.o.) ergibt, dass diese auf zwei Faktoren konzentriert werden können. In der Tabelle sind die korrelativen Beziehungen zu den Faktoren an den so genannten *Ladungen* erkennbar:

Faktor 1

Item	x̄	Ladung Faktor 1	Ladung Faktor 2
E	35,0	**.99**	-.10
B	3,5	**-.91**	-.40
C	5,5	**.91**	.40

Faktor 2

Item	x̄	Ladung Faktor 1	Ladung Faktor 2
A	4,5	-.10	**-.99**
D	105,0	.24	**.97**

In diesem kleinen Beispiel ist gut nachvollziehbar, dass jene Items, die miteinander hoch korrelieren (s.o.) jeweils einem (gemeinsamen) Faktor zugeordnet werden und auf diesem *laden*, während sie zu dem anderen Faktor nur in schwacher Beziehung stehen: Die Mess-Werte für die Items E und C weichen mit gleicher Tendenz von den Mittelwerten ab, bei Item B ist die Tendenz stark, aber entgegengesetzt. Dies kommt in den beiden positiven Ladungen für die Items E und C bzw. die negative Ladung für Item B zum Ausdruck. Beim zweiten Faktor spiegelt sich die hohe negative Korrelation $r(a,d) = -1.0$ wider. [1]

Zur Interpretation werden die Inhalte der hoch ladenden Items herangezogen: Faktor 1 wird stark geprägt von den Items E und C, und Item B drückt offenbar (erkennbar an dem umgekehrten Vorzeichen der Ladung) das Gegenteil aus. Faktor 2 kann positiv nach dem Inhalt des einen Items und entgegengesetzt nach dem des anderen gedeutet werden.

Eine solche Auswertung kann unterschiedlichen Zielen dienen:
• Eine *explorative* Faktorenanalyse erkundet, ob in einem größeren Feld von Variablen übergreifende Dimensionen erkennbar sind, mit denen sich ein einfacheres Bild zeichnen lässt.
• Eine *konfirmatorische* Faktorenanalyse überprüft, inwieweit ein nach theoretischen Überlegungen oder in früherer Forschung entwickeltes Modell thematischer Dimensionen durch neue empirische Daten bestätigt wird.

Bei der Beschreibung und schließlich bei der Benennung der Faktoren sollte man vorsichtig sein, denn man erliegt leicht der *Neigung, sein Vorverständ-*

---

1 Es ist hier nicht möglich, diese mathematischen Verfahren ausführlich darzulegen. Anspruchsvolle Statistik-Bücher stellen es mathematisch detailliert dar.

nis der Sache in die Faktoren hineinzudeuten und ein theoretisches Konzept zu entwickeln, das zwar plausibel erscheint, aber aus den Daten bzw. Items nicht zwingend abgeleitet werden kann. Man deutet die rechnerisch ermittelte Faktorenlösung rasch als eine Art „Beweis" dafür, dass es diese Faktoren tatsächlich gibt. Man sollte deshalb möglichst deskriptiv bleiben und im Zweifelsfall zur Beschreibung schlicht jenes Merkmal zitieren, das mit dem Faktor die engste numerische Beziehung hat. Solche Items bezeichnet man als *Markier-Item* oder als *Anker-Variable*.

Inhaltlich kann eine Faktorenanalyse nur das erfassen, was mit den einzelnen Items vorher eingegeben worden ist! Dennoch kann die Faktorenanalyse im Sinne *hypothesen-generierender Verfahren* auf Strukturen aufmerksam machen, die hinter den Items liegen und bis dahin nicht als etwas Gemeinsames bewusst waren. Zum anderen kann man überprüfen, ob eine vermutete Faktorenstruktur tatsächlich besteht. Man unterscheidet diese Funktionen mit den (schon genannten) Begriffen explorativ und konfirmatorisch.

Nicht verleugnet sei, dass die Faktorenanalyse als Methode durchaus umstritten ist: Die Kritik bezieht sich vor allem darauf, dass das Verfahren für subjekthafte Deutungen anfällig ist. – Wenn man das Ergebnis jedoch als einen Vorschlag zur Deutung des untersuchten Sachverhalts (und nicht als eine objektive Feststellung) versteht, kann die Bündelung von Merkmalen zu Dimensionen auf (mögliche!) grundlegende Strukturen aufmerksam machen und so zum Verständnis der Sache beitragen. Über die Gültigkeit dieser Deutung wird man dann noch streiten müssen oder sich verständigen können. Problematisch kann es dann werden, wenn das Ergebnis einer Faktorenanalyse nicht mehr als Vorschlag, als Deutung und Modell verstanden wird, sondern als Wahrheit hypostasiert und dann in weiteren Forschungen als gesicherter Ausgangspunkt verwendet wird.

Beispiel: „Einstellungen zur Statistik"

Für zwanzig Items aus der Befragung zu Einstellung zur Statistik wurden in einer Faktorenanalysen Rotationen für 2, 3, 4 und 5 Faktoren berechnet. Dabei zeigt sich, dass von der Rotation mit 4 Faktoren zur weiteren mit 5 Faktoren keine wesentlich bessere Struktur der Faktoren erzielt wird. In der folgenden Tabelle wird deshalb die Analyse mit vier Faktoren verwendet. Dargestellt werden „Ladungen" >.20 nach ihren absoluten Beträgen:

Nr.	Faktor 1 (von 4)	M	1	2	3	4
3	Ich glaube, dass mir die Beschäftigung mit Statistik Spaß machen wird.	,41	.69	.27	-.02	.07
19	Mit Mathematik hatte ich schon immer Probleme. (−)	,55	-.65	.06	-.02	.03
6	Bei Texten mit Formeln und Tabellen empfinde ich Abneigung. (−)	,51	-.65	-.11	-.12	.06
18	Es macht mir Spaß, grafische Darstellungen zu betrachten.	,45	.63	.10	-.02	.31
15	Es fasziniert mich, dass man mit einer einzigen Formel Aussagen über große Datenmengen machen kann.	,43	.49	.28	-.34	.30
17	Ich finde es nicht angemessen, dass Studierende der Pädagogik sich mit Statistik beschäftigen müssen. (−)	,34	-.47	-.45	.01	.22
8	Wer in abstrakten Zahlen denkt, verliert den Blick für die Zusammenhänge. (−)	,56	-.41	-.09	.13	.25
20	Wer ein Fach wie Pädagogik studiert, hat meist eine Abneigung gegen statistische Methoden. (−)	,52	-.41	.11	.05	.13

Zwei positive Aussagen zum „Spaß" ragen heraus, sie werden durch gegengerichtete Ladungen bei „Problemen" und „Abneigung". − Benannt werden kann der Faktor als *„Emotionale Wertschätzung"*.

Nr.	Faktor 2 (von 4)	M	1	2	3	4
9	Ich benötige Statistik, um Fachliteratur zu lesen.	,43	-.03	.68	.09	.11
5	Ich habe schon erlebt, dass ich mit Kenntnissen der Statistik Fachliteratur besser verstanden hätte.	,47	.16	.59	.18	.19
14	Ich finde es richtig, dass Studierende der Pädagogik bis zur Zwischenprüfung Kenntnisse in Statistik erwerben müssen.	,69	.39	.58	-.04	-.01
1	Pädagogische Forschung ist ohne Statistik kaum möglich.	,69	-.02	.57	-.21	-.15
10	Wer seine Aussagen nicht empirisch-statistisch belegen kann, genügt den Ansprüchen der Wissenschaftlichkeit nicht.	,53	-.15	.42	-.37	.10
2	In meiner späteren Berufspraxis werde ich Statistik kaum benötigen. (−)	,49	-.17	-.41	.02	.28

Die Aussagen beziehen sich auf die erlebte fachliche Bedeutung von Statistik, ohne deren Kenntnisse Fachliteratur nicht zu verstehen ist und die deshalb im Studium erworben werden müssen. – Der Faktor 2 kann benannt werden als *„Fachliches Erfordernis"*.

Nr.	Faktor 3 (von 4):	M	1	2	3	4
7	Empirisch-statistische Verfahren sind unbestechlich.	,27	.04	-.02	-.76	.14
4	Mit Statistik kann man alles beweisen.	,22	-.01	-.03	-.56	.03
13	Empirisch-statistische Forschung mag zwar "objektiv", also von anderen nachprüfbar sein, aber sie gibt die tatsächlichen Verhältnisse nur gebrochen wieder. (−)	,73	-.20	-.05	.54	.39

Hier wird eine allgemeine Bedeutung statistischer Verfahren in der Wissenschaft thematisiert und mit positiven Aussagen verbunden; die negative Aussage, dass empirisch-statistische Forschung „die tatsächlichen Verhältnisse nur gebrochen wiedergeben" könne, kennzeichnet diesen Faktor gegenteilig. Die Aussage des Items 13 (dass empirisch-statistische Forschung die tatsächlichen Verhältnisse nur gebrochen wiedergegen könne) ist auch dem Faktor 4 mit deutlicher Ladung zugeordnet, lässt sich dort aber inhaltlich durchaus zuordnen. – Faktor 3 kann benannt werden als *„Empirische Aussagekraft"*.

Nr.	Faktor 4 (von 4)	M	1	2	3	4
16	Ich würde mich lieber mit Statistik beschäftigen, wenn ich es nicht müsste.	,37	-.02	.02	.07	.57
11	Empirisch-statistische Verfahren können nur bestätigen, was schon "der Fall" ist.	,49	.03	-08	-.09	.47
12	In den Lehrveranstaltungen der Pädagogik wird hier häufig mit empirisch-statistischen Untersuchungen argumentiert.	,51	-.05	.21	-.26	.42

In diesen Aussagen werden offenbar negativ gemeinte Einschätzungen gebündelt: Man möchte sich nicht mit Statistik beschäftigen und erlebt deren Verwendung als (unnötige?) Bestätigung bekannter Sachverhalte (was schon „der Fall" ist). Das Item 13 (dass empirisch-statistische Forschung die tatsächlichen Verhältnisse nur gebrochen wiedergegen könne) lädt stärker auf Faktor 3, passt aber auch hier zu den höher ladenden Aussagen. – Der Faktor kann benannt werden als *„Allgemeine Abwehr"*.

Diese Bündelung der Items und ihre Beziehungen zu übergreifenden Dimensionen sagt noch nichts aus über die Bedeutung dieser Faktoren. Es geht lediglich um numerisch-statistische Relationen. Für die Faktoren können jedoch so genannte *„Faktorwerte"* berechnet werden, die ausdrücken, wie stark die Faktoren bei den Personen ausgeprägt sind. Eine solche Auswertung würde allerdings an dieser Stelle zu weit ausgreifen. Anhand der Mittelwerte der jeweils zugeordneten Items können aber für die Faktoren mittlere Ausprägungen geschätzt werden. Dazu werden für die jeweils vier bzw. drei markierenden Items die Mittelwerte gemittelt. Bei jenen Items, die auf einem Faktor entgegengerichtet laden, wurden die Werte umgepolt (so wurde bei Item 13 zu der mit ,73 hohen Zustimmung zu der negativen Aussage eine im Sinne des Faktors positive Aussage mit ,27 vermutet). Daraus ergeben sich die folgenden *Mittelwerte der auf den Faktoren ladenden Items*:

Faktor		gemittelte Ausprägung
2	Fachliches Erfordernis	,57
4	Allgemeine Abwehr	,46
1	Emotionale Wertschätzung	,45
3	Empirische Aussagekraft	,25

Eine vergleichsweise starke, wenn auch nicht einhellige Zustimmung finden Aussagen über das „fachliche Erfordernis" der Statistik. Dies ist aber offenbar mit einer allgemeinen Abwehrhaltung verbunden, die auch aus dem Zwang zur Beschäftigung mit Statistik zu folgen scheint. Gleichwohl ist auch eine in etwa gleich stark ausgeprägte, aber eben auch nicht einhellige emotionale Bereitschaft zur Beschäftigung mit Statistik erkennbar. Deutlich geringer ausgeprägt, ja fast ablehnend ist die Einschätzung einer allgemeinen wissenschaftlichen Bedeutung empirisch-statistischer Verfahren.

Mit einer solchen Auswertung der Daten wird deren Struktur auf einer allgemeineren Ebenen formulierbar. Das kann dann befriedigend sein, wenn die Ergebnisse einer Untersuchung „kurz und bündig" vorgetragen werden sollen und derart allgemeine Aussagen als ausreichend empfunden werden. Wenn man Forschung als einen Wechsel bzw. ein Zusammenspiel zwischen detaillierten und ganzheitlichen Perspektiven versteht, dann kann eine solche Bilanzierung als ein Zwischenschritt verstanden werden, der über einer zunächst unübersichtlichen Fülle von Details sozusagen einen Horizont aufzeigt, vor dem nach weiteren Details gesucht werden kann. Dabei geht es nicht zuletzt darum, die in ersten Betrachtungen entstandenen Vermutungen und Deutungen durch andere Zugriffe auf die Daten zu überprüfen (vgl. die Überlegungen zum Konzept einer „hermeneutischen Datenanalyse" in Kap. 8.1).

6.10 Personale Dimensionen: Clusteranalyse

Ein im Ansatz ähnliches Verfahren zur Analyse von Dimensionen ist die *Clusteranalyse*. Hier werden jedoch nicht die inhaltlichen Merkmale gebündelt, sondern die befragten oder beobachteten Personen. Anhand ihrer Merkmale (die selbst nicht wie bei der Faktorenanalyse in korrelativer Beziehung zueinander stehen müssen) werden Personen zu Gruppen – den sog. *Clustern* – gebündelt. Deren gemeinsame Merkmale dienen dann zur Deutung und Bezeichnung der Gruppen.

Dies kann an dem fiktiven Datensatz mit fünf Items und vier Personen (s.o.) anschaulich werden. Zur Interpretation werden die *Standardwerte z der Personen* herangezogen:

\Item	A	B	C	D	E
Fall	$z(a_i)$	$z(b_i)$	$z(c_i)$	$z(d_i)$	$z(e_i)$
Fall i=1	-1,34	-0,28	0,28	1,70	-0,45
Fall i=2	-0,45	-1,39	1,39	0,63	1,34
Fall i=3	0,45	1,39	-1,39	-0,63	-1,34
Fall i=4	1,34	0,28	-0,28	-1,70	0,45

An diesem kleinen Beispiel ist gut zu erkennen, dass die Fälle 1 und 2 bei vier Items z-Werte eine ähnliche Struktur aufweisen: bei A und B ist sie negativ, bei C und D positiv, lediglich bei E mit entgegengesetzten Vorzeichen. Ähnlich sind auch die Standardwerte der Fälle 3 und 4, allerdings genau umgekehrt zu den Fällen 1 und 2. Eine Clusteranalyse würde zwei Gruppen von Fällen identifizieren. Zur Beschreibung könnte man in etwa sagen: Es gibt einen „Typ", der bei den Items C und D eine stärkere Ausprägung hat, und einen zweiten Typ, der eine stärkere Ausprägung bei den Items A und B hat. Inhaltlich sind diese Cluster hier anhand der namenlosen fiktiven Items natürlich nicht näher zu beschreiben.

6.11 Entwicklungsverläufe: Pfadanalyse

Ein im Ergebnis anschauliches statistisches Verfahren ist die *Pfadanalyse*. Inhaltlicher Ausgangspunkt ist dabei ein inhaltlich, theoretisch begründetes Modell möglicher kausaler Entwicklungen zwischen den zu untersuchenden Variablen. Ein *Kausalmodell* (auch *Strukturmodell*) soll aufzeigen, in welcher Weise und mit welcher Stärke unabhängige Variablen als bedingende Treatments auf abhängige Variablen wirken. Einen ersten deskriptiven Eindruck können Regressionskoeffizienten geben, in denen sich diese Beziehungen ausdrücken. Verwendet werden für die Stärke des Zusammenhangs zwischen jeweils zwei Variablen standardisierte Regressionskoeffizienten.

Diese dann so genannten *Pfadkoeffizienten* drücken aus, wie eng eine Variable mit einer anderen in einer Beziehung steht, die eine Prognose ermöglicht. Durch die Standardisierung (s.o.) können nur Werte zwischen −1,0 und +1,0 auftreten. Das statistische Modell impliziert, dass lineare Beziehungen vorliegen. In komplexeren Varianten werden die Pfadkoeffizienten so berechnet, dass die möglichen bzw. wahrscheinlichen Wirkungen anderer Variablen rechnerisch „konstant gehalten" werden. Die Daten werden so geordnet, dass man für alle einzelnen möglichen Skalenwerte dieser Variablen jeweils die Pfadkoeffizienten berechnet und dann deren Mittel bestimmt. Der *β-Wert* (s.o) schätzt dann die Wirkung der einzelnen Prädiktoren jeweils unter Ausschluss möglicher anderer Faktoren. Schritt für Schritt erhält man dann ein Bild für den Zusammenhang zwischen allen Prädiktoren und dem Kriterium sowie der Prädiktoren untereinander. Die β-Gewichte werden als additiv verstanden: Die in dem Modell erfasste Wirkung auf die abhängige Variable setzt sich additiv aus den einzelnen Kausalbeziehungen zusammen.

6.12 Die Erklärung der Varianz

Wenn man besser verstehen und genauer einschätzen können möchte, wie bei einem Merkmal die unterschiedliche Ausprägungen und die Verteilung der Messwerte zustande gekommen sind, kann eine Varianzanalyse Hinweise geben. Es wird geprüft, ob mehrere unabhängige Variablen („Treatments" oder „Prädiktoren") zu einer abhängigen Variable (einem „Kriterium") in Beziehung stehen. Man könnte „erklären", ob und wie stark beobachtete Treatment-Variablen das Kriterium beeinflusst haben (können). Umgekehrt könnte man bei Kenntnis der Prädiktoren vorhersagen, welche Ausprägungen bei einem Kriterium zu erwarten sind. Eine *Varianzanalyse* (auch *analysis of variance*, kurz ANOVA) hat im strengen Sinne viele Voraussetzungen (vor allem die Normalverteilung der Daten, s.o.). Sie ist in der empirisch-statistischen Forschung beliebt.

Man geht von der *Annahme* aus, dass die in den Messwerten eines abhängigen Merkmals (eines Kriteriums) beobachtete Variation mehr oder weniger, aber nicht vollständig, durch andere Merkmale (die Treatments) beeinflusst ist. Man möchte – z.B. in einer experimentellen Studie – herausarbeiten, wie stark solche Einflüsse sind. Man möchte also Kausalbeziehungen aufzeigen. Das ist – wie schon mehrfach betont – mit Vorsicht zu betrachten, weil solche Annahmen nicht allein durch statistische Berechnungen überprüft werden können. Die Varianzanalyse liefert lediglich Kennwerte, mit denen die funktional-statistische Beziehung zwischen Prädiktoren und einem Kriterium berechnet wird. Die Deutung muss sich auf theoretisch plausible Modelle beziehen.

Der Grundgedanke einer Varianzanalyse ist im Grunde einfach: Man teilt die Fälle eines Treatments in Gruppen, z.B. nach den Skalenwerten der Messung oder in die untere und obere Hälfte. Für diese Gruppen werden die

Mittelwerte bei der abhängigen Variable (dem Kriterium) berechnet. Und man geht dann davon aus, dass sich an der Verteilung dieser Mittelwerte erkennen lässt, ob bzw. wie stark sie zum Kriterium in Beziehung stehen. Nach diesem Modell bleibt also zunächst unberücksichtigt, ob die Messwerte des Treatments innerhalb der Teilgruppen um ihre Mittelwerte streuen, denn diese Varianz kann nicht auf das Kriterium bezogen werden; sie muss von anderen Merkmalen beeinflusst sein. Wenn die Mittelwerte dieser Teilgruppen sich beim Kriterium kaum unterscheiden, haben sie offenbar wenig Einfluss auf das Kriterium gehabt. Aber wenn die Varianz s^2_{tg} der Teilgruppen-Mittelwerte beim Kriterium groß ist, kann auf einen Einfluss geschlossen werden. Um diesen Effekt rechnerisch zu erfassen, wird die Varianz der Teilgruppen-Mittelwerte mit der Varianz der Messwerte des Kriteriums s^2_g verglichen. Daran wird erkennbar, zu welchem Anteil die Varianz des Kriteriums auf ein Treatment zurückgeführt werden kann. Man sagt dann, dass das Treatment die Ausprägung des Kriteriums mit dem so berechneten Anteil *„erklärt"*. Dieser Anteil wird als die *erklärte Varianz* bezeichnet.

Beispiel: Ein fiktiver Datensatz

An einem fiktiven Datensatz soll dies anschaulich nachvollziehbar werden: Als X und Y werden zwei fiktive Treatment-Variablen und als Z eine fiktive Kriteriums-Variable verwendet. In der folgenden *Tabelle* sind für diese drei Variablen die Messwerte für acht Fälle, die Mittelwerte der drei Items ($\bar{x}$, $\bar{y}$, $\bar{z}$), die Differenzen der individuellen Messwerte beim Kriterium Z und deren Quadrate aufgeführt:

	Treatments X und Y		Kriterium Z		
Fall	x_i	y_i	z_i	$z_i - \bar{z}$	$(z_i - \bar{z})^2$
1	3	11	25	-20	400
2	4	12	30	-15	225
3	5	13	35	-10	100
4	6	14	40	-5	25
5	7	16	50	5	25
6	8	17	55	10	100
7	9	18	60	15	225
8	10	19	65	20	400
$\sum$	52	120	360		1500
N = 8	$\bar{x}$ = 6,5	$\bar{y}$ = 15	$\bar{z}$ = 45		

Die Varianz aller Fälle beim Kriterium Z beträgt $s^2_z = 1500 / 8 = 187{,}5$.

Man möchte nun erkennbar machen, in welchem Maße das Kriterium Z statistisch von den beiden Treatments X und/oder Y abhängig ist. Um dies zu erkunden, werden bei den Variablen X und Y die Mittelwerte berechnet und danach Teilgruppen gebildet, deren Messwerte unter bzw. über den Mittelwerten liegen. Im nächsten Schritt wird zunächst ignoriert, dass die Messwerte dieser Personen innerhalb der Teilgruppen um diese Mittelwerte herum variieren. Es geht lediglich um die Frage, wie stark diese Mittelwert-Gruppen beim Kriterium variieren. Daran wird erkennbar, wieviel Streuung beim Kriterium allein auf die Treatments zurückgeführt werden kann.

Die folgende *Tabelle* referiert in den Randzellen der Feldertafel die Mittelwerte der beiden Treatment-Gruppen beim Kriterium Z und in den Kernzellen der Feldertafel die entsprechenden Kriteriums(!)-Mittelwerte $\bar{z}_{tg}$ für die vier mögliche Kombination der Treatment-Teilgruppen:

		Item X $\bar{x} = 6{,}5$	
		für $x_i < \bar{x}$ $\bar{z}_{tg} = 38$	für $x_i > \bar{x}$ $\bar{z}_{tg} = 52$
Item Y $\bar{y} = 15$	für $y_i < \bar{y}$ $\bar{z}_{tg} = 36$	für $< \bar{x}$ und $< \bar{y}$ $\bar{z}_{tg} = 37$	für $> \bar{x}$ und $< \bar{y}$ $\bar{z}_{tg} = 43$
	für $y_i > \bar{y}$ $\bar{z}_{tg} = 54$	für $< \bar{x}$ und $> \bar{y}$ $\bar{z}_{tg} = 47$	für $> \bar{x}$ und $> \bar{y}$ $\bar{z}_{tg} = 57$

An den verschiedenen Teilgruppen-Mittelwerten für das Kriterium ist erkennbar, dass die unterschiedlichen Ausprägungen der Treatments X bzw. Y offenbar einen Einfluss auf das Kriterium Z haben. Besonders auffällig ist dies an den Werten für die Kombinationen der Treatment-Gruppen mit Werten unterhalb bzw. oberhalb der Mittelwerte (37 zu 57).

Im nächsten Schritt wird nun berechnet, ob bzw. wie stark die Mittelwerte der Teilgruppen beim Kriterium variieren. Diese Varianz s^2_{tg} wird in der Regel geringer sein als die originale Varianz aller Personen, weil alle Fälle nur mit den gemeinsamen Mittelwerten verrechnet werden. Das Verhältnis der Varianz der Teilgruppen-Mittelwerte zur gesamten Varianz ist zu verstehen als Indikator für den Einfluss eines Treatments auf das Kriterium. In den folgenden Tabellen soll dies an Berechnungen für die zuvor benannten Gruppen (weiterhin an fiktiven und geschätzten Werten) anschaulich nachvollziehbar werden:

Für Treatment X ergibt sich folgende Berechnung:

Treatment X		Kriterium Z				
$\bar{x}_{tg}$		$\bar{z}_{tg}$	$\bar{z}_g$	$\bar{z}_{tg}-\bar{z}_g$	$(\bar{z}_{tg}-\bar{z}_g)^2$	*N (=4)
4,5	$\bar{x}_i < \bar{x}_g$	38,0	45	-7,0	49,0	196
8,5	$\bar{x}_i > \bar{x}_g$	52,0	45	7,0	49,0	196

Die Varianz dieser Treatment-Gruppen nach X beim Kriterium Z beträgt

$$s^2_{tg} = \sum (\bar{z}_{tg}-\bar{z}_g)^2 / N = (196+196) / (4+4) = 392 / 8 = 49.$$

Diese Varianz der Treatment-Mittelwerte hat an der gesamten Varianz beim Kriterium den Anteil von

$$s^2_{tg} / s^2_z = 49,0 / 187,5 = \text{proportional } 0,26 \text{ bzw. 26 Prozent.}$$

Dieser Wert ist als Indikator für den Einfluss des Treatments auf das Kriteriums zu verstehen: 26 Prozent der Kriteriums-Varianz werden durch das Treatment „erklärt". – Das wäre in sozialwissenschaftlichen Untersuchungen ein ungewöhnlich hoher Wert; er kommt hier zustande, weil die fiktiven Daten (zur leichteren Nachvollziehbarkeit) so eingerichtet wurden.

● Für Treatment Y sieht die Berechnung so aus:

Treatment Y		Kriterium				
$\bar{y}_{tg}$		$\bar{z}_{tg}$	$\bar{z}_g$	$\bar{z}_{tg}-\bar{z}_g$	$(\bar{z}_{tg}-\bar{z}_g)^2$	*N (=4)
12,5	$\bar{y}_i < \bar{y}_g$	36	45	-9,0	72,255	324,0
17,5	$\bar{y}_i > \bar{y}_g$	54	45	9	81,0	324,0

Die Varianz dieser Treatment-Gruppen beträgt

$$s^2_{tg} = \sum (\bar{z}_{tg}-\bar{z}_g)^2 / N = (324+324) / (4+4) = 648 / 8 = 81,0.$$

Der Anteil der durch Treatment Y erklärten Varianz beträgt

$$s^2_{tg} / s^2_z = 81,0 / 187,5 = \text{proportional } 0,43 \text{ bzw. 43 Prozent.}$$

Treatment Y hat also stärker als Treatment X Einfluss auf das Kriterium, es erklärt 43 Prozent der Varianz des Item 3.

Diese beiden Berechnungen ergeben inhaltlich kaum mehr, als schon anhand von Korrelationen (s.o.) erkennbar geworden wäre. Bei Korrelationen können allerdings immer nur Beziehungen zwischen zwei Merkmalen bestimmt werden. Aufschlussreicher kann die Berechnung sein, wenn mehr als zwei Treatments Einfluss auf ein Kriterium haben können. Dazu werden sie in der Berechnung miteinander kombiniert. Das ist in zwei Varianten möglich.

• Für den Fall, dass beide Treatments *gleichgerichtet* wirksam sind, ergibt sich für diese Kombinationen:

Treatments X und Y		Kriterium				
		$\bar{z}_{tg}$	$\bar{z}_g$	$\bar{z}_{tg}$-$\bar{z}_g$	$(\bar{z}_{tg}$-$\bar{z}_g)^2$	*N(=4)
$\bar{x}_g$= 6,5	$x_i < \bar{x}_g$ und $y_i < \bar{y}_g$	37	45	-8	64	256
$\bar{y}_g$= 15,0	$x_i > \bar{x}_g$ und $y_i > \bar{y}_g$	57	45	12	144	576

In diesem Fall beträgt die Varianz der Teilgruppen um den Mittelwert

$s^2_{tg} = \sum (\bar{z}_{tg}$-$\bar{z}_g)^2 / N = (256+576) / (4+4) = 832 / 8 = 104$.

Der Anteil an der gesamten Varianz des Kriteriums beträgt

$s^2_{tg} / s^2_g = 104 / 187,5 =$ proportional 0,45 bzw. 45 Prozent.

An diesem großen „erklärten" Varianzanteil von 45 Prozent kommt zum Ausdruck, dass eine Kombination gleichgerichteter Treatment-Gruppen einen deutlich größeren Einfluss auf das Kriterium hat.

• Zum Vergleich werden die *gegengerichteten* Kombinationen der Treatments berechnet:

Treatments		Kriterium				
		$\bar{z}_{tg}$	$\bar{z}_g$	$\bar{z}_{tg}$-$\bar{z}_g$	$(\bar{z}_{tg}$-$\bar{z}_g)^2$	*N (=4)
$\bar{x}_{tg}$=6,5	$x_i < \bar{x}$ und $y_i > \bar{y}$	47	45	2,0	4,0	16,0
$\bar{y}_{tg}$=15,0	$x_i > \bar{x}$ und $y_i < \bar{y}$	43	45	-2,0	4,0	16,0

Die Varianz der so gebildeten Teilgruppen beim Kriterium beträgt

$s^2_{tg} = \sum (\bar{z}_{tg}$-$\bar{z}_g)^2 / N = (16,0+16,0) / (4+4) = 32,0 / 8 = 4,0$.

Der Anteil an der gesamten Varianz ist gering

$s^2_{tg} / s^2_g = 4,0 / 187,5 =$ proportional 0,02 bzw. 2 Prozent.

Das bedeutet, dass die Wirkungen der Treatments nahezu aufgehoben sind, wenn sie mit gegengerichteten Ausprägungen des jeweils anderen Treatments kombiniert sind.

Mit diesen Berechnungen wird also lediglich jener Teil der Varianz des Kriteriums „erklärt", der auf die jeweils betrachteten Treatments bezogen ist. Die anderen (meist deutlich größeren) Teile der Varianz bleiben verborgen. Sie können reiner Zufall sein oder mit anderen (noch) nicht erkannten oder erkennbaren Einflüssen in Verbindung stehen. Man bezeichnet diese nicht aufgeklärten Teile als „Restvarianz" oder als „Fehlervarianz". Sie ergibt sich aus der Differenz zwischen der erklärten Varianz und der gesamten Varianz des Kriteriums.

Das zahlenmäßige Verhältnis, den Quotienten zwischen dem erklärten und dem nicht erklärten Teil der Varianz, kann man dazu benutzen, die statistische Signifikanz (s.u.) zu prüfen, also zu schätzen, mit welcher Wahrscheinlichkeit der vermeintlich „erklärte" Teil der Varianz auch allein durch Zufall entstanden sein könnte. Dieses Verhältnis wird als *F-Wert* bezeichnet (etwa im Sinn von „Fehleranteil"). Die folgende *Tabelle* fasst für die vier zuvor berechneten fiktiven Auswertungen die für die Prüfung der Signifikanz relevanten Daten zusammen: die erklärte Varianz, die Restvarianz und die Fehlerquotienten:

Vergleich	erklärte Varianz	Restvarianz	F-Wert
$x_i < \bar{x}_{tg}$ vs. $x_i > \bar{x}_{tg}$	49,0	138,5	0,38
$y_i < \bar{y}_{tg}$ vs. $y_i > \bar{y}_{tg}$	81,03	106,5	0,76
gleichgerichtete Treatments	104,0	83,5	1,24
gegengerichtete Treatments	4,0	183,5	0,07

Die Deutung dieser Befunden ist inhaltlich trivial. Die Beispiele wurden ja so eingerichtet, dass der Modellcharakter der Varianzanalyse nachvollziehbar wird. Der F-Wert ist kleiner als 1,0, wenn der Anteil der erklärten Varianz geringer ist als die (nicht erklärte) Restvarianz, und größer, wenn es sich umgekehrt verhält. Der F-Wert macht dies auf einen Blick sichtbar. Er wird relevant, wenn die Wahrscheinlichkeit bestimmt werden soll, mit der eine erklärte Varianz in der jeweiligen Stärke auch unter Zufallsbedingungen entstanden sein könnte.

Für F-Werte haben Statistiker für vielfältige Konstellationen Zufallswahrscheinlichkeiten berechnet, die in entsprechenden Tabellen in jedem ausführlichen Handbuch nachgeschlagen werden können. Zu berücksichtigen ist dabei vor allem die Anzahl der Fälle (Personen) und die Anzahl der Zellen, die „frei" variieren könnten. Dieser „Freiheitsgrad" (oder df wie „degree of freedom") – so großartig nennt man das tatsächlich – ist bei den oben betrachteten jeweils zwei Treatmentgruppen gleich 1, denn wenn die Fallzahl der einen Gruppe bekannt ist, ist die der anderen bei bekannter Gesamtzahl nicht mehr frei bestimmbar. – Üblicherweise werden bei Varianzanalysen die folgenden Werte mitgeteilt:

➤ die Anteile der erklärten Varianzen,
➤ der Freiheitsgrade df („degree of freedom"),
➤ die F-Werte für das Verhältnis der Varianzanteile,
➤ die Zufalls-Wahrscheinlichkeit p für dieses Verhältnis.

Für die oben betrachteten fiktiven Daten wären die F-Werte wegen der geringen Fallzahl nicht zufallskritisch zu sichern.

Interaktion der Einflüsse

Wenn sich eine Varianzanalyse auf Veränderungen zwischen zwei oder mehreren Zeitpunkten bezieht und dabei verschiedene Gruppen (z.b. in einem Experiment) betrachtet werden, wird in der Regel berichtet, ob und in welcher Weise die Wirkungen in einer *Interaktion* miteinander stehen. Dabei können drei Varianten unterschieden werden:

• Bei einer *parallelen Interaktion* verändert sich das abhängige Merkmal als Einfluss der Treatments in gleichem Maße.

• Bei einer *ordinalen Interaktion* ist die Veränderung in der Richtung gleich, aber in der Stärke unterschiedlich.

• Bei einer *disordinalen Interaktion* gehen die Veränderungen in gegenläufige Richtungen.

Ein Problem kann sich bei diesem Verfahren daraus ergeben, dass – wie bei Korrelationskoeffizienten – nur lineare Beziehungen erfasst werden. Beziehungen, die dabei als nicht-effektiv erscheinen, können aber durchaus nonlinear (z.b. in einer u-förmigen oder asymmetrischen Verteilung) wirksam und bedeutsam sein.

Beispiel: „Einstellungen zur Statistik"

Als inhaltliches Beispiel wird im Folgenden anhand der Daten aus „Einstellungen und Kenntnisse zur Statistik" (s.o.) eine Varianzanalyse erläutert ...
➤ mit den *Prädiktoren* (unabhängigen Variablen) ...
Item 9: „Ich benötige Statistik, um Fachliteratur zu lesen." – nein vs. ja und
Item 19: „Mit Mathematik hatte ich schon immer Probleme." – ja vs. nein
➤ und dem *Kriterium* (abhängige Variable) Item 3: „Die Beschäftigung mit Statistik wird mir Spaß machen."

Dabei ist für Item 19 zu erwarten, dass eine höhere Zustimmung tendenziell mit eher negativen Einstellungen zu Statistik verbunden sein wird und eine Verneinung eher positiven Einfluss hat.

Eine Varianzanalyse soll erkennbar machen, ob bzw. wie stark die Prädiktoren allein bzw. ihre möglichen Kombinationen statistisch mit dem Kriterium verbunden sind. Relevant sind dabei die in den acht Feldern der folgenden Tabelle referierten Daten. Damit es übersichtlich bleibt, werden die Prädiktoren in Kurzform benannt: für Item 9 „benötige nein" / „benötige ja" bzw. für Item 19 „Probleme nein" / „Probleme ja". In den Rändern der Vierfeldertafel sind für die Kriteriums-Variable (Item 3) die Mittelwerte für die beiden noch nicht verbundenen Treatments aufgeführt und in den vier Kernfeldern die Mittelwert für die beiden möglichen Kombinationen:

		Item 9: benötige Statistik, um Fachliteratur zu lesen.	
		benötige nein	benötige ja
		,37	,45
Item 19: Hatte schon immer Probleme mit Mathematik. (-)	Probleme ja	,28 ,32	,35
	Probleme nein	,53 ,45	,60

Die Berechnungen der erklärten Varianzen können in den folgenden Tabellen nachverfolgt werden. Dargestellt werden zunächst die Daten für die noch nicht kombinierten Treatments. Referiert werden die Mittelwerte (auf der Einheitsskala) beim Kriterium (Item 3), deren Differenzen, deren Quadrate, ihre Multiplikation mit den Fallzahlen:

Für Treatment-Gruppen nach Item 9 ergibt sich folgende Berechnung:

Treatment Item 9	Kriterium Item 3 (=Z)						
	$\bar{x}_{tg}$	$\bar{z}_{tg}$	$\bar{z}_g$	$\bar{z}_{tg}$-$\bar{z}_g$	$(\bar{z}_{tg}$-$\bar{z}_g)^2$	N	*N
$x_i < \bar{x}_g$	,16	,38	,41	-,03	0,009	417	3,75
$x_i > \bar{x}_g$	,66	,45	,41	,04	0,0016	488	0,782

Die Varianz der Treatment-Gruppen nach Item 9 ergibt sich beim Kriterium aus

$$s^2_{tg} = \sum (\bar{z}_{tg}\text{-}\bar{z}_g)^2 / N = (3,75+0,782) / (417+488) = 4,56/ 902 = 0,005.$$

Die Treatment-Gruppen nach Item 9 haben mit ihren Mittelwerten an der gesamten Varianz beim Kriterium Item 3 den Anteil

$$s^2_{tg} / s^2_z = 0,005 /0,08 = \text{proportional } 0,06 \text{ bzw. 6 Prozent.}$$

Sechs Prozent der Varianz des Kriterium können darauf zurückgeführt werden, ob jemand erlebt hat, Statistik bei der Lektüre von Fachliteratur zu benötigen. Dies wird als „Erklärung" eines entsprechenden Teils der Varianz des für Beschäftigung mit Statistik „erwarteten Spaß"

● Für Treatment-Gruppen nach Item 19 ergeben sich folgende Werte:

Treatment Item 19	Kriterium Item 3 (=Z)						
	$\bar{y}_{tg}$	$\bar{z}_{tg}$	$\bar{z}_g$	$\bar{z}_{tg}$-$\bar{z}_g$	$(\bar{z}_{tg}$-$\bar{z}_g)^2$	N	*N
$y_i < \bar{y}_g$	,10	,53	,41	,08	0,0064	410	3,072
$y_i > \bar{y}_g$	,95	,28	,41	-,13	0,0169	480	6,929

Als Varianz der Treatment-Gruppen beim Kriterium ergibt sich

$$s^2_{tg} = \sum (\bar{z}_{tg}\text{-}\bar{z}_g)^2 / N = (3,072+6,929) / (410+480) = 10,009/ 890 = 0,011.$$

Diese Varianz der Treatment-Mittelwerte hat an der gesamten Varianz beim Kriterium den Anteil

$s^2_{tg} / s^2_k = 0{,}011 / 0{,}08 =$ proportional 0,14 bzw. 14 Prozent.

Ohne Verknüpfung mit anderen Treatments haben die beiden Prädiktoren unterschiedliche Beziehung zum Kriterium. Diese Beziehungen können sicherlich als erwartbar betrachtet werden, aber es wird erkennbar, dass sich frühere Erfahrungen mit Mathematik sozusagen nachhaltig positiv oder negativ auswirken auf erwartete ähnliche Themen und Aufgaben.

Vermutlich spielt es dabei eine Rolle, wie sich diese beiden Treatment-Aspekte auswirken, wenn sie miteinander verbunden sind. Das soll anhand der folgenden Tabellen näher betrachtet werden:

● Für den Fall, dass beide Treatments *gleichgerichtet* wirksam sind, ergibt sich für einen Vergleich der negativen bzw. positiven Kombinationen:

Treatments X und Y		Kriterium					
		$\bar{z}_{tg}$	$\bar{z}_g$	$\bar{z}_{tg} - \bar{z}_g$	$(\bar{z}_{tg} - \bar{z}_g)^2$	N	*N
$\bar{x}{=}{,}43$	$x_i < \bar{x}$ und $y_i < \bar{y}$	,32	,41	-,09	0,0081	430	3,48
$\bar{y}{=}{,}55$	$x_i > \bar{x}$ und $y_i > \bar{y}$	,60	,41	,19	0,0361	465	16,79

In diesem Fall beträgt die Varianz der Teilgruppen um den Mittelwert

$s^2_{tg} = \sum (\bar{z}_{tg} - \bar{z}_g)^2 / N = (3{,}48 + 16{,}79) / (480 + 465) = 20{,}27 / 895 = 0{,}023$

Der Anteil der kombinierten Treatment-Gruppen an der gesamten Varianz des Kriteriums beträgt:

$s^2_{tg} / s^2_g = 0{,}023 / 0{,}08 =$ proportional 0,2875 bzw. 29 Prozent.

● Zum Vergleich werden in der folgenden Tabelle die *gegengerichteten* Kombinationen negativer und positiver Treatments berechnet:

Treatments		Kriterium					
		$\bar{z}_t$	$\bar{z}_g$	$\bar{z}_{tg} - \bar{z}_g$	$(\bar{z}_{tg} - \bar{z}_g)^2$	N	*N
$\bar{x}{=}{,}43$	$x_i < \bar{x}$ und $y_i > \bar{y}$	,45	,41	,04	,0016	390	0,62
$\bar{y}{=}{,}55$	$x_i > \bar{x}$ und $y_i < \bar{y}$	,35	,41	-,06	,0036	520	1,87

Die Varianz der so gebildeten Teilgruppen beim Kriterium beträgt:

$s^2_{tg} = \sum (\bar{z}_{tg} - \bar{z}_g)^2 / N = (0{,}62 + 1{,}87) / (390 + 520) = 2{,}49 / 910 = 0{,}0027$

Der Anteil an der gesamten Varianz ist deutlich niedriger:

$s^2_{tg} / s^2_g = 0{,}0027 / 0{,}085 =$ proportional 0,033 bzw. 3,3 Prozent.

Beim Vergleich dieser Auswertungen können folgende Tendenzen aufschlussreich sein:

Teilgruppen	Items	aufgeklärter Anteil (in Prozent)
nach Item 9	benötige Statistik für Fachliteratur	6
nach Item 19	hatte schon immer (keine) Probleme mit Mathematik	14
beide positiv bzw. negativ	keine Probleme mit Mathematik und Statistik wird als nützlich erlebt	29
überkreuz verbunden	positive und negative Abweichungen wechselseitig kombiniert	3,3

● Für die Vorfreude auf eine Beschäftigung mit Statistik spielt es offenbar kaum eine Rolle, ob bereits erlebt wurde, dass man sie bei der Lektüre von Fachliteratur benötigt hätte. Lediglich sechs Prozent der Varianz bei Item 3 können durch diese Einschätzung erklärt werden. – Das kann zum einen dadurch bedingt sein, dass die hier Befragten erst in einer frühen Phase des Studium standen und noch wenig Gelegenheit hatten, Fachliteratur zu lesen. Zum anderen – und damit verbunden – lässt diese als gering erlebte Bedeutung der Fachlektüre vermuten, dass in Veranstaltungen der Pädagogik relativ wenig empirische oder gar statistische Befunden präsentiert und diskutiert werden. Zudem kann die Lektüre empirisch-statistischer Untersuchungen sehr verschiedene Wertschätzungen auslösen, etwa von „Ich wollte doch gerade nichts mehr mit Mathematik zu tun haben!" bis „Es ist erfreulich (und überraschend), dass über Pädagogik handfest argumentiert und nicht geschwafelt wird!". Das kann sich auf die erwartete Freude an Statistik durchaus kontrovers auswirken.

● Die Analyse nach Item 19 unterstützt diese Vermutung: Ob jemand schon immer (oder nicht) Probleme mit Mathematik hatte, beeinflusst den erwarteten Spaß an Statistik deutlich: 14 Prozent der Varianz kann durch die Erfahrungen mit Mathematik erklärt werden. – Das legt es nahe, in Lehrveranstaltungen zur Statistik nicht fraglos davon auszugehen, dass den Studierenden mit der „Hochschulreife" eigentlich auch entsprechende Kenntnisse und Fertigkeiten in der Mathematik bescheinigt worden sind. Wenn dies nur begrenzt („ausreichend") der Fall ist, müssen nicht unbedingt („vergessene") fachliche Fähigkeiten im engeren Sinne ein Problem sein. Von größerer und ggf. hinderlicher Bedeutung können die emotionalen Beziehungen zu dieser Materie sein. Aus leidvollen früheren Erfahrungen kann dann rasch die Erwartung entstehen, auch später „so etwas" sowieso nicht verstehen zu können (oder zu wollen).

● Dass diese beiden Aspekte sich wechselseitig ergänzen und verstärken, wird in der dritten Analyse deutlich: Mehr Spaß an Statistik wird erwartet, wenn diese als nützlich und wichtig für die Lektüre von Fachliteratur erlebt wird und zugleich Probleme mit Mathematik nicht „schon immer" bestanden. Umgekehrt werden (fehlende) Statistik-Kenntnisse bei der Lektüre von Fachliteratur weniger als relevant wahrgenommen, wenn/weil man „schon immer" Probleme mit Zahlen und Formeln hatte. 29 Prozent der Varianz bei „Spaß an Statistik" können durch die Kombination dieser beiden Aspekte erklärt werden. – Dies lässt vermuten, dass empirisch-statistische Texte in dieser Konstellation nicht nur weniger gut verstanden, sondern aus emotionaler Abneigung ignoriert werden. Das kann dann zum Problem werden, wenn statistische Argumente als wissenschaftliche „Feststellungen" daherkommen und nicht mit entsprechender Kompetenz kritisch geprüft werden können (vgl. dazu die Folgerungen für die Entwicklung „professioneller" Kompetenzen im letzten Kapitel dieser Einführung).

6.13 Die Mehrebenenanalyse

In empirischen Studien wird häufig davon ausgegangen, dass die zu untersuchenden Merkmale in kausalen Beziehungen zueinander stehen könnten. Diese Ebenen werden als hierarchisch lineares Modell dargestellt. „Hierarchisch" ist dabei lediglich statistisch-funktional zu verstehen. Ob es bei eventuellen Abhängigkeiten um Macht oder gar Herrschaft geht, wäre eine inhaltliche, keine statistische Frage. Man spricht von „Mehrebenen-Modellen" und versucht, das Verhältnis der Ebenen zueinander anhand entsprechender Daten zu analysieren. Es wird unterstellt, dass die jeweils niederen Ebenen in den höheren als Elemente enthalten sind und von dort beeinflusst werden. Man aggregiert die Daten von einer Ebenen zur nächsthöheren, die Ebenen werden verschachtelt oder genestet. So kann man z.B. mit Einzelpersonen beginnen zu deren Familie, dann zur Großfamilie/Verwandtschaft etc. aufsteigen. Dabei muss eine theoretische Begründung plausibel machen, dass Merkmale der höheren, umfassenderen Ebene auf die untere Ebene wirken können. Man prüft dann, ob sich diese Modell-Annahme angesichts der erhobenen Daten bewährt.

Zu ihrer Prüfung werden statistische Verfahren verwendet, die sich auf das Modell der Regression beziehen. Es geht letztlich um die Frage, ob von den unabhängigen Prädiktorvariablen Schlüsse auf eine oder mehrere abhängige Kriteriumsvariable(n) gezogen werden können. Es werden Variablen als Prädiktoren ausgewählt, deren Beziehungen zu einem Kriterium näher betrachtet werden sollen. Für dieses Kriterium wird der Mittelwert berechnet und es wird dann ermittelt, um wie viele Punkte auf der Messskala die Messwerte (im Durchschnitt) größer bzw. kleiner ausfallen, wenn bei den Prädiktor-Variablen die Messwerte um eine Standardabweichung vom dortigen Mittelwert abweichen. Bei dichotomisierten (so genannten *Dum-*

my- oder Platzhalter-Variablen), wird dies für die Ausprägungen 0 und 1 berechnet. An den Differenzen kann man dann sehen, wie stark die Treatments das Kriterium beeinflussen.

Zur *statistischen Prüfung* wird geschätzt, mit welcher Wahrscheinlichkeit solche Veränderungen auch unter Zufallsbedingungen (also ohne Einfluss der Prädiktor-Variable) beobachtbar sein könnten. Schließlich wird berechnet, wie viel Prozent der Varianz des Kriteriums durch die Variablen erklärt wird, die in das jeweilige Modell einbezogen wurden. Solche Berechnungen werden meistens für verschiedene Modelle berechnet, in die Schritt für Schritt weitere oder andere Prädiktoren, ggf. auch auf verschiedenen Ebenen, einbezogen werden. Man kann dann erkennen, ob die verschiedenen Ebenen bzw. die ausgewählten Prädiktoren unterschiedliche Bedeutung haben. In der Regel wird durch komplexere Modelle mit mehreren Prädiktor-Variablen ein größerer Anteil der gesamten Varianz des Kriteriums aufgeklärt.

Wenn man die Stärke eines so ermittelten Effekts beurteilen will, muss man bedenken, dass ein hoher Maßstab angelegt ist: Der für das Kriterium berechnete Effekt ist in der ermittelten Größe erst dann zu erwarten, wenn die Prädiktor-Variable um eine ganze Standardabweichung größer bzw. niedriger ist als der oder die Mittelwert(e). Der beobachtete Effekt tritt also erst dann ein, wenn das Prädiktor-Merkmal stärker ausgeprägt ist als bei ca. 84 % bzw. geringer als bei ca. 16 % vergleichbarer Fälle (vgl. die Erläuterungen zur Normalverteilung). Wichtiger als dieser absolute Betrag ist bei Mehrebenenanalysen jedoch der Vergleich zwischen den verschiedenen Variablen und zwischen den verschiedenen theoretischen, zu prüfenden Modellen. Es soll deutlich werden, welche Merkmale einen vergleichsweise größeren oder geringeren Einfluss auf das Kriterium haben.

Berechnet werden im Grunde – manchmal in komplexeren Varianten – Regressionskoeffizienten (s.o.), die in standardisierter Form als *β-Koeffizienten* ausgedrückt werden. Sind diese ß-Werte kleiner als 1,0, dann ist beim Kriterium eine unter dem Mittelwert liegende Ausprägung zu erwarten, sind sie größer als 1,0, ist eine positive Ausprägung zu erwarten. Häufig wird stattdessen oder zusätzlich angegeben, um wie viele Skalenpunkte der Wert des Kriteriums unter dem Einfluss des Prädiktors von jenem Mittelwert abweichen wird, der ohne Einfluss eines Prädiktors zu erwarten wäre.

Bei Mehrebenenanalysen besteht eine schwierige Aufgabe darin, die *Reihenfolge* zu begründen, in der die Variablen in die Entwicklung des Mehr-Ebenen-Modells einbezogen werden. Hier gilt sozusagen „Wer zuerst kommt, mahlt zuerst!". Für die späteren bleibt dann häufig nicht mehr viel aufzuklärende Varianz übrig, weil diese von den früheren bereits absorbiert worden ist. Dies ist vor allem dann möglich, wenn die Prädiktorvariablen nicht trennscharf sind, sondern ähnliche Aspekte ansprechen (z.B. die Intelligenz und kognitive Leistungen). Wichtig ist es also bei komplexen, hierarchisch gedachten Modellen, dass die zugrunde gelegten und zu prüfenden Annahmen sorgfältig durchdacht und transparent gemacht werden.

Kausalmodelle dieser Art strahlen eine nicht unerhebliche *Suggestivität* aus. Die Befunde und Deutungen erscheinen leicht als so plausibel, dass Forschende und auch Rezipienten vereinnahmt werden und nicht mehr kritisch distanziert urteilen. Dies ist nicht zu unterschätzen. Um dem vorzubeugen, sollte korrekterweise davon gesprochen werden, dass Varianzanteile „erfasst" oder „beschrieben" werden, nicht jedoch, dass ein Effekt im Sinne einer Kausalbeziehung „erklärt", „aufgeklärt" oder gar „bewiesen" würde. Die Bezeichnung „gebundene Varianz" könnte den Eindruck wecken, dass es um eine kausale Beziehung geht. Auch von „Verhaltensdetermination" sollte im strengen Sinne nicht gesprochen werden. Insofern ist auch der Begriff „Effekt" mit Vorbehalt zu versehen. Ob die beobachteten „Effekte" tatsächlich als kausal interpretiert werden dürfen, ist letztlich nur dann zu prüfen, wenn die Daten sich auf experimentelle Bedingungen beziehen.

Drei kritische Anmerkungen

In der Fachliteratur spielen „parametrisch" fundierte Konzepte eine große Rolle. Wenn den erhobenen Daten unterstellt wird, dass sie sich „im Grunde" als „Normalverteilung" (s.o.) darstellen (lassen), werden auf dieser Grundlage viele statistisch anspruchsvolle, aber eben auch voraussetzungsreiche Verfahren der Auswertung möglich, die dann auch gern ebenso anspruchsvoll präsentiert werden. Dabei gerät leicht aus dem Blick, dass bei sozialwissenschaftlichen Fragestellungen und Studien diese Voraussetzungen häufig fraglich sind. Das mag an drei Beispielen erläutert werden:
• Mit den Kennwerten der aufgeklärten Varianz und mit Mehrebenanalysen soll die Stärke von Beziehungen erfasst werden. Durch den Bezug auf durchschnittliche quadrierte Abweichungen (das ist ja die Definition der Varianz) sind die Kennwerte kaum anschaulich nachvollziehbar und in der Größenordnung irritierend, ja sogar verfälschend. Der Regressions- und der Korrelationskoeffizient machen klarer vorstellbar, wie stark bei zwei Merkmalen die Standardwerte miteinander in Beziehung stehen. Hier kann von einer Variable aus geschätzt werden, welche Werte bei der anderen (im Durchschnitt) auftreten werden. Dies ist anhand der aufgeklärten Varianz zwar auch möglich, wenn man die Abweichungs-Werte quadriert und am Ende wieder die Wurzel zieht. Es kommt nichts anderes dabei heraus, es ist nur unnötig umständlich und wenig anschaulich.
• Dass diese Konzepte wenig anschaulich sind, wird in der Literatur immer wieder daran erkennbar, dass der Anteil aufgeklärter Varianz mit merkwürdigen und häufig nicht zutreffenden Formulierung referiert wird: Oft wird

dabei völlig ausgeblendet, dass man sich auf durchschnittliche *quadrierte* Abweichungen bezieht. Es heißt dann einfach, die „Streuung" werde zu einem bestimmten Anteil erklärt. Auch der Begriff „Variation" ist an dieser Stelle nicht korrekt. Laien denken dann vermutlich in Maßeinheiten der jeweiligen Skalen und wundern sich, dass der Effekt von der einen Variable auf die andere so gering sein soll. Im Sinne einer hermeneutischen Reflexion muss man sich also auch bei statistischen Argumenten bewusst machen, was die Begriffe eigentlich bedeuten!

• Die Konzepte der Varianzaufklärung und des Bestimmtheitsmaßes sind in der Forschung jenen, die sich auskennen, scheinbar fraglos vertraut geworden. Wenn man zur Kenntnis genommen hat, dass nach diesem Modell auch bei durchaus auffälligen Effekten nur niedrige Beträge zu erwarten sind, kann man sich daran orientieren. Ein aufgeklärter Varianzanteil von 10 Prozent gilt dann schon als respektabel. Gerechtfertigt wird die Bevorzugung dieses Modells u.a. damit, dass man die Prozentanteile mehrerer Prädiktoren addieren könne und in der Summe nicht mehr als 100 Prozent bekommen kann. Ob man deshalb die geringe Anschaulichkeit und die irritierend geringe Größenordnung, in der Varianzen erklärt werden, in Kauf nehmen soll, sei dahingestellt.

6.14 Meta-Analysen

Wenn man sich in eine Fragestellung einarbeitet, kann man häufig angesichts der zahlreichen Publikationen den Überblick verlieren. Irritierend ist es vor allem, wenn Befunde aus verschiedenen Untersuchungen nicht zueinander passen oder gar im Widerspruch zueinander stehen. Wenn man forschen will, sollte man nicht immer von vorn anfangen, sondern nachschauen, ob es Untersuchungen gibt, die bereits relevante Ergebnisse erbracht haben. Ein Blick in die Literatur kann aber dazu führen, dass man sich in einer Vielzahl unterschiedlicher Ansätze, Verfahren und Ergebnisse verliert.

Hier können *Meta-Analysen* hilfreich sein. Sie versuchen, sozusagen aus übergeordneter Position und im Rückblick herauszuarbeiten, ob sich in der Fülle vorliegender Daten etwas Gemeinsames erkennen lässt, aus dem im Idealfall auch Folgerungen für praktisches Handeln gezogen werden können. Und natürlich geht es auch um Anregungen für mögliche weitere Untersuchungen. Insofern kann die Meta-Analyse als ein Verfahren des induktiven Schließens verstanden werden. Dabei ist zu klären, welche Erwartungen mit Meta-Analysen verbunden werden. Man kann zwei *Zielsetzungen* unterscheiden:

• Wenn hinreichend viele, deutlich als Replikation zu verstehende Untersuchungen vorliegen, kann man sozusagen *Bilanz ziehen* und z.B. die „mittlere Differenz" zwischen bestimmten Teilgruppen oder den „mittleren Effekt" eines bestimmten Treatments bestimmen – dies wäre erkenntnislogisch als *Hypothesen-Prüfung* für explizit benannte Theorien zu verstehen, sozusagen als eine Prüfung, die nicht in einer einzelnen Untersuchung vollzogen wird, sondern auf der Grundlage inhaltlich und methodisch replizierter Forschungsarbeiten.

• Man kann Meta-Analysen mit dem Ziel betreiben, aus der Verschiedenartigkeit der Kriterien oder der Vielfalt der Treatment-Bedingungen *neue Fragen* abzuleiten, die den Erkenntnisstand eines Themen- und Problembereichs anreichern und zu neuen Hypothesen für weitere Untersuchungen führen können. Dies wäre als *exploratives Erkunden* und als Beitrag zur Theoriebildung zu verstehen. Man könnte z.B. versuchen, so genannte *Moderatorvariablen* zu identifizieren, die eine situativ unterschiedlich starke oder schwache Wirkung von Treatments bewirkt haben können.

Die Verfahren sind wenig standardisiert. Eine eher qualitative Variante stellen *Sammelreferate und Überblicksartikel* dar. Dabei wird nicht immer transparent, nach welchen Gesichtspunkten gesammelt und beurteilt wurde. In methodisch anspruchsvollerer Form verwenden Meta-Analysen den Kennwert der *Effektstärke* ES (s.o.). Dazu müssen in den auszuwertenden Studien Ergebnisse für Teilgruppen vorliegen: in der Regel Mittelwerte z.B. für Treatment- und Kontrollgruppen und die Streuungen der Daten (in der Regel die Standardabweichung oder die Varianz) referiert worden sein. Dann kann die Relation zwischen der Differenz der Mittelwerte und der zugehörigen Standardabweichung als Indikator für die Bedeutung der Befunde berechnet werden. Im Idealfall hofft man, die Wirkung eines Treatments o.Ä. durch den Mittelwert von Effektstärken einigermaßen eindeutig erfassen zu können. Dies gelingt jedoch nicht immer.

Natürlich werden nicht in allen Studien zu einem Themenfeld *die gleichen Merkmale* untersucht, und nicht immer werden sie einheitlich operationalisiert. Das macht den Vergleich schwierig, wenn man nicht „Äpfel mit Birnen" vergleichen will. Wenn die Ergebnisse disparat sind, mag man dies bedauerlich finden. Es ist dann zunächst einmal unerlässlich, die Verteilung dieser Werte zu dokumentieren. Mit genauerem Hinsehen sollte dann versucht werden, die spezifischen Bedingungen, die „Moderatorvariablen", zu identifizieren, die für abweichende Ergebnisse bei einzelnen Untersuchungen verantwortlich sein könnten. Es kann sehr aufschlussreich sein, wenn unterschiedliche Ansätze zu unterschiedlichen Ergebnissen geführt haben. Rein quantitative Meta-Analysen sind dann wenig befriedigend, qualitative Studien erfordern jedoch deutlich mehr Aufwand.

Die *Gültigkeit* von Meta-Analysen kann begrenzt sein, weil in der „scientific community" und in der wissenschaftlichen Publizistik Forschungsergebnisse mit signifikanten Ergebnissen tendenziell als bedeutsamer eingeschätzt und häufiger publiziert werden. Das ist einerseits verständlich, aber fatal, denn negative Befunde können den Erkenntnisprozess ebenso gut voranbringen wie positive Ergebnisse. Zu wissen, was man nicht tun sollte, kann sogar nützlicher sein als möglicherweise voreilige Folgerungen, die sich am Ende vielleicht doch nicht bewähren.

Um ein *Beispiel* zu geben, habe ich versucht, eine Meta-Analyse aus dem Fragenbereich „Einstellungen und Kenntnisse zur Statistik" durchzuführen. Gesucht wurden in der Literatur Studien, die sich mit Einstellungen zu Mathematik beschäftigt haben und versuchen, Unterschiede in dieser Einstellung empirisch zu klären. Diese Suche war leider nicht sehr ergiebig: Viele Studien waren für eine Meta-Analyse wenig geeignet, weil die erforderlichen Daten fehlten. Gleichwohl ergaben sich anregende, aber naheliegende Hinweise auf Zusammenhänge zwischen Persönlichkeitsmerkmalen und Einstellungen zu Mathematik.

7. Zur Beurteilung empirischer Befunde

In der empirischen Forschung wird häufig über „signifikante" oder gar „sehr hoch signifikante" Befunde berichtet. Das klingt sehr bedeutsam, aber ist es das auch? Ein anschauliches Bild soll den Grundgedanken andeuten: Beim Bogenschießen treffen in der Regel nicht alle Schützen genau ins Zentrum, viele sind nahe dran, etliche treffen das Ziel einigermaßen und bei einigen geht es „voll daneben".[1] Dabei treffen Könner häufiger ins Schwarze, aber auch bei ihnen geht mal ein Schuss daneben. Das wird dann als Zufall verziehen, er bleibt ein Könner. Aber wie oft darf er sich solche Patzer erlauben? Wenn es zu oft vorkommt, wird man zu dem Schluss kommen, dass er aus der Spitzenklasse gestrichen werden sollte.

Mit solchen Entscheidungen beschäftigt sich die Statistik: Im engeren Sinne geht es dabei um „Stochastik", nämlich um theoretische Analysen der Wahrscheinlichkeit, mit der bestimmte Ereignisse zu erwarten sind. Man kann sich dabei auf bereits vorliegende oder aktuell erhobene Daten beziehen und deren Durchschnitt und ihre Verteilung bestimmen. Daraus lässt sich ableiten, mit welcher Wahrscheinlichkeit ähnliche Ereignisse bzw. Messwerte zu erwarten sind, wobei angenommen wird, dass es auch in Zukunft so sein wird (was etwa bei durchschnittlichen Wetter-Temperaturen oder Häufigkeit von Naturkatastrophen derzeit eher fraglich geworden ist). Im Vergleich zu diesen Wahrscheinlichkeiten lässt sich dann bestimmen, ob ein beobachtetes Phänomen unter denselben Bedingungen zu erwarten ist und lediglich „zufällig" von der durchschnittlichen Ausprägung abweicht. Aber welche abweichende Ausprägung eines Merkmals kann (noch) als Zufall gedeutet werden, wann ist etwas anderes als Ursache zu vermuten? Ein Befund, der in diesem Sinne *nicht* mehr mit dem Zufall erklärt werden kann, weil er von Zufalls-Erwartungen auffällig abweicht, wird als *statistisch signifikant* bezeichnet. Das Wort „signifikant" bedeutet „bedeutsam", „herausragend", „ein Zeichen setzend" u.Ä.

Ob solche Annahmen gerechtfertigt sind, kann nach verschiedenen Modellen beurteilt werden. Dabei ist zu berücksichtigen, in welcher Konstella-

---

1 Nach einer mir nicht mehr bekannten Quelle war diese Beobachtung in der griechischen Klassik Anlass für die Entwicklung der „Stochastik", der Lehre von der Wahrscheinlichkeit.

tion die Daten erhoben worden sind und welche Skalenqualität (s.o.) sie haben. Zunächst ist noch zu klären, wie man überhaupt die Wahrscheinlichkeit des Zufalls bestimmen kann.

7.1 Statistische Signifikanz bei normalverteilten Daten

Wenn mit Hilfe der deskriptiven Statistik einige Merkmale der erhobenen Daten herausgearbeitet worden sind, stellt sich die Frage, *welche inhaltliche Bedeutung diese Ergebnisse haben*. Wie ist z.B. die Häufigkeitsverteilung zu beurteilen, die sich für eine bestimmte Gruppe ergeben hat? Was soll man von einem Mittelwert halten, der für eine Teilgruppe errechnet worden ist? Ist eine Differenz zwischen zwei Gruppen so groß, dass sie auf bestimmte Merkmale dieser Gruppierung zurückgeführt werden sollte und als bedeutsam gelten kann? Kann man erwarten, dass ein in einer Studie beobachteter Korrelationskoeffizient bei vergleichbaren Untersuchungen in ähnlicher Höhe wieder auftreten wird?

Solche und ähnliche Fragen versucht die *analytische Statistik* zu beantworten. Eine ähnliche Bedeutung haben die Begriffe *Inferenzstatistik, schließende Statistik, schlussfolgernde Statistik, beurteilende Statistik* und *induktive Statistik*. Es soll zum Ausdruck gebracht werden, dass über die vorliegenden Daten hinaus versucht wird, zu allgemeineren Aussagen zu kommen bzw. die Möglichkeit solcher Schlüsse zu beurteilen. Bei den Modellen, die hinter solchen Verfahren stehen, geht es letztlich um die Frage, ob es überhaupt sinnvoll ist, die errechneten Kennwerte inhaltlich oder gar theoretisch zu interpretieren und die Befunde zu verallgemeinern. Das wäre nämlich dann nicht sinnvoll oder allenfalls mit Vorbehalten zu tun, wenn die Ergebnisse auch auf dem Zufall beruhen könnten. Inwieweit dies der Fall ist, darüber gibt die *statistische Signifikanz* Auskunft. Die Grundfrage lautet: Wie groß ist die Wahrscheinlichkeit, dass ein Befund auch unter Zufallsbedingungen entstehen könnte? Anders gesagt: Wie groß ist das Risiko, ein eigentlich nur zufallsbedingtes Ergebnis irrtümlich als bedeutsam zu interpretieren? Dies ist gemeint, wenn man die *Irrtums-Wahrscheinlichkeit* berechnet.

Ein aus dem Alltag vertrautes Beispiel soll den Grundgedanken nachvollziehbar machen: Bei einem normalen *Spielwürfel* mit sechs verschiedenen Augenzahlen müsste im Durchschnitt jeder sechste Wurf z.B. eine Sechs ergeben. Die Wahrscheinlichkeit, beim Würfeln eine Sechs zu bekommen, beträgt 1 zu 6 oder 1/6; die relative Wahrscheinlichkeit (s.o.) beträgt $p = 0{,}167$. Wenn man zwei Würfel wirft, dann ist die Wahrscheinlichkeit, dass *einer* der beiden Würfel eine Sechs zeigt, doppelt so groß: Sie beträgt 1/6 plus 1/6 = 1/3; $p = 0{,}33$.

Wenn man bei zwei Würfeln *zugleich* zwei Sechsen werfen möchte, ist die Wahrscheinlichkeit sehr viel geringer: Denn jetzt müssen zwei voneinander unabhängige Ereignisse (die Würfel beeinflussen sich ja nicht gegenseitig) mit jeweils 1/6 Zufalls-Wahrscheinlichkeit gemeinsam auftreten. Es ist also nur noch jedes 36. Mal zu erwarten, dass zwei Sechsen gemeinsam geworfen werden, die Wahrscheinlichkeit beträgt hier $1/6 * 1/6 = 1/36$; $p = 0,028$.

Wenn nun jemand häufiger als jedes 36. Mal mit zwei Würfeln zwei Sechsen wirft, wird sich irgendwann der *Verdacht* regen, dass es nicht mehr mit rechten Dingen, nämlich nicht mehr mit dem Zufall zugeht. Irgendwann wird man mit diesem „Betrüger" nicht mehr spielen wollen. In der schließenden Statistik ist es ähnlich: Man prüft, ob ein Befund auch unter Zufallsbedingungen zustandekommen würde. Wenn man dies bejaht, sieht alles nach „in Ordnung" aus; wenn es aber nicht oder kaum mit dem Zufall erklärt werden kann, wird man fragen, welche Bedingungen die auffälligen Ergebnisse bewirkt haben könnten. Beim Würfeln könnte man z.B. ein besonderes Geschick oder einen Betrug vermuten.

Mit Hilfe der mathematischen *Stochastik*, der Lehre von der Wahrscheinlichkeit, kann man nun ziemlich verlässlich schätzen, wie häufig Abweichungen von der durchschnittlichen Häufigkeit, Intensität o.ä. in bestimmten Größen theoretisch zu erwarten sind, wenn die einzelnen Ereignisse wirklich voneinander unabhängig sind. Daran kann man einschätzen, mit welcher Wahrscheinlichkeit sich ein beobachteter Befund von dem unterscheidet, was man unter Zufallsbedingungen eigentlich erwarten würde. Wenn z.B. in einer experimentellen Situation ein bestimmtes Treatment eingeführt wurde und auf seine Wirkung erprobt wird, dann möchte man nur dann auf einen Effekt schließen, wenn die beobachteten Werte nicht, oder nur mit ganz geringer Wahrscheinlichkeit auf den Zufall zurückgeführt werden könnten.

Man vergleicht also immer einen beobachteten, empirischen Befund mit einer theoretisch unbeeinflussten Größe. Wenn die Wahrscheinlichkeit gering ist, dass es sich bei den beobachteten Werten um ein Zufallsereignis handelt, spricht man von einem „statistisch signifikanten" Befund. Die Wahrscheinlichkeit des Zufalls wird als relativer Anteil p (also mit dem Höchstwert 1,0; s.o.) angegeben. Dabei gilt als Konvention, dass eine Zufalls-Wahrscheinlichkeit von höchstens $P = 5,0$ bzw. $p < .05$ akzeptiert wird, wenn ein Ergebnis als „statistisch signifikant" gelten soll. Wie dies inhaltlich zu bewerten ist, wird später zu diskutieren sein.

Zu statistischen Befunden werden drei (bzw. vier) Stufen des Signifikanzniveaus angegeben:

relative Zufalls-Wahrscheinlichkeit p	in Prozent P	übliche Markierung	Umschreibung	Kürzel
p < .10	10	+	geringes Irrtumsrisiko	n.s.
p < .05	5	*	signifikant	s
p < .01	1	**	sehr signifikant	ss
p < .001	0,1	***	sehr hoch signifikant	sss

Mit dem Hinweis auf $p < .10$ wird angedeutet, dass das Irrtumsrisiko „gering" ist, aber möglicherweise doch akzeptiert werden sollte: Der Befund könnte inhaltlich durchaus bedeutsam sein, er ist jedoch (z.b. bei geringer Fallzahl – s.u.) nicht „zufallskritisch" gesichert. Informativ ist es, wenn die berechneten Zufalls-Wahrscheinlichkeiten p direkt angeben werden, denn es kann einen Unterschied ausmachen, ob $p = .049$ oder $p = .011$ vorliegt; an $p < .05$ ist das aber nicht zu erkennen. Auch eine Zufalls-Wahrscheinlichkeit von $p = .051$ kann ein nützlicher Hinweis sein. Wenn ein Befund nicht statistisch signifikant ist, spricht man auch von *statistischem Rauschen* und meint damit, dass scheinbar bedeutsame Ergebnisse im Zufallsbereich liegen.

Die Zufalls-Normalverteilung

Bei Daten, die den Ansprüchen von Intervallskalen genügen, wird zur Schätzung der Zufalls-Wahrscheinlichkeit das statistisch anspruchsvollere Modell der *Zufalls-Normalverteilung* verwendet. Dessen Grundlagen hat der Mathematiker und Astronom Karl Friedrich *Gauß* (1777-1855) entwickelt. Seine *Theorie der Beobachtungsfehler* wird in der *Gauß'schen Glockenkurve* grafisch dargestellt. Sie war bis zur Einführung des Euro auf allen 10-DM-Scheinen abgebildet.

Diesem Modell liegt die Beobachtung zugrunde, dass Messungen eines Merkmals nicht immer 100-prozentig identisch sind, sondern mehr oder weniger große Abweichungen aufweisen. Gauß hatte dies bei seinen Beobachtungen der Sterne und der Messung ihrer Abstände erkannt. Die meisten Messwerte treffen den vermutlich richtigen Wert ziemlich gut, aber es kommt immer wieder zu Messfehlern. Deren Streuung um den Mittelwert kann man nach mathematisch-stochastischen Regeln bestimmen. Wenn die einzelnen Messungen voneinander unabhängig sind (sich nicht gegenseitig beeinflussen können), dann ergibt die Häufigkeitsverteilung grafisch eine Glockenkurve mit einem Berg in der Mitte und nach links und rechts abfallenden Flanken. Mathematisch ist diese Kurve neben dem *Mittelwert*, der auf $\bar{x} = 0{,}0$ festgelegt ist, durch die *Standardabweichung* s der Messwerte berechenbar. Dabei wird der Mittelwert als der wahre Wert betrachtet, von dem die einzelnen Messungen zufällig, aber doch mit bestimmbarer Häufigkeit abweichen. Es ist also im Prinzip eine Verteilung von Messfehlern.

Deshalb wird deren Streuung zur begrifflichen Unterscheidung als *Standardfehler* bezeichnet (im Folgenden kurz: *se* wie *standard error*). Das Modell und die Berechnung entsprechen denen der Standard*abweichung*, die in der deskriptiven Statistik als Streuungsmaß verwendet wird. Dort geht es um die individuellen Messwerte, der Standard*fehler* ist ein Maß für die Streuung der statistischen Kennwerte von Zufallsstichproben.

Die Position eines einzelnen Kennwertes innerhalb dieser Verteilung kann nun anhand dieses Standardfehlers als Standardwert bestimmt werden. Für verschiedene Bereiche unter der Kurve können bezogen auf z-Werte die Prozentanteile angegeben werden, die unter Zufallsbedingungen auftreten. Dabei sind die Grenzen für jene Zufalls-Wahrscheinlichkeiten bedeutsam, die für die konventionell auf 5, 1 oder 0,1 Prozent festgelegten Signifikanzniveaus (s.o.) entscheidend sind. Anhand dieser Werte kann man ermitteln, ob ein Untersuchungsergebnis innerhalb oder außerhalb einer bestimmten Zufalls-Wahrscheinlichkeit liegt. In der folgenden Tabelle sind einige dieser *Grenzwerte mit ihren Zufalls-Wahrscheinlichkeiten* aufgeführt:

Bereiche (z-Werte)	Prozentanteile	relative Anteile
zwischen $z = -1,0$ und $\bar{x} = 0$	34,13	.34
zwischen $\bar{x} = 0$ und $z = +1,0$	34,13	.34
zwischen $z = -1,0$ und $z = +1,0$	68,26	.68
außerhalb von $z = -1,96$ und $z = +1,96$ (zweiseitig)	5,00	.05
außerhalb von $z = -2,57$ und $z = +2,57$ (zweiseitig)	1,00	.01
außerhalb von $z = -3,29$ und $z = +3,29$ (zweiseitig)	0,10	.001
unter $z = -1,65$ bzw. oberhalb von $z = +1,65$ (einseitig)	5,00	.05
unter $z = -2,32$ bzw. oberhalb von $z = +2,32$ (einseitig)	1,00	.01
unter $z = -3,10$ bzw. oberhalb von $z = +3,10$ (einseitig)	0,10	.001

In der empirisch-statistischen Forschung wird dieses Konzept der Zufalls-Normalverteilung bei vielen Verfahren der schließenden Statistik angewendet. So kann z.B. geprüft werden, ob eine Untersuchungsgruppe in ihrem Mittelwert von einer Grundgesamtheit, aus der sie eigentlich stammen sollte, mehr abweicht, als nach dem Zufall zu erwarten wäre. Wenn Abweichungen in der vorliegenden Höhe unter Zufallsbedingungen kaum erwartet werden können, nimmt man an, dass es sich *nicht* um eine Zufallsstichprobe handelt, sondern dass die Abweichung einen bestimmten Grund hat, z.B. den, dass die Untersuchungsgruppe nach einem bestimmten Merkmal ausgewählt oder in besonderer Weise behandelt worden ist. Ähnlich verfährt man z.B. mit der Differenz zwischen den Mittelwerten von zwei Gruppen: Kann es noch mit dem Zufall zugehen, dass der Unterschied eine bestimmte Größe hat, oder könnte dies eher auf die besonderen Bedingungen zurückgeführt werden, unter denen die Gruppen (z.B. in einem Experiment) gebildet oder behandelt worden sind?

Bei statistischen Beurteilungen wird unterschieden, ob eine Hypothese *einseitig oder zweiseitig* formuliert ist. Wenn man nicht weiß bzw. nicht theoretisch klären kann, ob die zu prüfende Abweichung positiv oder negativ sein wird, prüft man *zweiseitig:* Man teilt die gesuchte Zufalls-Wahrscheinlichkeit auf die beiden Seiten der Normalverteilung auf und prüft an den Grenzen für jeweils die Hälfte dieses Betrags (also 2,5 % von 5 bzw. 0,5 % von 1 oder 0,05 % von 0,1). Wenn man begründen kann, dass eine Abweichung nur in einer Richtung vorliegen wird, kann man *einseitig* prüfen und die Grenzen für die Signifikanzniveaus etwas niedriger ansetzen. In beiden Fällen sind jene Bereiche bedeutsam, in denen die Wahrscheinlichkeit des Zufalls geringer ist als die konventionellen Grenzen von 5, 1 oder 0,1 Prozent (bzw. p<. 05, .01 oder .001). Dies ist dann der Fall, wenn die Standardwerte größer sind als die in der obigen Tabelle aufgeführten z-Werte.

Soweit das Modell. Ein Problem besteht nun allerdings darin, dass noch nicht klar ist, wie groß die *Standardfehler* sind, an denen man sich bei diesem Verfahren orientieren kann. Man müsste im Grunde erst einmal eine große Zahl vergleichbarer Messungen durchführen (können) und deren Verteilung bestimmen. Dann könnte das einzelne Messergebnis in dieser Verteilung verortet werden, aber dann bräuchte man die Signifikanzprüfung gar nicht mehr. Wenn man nur eine einzelne Messung zur Verfügung hat, muss man den Standardfehler von Zufallsbefunden schätzen. Dies soll im Folgenden am Beispiel von Korrelationskoeffizienten demonstriert werden.

Auch die Verteilung von *Korrelationskoeffizienten* wird vom *Zufall* beeinflusst. Bevor ein r-Wert interpretiert wird, ist deshalb zu prüfen, wie groß das Risiko ist, ein lediglich zufälliges Ergebnis zu interpretieren. Diese Frage wird nach dem gleichen Grundgedanken diskutiert, der schon oben abstrakt bzw. am Beispiel des χ^2-Tests durchgespielt wurde. Man versucht, den Standardfehler zu bestimmen. Ausgangspunkt ist bei Korrelationskoeffizienten in der Regel (allerdings meist unausgesprochen) die Annahme, dass unter reinen Zufallsbedingungen zwischen zwei Merkmalen keine Korrelation besteht, dass also die wahre Korrelation r = .00 beträgt.

Wenn nun aus einer solchen Grundgesamtheit nach dem Zufall viele Stichproben einer bestimmten Größe gezogen und jeweils die Korrelationskoeffizienten zwischen den betrachteten Merkmalen berechnet werden, dann werden diese r-Werte nicht alle gleich .00 sein, sondern – eben nach dem Zufall – mehr oder weniger von .00 abweichen. Je größer diese Stichproben sind, desto eher werden sich bei der Berechnung der Korrelationskoeffizienten Messwertpaare mit zufällig hohen oder zufällig niedrigen Abweichungen gegenseitig ausgleichen, die Korrelationskoeffizienten werden näher bei r = .00 liegen: Der *Standardfehler von Korrelationskoeffizienten* dieser Stichproben – kurz *se(r)* – wird umso kleiner, je größer die Stichproben sind. Unter der Erwartung, dass die Korrelation eigentlich gleich .00 ist, wird der Standardfehler nach folgender Formel geschätzt:

Standard*fehler* von Korrelationskoeffizienten = se(r) = 1 / √N

Zu diesem Standardfehler kann man die Differenz zwischen einer beobachteten und der theoretisch vermuteten Korrelation in Beziehung setzen. Man erhält dann einen *Standard(fehler)wert* – kurz z(r). Dessen Zufalls-Wahrscheinlichkeit ist in entsprechenden Tabellen abzulesen:

Standard(fehler)wert eines Korrelationskoeffizienten
= z(r) = (beobachtete Korr. – theoretische Korr.) / Standardfehler
= (r – .00) / se(r)

Falls der so errechnete Wert kleiner ist als −1,96 oder größer als +1,96, wird – mit einem Irrtumsrisiko bis zu 5 Prozent – gefolgert, dass die Teilgruppe wahrscheinlich nicht aus einer Grundgesamtheit mit der wahren Korrelation .00 stammt. Stattdessen nimmt man an, dass in der untersuchten Gruppe tatsächlich eine im Betrag stärkere korrelative Beziehung besteht. Diese wird als statistisch signifikant bewertet; die Null-Hypothese, dass kein korrelativer Zusammenhang besteht, wird verworfen.

Wie angedeutet, können Korrelationskoeffizienten nicht nur gegen die Null-Hypothese geprüft werden, dass die wahre Korrelation r = .00 sei, sondern in entsprechender Weise auch gegen jeden anderen, empirisch oder theoretisch begründeten Erwartungswert. Man könnte z.B. prüfen, ob eine bisher beobachtete korrelative Beziehung geringer wird, wenn man eines der beiden Merkmale oder beide experimentell in einem veränderten Kontext beobachtet.

Die *Faszination signifikanter Befunde* hat dazu geführt, dass in wissenschaftlichen Zeitschriften eher Ergebnisse publiziert werden, die signifikant sind und positive Ergebnisse bringen. Allerdings können Befunde, die eine Vermutung oder gar eine lange geglaubte Theorie in Frage stellen, sehr wichtig sein.

Eine *kritische Anmerkung* zum Modell der Zufalls-Normalverteilung: Diese wird manchmal wie eine quasi naturgegebene Konstante behandelt. Zweifellos ist sie in vielen Bereichen – vor allem bei naturwissenschaftlichen Fragestellungen – gültig. Wenn die impliziten Bedingungen erfüllt sind, ermöglicht sie anspruchsvolle statistische Operationen. In den Sozialwissenschaften sollte man aber nicht vergessen, dass es sich um ein mathematisches Modell handelt, dem manche Daten bzw. die erfassten Merkmale nicht ohne Weiteres entsprechen. Wenn eine Verteilung als „normal" bezeichnet wird, dann kann die Ungleichheit der beobachteten Objekte als quasi naturgegeben und unveränderlich suggeriert werden. Als latente Botschaft ist die Wirkung einer solchen scheinbaren Selbstverständlichkeit nicht zu unterschätzen. Solche Analysen müssen deshalb nicht gleich falsch sein, aber sie stellen die zu betrachtenden Merkmale im Zweifelsfall eben nur auf der Folie dieses Modells dar! Allerdings sollte man auch nicht den Boten für die Botschaft schelten: Wenn sich Unterschiede beobachten und beschreiben lassen, dann sollte man in der Sache, also ggf. politisch und/oder pädagogisch daran arbeiten, die Ungleichheit der Verhältnisse zu verringern. Man sollte also nicht nur wegen wahrscheinlichkeitstheoretischer Bedenken prüfen, ob die Bedingungen der Normalverteilung gegeben sind, sondern auch nach inhaltlichen, nicht zuletzt pädagogischen Gesichtspunkten fragen, ob das Modell der Zufalls-Normalverteilung der Sache angemessen ist.

Zum Beispiel „Einstellungen zur Statistik"

Bei der Befragung über „Einstellungen und Kenntnisse zur Statistik" wurden für N = 844 Personen die Korrelationen mit Item 3 ermittelt (vgl. Kap. 6.8). Von diesen Korrelationskoeffizienten sind die folgenden „statistisch signifikant":

	Item	r	Sign
19	Mit Mathematik hatte ich schon immer Probleme. (−)	-.40	***
15	Es fasziniert mich, dass man mit einer einzigen Formel Aussagen über große Datenmengen machen kann.	.39	***
14	Ich finde es richtig, dass Studierende der Pädagogik bis zur Zwischenprüfung Kenntnisse in Statistik erwerben müssen.	.38	***
6	Bei Texten mit Formeln und Tabellen empfinde ich Abneigung.	-.38	***
18	Es macht mir Spaß, grafische Darstellungen zu betrachten.	.38	***
17	Ich finde es nicht angemessen, dass Studierende der Pädagogik sich mit Statistik beschäftigen müssen. (−)	-.32	***
5	Ich habe schon erlebt, dass ich mit Kenntnissen der Statistik Fachliteratur besser verstanden hätte.	.26	***
9	Ich benötige Statistik, um Fachliteratur zu lesen.	.19	**
2	In meiner späteren Berufspraxis werde ich Statistik kaum benötigen.	-.19	*
8	Wer in abstrakten Zahlen denkt, verliert den Blick für die Zusammenhänge. (−)	-.19	*
1	Pädagogische Forschung ist ohne Statistik kaum möglich.	.15	**
13	Empirisch-statistische Forschung mag zwar „objektiv", also von anderen nachprüfbar sein, aber sie gibt die tatsächlichen Verhältnisse nur gebrochen wieder. (−)	-.16	*
20	Wer ein Fach wie Pädagogik studiert, hat meist eine Abneigung gegen statistische Methoden. (−)	-.16	*

Von den zwanzig Items korrelieren sieben auf dem höchsten Niveau (p<.01 bzw. P<1,0 %): Das diese Beziehungen berechnet werden, ist unter Zufallsbedingungen mit weniger als 1 Prozent Wahrscheinlichkeit zu erwarten.

Wenn man diese Grenze vorher als akzeptabel festgelegt hat, kann man das Ergebnis als statistisch bedeutsam betrachten und inhaltlich interpretieren.

Wichtig ist schon an dieser Stelle die *Warnung vor einer überhöhten Interpretation und Bewertung* der statistischen Signifikanz: Eine solche Überbewertung legt sich vor allem dann nahe, wenn hohe Fallzahlen (große Stichproben) mit „sehr hoch signifikanten" Ergebnissen einhergehen. Der Laie neigt dann zu dem Schluss, dass unter solchen Bedingungen Vertrauen angesagt sei. Wenn der Zufall unwahrscheinlich ist und das Ergebnis als „überzufällig" erklärt wird, dann bedeutet das noch nicht, dass es auch inhaltlich, „praktisch" bedeutsam ist. Die Signifikanzprüfung verringert lediglich das Risiko, einem Zufallsergebnis aufzusitzen. Die praktische Bedeutsamkeit ist anschließend nach eigenen Kriterien zu beurteilen (s.u.).

Hinter den bei statistischen Entscheidungen möglichen Fehlern steckt nicht zuletzt die grundsätzliche Frage, mit welcher *Haltung* man zu solchen Entscheidungen steht: Geht es eher darum, für eine im Grunde vorab ziemlich feststehende Sicht der Dinge eine Bestätigung zu suchen, oder ist man bereit, im Sinne des Falsifikationsprinzips (s.o.) mögliche Irrtümer zu entdecken oder gar weiterführende, bessere Erklärungen etc. zu finden?

Es ist allerdings nicht ganz einfach, die jeweils angemessene theoretische Zufallsverteilung zu ermitteln, an der das beobachtete Ergebnis geprüft werden kann. Dabei können grundsätzlich *zwei Bereiche* unterschieden werden, die sich auf unterschiedliche Voraussetzungen bei den Daten beziehen und dies in entsprechenden Modellen berücksichtigen:

• Bei Daten auf dem Niveau von Nominal- oder Ordinalskalen (s.o.) dürfen nur die Häufigkeiten der einzelnen Skalenwerte verwendet werden. Dennoch gibt es eine Fülle von Verfahren zur Schätzung der Zufalls-Wahrscheinlichkeit. Die Verfahren dieser Gruppe werden als *nonparametrisch* oder *verteilungsfrei* bezeichnet.

• Bei Daten auf dem anspruchsvollen Niveau von Intervall- oder Rationalskalen (s.o.) können entsprechend anspruchsvolle mathematische Verfahren verwendet werden (Multiplikation und Division der Messwerte). Wenn dabei zudem die von dem Mathematiker Gauß entwickelte *Zufalls-Normalverteilung* (s.u.) zugrundegelegt werden kann, spricht man von *parametrischen* Verfahren der Signifikanzprüfung. Damit wird darauf verwiesen, dass sie sich auf einen „Parameter", nämlich die statistische Zufalls-Normalverteilung" beziehen. Für Daten, die dieser Voraussetzung (aus welchen Gründen auch immer) nicht entsprechen, sind *Nicht*-parametrische Verfahren entwickelt worden. Aus beiden Gruppen soll jeweils ein Verfahren exemplarisch dargestellt werden.

Die Bedeutung der Fallzahlen

Angaben über die statistische Signifikanz und Argumente mit signifikanten Ergebnissen sind immer kritisch zu prüfen. Allzu leicht und gern wird damit in einer Weise argumentiert, die zumindest fraglich ist. Das erreichte Signifikanzniveau hängt nämlich eng mit der jeweiligen *Fallzahl* zusammen. Am Beispiel der Korrelationskoeffizienten sei dies verdeutlicht. Aus der Formel für den Standardfehlerwert von Korrelationskoeffizienten lässt sich ableiten, wie groß Korrelationskoeffizienten sein müssen, wenn ein bestimmtes Signifikanzniveau erreicht werden soll:

aus $z(r) = r - .00 / se(r) = r / [1/ \sqrt{N}]$
ergibt sich: $r = z(r) / \sqrt{N}$

In der folgenden Tabelle sind die Grenzwerte aufgeführt, bei denen Korrelationskoeffizienten bei unterschiedlichen Fallzahlen (bei zweiseitiger Prüfung) „sehr hoch signifikant" sind:

N	$\sqrt{N}$	Grenzwerte für signifikante Korrelationskoeffizienten für p < .001; z(r) = 3,29; r = 3,29 / $\sqrt{N}$
10	3,16	1.0
30	5,47	.60
100	10,00	.33
500	22,36	.15
1000	31,62	.10

Bei einem großen N sind also schon sehr niedrige Korrelationskoeffizienten signifikant. Das bedeutet aber lediglich, dass ein Wert in dieser Größe unter Zufallsbedingungen vermutlich nicht entstanden wäre. Eine Korrelation von r = .10 ist jedoch – auch bei 1000 Fällen – zwar statistisch sehr hoch signifikant, aber inhaltlich kaum bedeutsam (s.o.).

Dieser Zusammenhang gilt für andere Verfahren und Inhalte der Signifikanzprüfung in analoger Weise (vgl. die obige Darstellung zum χ^2-Test). So sind z.B. geringe Differenzen zwischen den Mittelwerten zweier Gruppen häufig nur deshalb statistisch signifikant, weil die Fallzahlen hoch sind. Wer diesen Zusammenhang nicht durchschaut, wird leicht der Faszination der großen Zahl erliegen: Je größer die Untersuchungsgruppe ist, desto zuverlässiger scheint das Ergebnis zu sein. Wenn dann bei einer großen Untersuchung noch von einem „sehr hoch signifikanten" Ergebnis berichtet wird, ist der Laie – und häufig auch ein nicht ganz kundiger Wissenschaftler – sehr beeindruckt.

7.2 Nicht-parametrische Verteilungen: der Chi²-Test

In einem χ^2-Test (sprich: „Chi-Quadrat-Test") wird die in einer Untersuchung beobachtete *empirische Verteilung* (z.B. in eine Vierfeldertafel) mit einer *theoretisch unterstellten* verglichen. Es wird geprüft, wie wahrscheinlich bzw. unwahrscheinlich sie sich unter Zufallsbedingungen unterscheiden würden. Häufig wird unterstellt, dass die Anteile in den verschiedenen Feldern eigentlich gleich groß sein sollten. Bei einem Würfel ist für jede Augenzahl nach dem Zufall ein Sechstel aller bzw. vieler Würfe zu erwarten. Man kann aber auch – z.B. in einem Experiment (s.o.) – die Verteilung in der Kontrollgruppe heranziehen und die Ergebnisse der Experimentalgruppe damit vergleichen. Es ist also wie bei einer hermeneutischen Analyse: Man möchte ein Vorverständnis von der Sache klären und prüfen. Dass dies bei der statistischen Analyse von großer Bedeutung ist, soll das folgende Beispiel deutlich machen.

In einer Studie in einer Lehrveranstaltung könnte bei insgesamt N = 30 Personen z.B. das Merkmal Geschlecht folgendermaßen verteilt sein:

weiblich = 20; männlich = 10; N = 30

Wie ist dieser Anteil von zwei Dritteln Frauen zu beurteilen? Ist das auffällig, oder ist es im Grunde normal? – Aber welche Verteilung wäre hier eigentlich zu erwarten, von welcher theoretischen Verteilung muss man ausgehen? – Im Folgenden werden dazu drei mögliche theoretische Verteilungen durchgespielt, um den Grundgedanken des Chi²-Tests und zugleich mögliche Fehldeutungen erkennbar zu machen.

(1.) Eine naheliegende Annahme könnte sein, dass diese Verteilung sich nicht wesentlich von jener in *anderen Veranstaltungen* des Instituts unterscheidet, in dem die Daten erhoben worden sind. Nehmen wir an, dass dort das Verhältnis von Frauen zu Männern 73 zu 27 Prozent ausmacht. Bei 30 Personen müssten dann in der Untersuchungsgruppe theoretisch 73 % der Befragten, also 22 von 30 Personen weiblich sein. Diese *theoretischen Werte und deren Differenzen* sind in der folgenden Tabelle eingetragen:

Verteilung	weiblich	männlich	Zeilensumme
beobachtet	20	10	30
theoretisch (andere Veranst.)	22	8	30
Differenzen b- t	-2	2	

Die beiden Verteilungen weichen geringfügig voneinander ab. Wie groß ist die Wahrscheinlichkeit, dass dies nur Zufall sein kann und nicht nach einer anderen Erklärung gesucht werden sollte? – Das Modell des χ^2-Tests beruht auf folgenden Überlegungen: Man berechnet für die einzelnen Kategorien (hier für männlich und weiblich) die Differenzen zwischen beobachteten und theoretischen Werten. Diese Differenzen werden quadriert, wodurch große Differenzen stärker zur Wirkung kommen als kleine. Wie gewichtig diese Differenzen sind, hängt dabei sehr von der Größe der theoretischen Werte ab. Wenn eine beobachtete Häufigkeit von der theoretischen z.b. um 5 Punkte abweicht, dann hat das bei einer theoretischen Häufigkeit von 10 ein ganz anderes Gewicht als bei einer theoretischen Häufigkeit von 100. Um dies zu berücksichtigen, werden die (quadrierten) Differenzen zu den theoretischen Werten in Beziehung gesetzt, also durch diese dividiert. Wenn man dies für alle Felder der Verteilung tut, ergibt sich als Formel:

$$\text{Chi}^2 = \sum [(b - t)^2 / t]$$

Für das Beispiel bedeutet dies:

$$\text{Chi}^2 = (20 - 22)^2 / 22 + (10 - 8)^2 / 8$$
$$= (-2)^2 / 22 + 2^2 / 8 = 0{,}18 + 0{,}5 = 0{,}68$$

Was dieser Wert bedeutet, soll später im Vergleich diskutiert werden!

(2.) Man könnte die beobachtete Verteilung aber auch daran prüfen, ob sie den allgemeinen Anteilen der Geschlechter bei Studierenden an Hochschulen entspricht. Das seien insgesamt etwa 38 Prozent Frauen und 62 Prozent Männer. In der Untersuchungsgruppe müssten bei N=30 Personen demnach theoretisch 38 %, also 11 Personen weiblich sein. Daraus folgt jetzt als Gegenüberstellung zu den theoretischen Werten:

Verteilung	weiblich	männlich	Zeilensumme
beobachtet	20	10	30
theoretisch (Studierende)	11	19	30
Differenzen b – t	9	- 9	

Als Chi²-Wert ergibt sich nunmehr

$$\text{Chi}^2 = (20 - 11)^2 / 11 + (10 - 19)^2 / 19 = 9^2 / 11 + (-9)^2 / 19$$
$$= 7{,}36 + 4{,}26 = 11{,}62$$

(3.) Man könnte annehmen, dass die Anteile weiblicher und männlicher Personen sich in dieser Untersuchungsgruppe genauso verhalten sollten, wie in der *Bevölkerung der Bundesrepublik,* also zu 52 Prozent aus weiblichen Personen. Für 30 Personen ergeben sich folgende Gegenüberstellung:

Verteilung	weiblich	männlich	Zeilensumme
beobachtet	20	10	30

Verteilung	weiblich	männlich	Zeilensumme
theoretisch (Bevölkerung)	16	14	30
Differenzen b – t	4	-4	

Als Chi²-Wert wird jetzt berechnet:

$$Chi^2 = (20 - 16)^2 / 16 + (10 - 14)^2 / 14 = 4^2 / 16 + (-4)^2 / 14$$
$$= 1{,}0 + 1{,}14 = 2{,}14$$

Was bedeuten diese drei Werte? – Es soll beurteilt werden, ob die beobachtete Verteilung als Zufall verstanden werden kann oder nicht. Um diese Frage zu beantworten, bezieht man sich auf die Wahrscheinlichkeit, mit der Chi²-Werte unter den jeweiligen Bedingungen unter Zufallsbedingungen zu erwarten wären. Der Grundgedanke ist dabei – wie bei allen anderen Verfahren der statistischen Signifikanzprüfung –, dass man eine so genannte *Grundgesamtheit* hat, in der alle Fälle enthalten sind, die für eine bestimmte Fragestellung in Frage kommen (in den obigen Beispielen alle Studierende des pädagogischen Instituts bzw. alle Studierende in der Bundesrepublik bzw. alle Einwohner der Bundesrepublik). Wenn man nun aus der Grundgesamtheit zufällig Stichproben einer immer gleichen Größe zieht, dann wäre zu erwarten, dass die Merkmale der Grundgesamtheit in den Stichproben in ähnlichen Relationen wiederzufinden sind. Tatsächlich wird das häufig der Fall sein, aber in einigen Stichproben wird die Verteilung der Merkmale von jener in der Grundgesamtheit abweichen. Dabei werden geringe Abweichungen häufig auftreten, größere Abweichungen werden eher selten sein. Das gilt – wie gesagt – unter der Bedingung, dass die Stichproben unter Zufallsbedingungen gezogen werden.

Wenn nun für viele solcher Zufalls-Stichproben die Chi²-Werte in der oben definierten Weise berechnet werden, dann werden diese in den meisten Fällen niedrig sein. Aber auch unter Zufallsbedingungen wird es größere geben, möglich sind sogar sehr große Chi²-Werte. Für jeden möglichen Chi²-Wert kann man wahrscheinlichkeitstheoretisch bestimmen, wie häufig dieser nach dem Zufall zu erwarten ist. Dabei spielt es in naheliegender Weise eine Rolle, auf wie viele Felder (Zellen) sich die Berechnung bezieht. Dies wird mit dem etwas pathetisch klingenden Begriff *Freiheitsgrad* (kurz „*df*" von „*degree of freedom*") bezeichnet. Gemeint ist damit die Anzahl der Felder, die in einer Verteilung nicht bereits durch die Werte in den anderen Zellen festgelegt sind, sondern noch „frei" variieren können (bei zwei Feldern ist df also nur noch 1). Man kann nun für den in einer empirischen Studie beobachteten χ^2-Wert in entsprechenden Tabellen ablesen, mit welcher Wahrscheinlichkeit das gefundene Ergebnis auch unter Zufallsbedingungen entstanden sein könnte. Wenn dies mit weniger als 5 Prozent der Fall ist, gilt ein Befund – nach der schon zitierten Konvention – als *statistisch signifikant*.

Für die oben diskutieren Vergleichswerte des Verhältnisses von Männern und Frauen hatten sich folgende Zufallswahrscheinlichkeiten ergeben:

beobachtete Verteilung weiblich zu männlich (in %)	Vergleich mit...	theoretische Verteilung weiblich zu männlich (in %)	Chi²-Wert	Zufalls-Wahrschein-lichkeit	Signi-fikanz-niveau
66 zu 33	Pädagogik-Stud. im Institut	74 zu 26	0,68	p > .30	n.s.
66 zu 33	Studierenden in der BRD	38 zu 62	11.62	p < .001	sss/ ***
66 zu 33	Bevölkerung der BRD	52 zu 48	2,14	p > .10	n.s.

Die 30 Personen der untersuchten Gruppe unterscheiden sich also in ihrem Verhältnis von Frauen und Männern nicht signifikant von Studierenden der Pädagogik in anderen Veranstaltungen und auch nicht von der Bevölkerung der Bundesrepublik. Aber im Vergleich zu allen Studierenden in der Bundesrepublik ist die beobachtete Verteilung (mit sehr hoher Wahrscheinlichkeit) nicht als eine Zufallsstichprobe zu betrachten. Ein Pädagogik-Studium scheint für Frauen attraktiver zu sein. In der Studie mit 30 Personen weicht die Verteilung nach dem Geschlecht nicht signifikant von Studierenden der Pädagogik ab. Auch gegenüber dem Durchschnitt der Bevölkerung ist die Differenz nicht auffällig. Allerdings wäre hier zu prüfen, ob dies bei einer größeren Fallzahl so bleiben würden (s.u.).

An diesen Beispielen ist nicht der kaum überraschende Befund bedeutsam. Der Vergleich sollte exemplarisch vorführen, dass bei der Prüfung der statistischen Signifikanz die *theoretischen Annahmen* das Ergebnis erheblich beeinflussen. Es ist also wichtig, transparent zu machen, an bzw. gegen welche Erwartung die Daten geprüft werden sollen. Es ist keineswegs immer sinnvoll, von einer Gleichverteilung auszugehen. Für einen χ^2-Test können im Grunde alle denkbaren Verteilungen herangezogen werden, wenn sie theoretisch sinnvoll und begründbar sind. Dieses Verfahren eignet sich deshalb insbesondere für Verteilungen, die nicht statistisch normalverteilt sind und vor allem für Daten auf dem Niveau von Nominal- und Ordinalskalen.

7.3 Praktische Bedeutsamkeit

Es sollte bereits deutlich geworden sein, dass die statistische Signifikanz nicht ausreicht, um empirische Untersuchungsbefunde zu beurteilen. Die „statistische Bedeutsamkeit" sagt nichts darüber aus, ob und in welchem

Maße das Ergebnis einer Untersuchung der Sache nach bedeutsam ist und ob man daraus praktische Folgerungen ziehen sollte. Ob ein Untersuchungsergebnis praktisch bedeutsam ist, kann man letztlich natürlich nur angesichts der jeweiligen Fragestellung, der Untersuchungs-Bedingungen und der Untersuchungs-Ziele beurteilen. Dies gilt im Prinzip auch schon für die statistische Frage, welches Irrtumsrisiko akzeptiert werden kann.

Dennoch können quantitative Auswertungen der Daten Anhaltspunkte für die Beurteilung der praktischen Bedeutsamkeit liefern. Sie wollen erkennbar machen, wie stark ein Effekt, ein Unterschied, ein Zusammenhang, der sich in der Signifikanzprüfung bewährt hat, denn tatsächlich ausgeprägt ist. Drei Modelle, die diesem Zweck dienen, werden im Folgenden vorgestellt.

Der Konfidenzbereich

Nach dem Modell der Zufalls-Normalverteilung wird geprüft, mit welcher Wahrscheinlichkeit das Ergebnis einer Erhebung auch in einer Zufalls-Stichprobe hätte gefunden werden können. Man möchte ein möglichst geringes Zufalls-Risiko haben, bevor man einen Befund inhaltlich interpretiert. Der Gedankengang ist folgender: Wenn man meint, einen interessanten Wert gefunden zu haben, dann kann man nach dem gleichen Modell sozusagen umgekehrt schätzen, in welcher Größenordnung diese Kennwerte bei vergleichbaren Stichproben streuen würden. Man kann ja nicht erwarten, dass man mit einer einzigen Stichprobe den einzig wahren Wert schon gefunden hätte. Je größer solche Stichproben sind, desto enger werden deren Werte beieinander liegen. Man berechnet dann, in welchen Grenzen die statistischen Kennwerte solcher Stichproben zu erwarten sind. Man setzt dazu in der Regel die Grenze bei einer Wahrscheinlichkeit von 95 Prozent. Diesen Bereich auf der Mess-Skala bezeichnet man als *Vertrauens- oder Konfidenzbereich*. Man akzeptiert also wieder ein Irrtumsrisiko von 5 Prozent, weil man nach dem Modell der Normalverteilung davon ausgeht, dass immer einige Stichprobe Extremwerte aufweisen, die auf dem Zufall beruhen und deshalb ignoriert werden können.

Der Determinationskoeffizient r^2

Ein weiteres Verfahren, mit dem die Bedeutung einer Beziehung beurteilt werden soll, ist die Berechnung des *Determinationskoeffizienten r^2*. Dieses *Bestimmtheitsmaß* beruht auf dem gleichen Modell wie die Varianzanalyse. Ausgangspunkt ist der Korrelationskoeffizient r. Dieser gibt an, in welcher Relation die Standardwerte zweier Variablen zueinander stehen (s.o.). Durch das Quadrieren des r-Wertes erhält man einen Kennwert, der als Maß für die Stärke der Beziehung zwischen zwei Variablen aufgefasst werden kann. Er wird als *Anteil der erklärten Varianzen* bezeichnet.

Die Daten der Items E und G sollen dies nachvollziehbar machen:

I	E			G			$(e_i-\bar{e}) * (g_i-\bar{g})$
	e_i	$e_i-\bar{e}$	$(e_i-\bar{e})^2$	g_i	$g_i-\bar{g}$	$(g_i-\bar{g})^2$	
i=1	4	-2	4	20	-20	400	40
i=2	4	-2	4	30	-10	100	20
i=3	5	-1	1	30	-10	100	10
i=4	5	-1	1	40	0	0	0
i=5	7	1	1	40	0	0	0
i=6	7	1	1	50	10	100	10
i=7	8	2	4	50	10	100	20
i=8	8	2	4	60	20	400	40
Σ	48	0	20	320	0	1200	140
N = 8	$\bar{e} = 6$		$s(e)^2 = 2,5$	$\bar{g} = 40$		$s(g)^2 = 150$	cov = 17,5
			$s(e) = 1,58$			$s(g) = 12,25$	

Der Korrelationskoeffizient ergibt sich nach der oben zitierten Formel als

$r(e,g) = cov(e,g) / [s(e) * s(g)]$
$= 17,5 / [1,58 * 12,25] = 17,5 / 19,36 = 0,904 ≈ .91$

Das Quadrat beträgt

$r^2 = 0,904 * 0,904 = 0,817 ≈ 0,82$

Dieser Wert wird als Maß für die *Determination* eines Merkmals durch ein anderes interpretiert. Dies kann als Prozentanteil ausgedrückt werden. Man sagt dann: 82 Prozent der Varianzen stehen statistisch-rechnerisch in Beziehung zueinander.

Bei der Beurteilung dieses Kennwertes darf der Begriff *Aufklärung* der gemeinsamen Varianz nicht als Erklärung im Sinne eines kausalen Zusammenhangs gedeutet werden. Wie bei der Korrelation geht es lediglich um eine rechnerisch-funktionale Beziehung. Dies ergibt sich schon daraus, dass die numerisch-funktionale Beziehung, wie sie durch r ausgedrückt wird, für beide Richtungen zwischen den Variablen gilt. Auch wenn die Bezeichnung sehr anspruchsvoll klingt: Beweisen kann der Determinationskoeffizient gar nichts! Kausale Beziehungen sind nur im Bezug auf eine theoretische Begründung und ein entsprechendes experimentelles Arrangement nachweisbar.

Die Effektstärke: ES oder d-Wert

Mit der Effektstärke wird ein Anhaltspunkt für die praktische Bedeutsamkeit einer beobachteten Differenz berechnet. Diese wird zur Standardabweichung der Daten (hier nicht zu verwechseln mit dem oben behandelten Standardfehler von Korrelationskoeffizienten, s.o.!) in Beziehung gesetzt. Wenn die Differenz zwischen zwei Teilgruppen fast so groß (oder gar größer) ist als eine Standardabweichung, dann ist dies eher als inhaltlich bedeutsam einzuschätzen, als wenn die Differenz deutlich niedriger ist. Die Relation der Differenz zur Standardabweichung bezeichnet man als die *Effektstarke* des untersuchten Treatments (auch *d-Wert* von engl. „distance"). Die Effektstärke ist definiert durch die Relation:

ES = = Differenz der Mittelwerte / Standardabweichung der Daten
= $(\bar{x}_1 - \bar{x}_2) / s(x)$

Wenn die Differenz zwischen den Gruppen negativ ist, ist auch die Effektstärke negativ. Als Standardabweichung sollte dabei jener Wert verwendet werden, der am besten die wahre, ursprüngliche Streuung repräsentiert – in einer experimentellen Studie also die der (unbeeinflussten) Kontrollgruppe.

Es gibt keinen verbindlichen Maßstab, nach dem die *Stärke der praktischen Bedeutsamkeit* zu beurteilen wäre. Vorgeschlagen wurde als Unterscheidung, dass eine ES bis 0,20 als „gering/klein", in der Nähe von 0,50 als „mittel" und ab 0,80 als „groß/stark" gewertet werden kann. Aber das sind allenfalls Anhaltspunkte. Es soll ja gerade darum gehen, die Bedeutung der Sache nach zu beurteilen! Im Zweifelsfall wird man sich also streiten können, ob eine ES von z.B. 0,50 „beachtlich", „relativ hoch" oder eigentlich doch nur „gering" ist, wenn man sich vergegenwärtigt, dass ES-Werte durchaus größer als 1,0 sein können. Die Entscheidung hängt hier in besonderer Weise von Erwartungen und Prioritäten ab. Deshalb sollte im Sinne der Transparenz des Vorgehens vorab festgelegt werden, welche Größe die Effektstärke haben muss, wenn der Befund positiv beurteilt werden soll. Das würde verhindern, dass man sich im Nachhinein doch mit einem mäßigen Ergebnis zufriedengibt, obwohl es der Sache nicht gerecht wird.

Das Konzept der Effektstärke wird verständlicher, wenn man die Verteilung der Daten heranzieht. An den Prozentanteile dieser Verteilung (s.o.) kann man dann ablesen: Unterhalb oder oberhalb des Mittelwertes liegen jeweils 50 Prozent der Fälle, zwischen dem Mittelwert und einer Standardabweichung liegen unterhalb und oberhalb jeweils etwa 34 Prozent aller Fälle, vom Mittelwert bis zu einer halben Standardabweichung sind es jeweils etwa 19 Prozent etc. Wenn man z.B. eine Teilgruppe mit der Gesamtgruppe vergleicht, dann kann man eine Effektstärke von ES = −0,50 so deuten, dass die Teilgruppe mit ihrem Mittelwert dort liegt, wo in der Gesamtgruppe der Prozentrang (s.o.) PR = 31 (wegen 50 minus 19 %) erreicht wird.

Wenn es nicht angemessen ist, die Normalverteilung zu unterstellen (z.B. bei ordinal skalierten Daten wie den Schulnoten), kann man sich auf die tatsächlich vorgefundene Verteilung der Daten beziehen. Bei der Differenz zwischen zwei Teilgruppen kann man deren Mittelwerte auf die Gesamtverteilung projizieren und die Bedeutung dieser Differenz danach beurteilen, wie viel Prozent der Fälle dort zwischen den entsprechenden Punkten liegen. Die Verteilung in der Gesamtgruppe muss dazu nicht standardisiert sein.

8. Hermeneutisch orientierte Daten-Analysen

In den Darlegungen zu den Konzepten der Hermeneutik und der Empirie (s. Kap. 2.2 und 2.3) wurde herausgestellt, dass deren erkenntnistheoretische Annahmen in vielen Aspekten sehr ähnlich sind – jedenfalls dann, wenn man sie nicht als feindliche, sich ausschließende Ansätze voneinander abgrenzen will. Dies wird zum Glück seit einiger Zeit nicht mehr so prinzipiell vertreten. Der Gegensatz soll überwunden werden, weil man erkannt hat, dass hermeneutische und empirische Ansätze sich gut und sinnvoll ergänzen können. Dass dies tatsächlich möglich ist, soll im Folgenden an einer Fallstudie anschaulich werden, die sich auf eine quantitative Daten-Erhebung und ein qualitatives Interview bezieht.

8.1 Konzept und Ziele

Solche ergänzenden Analysen sind dann möglich, wenn bei einer schriftlichen Befragung mit zahlreichen Personen (und deren quantitativer Auswertung) zusätzlich einzelne zufällig oder gezielt ausgewählte Personen mündlich befragt werden. Dabei ist prinzipiell nicht auszuschließen, dass das eine Verfahren das andere beeinflusst, indem z.B. durch eine mündliche Befragung den Befragten das angesprochene Thema und ggf. seine Problematik bewusst(er) wird, sodass nachfolgend der Fragebogen nicht mehr naiv bearbeitet wird. Andererseits ist zu vermuten, dass das Thema in der nachfolgenden schriftlichen Erhebung bewusster bearbeitet wird. Es ist freilich kaum zu klären, ob und in welcher Weise die Aussagen beeinflusst werden.

Hermeneutisch-qualitative und empirisch-quantitative Verfahren haben ihre *eigene und differente Dignität*. Und es ist methodisch nicht einfach, sie in eine produktive, nicht nur additive Beziehung miteinander zu bringen. Diese Differenz ist aber unproduktiv oder unzureichend, wenn es nicht gelingt, was Heinrich Roth gefordert hatte, nämlich den hermeneutischen Zirkel durch sozialwissenschaftliche Verfahren zu ergänzen, um die theoretisch-abstrakt entwickelten Deutungen und Konzepte einer empirischen Prüfung zu unterziehen. So muss es letztlich unbefriedigend bleiben, wenn nicht geklärt werden kann, ob bzw. in welchem Maße die Befunde einer Fallstudie über die besondere Konstellation hinaus für eine größere Gruppe oder in anderen Kontexten gültig sein können. Umgekehrt kann es nicht befriedigen, wenn eine repräsentative Studie bestimmte Hypothesen nach strengen Verfahren prüft, aber dadurch doch immer nur die in Hypothesen oder in das theoretische Modell einbezogenen Variablen in den Blick nehmen kann. Auch Mehrebenenanalysen bleiben in den Kontexten der jeweils einbezogenen Treatments und Kriterien gebunden, größere Zusammenhänge können daraus nur entwickelt werden, wenn dieser Rahmen im Sinne einer hermeneutischen Wendung sozusagen intuitiv überschritten wird und weitergehende Vermutungen entworfen werden.

In diesem Sinne plädiere ich dafür, in die Analyse numerischer Daten eine hermeneutische Perspektive einzubringen. Eine solche *Hermeneutische Wendung* kann dann sinnvoll sein, wenn eine Fragestellung offen bearbeitet werden soll, weil es nicht möglich oder sinnvoll erscheint, vorab dezidierte Hypothesen zu formulieren und zu prüfen. In eine schriftliche Befragung sollten dann vielmehr viele Aspekte einbezogen werden, die möglicherweise im Sinn eines Vorverständnisses relevant sein können. Die Befragten werden gefragt, in welchem Grad die vorgelegten Aussagen ihren Erfahrungen. Einstellungen etc. entsprechen. Diese Einschätzungen (etwa „trifft gar nicht zu" bis „trifft voll zu") sind im Grunde wie qualitativ-verbale Äußerungen zu verstehen. In einem Interview könnte jemand auf einen entsprechenden Impuls so geantwortet haben, wie es sich im Grad der Zustimmung zu einer Item-Aussage ausdrückt. Die Daten werden dann nicht als Messung einer vorab operationalisierten Variable verstanden, sondern als Text, dessen Bedeutung erst noch verstanden werden muss.

Solche Daten werden nun nicht – wie bei einer Fallstudie – für einzelne oder wenige Personen erhoben, sondern in einer mehr oder weniger repräsentativen und in der Regel heterogenen Gruppe von Befragten. Es geht dann in der Analyse im ersten Schritt um die *zentralen Tendenzen* (die Mittelwerte) der verschiedenen Aspekte. Dabei zeigt sich, welche Formulierungen stärker oder weniger stark ausdrücken, was die Befragten für wichtig bzw. für zutreffend halten. Mit Hilfe einer *Faktorenanalyse* (s.o.) können strukturelle Dimensionen herausgearbeitet werden. Der eigentlich hermeneutisch orientierte Schritt besteht dann darin, nach differenziellen Sichtweisen zu suchen, die mit verschiedenen personalen Merkmalen (Geschlecht etc.), situativen Kontexten (verschiedenen Lernumgebungen o.Ä.) oder artikulierten Einstellungen (der geringen oder stärkeren Zustimmung zu ausgewählten Aussagen) in Beziehung stehen. Schritt für Schritt werden – wie in einem klugen hermeneutischen Zirkel – die Deutungen vertieft.

Am Ende steht eine Interpretation, wie vorab nicht formuliert werden konnte. Man erfährt also nicht nur, ob Hypothesen sich bewähren, sondern es entstehen Deutungen, die im Sinne des hermeneutischen Zugangs das bisherige Verständnis der Sache erweitern. Diese können dann in Analogie zum „hermeneutischen Zirkel" (s. Kap. 3) als *„empirischer Zirkel"* immer wieder an den Daten geprüft werden. Daran sollen – wenn möglich – auch die Gefragten beteiligt werden.

Ein wesentliches Ziel für diese Art der Datenerhebung und der Datenauswertung liegt also darin, dass empirische Befunde so präsentiert werden, dass sie von jenen kommuniziert werden können, für deren Reflexion und Handeln sie hilfreich sein sollen. Es soll möglichst anschaulich nachvollziehbar sein, wie die Daten zustande gekommen sind und wie ihre Interpretationen entwickelt wurden. Diejenigen, die aus den Befunden Folgerungen ableiten sollen, sollten in die Interpretation einbezogen werden, weil sie im Grunde am besten verstehen und deuten können, was ein Befund bedeutet. Sie werden etwaige Folgerungen konsequenter umsetzen, wenn sie die Interpretationen für gültig erachten und die einfließenden Intentionen und Wertsetzungen teilen. In diesem Sinne ist die Hermeneutische Datenanalyse ein Versuch, im Spektrum zwischen normativer Reflexion und empirischer Detail-Analyse jenen Wende- oder Null-Punkt des Oszillierens (s.u.) zu treffen, an dem der Blick von der einen bzw. von der anderen Ebene kommt und sich der jeweils anderen Perspektive zuwendet.

8.2 Analysen für Teilgruppen

Bei Korrelations- und Faktorenanalysen (vgl. Kap. 6.8 und 6.9) sind die Interpretationsmöglichkeiten begrenzt, weil nicht erkennbar ist, auf welchem Niveau sich diese Beziehungen abspielen. Auch starke korrelative Beziehungen beziehen sich lediglich auf Abweichungen von den jeweiligen Mittelwerten, deren Ausprägungen bei der Berechnung keine Rolle spielen. – Für eine vertiefende inhaltlich-hermeneutisch orientierte Interpretation kann ein weiteres Verfahren aufschlussreich sein, bei dem die tatsächliche Ausprägung der jeweiligen Merkmale berücksichtigt werden kann: der Vergleich ausgewählter Teilgruppen mit der Gesamtgruppe aller Befragten bzw. die Gegenüberstellung zweier kontrastierender Gruppen.

Eine Teilgruppe im Vergleich mit der Gesamtgruppe

Der zentrale Ansatz einer hermeneutisch orientierten Analyse von Daten ist der Vergleich von Teilgruppen mit der Gesamtgruppe, der sie entnommen ist. Dadurch soll erkennbar werden, ob eine Situation, ein Sachverhalt o.Ä. für Gruppen verschiedener Betroffener unterschiedliche Bedeutung hat. An Teilgruppen mit verschiedenen situativen Kontexten (z.B. sozialer Status, Einstellungen zu Institutionen, Verweildauer etc.) können deren Bedeutungen erkennbar werden. Daraus können wiederum Rückschlüsse über das Ganze gezogen werden. Das ist als ein „hermeneutischer Zirkel" zu verstehen, nämlich als wiederholte, wechselseitige Aufklärung von Teil und Ganzem. Die inhaltliche Frage lautet also z.B.: Hat die Situation für die Angehörigen bestimmter Teilgruppen so abweichende Bedeutungen, dass sich dies in den Verteilungen der Daten widerspiegelt?

Im folgenden Beispiel geht es um die Frage, was jene Befragte auszeichnet, die in der Befragung über „Statistik" bei Item 3 (Ich glaube, dass mir die Beschäftigung mit Statistik Spaß machen wird) stärker als andere zugestimmt haben.

In den folgenden Analysen werden die oben ermittelten Faktoren der Einstellungen zu Statistik (vgl. Kap. 6.9) zur Strukturierung verwendet. Referiert werden in den folgenden *Tabellen* die Mittelwerte der Teilgruppe (T), deren Differenz zur Gesamtgruppe (T-G) und deren Zufallswahrscheinlichkeit nach dem Chi^2-Test (s. Kap. 7.2):

Nr.	Faktor 1: Emotionale Wertschätzung	MT	T-G	PCh
3	Ich glaube, dass mir die Beschäftigung mit Statistik Spaß machen wird.	,64	,22	0
19	Mit Mathematik hatte ich schon immer Probleme. (−)	,43	-,12	0
15	Es fasziniert mich, dass man mit einer einzigen Formel Aussagen über große Datenmengen machen kann.	,53	,10	0
6	Bei Texten mit Formeln und Tabellen empfinde ich Abneigung. (−)	,42	-,10	0
18	Es macht mir Spaß, grafische Darstellungen zu betrachten.	,54	,09	0
17	Ich finde es nicht angemessen, dass Studierende der Pädagogik sich mit Statistik beschäftigen müssen. (−)	,25	-,08	0
20	Wer ein Fach wie Pädagogik studiert, hat meist eine Abneigung gegen statistische Methoden. (−)	,48	-,03	30
8	Wer in abstrakten Zahlen denkt, verliert den Blick für die Zusammenhänge. (−)	,52	-,05	5

Nr.	Faktor 2: Fachliches Erfordernis	MT	T-G	PCh
14	Ich finde es richtig, dass Studierende der Pädagogik bis zur Zwischenprüfung Kenntnisse in Statistik erwerben müssen.	,78	,09	0
5	Ich habe schon erlebt, dass ich mit Kenntnissen der Statistik Fachliteratur besser verstanden hätte.	,53	,06	0
9	Ich benötige Statistik, um Fachliteratur zu lesen.	,48	,05	3
2	In meiner späteren Berufspraxis werde ich Statistik kaum benötigen.	,45	-,05	3
1	Pädagogische Forschung ist ohne Statistik kaum möglich.	,73	,03	30
10	Wer seine Aussagen nicht empirisch-statistisch belegen kann, genügt den Ansprüchen der Wissenschaftlichkeit nicht.	,52	-,01	90

Nr.	Faktor 3: Empirische Aussagekraft	MT	T-G	PCh
13	Empirisch-statistische Forschung mag zwar "objektiv", also von anderen nachprüfbar sein, aber sie gibt die tatsächlichen Verhältnisse nur gebrochen wieder. (−)	,70	-,03	30
4	Mit Statistik kann man alles beweisen.	,22	,01	70
7	Empirisch-statistische Verfahren sind unbestechlich.	,26	-,00	90
12	In den Lehrveranstaltungen der Pädagogik wird hier häufig mit empirisch-statistischen Untersuchungen argumentiert.	,50	-,00	99

Nr.	Faktor 4: Allgemeine Abwehr	MT	T-G	PCh
11	Empirisch-statistische Verfahren können nur bestätigen, was schon "der Fall" ist.	,50	,01	99
16	Ich würde mich lieber mit Statistik beschäftigen, wenn ich es nicht	,37	-,00	30

	müsste.			
12	In den Lehrveranstaltungen der Pädagogik wird hier häufig mit empirisch-statistischen Untersuchungen argumentiert.	,50	-,00	99

Diese große Teilgruppe (57 % von N=843) unterscheidet sich bei den vier Faktoren nur gering und im Grunde erwartungsgemäß: Befragte, die vermuten, dass die „Beschäftigung mit Statistik Spaß machen wird", bekunden eine stärkere emotionale Wertschätzung: Sie hatten weniger „schon immer Probleme mit Mathematik" (,43; -,12) und empfinden weniger „Abneigung bei Texten mit Formeln und Tabellen" (,42; -,10). Es fasziniert sie stärker, dass man „mit einer einzigen Formel Aussagen über große Datenmengen machen kann" (,53; ,10) und es „macht (mehr) Spaß, grafische Darstellungen zu betrachten" (,54; ,09). Auch das fachliche Erfordernis der Statistik findet etwas stärkere Zustimmung: Es wird häufiger als „richtig" eingeschätzt, dass Studierende der Pädagogik bis zur Zwischenprüfung Kenntnisse in Statistik erwerben müssen (,78; ,09). Das entspricht dem eigenen Erleben, „mit Kenntnissen der Statistik Fachliteratur besser verstehen" zu können (,53; ,06). Zu den Faktoren Empirische Aussagekraft und Allgemeine Abwehr sind die Daten für diese Teilgruppe unauffällig. Dass die Zensuren in Mathematik etwas besser waren (2,84; -0,28), entspricht der eigenen Einschätzung zu „Probleme in Mathematik" (s.o.). – Dass diese Befunde zum großen Teil nach dem Chi^2-Test als statistisch signifikant gelten können, soll hier nicht näher betrachtet werden.

8.3 Kontrastgruppen

Häufig kann es hilfreich sein, nicht eine einzelne Teilgruppe mit der Gesamtgruppe zu vergleichen, sondern Teilgruppen miteinander zu kontrastieren, die sich in einem bestimmten Merkmal stärker unterscheiden. Dabei kann es sich um Gruppen handeln, die sich in der Summe zur Gesamtgruppe ergänzen (z.B. männlich vs. weiblich) oder nur Extrempositionen repräsentieren. Es können auch mehr als zwei Gruppen gebildet werden, für die das Gleiche gilt. Es können auch mehrere Teilgruppen (z.B. für die einzelnen Skalenwerte) gebildet und verglichen werden. Dadurch können Aspekte aufscheinen, die nicht (oder nicht so deutlich) auffallen, wenn man eine Gruppe allein betrachtet. Solche Unterschiede, können für das tiefere Verständnis von Handlungssituationen sehr aufschlussreich sein. Insbesondere erwartungswidrige Konstellationen können besonders bedeutsam sein. Darauf sollen Analysen von „Schnittgruppen" (s.u.) aufmerksam machen

Beispiel: „(Kein) Spaß an Statistik"

Im ersten Beispiel wird das schon mehrfach betrachtete Item 3 verwendet: „Ich glaube, dass mir die Beschäftigung mit Statistik Spaß machen wird". Folgende Gruppen werden gegenübergestellt:

- Personen, die *(keinen) „Spaß an Statistik"* erwarten, kurz „kS" (Skalenwerte 1 oder 2; N=288);
- Personen, die *(viel) Spaß an Statistik"* erwarten, kurz „vS" (Skalenwerte 5, 6 oder 7, N=228).

Die folgenden *Tabellen* referieren die Mittelwerte der beiden Teilgruppen, die Differenzen zugunsten „viel Spaß" und die Zufallswahrscheinlichkeit nach dem Chi²-Test.

Nr.	Faktor 1: Emotionale Wertschätzung	kS	vS	vS-kS	PCh
3	Ich glaube, dass mir die Beschäftigung mit Statistik Spaß machen wird.	,10	,77	,67	0
19	Mit Mathematik hatte ich schon immer Probleme. (−)	,72	,35	-,36	0
6	Bei Texten mit Formeln und Tabellen empfinde ich Abneigung. (−)	,65	,36	-,29	0
15	Es fasziniert mich, dass man mit einer einzigen Formel Aussagen über große Datenmengen machen kann.	,28	,57	,29	0
18	Es macht mir Spaß, grafische Darstellungen zu betrachten.	,32	,59	,27	0
14	Ich finde es richtig, dass Studierende der Pädagogik bis zur Zwischenprüfung Kenntnisse in Statistik erwerben müssen.	,55	,80	,24	0
8	Wer in abstrakten Zahlen denkt, verliert den Blick für die Zusammenhänge. (−)	,62	,48	-,14	0
20	Wer ein Fach wie Pädagogik studiert, hat meist eine Abneigung gegen statistische Methoden. (−)	,58	,47	-,11	0

Nr.	Faktor 2: Fachliches Erfordernis	kS	vS	vS-kS	PCh
5	Ich habe schon erlebt, dass ich mit Kenntnissen der Statistik Fachliteratur besser verstanden hätte.	,36	,56	,20	0
2	In meiner späteren Berufspraxis werde ich Statistik kaum benötigen. (−)	,56	,42	-,14	0
9	Ich benötige Statistik, um Fachliteratur zu lesen.	,37	,50	,13	0
1	Pädagogische Forschung ist ohne Statistik kaum möglich.	,65	,73	,08	3

Nr.	Faktor 3: Empirische Aussagekraft	kS	vS	vS-kS	PCh
13	Empirisch-statistische Forschung mag zwar "objektiv", also von anderen nachprüfbar sein, aber sie gibt die tatsächlichen Verhältnisse nur gebrochen wieder. (−)	,78	,68	-,10	0
4	Mit Statistik kann man alles beweisen.	,19	,23	,04	10
7	Empirisch-statistische Verfahren sind unbestechlich.	,25	,27	,02	30

Nr.	Faktor 4: Allgemeine Abwehr	kS	vS	vS-kS	PCh
16	Ich würde mich lieber mit Statistik beschäftigen, wenn ich es nicht müsste.	,35	,36	,01	99
11	Empirisch-statistische Verfahren können nur bestätigen, was schon "der Fall" ist.	,48	,48	-,00	99

Nr.	ohne Faktorzuordnung	kS	vS	vS-kS	PCh
17	Ich finde es nicht angemessen, dass Studierende der Pädagogik sich mit Statistik beschäftigen müssen. (−)	,46	,25	-,21	0
10	Wer seine Aussagen nicht empirisch-statistisch belegen kann, genügt den Ansprüchen der Wissenschaftlichkeit nicht.	,51	,53	,01	30
12	In den Lehrveranstaltungen der Pädagogik wird hier häufig mit empirisch-statistischen Untersuchungen argumentiert.	,50	,51	,00	99

Dass die Gruppe „viel Spaß an Statistik" sich von der Gruppe „kein Spaß an Statistik" deutlich unterscheidet, gilt insbesondere für Aussagen zur emotionalen Wertschätzung: Diese ist offenbar deutlich damit verbunden, ob jemand „schon immer Probleme mit Mathematik" hatte oder eben nicht (,72 zu ,35). Der erwartete Spaß an Statistik drückt sich auch darin aus, dass man bei „Texten mit Formeln und Tabellen (weniger) Abneigung" empfindet (,65 zu ,36), aber „Spaß daran hat, grafische Darstellungen zu betrachten" (,59 zu ,32). Dementsprechend wird es deutlich für „wichtig" gehalten, dass Studierende der Pädagogik bis zur Zwischenprüfung Kenntnisse in Statistik erwerben müssen" (,80 zu ,55).

Das fachliche Erfordernis der Statistik wird von jenen, die stärker Spaß an Statistik erwarten, höher beurteilt: Man hat „schon erlebt, mit Kenntnissen der Statistik Fachliteratur besser verstanden" zu haben (,56 zu ,36) und es findet weniger Zustimmung, dass man Statistik „im späteren Beruf kaum benötigen wird" (,42; zu ,56; dass also eine Relevanz der Statistik für den Beruf durchaus erwartet wird).

Grenzen der empirischen Aussagekraft, nämlich dass „Empirisch-statistische Forschung zwar 'objektiv', also von anderen nachprüfbar sein mag, aber die tatsächlichen Verhältnisse nur gebrochen wiedergeben", werden bei erwartetem Spaß an Statistik weniger kritisch beurteilt (,68; -,10). Andere Aussagen hierzu wie auch zum Faktor Allgemeine Abwehr sind unauffällig. Es wird aber deutlich abgelehnt, dass es „nicht angemessen ist, dass Studierende der Pädagogik sich mit Statistik beschäftigen müssen" (,25; -,21).

Die Erwartung, sich mit Spaß mit Statistik zu beschäftigen, scheint also langfristig und intensiv emotional angelegt und gebunden zu sein. Dies steht zugleich mit der Einschätzung der fachlichen Erfordernis in Beziehung, wobei anzunehmen sein darf, dass sich dies wechselseitig stützt bzw. einschränkt.

Beispiel: „(Keine) Probleme in Mathematik"

Als eine grundlegende Schwierigkeit bei (Pflicht-) Veranstaltungen zu Forschungsmethoden und insbesondere Statistik werden eine allgemeine Abneigung gegenüber Mathematik und tendenziell geringe mathematische

Kenntnisse benannt. Dieser Frage soll im folgenden Beispiel nachgegangen werden. Gegenübergestellt werden (N=271 vs. 349):

• Studierende, die mit den Antwortkategorien 1 oder 2 bekundet haben, in Mathematik *(nicht)* *„schon immer Probleme gehabt"* zu haben; kurz: *kP (wie keine Probleme")*,
• Studierende, die mit den Antwortkategorien 6 oder 7 bekundet haben, *„schon immer Probleme mit Mathematik" gehabt"* zu haben; kurz *iP*.

Referiert werden in den *Tabellen* die Mittelwerte für die beiden Teilgruppen, deren Differenzen und die Zufallswahrscheinlichkeit nach dem Chi^2-Test:

Nr.	Faktor 1: Emotionale Wertschätzung	kP	iP	iP-kP	P Ch
19	Mit Mathematik hatte ich schon immer Probleme. (−)	,10	,95	,86	0
3	Ich glaube, dass mir die Beschäftigung mit Statistik Spaß machen wird.	,55	,28	-,27	0
6	Bei Texten mit Formeln und Tabellen empfinde ich Abneigung. (−)	,38	,64	,26	0
18	Es macht mir Spaß, grafische Darstellungen zu betrachten.	,56	,36	-,20	0
15	Es fasziniert mich, dass man mit einer einzigen Formel Aussagen über große Datenmengen machen kann.	,51	,36	-,15	0
20	Wer ein Fach wie Pädagogik studiert, hat meist ine Abneigung gegen statistische Methoden. (−)	,44	,59	,15	0
8	Wer in abstrakten Zahlen denkt, verliert den Blick für die Zusammenhänge. (−)	,52	,61	,08	3

Nr.	Faktor 2: Fachliches Erfordernis	kP	iP	iP-kP	P Ch
14	Ich finde es richtig, dass Studierende der Pädagogik bis zur Zwischenprüfung Kenntnisse in Statistik erwerben müssen.	,74	,64	-,10	1
5	Ich habe schon erlebt, dass ich mit Kenntnissen der Statistik Fachliteratur besser verstanden hätte.	,49	,43	-,06	30
2	In meiner späteren Berufspraxis werde ich Statistik kaum benötigen. (−)	,46	,52	,05	10
9	Ich benötige Statistik, um Fachliteratur zu lesen.	,45	,42	-,04	30
1	Pädagogische Forschung ist ohne Statistik kaum möglich.	,72	,68	-,04	30

Nr.	Faktor 3: Empirische Aussagekraft	kP	iP	iP-kP	P Ch
13	Empirisch-statistische Forschung mag zwar "objektiv", also von anderen nachprüfbar sein, aber sie gibt die tatsächlichen Verhältnisse nur gebrochen wieder. (−)	,71	,75	,05	50
4	Mit Statistik kann man alles beweisen.	,24	,20	-,04	30
7	Empirisch-statistische Verfahren sind unbestechlich.	,27	,27	,00	60

Nr.	Faktor 4: Allgemeine Abwehr	kP	iP	iP-kP	P Ch
16	Ich würde mich lieber mit Statistik beschäftigen, wenn ich es nicht müsste.	,34	,41	,07	1
11	Empirisch-statistische Verfahren können nur bestätigen, was schon "der Fall" ist.	,49	,52	,04	70

Nr.	ohne Faktorzuordnung	kP	iP	iP-kP	P Ch
17	Ich finde es nicht angemessen, dass Studierende der Pädagogik sich mit Statistik beschäftigen müssen. (–)	,28	,40	,12	0
10	Wer seine Aussagen nicht empirisch-statistisch belegen kann, genügt den Ansprüchen der Wissenschaftlichkeit nicht.	,55	,53	-,01	90
12	In den Lehrveranstaltungen der Pädagogik wird hier häufig mit empirisch-statistischen Untersuchungen argumentiert.	,51	,52	,01	50

Nr.	Weitere Aussagen	kP	iP	iP-kP	P Ch
32	Haben Sie sich in der Schule oder vor diesem Seminar schon mit Statistik beschäftigt? (nein=1/kaum=2/etwas=3/intensiv=4)	,55	,34	-.20	0
42	Anzahl richtig gelöster Aufgaben (0 bis 10)	6.47	5.29	-1.19	0
44	Welche Zensur haben Sie in den letzten drei Jahren, in denen Sie Mathematikunterricht hatten, im Durchschnitt (gerundet) gehabt? (1 bis 6)	2.40	3.80	1.41	0

Bei jenen Studierenden, die nach ihrer eigenen Einschätzung „schon immer Probleme mit Mathematik hatten", kommt bei allen entsprechenden Aussagen eine deutliche emotionale Abneigung gegen Formeln und Tabellen wie auch gegen statistische Methoden generell zum Ausdruck. Wer in abstrakten Zahlen denke, „verliere den Blick für die Zusammenhänge" (,62 zu ,51). Konsequenterweise findet es dann weniger Zustimmung, „dass Studierende der Pädagogik sich mit Statistik beschäftigen müssen" (,64 zu ,74) und wenn, dann würden sie sich „lieber mit Statistik beschäftigen, wenn sie es nicht müssten" (,41 zu ,34). Folgerichtig findet es weniger, immerhin aber doch noch überwiegend Zustimmung, „dass Studierende der Pädagogik bis zur Zwischenprüfung Kenntnisse in Statistik erwerben müssen" (,40 zu ,28). Deutlich geringer und nur noch in geringem Grad wird eine Faszination bei Formeln bzw. grafischen Darstellungen bekundet (,36 zu ,51). Folglich wird kaum erwartet, „dass die Beschäftigung mit Statistik Spaß machen wird" (,28 zu ,55).

Die bekundeten Probleme in Mathematik kommen auch darin zum Ausdruck, dass die Zensur in den letzten Jahren um 1,4 Notenpunkte schlechter ist als bei der Gegengruppe. Auch die Anzahl der richtig gelösten Aufgaben ist um 1,2 korrekte Antworten deutlich geringer. Und schließlich passt es in dieses Bild, dass sich diese Teilgruppe deutlich weniger „in der Schule oder vor diesem Seminar schon mit Statistik beschäftigt" hat. – Die in methodischen und didaktischen Überlegungen zur Gestaltung von Lehrveranstaltungen zu Forschungsmethoden häufig geäußerten Vermutungen bzw. Bedenken bestätigen sich also deutlich: Negative Erfahrungen in der Schule mit Mathematik etc. bleiben offenbar bis in das Studium hinein als Problem wirksam, das zu Vorbehalten oder gar Verweigerungen führen kann.

8.4 Schnittgruppen

Mit der Teilgruppen- und der Kontrastgruppen-Analyse werden im Wesentlichen Zusammenhänge erkennbar, die man als dominant bezeichnen kann. Die Ergebnisse sind oft nicht sonderlich überraschend, solange man auf die durchschnittlichen Ergebnisse und damit auf die dominanten Zusammenhänge achtet. Solche Beziehungen werden bei den gängigen statistischen Verfahren z.B. mit Hilfe von Korrelationskoeffizienten ausgedrückt, an denen die lineare Beziehung zweier Merkmale abgelesen werden kann.

In sozialen Handlungssituationen tritt nun aber häufig die Frage auf, warum sich einige der Beteiligten nicht so verhalten, wie sie es nach den empirisch durchaus bestätigten dominanten Beziehungen eigentlich tun müssten. Solche erwartungswidrigen Ereignisse zu verstehen, kann aber für praktisches Handeln wie auch für die Entfaltung theoretischer Erkenntnis sehr wichtig sein. Solchen untypischen, „konter-dominanten" Zusammenhängen soll eine hermeneutisch orientierte Datenanalyse auf die Spur kommen.

Ein *fiktives Beispiel* soll dies nachvollziehbar machen: In einer Teilgruppen-Analyse, wie sie oben beschrieben wurde, könnte z.B. als dominanter Zusammenhang festgestellt worden sein, dass Schüler, die „gern" zur Schule gehen, häufiger als andere gute Noten haben. Ein Teil dieser Schüler wird aber bei der Befragung die Antwort angekreuzt haben, er ginge „gern" zur Schule, *und* zugleich erwartungswidrig eher schlechte Noten aufweisen. Die Frage ist nun, wie dies zu verstehen ist und warum es möglich ist, dass sich eine Minderheit der Schüler trotz schlechter Noten in der Schule wohlfühlt. Um dies zu klären, könnte man zunächst eine andere Teilgruppe betrachten: nämlich jene Schüler, die schlechte Noten haben. Hier wird man feststellen, dass sie in der Mehrheit „überhaupt nicht gern" zur Schule gehen, und dass nur eine Minderheit sich positiv zur Schule äußert. Diese Minderheit (aus der Teilgruppe mit schlechten Noten) ist aber mit der Minderheit aus der Teilgruppe, die gern zur Schule geht, identisch: Es sind jene Schüler, die mit schlechten Noten „gern" zur Schule gehen; diese beiden Minderheiten bilden die Schnittgruppe der Minderheiten zweier Teilgruppen. Es wäre auch möglich, die Schnittgruppe aus den Mehrheiten zweier Teilgruppen zu bilden, z.B. jener Schüler, die „gern" zur Schule gehen und gute Noten haben. Dies kann Tendenzen, die sich in den vollständigen Teilgruppen nur andeuten, deutlicher werden lassen.

Es gilt nun, das Besondere dieser Schnittgruppe zu verstehen. Sie wird deshalb zunächst wie eine Teilgruppe mit der Gesamtgruppe verglichen, um festzustellen, in welchen Aspekten sie Besonderheiten aufweist. Ergiebiger als dieser Vergleich mit der Gesamtgruppe ist aber der Vergleich der Schnittgruppe mit den beiden Teilgruppen, denen sie angehört.

Inhaltlich bei obigem Beispiel: Worin unterscheiden sich Schüler, die trotz schlechter Noten „gern" zur Schule gehen, zum einen von jenen, die „gern" zur Schule gehen und in der Mehrzahl gute Noten haben, und zum anderen von jenen, die schlechte Noten haben und überwiegend „überhaupt nicht gern" zur Schule gehen? Die Schnittgruppe der Minderheiten aus zwei Teilgruppen wird also mit der Gesamtheit der beiden Teilgruppen verglichen. Die Interpretation versucht nun, die Besonderheiten der Schnittgruppe dadurch zu identifizieren, dass die Kennwerte dieser drei Gruppen miteinander verglichen werden. Dabei kann sich in dem Beispiel etwa ergeben, dass die Schüler der Schnittgruppe vermutlich deshalb „gern" zur Schule gehen, weil sie trotz ihrer schlechten Noten gute persönliche Beziehungen zum Lehrer hatten.

Beispiel: Problem mit Mathematik und/oder Spaß an Statistik

Negative Schul-Erfahrungen mit Mathematik scheinen sich in Vorbehalten gegenüber Statistikveranstaltungen auszuwirken und zu einer geringeren Erwartung zu führen, dass die Beschäftigung mit diesem Thema „Spaß machen" wird (s.o.). Es gibt aber in der Befragung Studierende, die nach ihren Aussagen zwar „schon immer" Probleme mit Mathematik hatten, *und* gleichwohl erwarten, dass ihnen die Beschäftigung mit dieser Materie „Spaß machen" werde. Eine nähere Betrachtung dieser Gruppe kann möglicherweise Hinweise darauf geben, unter welchen Konstellationen die Wirkung solcher negativen Vorerfahrungen ausgeglichen werden könnte. Betrachtet wird dazu im Folgenden eine kleine „Schnittgruppe" von Studierenden, die sich in der Befragung entsprechend geäußert haben. Sie wird in Beziehung gesetzt zu den beiden Teilgruppen, die im vorherigen Abschnitt bereits näher betrachtet worden sind. In der nachfolgenden *Tabelle* werden den Daten diesen beiden Gruppen die Daten einer Schnittgruppe zugeordnet:
* Studierende, die bei Item 19 mit den Skalenwerten 6 oder 7 bekundet haben, dass sie „*schon immer Probleme mit Mathematik*" hatten", kurz „*iP*" (N=349);
* Studierende, die bei Item 3 mit den Skalenwerten 5, 6 oder 7 bekundet haben, zu „glauben, dass ihnen die *Beschäftigung mit Statistik (viel) Spaß machen wird*"; kurz „vS" (N = 246);
* Studierende, die *beide Merkmale als zutreffend* bezeichnet haben, also „schon immer **Probleme mit Mathematik**" hatten *und* erwarten, dass „die Beschäftigung mit Statistik [ihnen] Spaß machen wird"; die „Schnittgruppe"; kurz „**PuS**" (N=39.

Zunächst wird die Schnittgruppe (PuS) mit der Gruppe „(viel) Spaß an Statistik" (vS) verglichen:

Nr.	Faktor 1: Emotionale Wertschätzung	vS	PuS	PuS–vS
19	Mit Mathematik hatte ich schon immer Probleme. (–)	,35	,94	,59
6	Bei Texten mit Formeln und Tabellen empfinde ich Abneigung. (–)	,36	,53	,17
15	Es fasziniert mich, dass man mit einer einzigen Formel Aussagen über große Datenmengen machen kann.	,57	,46	-,11
20	Wer ein Fach wie Pädagogik studiert, hat meist eine Abneigung gegen statistische Methoden. (–)	,47	,53	,06
3	Ich glaube, dass mir die Beschäftigung mit Statistik Spaß machen wird.	,77	,74	-,03
8	Wer in abstrakten Zahlen denkt, verliert den Blick für die Zusammenhänge. (–)	,48	,51	,03
18	Es macht mir Spaß, grafische Darstellungen zu betrachten.	,59	,46	-,13

Nr.	Faktor 2: Fachliches Erfordernis	vS	PuS	PuS-vS
2	In meiner späteren Berufspraxis werde ich Statistik kaum benötigen. (–)	,42	,45	,03
9	Ich benötige Statistik, um Fachliteratur zu lesen.	,50	,51	,01
1	Pädagogische Forschung ist ohne Statistik kaum möglich.	,73	,72	-,01
14	Ich finde es richtig, dass Studierende der Pädagogik bis zur Zwischenprüfung Kenntnisse in Statistik erwerben müssen.	,80	,76	-,04
5	Ich habe schon erlebt, dass ich mit Kenntnissen der Statistik Fachliteratur besser verstanden hätte.	,56	,50	-,06

Nr.	Faktor 3: Empirische Aussagekraft	vS	PuS	PuS–vS
7	Empirisch-statistische Verfahren sind unbestechlich.	,27	,31	,04
13	Empirisch-statistische Forschung mag zwar "objektiv", also von anderen nachprüfbar sein, aber sie gibt die tatsächlichen Verhältnisse nur gebrochen wieder. (–)	,68	,71	,03
4	Mit Statistik kann man alles beweisen.	,23	,25	,02

Nr.	Faktor 4: Allgemeine Abwehr	vS	PuS	PuS–vS
11	Empirisch-statistische Verfahren können nur bestätigen, was schon "der Fall" ist.	,48	,60	,12
16	Ich würde mich lieber mit Statistik beschäftigen, wenn ich es nicht müsste.	,36	,43	,07

Nr.	ohne Faktorzuordnung	vS	PuS	PuS–vS
10	Wer seine Aussagen nicht empirisch-statistisch belegen kann, genügt den Ansprüchen der Wissenschaftlichkeit nicht.	,53	,59	,06
17	Ich finde es nicht angemessen, dass Studierende der Pädagogik sich mit Statistik beschäftigen müssen. (–)	,25	,30	,05
12	In den Lehrveranstaltungen der Pädagogik wird hier häufig mit empirisch-statistischen Untersuchungen argumentiert.	,51	,55	,04

Nr.	Item	vS	PuS	PuS–vS
44	Zensur in Mathematik	2,73	3,56	0,83
32	Haben Sie sich in der Schule oder vor diesem Seminar schon mit Statistik beschäftigt?	,56	,30	-,26

Personen, die „schon immer Probleme mit Mathematik hatten *und* dennoch(?) bekunden, „Spaß an Statistik" zu erwarten, unterscheiden sich in der emotionalen Wertschätzung der Statistik kaum von der Gesamtgruppe jener, die Spaß an Statistik erwarten: Eine Abneigung „bei Texten mit Formeln und Tabellen" bleibt zwar bestehen (,53; ,17) und es macht ihnen etwas weniger „Spaß, grafische Darstellungen zu betrachten" (,46; -,13), aber bei den anderen Aussagen stimmen sie weitgehend mit der gesamten Gruppe überein. Auch das fachliche Erfordernis der Statistik sehen sie ähnlich und ebenso deren empirische Aussagekraft. Lediglich eine gewisse Abwehr drücken sie darin aus, dass „empirisch-statistische Verfahren nur bestätigen können, was schon der Fall" ist (,60; ,12). – Insgesamt zeigt sich, dass negative Erfahrungen mit Mathematik sich – zumindest in dieser Schnittgruppe – nicht auffallend negativ auf Einstellungen zur Statistik auswirken.

Im nächsten Schritt wird die Schnittgruppe PuS verglichen mit der größeren Gruppe jener, die „schon immer Probleme mit Mathematik" bekundet haben (iP):

Nr.	Faktor 1: Emotionale Wertschätzung	iP	PuS	PuS–iP
3	Ich glaube, dass mir die Beschäftigung mit Statistik Spaß machen wird.	,28	,74	,46
6	Bei Texten mit Formeln und Tabellen empfinde ich Abneigung. (–)	,64	,53	-,11
18	Es macht mir Spaß, grafische Darstellungen zu betrachten.	,36	,46	,10
15	Es fasziniert mich, dass man mit einer einzigen Formel Aussagen über große Datenmengen machen kann.	,36	,46	,10
8	Wer in abstrakten Zahlen denkt, verliert den Blick für die Zusammenhänge. (–)	,61	,51	-,10
20	Wer ein Fach wie Pädagogik studiert, hat meist eine Abneigung gegen statistische Methoden. (–)	,59	,53	-,06
19	Mit Mathematik hatte ich schon immer Probleme. (–)	,95	,94	-,01

Nr.	Faktor 2: Fachliches Erfordernis	iP	PuS	PuS–iP
14	Ich finde es richtig, dass Studierende der Pädagogik bis zur Zwischenprüfung Kenntnisse in Statistik erwerben müssen.	,64	,76	,12
9	Ich benötige Statistik, um Fachliteratur zu lesen.	,42	,51	,09
2	In meiner späteren Berufspraxis werde ich Statistik kaum benötigen. (–)	,52	,45	-,07
5	Ich habe schon erlebt, dass ich mit Kenntnissen der Statistik Fachliteratur besser verstanden hätte.	,43	,50	,07
1	Pädagogische Forschung ist ohne Statistik kaum möglich.	,68	,72	,04

Nr.	Faktor 3: Empirische Aussagekraft	iP	PuS	PuS–iP
4	Mit Statistik kann man alles beweisen.	,20	,25	,05
7	Empirisch-statistische Verfahren sind unbestechlich.	,27	,31	,04
13	Empirisch-statistische Forschung mag zwar "objektiv", also von anderen nachprüfbar sein, aber sie gibt die tatsächlichen Verhältnisse nur gebrochen wieder. (–)	,75	,71	-,04

Nr.	Faktor 4: Allgemeine Abwehr	iP	PuS	PuS–iP
11	Empirisch-statistische Verfahren können nur bestätigen, was schon "der Fall" ist.	,52	,60	,08
16	Ich würde mich lieber mit Statistik beschäftigen, wenn ich es nicht müsste.	,41	,43	,02

Nr.	ohne Faktorzuordnung	iP	PuS	PuS–iP
17	Ich finde es nicht angemessen, dass Studierende der Pädagogik sich mit Statistik beschäftigen müssen. (–)	,40	,30	-,10
10	Wer seine Aussagen nicht empirisch-statistisch belegen kann, genügt den Ansprüchen der Wissenschaftlichkeit nicht.	,53	,59	,06
12	In den Lehrveranstaltungen der Pädagogik wird hier häufig mit empirisch-statistischen Untersuchungen argumentiert.	,52	,55	,03

Nr.	Weiterer Daten	iP	PuS	PuS–iP
43	Anzahl gelöster Aufgaben	5,29	5,46	,17
32	Haben Sie sich in der Schule oder vor diesem Seminar schon mit Statistik beschäftigt?	,34	,30	-,04
44	Zensur in Mathematik	3,80	3,56	-,24

Personen, die „schon immer Probleme mit Mathematik" hatten und (dennoch?) erwarten, Spaß an Statistik" zu haben, schätzen Aspekte der emotionalen Wertschätzung tendenziell positiver ein als andere, die Probleme mit Mathematik hatten: Sie empfinden weniger „Abneigung bei Formeln und Tabellen (,53; -,11), es macht ihnen aber mehr „Spaß, grafische Darstellungen zu betrachten" (, 46; ,10). Es fasziniert sie auch stärker als die anderen, dass man mit einer einzigen Formel Aussagen über große Datenmengen machen kann (,46; ,10). Und sie stimmen der Aussagen weniger zu, dass man „die Zusammenhänge verliert, wenn man in abstrakte Zahlen denkt (,51; -,10).

Ähnlich verhält es sich bei dem fachlichen Erfordernis der Statistik: Sie schätzen das fachliche Erfordernis höher ein (,76; ,12), sie benötigen häufiger „Statistik, um Fachliteratur zu lesen"(,51; ,09) und vermuten weniger, dass sie Statistik „in der späteren Berufspraxis kaum benötigen" werden (,45; -,07). Die empirische Aussagekraft schätzen sie geringfügig positiver ein, aber auch die allgemeine Abwehr ist bei ihnen etwas stärker.

Insgesamt zeigt sich auch hier, dass eine vorhandene Abneigung gegen Mathematik sich mildert oder gar relativiert, wenn Statistik als fachlich erforderlich gesehen wird und mit emotionaler Wertschätzung verbunden ist. Studierende mit Problemen in Mathematik stimmen der Pflicht zum Erwerb von Kenntnissen in der Statistik durchaus zu, wenn sie deren fachliche Relevanz sehen und zugleich erwarten, Spaß an der Statistik zu haben. Dies ist allerdings hier nur für die kleine Gruppe jener zu erkennen, die hier als Schnittgruppe näher betrachtet worden ist.

8.5 Zeitreihen

Die Befragung zu „Einstellungen und Kenntnissen zur Statistik" (EKS) ist über einen längeren Zeitraum hinweg immer wieder durchgeführt worden. Deshalb kann jetzt gefragt werden, ob sich die Einstellungen über diese Spanne von mehr als 30 Jahren verändert haben. Verglichen werden dazu vier Teilgruppen:

* Studierende in den Jahren 1975 und 1976 (N = 141),
* Studierende in den 1980er Jahren (N =190),
* Studierende in den 1990er Jahren (N = 288),
* Studierende im Jahr 2008 (N = 134).

In den folgenden Tabellen werden dazu die Mittelwerte der frühesten und der spätesten Erhebung (1975 und 2008) sowie (in der letzten Spalte) die Differenzen zwischen diesen beiden Zeitpunkten aufgeführt und in den Spalten dazwischen die Veränderungen der Mittelwert von einer Erhebung zur nachfolgenden. (Eine *Lesehilfe*: Bei Item 8 lag die mittlere Einschätzung 1975 bei ,80; sie verringert sich bis 1980 um -,22 Skalenpunkte (also auf ,58), von 1980 bis 1990 noch einmal um -,07 (auf ,51) und blieb auf diesem Wert bis 2008). Im ersten Schritt der Interpretation werden (der Kürze halber und zur leichteren Nachvollziehbarkeit) zunächst nur die Differenzen zwischen dem ersten und dem letzten Zeitpunkt näher betrachtet.

Nr.	Faktor 1: Emotionale Wertschätzung	1975	--> 1980	--> 1990	--> 2008	2008	2008 −1975
8	Wer in abstrakten Zahlen denkt, verliert den Blick für die Zusammenhänge. (−)	,80	-,22	-,07	,00	,51	-,29
15	Es fasziniert mich, dass man mit einer einzigen Formel Aussagen über große Datenmengen machen kann.	,25	,12	,10	,06	,53	,28
6	Bei Texten mit Formeln und Tabellen empfinde ich Abneigung. (−)	,71	-,15	-,09	,03	,51	-,20
18	Es macht mir Spaß, grafische Darstellungen zu betrachten.	,33	,08	,08	-,01	,49	,16
3	Ich glaube, dass mir die Beschäftigung mit Statistik Spaß machen wird.	,35	,01	,10	-,02	,44	,09
20	Wer ein Fach wie Pädagogik studiert, hat meist eine Abneigung gegen statistische Methoden. (−)	,56	-,02	-,04	,01	,50	-,06
19	Mit Mathematik hatte ich schon immer Probleme. (−)	,58	,05	-,14	,05	,54	-,04

Nr.	Faktor 2: Fachliche Erfordernis	1975	--> 1980	-> 1990	--> 2008	2008	2008 -1975
14	Ich finde es richtig, dass Studierende der Pädagogik bis zur Zwischenprüfung Kenntnisse in Statistik erwerben müssen.	,65	-,05	,10	,05	,75	,10
2	In meiner späteren Berufspraxis werde ich Statistik kaum benötigen. (−)	,42	,13	-,05	-,02	,48	,06
1	Pädagogische Forschung ist ohne Statistik kaum möglich.	,74	-,14	,11	-,01	,71	-,03
5	Ich habe schon erlebt, dass ich mit Kenntnissen der Statistik Fachliteratur besser verstanden hätte.	,42	,00	,11	-,08	,45	,03
9	Ich benötige Statistik, um Fachliteratur zu lesen.	,43	-,01	,04	-,06	,41	-,02

Nr.	Faktor 3: Empirische Aussagekraft	1975	--> 1980	-> 1990	--> 2008	2008	2008 -1975
13	Empirisch-statistische Forschung mag zwar "objektiv", also von anderen nachprüfbar sein, aber sie gibt die tatsächlichen Verhältnisse nur gebrochen wieder. (−)	,81	-,03	-,05	-,06	,66	-,15
7	Empirisch-statistische Verfahren sind unbestechlich.	,19	,02	,06	,06	,33	,14
4	Mit Statistik kann man alles beweisen.	,28	-,11	,03	,05	,24	-,04

Nr.	Faktor 4: Allgemein Abwehr	1975	--> 1980	-> 1990	--> 2008	2008	2008 -1975
11	Empirisch-statistische Verfahren können nur bestätigen, was schon "der Fall" ist.	,42	,09	-,01	,00	,50	,08
16	Ich würde mich lieber mit Statistik beschäftigen, wenn ich es nicht müsste.	,41	,02	-,09	,01	,35	-,06

Nr.	ohne Faktorzuordnung	1975	--> 1980	-> 1990	--> 2008	2008	2008 -1975
17	Ich finde es nicht angemessen, dass Studierende der Pädagogik sich mit Statistik beschäftigen müssen. (−)	,57	-,21	-,09	,00	,27	-,30
12	In den Lehrveranstaltungen der Pädagogik wird hier häufig mit empirisch-statistischen Untersuchungen argumentiert.	,44	,09	-,06	,07	,55	,11
10	Wer seine Aussagen nicht empirisch-statistisch belegen kann, genügt den Ansprüchen der Wissenschaftlichkeit nicht.	,55	-,04	,02	,00	,53	-,02

Auffällig verändert hat sich über 33 Jahre hinweg die emotionale Wertschätzung der Statistik: Spaß an Statistik wurde 2008 nur etwas mehr erwartet (von ,35 nach ,44). Deutlich zugenommen hat eine allgemeine Einschätzung zu Verfahren der Statistik: Die Faszination, „dass man mit einer einzigen Formel Aussagen über große Datenmengen machen kann", wird deutlich stärker, wenn auch auf mittlerem Niveau, bestätigt (von ,25 nach ,53), es mache auch mehr „Spaß, grafische Darstellung zu betrachten" (von ,33 nach ,49). Etwas mehr Zustimmung findet die Einschätzung, dass „empirisch-statistische Verfahren unbestechlich" sind (von ,19 nach ,33). Eine tendenziell positivere Einschätzung zu Verfahren der Statistik drückt sich auch darin aus, dass negativ formulierte Aussagen geringere Zustimmung finden: Während in den 1970er Erhebungen noch deutlich zugestimmt wurde, dass man „den Blick für die Zusammenhänge verliert, wenn man in abstrakten Zahlen denkt", findet dies in den 2008er Erhebungen nur noch in mittleren Grad Zustimmung (von ,80 nach ,51). Mit ähnlichem Abstand wird es auch weniger als „nicht angemessen [betrachtet], dass Studierende der Pädagogik sich mit Statistik beschäftigen müssen" (von ,57 auf ,33). Weitere Aussagen bestätigen diese Veränderungen. – Es ist also insgesamt erkennbar, dass Statistik in mehreren Aspekten deutlich (wenn auch nicht überragend) positiver eingeschätzt wird. Immerhin wird auch die Bedeutung für das Studium der Pädagogik positiver eingeschätzt (von ,65 auf ,75).

Beim näheren Blick auf die drei *Sprünge zwischen den Erhebungen* zeigt sich, dass Veränderungen vor allem zu beobachten sind zwischen 1975 und den 1980er Jahren: Die allgemeine Ablehnung, dass man „den Blick für die Zusammenhänge verliert, wer in abstrakten Zahlen denkt" findet in den 1980er Jahren deutlich geringe Zustimmung (von ,80 auf ,58). Deutlich geringere Zustimmung findet auch die Aussage, dass es „nicht angemessen [ist], dass Studierende der Pädagogik sich mit Statistik beschäftigen müssen" (,57 auf ,36). Etwas weniger Zustimmung findet, dass „pädagogische Forschung ohne Statistik kaum möglich ist" (von ,74 auf ,60). Abgenommen hat auch die „Abneigung bei Texten mit Formeln und Tabellen" (von ,71 auf ,56). Dass man „fasziniert [wird], weil man mit einer einzigen Formel Aussagen über große Datenmengen machen kann", wird zu beiden Zeitpunkten nur wenig, aber 1980 doch etwas stärker erlebt (von ,25 auf ,37).

So große Sprünge sind bei den beiden anderen Vergleichen nicht zu beobachten. Von den 1980er zu den 1990er Erhebungen nimmt das fachliche Erfordernis der Statistik aber bei mehreren Aussagen inhaltlich einheitlich zu: Man hat häufiger „schon erlebt, dass man mit Kenntnissen der Statistik Fachliteratur besser verstanden hätte" (,42 auf ,53) und stimmt stärker zu, dass „pädagogische Forschung ohne Statistik kaum möglich ist" (von ,60 zu ,71). Deshalb findet es auch mehr Zustimmung, dass „Studierende der Pädagogik bis zur Zwischenprüfung Kenntnisse in Statistik erwerben müssen" (von ‚60 auf ‚70).

Von den 1990er Jahren nach 2008 wird dies noch einmal geringfügig, aber inhaltlich einheitlich verstärkt, zumal „in den Lehrveranstaltungen der Pädagogik häufig[er] mit empirisch-statistischen Untersuchungen argumentiert wird" (von ‚47 auf ‚54).

Wie diese Veränderungen zu interpretieren und zu bewerten sind, müsste anhand näherer Informationen und „Daten" zu den jeweiligen Zeitpunkten und auch zu wechselnden(?) Umständen der Erhebungen genauer betrachtet werden. So könnten die Einschätzungen in den 1970er Jahren Ausdruck der damals allgemein und insbesondere in den sozial- und humanwissenschaftlichen Fächern verbreiteten kritisch-skeptischen Haltungen sein. Und in den 1980er Jahren könnte die auffällig gewachsene Zustimmung zu strengeren Methoden und die Anerkennung von verbindlichen Leistungsvorgaben eine Reaktion darauf sein, dass berufliche Perspektiven im akademischen Bereich (wieder?) stärker mit Wettbewerb und Leitungsanforderungen verbunden waren. – Aber das kann hier nur als Frage angedeutet werden.

8.6 Eine quantitativ-qualitative Fallstudie

In hermeneutisch orientierten Analysen können quantitativ-empirische Mess-Verfahren mit qualitativ-hermeneutischen Deutungen verbunden werden. Dabei soll das eine nicht nur auf das andere verweisen, sondern sich methodisch wechselseitig ergänzen und Interpretationen auf einer Meta-Ebene ermöglichen. Dies soll im Folgenden an einer kleinen Studie dargelegt und erprobt werden.

Quantitativer Vergleich mit der Gesamtgruppe

Eine Analyse für eine einzelne Person ist im Grunde keine andere Technik, sondern die Anwendung der Teilgruppen-Analyse (s.o.) auf eine Gruppe, die lediglich aus einer einzigen Person besteht. Dieses Verfahren kann dazu dienen, Einzelfallstudien in einer umfassenden Gesamtheit zu verorten und ihre Besonderheiten deutlich zu machen. Dies ist natürlich nur möglich, wenn diese Einzelperson auch an der Befragung einer größeren Gruppe teilgenommen hat, sodass ihre individuellen Daten auf die Verteilung in der Gesamtgruppe, der sie auch angehört, bezogen werden können.

Dadurch kann zweierlei deutlicher beurteilt werden: Zum einen können die individuellen Aussagen in einem größeren Kontext betrachtet werden, so dass Einstellungen und Urteile einer Person im Spektrum vergleichbarer Individuen gesehen werden können. Es ist dann deutlicher erkennbar, ob und in welcher Hinsicht die Meinung einer Einzelperson der Einstellung der Mehrheit entspricht oder zu dieser in einer Außenseiterstellung steht. Umgekehrt kann beurteilt werden, in welchem Maße und unter welchen Aspekten ein Einzelfall für eine größere Gruppe repräsentativ ist. Dies kann auf die Gesamtheit aller Befragten bezogen werden und/oder auf Teilgruppen, die bestimmte, mit dem Einzelfall identische Merkmale (z.B. Geschlecht, Alter) aufweisen. Die Abweichungen werden anhand der Differenzen zwischen den individuellen Antworten und den Mittelwerten der gewählten Vergleichsgruppe dargestellt. Natürlich können bei einer Fallzahl 1 die Abweichungen nicht zufallskritisch geprüft werden.

Über „Einstellungen und Kenntnisse zur Statistik" wurde ein Interview mit einer Person geführt, die auch den Fragebogen ausgefüllt hat. Es handelt sich um eine Studentin, die zum Zeitpunkt der Befragung 24 Jahre alt war, im 3. Semester studierte und Pädagogik als Hauptfach (mit dem Studienziel Diplom) gewählt hatte. Das Interview wurde am Ende des Sommersemesters geführt. Der Kürze halber sei sie als „Frau SF" bezeichnet.

Die individuellen Antworten (kurz „iA") dieser Studentin im Fragebogen werden in den folgenden Tabellen mit den Mittelwerten aller Befragten (kurz: „Mg") verglichen:

Nr.	Faktor 1: Emotionale Wertschätzung	Mg	iA	iA–Mg
15	Es fasziniert mich, dass man mit einer einzigen Formel Aussagen über große Datenmengen machen kann.	,43	1,0	,57
8	Wer in abstrakten Zahlen denkt, verliert den Blick für die Zusammenhänge. (–)	,56	,17	-,39
19	Mit Mathematik hatte ich schon immer Probleme. (–)	,55	,83	,28
18	Es macht mir Spaß, grafische Darstellungen zu betrachten.	,45	,67	,22
6	Bei Texten mit Formeln und Tabellen empfinde ich Abneigung. (–)	,51	,33	-,18
20	Wer ein Fach wie Pädagogik studiert, hat meist eine Abneigung gegen statistische Methoden. (–)	,52	,67	,15
3	Ich glaube, dass mir die Beschäftigung mit Statistik Spaß machen wird.	,41	,50	,09

In der Dimension *emotionale Wertschätzung* bekundet Frau SF mit deutlich positiven Abweichungen eine stärkere Beziehung zu Konzepten und Verfahren der Statistik: Es fasziniert sie ohne Einschränkung deutlich stärker als die anderen Befragten, „dass man mit einer einzigen Formel Aussagen über große Datenmengen machen kann" (1,0; Diff=,57), Es macht ihr auch „Spaß, grafische Darstellung zu betrachten" (,67; ,22), und in geringem Maße empfindet sie bei „Texten mit Formeln und Tabellen Abneigung" (,33; -,18). Bei anderen Studierenden nimmt sie stärker wahr, dass diese „meist eine Abneigung gegen statistische Methoden haben" (,67; ,15). Überraschenderweise bekundet sie mit hoher Zustimmung, dass sie selbst „mit Mathematik schon immer Probleme hatte" (,83; ,28). Vermutlich hat sie sich trotzdem eine grundsätzliche Faszination für Formeln erhalten. Die „Beschäftigung mit Statistik" werde ihr immerhin ein wenig mehr „Spaß machen" als den anderen Befragten (,50; ,09).

Nr.	Faktor 2: Fachliches Erfordernis	Mg	iA	iA–Mg
2	In meiner späteren Berufspraxis werde ich Statistik kaum benötigen. (–)	,49	,17	-,32
5	Ich habe schon erlebt, dass ich mit Kenntnissen der Statistik Fachliteratur besser verstanden hätte.	,47	,17	-,30
1	Pädagogische Forschung ist ohne Statistik kaum möglich.	,69	,83	,14
14	Ich finde es richtig, dass Studierende der Pädagogik bis zur Zwischenprüfung Kenntnisse in Statistik erwerben müssen.	,69	,83	,14
9	Ich benötige Statistik, um Fachliteratur zu lesen.	,43	,33	-,10

Das *fachliche Erfordernis* empirisch-statistischer Verfahren schätzt Frau SF etwas, aber nicht besonders höher ein: Sie stimmt zu, dass „pädagogische Forschung ohne Statistik kaum möglich ist" (,83; ,14). Wer wissenschaftlichen Ansprüchen genügen will, müsse seine Aussagen „empirisch-statistisch belegen können" (,67; ,14). Sie findet es folgerichtig „angemessen, dass Studierende der Pädagogik bis zur Zwischenprüfung Kenntnisse in Statistik erwerben müssen" (ohne Faktorzuordnung; ,83; ,14). Sie hat allerdings noch weniger als andere Studierende „erlebt, dass sie mit Kenntnissen der Statistik Fachliteratur besser verstanden hätte" (,17; -,30), und deutlich weniger den Eindruck, dass „in den Lehrveranstaltungen der Pädagogik häufig mit empirisch-statistischen Untersuchungen argumentiert wird" (,17; -,34). Die gegenteilig formulierte Aussage, dass es „nicht angemessen ist, dass Studierende der Pädagogik sich bis zur Zwischenprüfung mit Statistik beschäftigen müssen", lehnt sie stärker ab (,17; -,17).

Nr.	Faktor 3: Empirische Aussagekraft	Mg	iA	iA–Mg
7	Empirisch-statistische Verfahren sind unbestechlich.	,27	,17	-,10
13	Empirisch-statistische Forschung mag zwar "objektiv", also von anderen nachprüfbar sein, aber sie gibt die tatsächlichen Verhältnisse nur gebrochen wieder. (–)	,73	,67	-,06
4	Mit Statistik kann man alles beweisen.	,22	,17	,05

In der *wissenschaftlichen Wertschätzung* der Statistik unterscheidet sich Frau SF kaum von den anderen Befragten: Sie ist wie diese nicht der Meinung, dass man „mit Statistik alles beweisen kann" (,17; ,05), stimmt ähnlich stark zu, dass „empirisch-statistische Forschung ... die tatsächlichen Verhältnisse nur gebrochen wiedergibt" (,67; -,06), und lehnt wie die Mehrheit der anderen die Aussage ab, dass „empirisch-statistische Verfahren unbestechlich sind (,17; -,10).

Nr	Faktor 4: Allgemeine Abwehr	Mg	iA	iA–Mg
16	Ich würde mich lieber mit Statistik beschäftigen, wenn ich es nicht müsste.	,37	,17	-,20
11	Empirisch-statistische Verfahren können nur bestätigen, was schon "der Fall" ist.	,49	,67	,18

Nr	ohne Faktorzuordnung	Mg	iA	iA–Mg
	In den Lehrveranstaltungen der Pädagogik wird hier häufig mit empirisch-statistischen Untersuchungen argumentiert	,51	,17	-,34
17	Ich finde es nicht angemessen, dass Studierende der Pädagogik sich mit Statistik beschäftigen müssen. (–)	,34	,17	-,17
10	Wer seine Aussagen nicht empirisch-statistisch belegen kann, genügt den Ansprüchen der Wissenschaftlichkeit nicht.	,53	,67	,14

Den Aussagen, die auf eine *Allgemeine Abwehr* schließen lassen, stimmt Frau SF deutlich weniger zu: Deutlich stärker lehnt sie ab, dass man „den Blick für die Zusammenhänge verliert, wenn man in abstrakten Zahlen denkt" (Faktor 1; ,17; -,39). Der Aussage, dass „empirisch-statistischer Verfahren nur bestätigen, was der Fall ist", stimmt sie etwas stärker zu (,67; ,18), was vermuten lässt, dass sie mit ihrer eher positiven Einstellung solche „Feststellungen" befürwortet. Sie erwartet nicht, dass sie „in ihrer späteren Berufspraxis Statistik kaum benötigen wird" (Faktor 2; ,17; -,32; dass sie also erwartet, Statistik verwenden zu müssen). Sie stimmt allerdings weniger als andere zu, dass „empirisch-statistische Verfahren unbestechlich sind" (,17; -,13). Sie glaubt dementsprechend nicht, sich „lieber mit Statistik zu beschäftigen, wenn sie es nicht müsste" (,17; -,20).

Frau SF unterscheidet sich von allen Befragten bei den Faktoren unterschiedlich: Herausragend ist ihre „Faszination" für Formeln, mit denen „große Datenmengen" transparent gemacht werden können. Dem entspricht, dass sie allgemein kritisch-abwehrende Haltungen zu Methoden deutlich ablehnt. In der allgemeinen Wertschätzung und dem fachlichen Erfordernis stimmt sie weitgehend mit den anderen Befragten überein. Merkwürdigerweise bekundet sie, dass sie „mit Mathematik schon nimmer Probleme hatte". – Dieses Bild ist nicht in allen Punkten stimmig. Vielleicht trägt das folgende kurze Interview zur Klärung bei.

Ein qualitatives Interview

Die quantitative Analyse soll im Folgenden ergänzt und verglichen werden mit einem kurze Interview, das mit „Frau SF" geführt wurde. Folgende Daten zur Person können dem Fragebogen entnommen werden: Frau SF hat sich in der Schule oder vor diesem Seminar schon „etwas" mit Statistik beschäftigt (das ist ein wenig stärker als bei den anderen Befragten). Ihre Zensur in Mathematik war in den letzten drei Jahren mit „4" um 0,76 Notenpunkte schlechter als im Mittel bei der Gesamtgruppe. Bei den Aufgaben zur Berechnung einfacher Formeln liegt sie mit fünf richtig gelösten Aufgaben um 1,4 Aufgaben unter dem Schnitt der anderen Befragten. Die Berufe ihres Vaters oder ihrer Mutter haben nicht „mit Technik, Naturwissenschaften, Mathematik oder dergleichen zu tun bzw. zu tun gehabt" (wie es auch bei 46 % aller Befragten der Fall ist). Frau SF hatte bereits an einem Seminar zur Einführung in Forschungsmethoden teilgenommen. Das Interview wurde am Ende des Semesters ohne Vorgabe eines Leitfadens geführt und von der Befragten redaktionell bearbeitet.

Frage: Wie stehen Sie zur Statistik?
Die reine Statistik, die nur mit mathematischen Formeln und Zahlen arbeitet, schüchtert mich irgendwie ein. Wenn ich eine Formel oder das Summenzeichen sehe, habe ich persönliche Berührungsängste. Gleichzeitig finde ich es sehr faszinierend, wenn andere sicher damit umgehen können.

Woher stammt dennoch Ihr Interesse an Forschungsmethoden?
Oftmals haben sich im Rahmen von Literaturrecherchen für Referate und Hausarbeiten Fragen ergeben, die mit Forschungsmethoden in Zusammenhang stehen. Ich schrieb einmal eine Hausarbeit über Adorno. Dabei hatte ich am Ende meine „persönliche Meinung" formuliert. In der Besprechung sagte mir der Professor, dass man eine begründete Meinung nicht als eine „persönliche Meinung" kennzeichnen müsse – nur eine unbegründete Meinung solle man als „persönliche" bezeichnen.

Was haben Sie in dem Seminar dazu gelernt?
Mir wurde die Differenz zwischen Alltags- und Wissenschaftskommunikation deutlich. Ich habe Kriterien erlernt, z. B. Gütekriterien, die in der Wissenschaft eingehalten werden müssen. Oder dass Forschungsmethoden transparent gemacht werden sollen.

Hatten sie während des Seminars eine Gruppe, in der sie mit anderen diskutiert haben?
So direkt hatte ich keine Arbeitsgruppe, mit der ich mich regelmäßig traf. Zwei Freundinnen von mir, denen das Seminar zu schwer wurde, hatten aufgegeben. Mit einer anderen hatte ich hin und wieder Gespräche geführt, aber wie das manchmal so ist, man kommt vom Thema ab und unterhält sich über private Dinge. Allgemein habe ich keine so gute Erfahrung mit Arbeitsgruppen gemacht. Man arbeitet nicht so effektiv. Oft sind die Aufgaben zu banal oder man hat Fragen, die man in der Gruppe nicht beantwortet bekommt.

Und wie war das hier?
Im Seminar wurden Fragen diskutiert, die sich mir schon im Verlauf des Studiums gestellt hatten. Ich konnte gezielte Fragen stellen, die mich besonders beschäftigten.

Was waren denn das für Fragen?
Zum Beispiel welche Methoden für bestimmte theoretische Fragestellungen geeignet sind und welche Gütekriterien dabei zu beachten sind. Bei „Fachliteratur" hatte ich oft den Eindruck, dass es irgendwie „Blödsinn" ist, aber ich konnte es nicht genau begründen wieso. Manchmal fand ich, dass persönliche Meinungen als Wissenschaft dargestellt wurden. Aber ich habe mich auch nicht getraut, das so zu sagen.

Kehren wir noch mal zu Ihren persönlichen Beklemmungen gegenüber Zahlen zurück!
Wie ich schon sagte, habe ich ein ambivalentes Verhältnis zu Zahlen. Einerseits eine persönliche Distanz dazu, anderseits die Faszination für Menschen, die mit Zahlen umgehen können. Ich schaue gerne zu, wie eine mathematische Aufgabe ganz logisch zu lösen ist und ein klares Ergebnis ergibt.
In der Grundschule war ich sehr gut in Mathematik. Dann, ab der fünften Klasse, hatte ich nur noch diese Mitleidsnoten, diese Vierer. Erst in der 12. und 13. Klasse hatte ich wieder Spaß an Mathe. Ich bekam einen Lehrer, der sehr einfühlsam auf meine Beklemmungen gegenüber Zahlen reagierte. Er konnte mir Vertrauen zu mir selbst wecken. Sein „Das kannst du auch!" wirkte wie ein Antriebsmotor auf meine Motivation für Mathe. „Das kannst du auch," hat er so oft wiederholt, bis ich anfing, ihm und mir zu beweisen, dass ich es tatsächlich kann. Ich lernte nicht Mathe dem Lehrer zuliebe, sondern, weil es mir plötzlich Spaß machte mit Zahlen umzugehen. Mathematik wurde für mich kreativ. Man tastet sich schrittweise an die Lösung heran und dabei muss man genau sein. Es ist eine Mischung aus Kreativität und Perfektionismus. Ich habe dann Mathe sogar als Prüfungsfach im Abitur gewählt. Mathe ist Kreativität, Perfektionismus und Fuzzelarbeit.

Und hat Wissenschaft auch etwas mit „Fuzzelarbeit" zu tun?
Ohne Fuzzelarbeit ist Wissenschaft nicht möglich – finde ich!

Soweit das Interview. Frau SF bekundet wiederholt „ein ambivalentes Verhältnis zu Zahlen": Sie hat mit Mathematik in der Schulzeit unterschiedliche Erfahrungen gemacht, die zwischen guten Leistungen in der Grundschule und den „Mitleidsnoten" ab Klasse 5 wechseln. Erst in der Oberstufe habe es ein Lehrer sehr einfühlsam verstanden, neue Begeisterung für den Umgang mit Zahlen zu wecken und ihr deutlich zu machen, dass Mathematik eine „Mischung aus Kreativität und Perfektionismus" ist. Wichtig sei dabei ein Lehrer gewesen, der „Vertrauen zu [ihr] selbst" wecken konnte. Gewisse „persönliche Berührungsängste" hat sie sich zwar erhalten, sie empfindet es aber gleichwohl als „faszinierend, wenn andere sicher damit umgehen können". Forschungs- und erkenntnistheoretisch ist ihr im Studium und bei der Lektüre wissenschaftlicher Publikationen deutlich geworden, dass zwischen unbegründeter „persönlicher Meinung" und argumentativ „begründeter Meinung" nur schwer zu unterscheiden ist. Dies bringt sie auch in der Befragung gegenüber Statistik zum Ausdruck. Diese Prozesshaftigkeit ihrer Erfahrungen und die Ambivalenz wissenschaftlicher Argumentation machen verständlich, dass Frau SF in der schriftlichen Befragung eine Faszination bei den Ergebnissen statistischer Analysen und ihrer grafischen Darstellung bekundet, aber gleichwohl – wie die Mehrzahl der Befragten – eine „Abneigung gegen statistische Methoden" hegt. Sie hofft offenbar, dass sie in den Veranstaltungen zur Statistik wieder jene „Mischung aus Kreativität und Perfektionismus" erleben kann, die sie aus der Oberstufe des Gymnasiums in Erinnerung hat. Diesen Charakter einer offen-kreativen „Fuzzelarbeit" möchte sie sich offenbar als Perspektive und Wesensmerkmal wissenschaftlichen Arbeitens erhalten.

Wechselseitige Deutungen

Im Folgen soll nun versucht werden, die quantitativen und die qualitativen Daten aufeinander zu beziehen. Das könnte sozusagen 1 zu 1 möglich sein, wenn das Interview ausdrücklich auf die Aussagen der schriftlichen Befragung bezogen würde oder gar um Erläuterung zu den Antworten im Fragebogen gebeten hätte. Das könnte im Sinne eines „nachträglichen lauten Denkens" („Was ist ihnen dabei durch den Kopf gegangen?") aufschlussreich sein. Es könnte aber auch problematisch sein, weil zum einen die (in der Regel) bei schriftlichen Befragungen zugesicherte Anonymität nachträglich aufgehoben würden müsste. Und zum anderen könnten die dann interviewten Personen versuchen, ihre Fragebogen-Angaben zu rechtfertigen oder inhaltlich zu korrigieren. – Das müsste ggf. sorgfältig bedacht und abgewogen werden. Beim oben referierten Interview wurden die Fragen eher spontan gestellt, um dem Gedankengang der Befragten folgen zu können.

Frau SF macht im Interview verständlich, warum sie in der schriftlichen Befragung sowohl gesagt hat, dass die formelhafte Aufbereitung von „großen Datenmengen" sie „fasziniert", und zugleich bekundet, dass sie „mit Mathematik schon immer Probleme hatte": Sie ist beeindruckt, wenn Auswertungen in einer „Formel" erkennbar machen, was in den Datenmengen verborgen ist. Sie möchte dies aber offenbar nicht unbedingt selbst berechnen (müssen), denn bei „reiner Statistik" habe sie „Berührungsängste"". Dies scheint mit ambivalenten Erfahrungen in der eigenen Schulzeit zusammenzuhängen: In der Grundschule war sie in Mathematik eine gute Schülerin, kam aber in der Sekundarstufe nur mit „Mitleidsnoten" (den „Vierern") über die Runde. Erst im 12. und 13. Jahrgang hatte ein einfühlsamer" Lehrer sie ermutigt, diese negativen Erfahrungen und entsprechende Befürchtungen zu überwinden. Offenbar gelang es ihm, Mathematik als „kreativen" Prozess erlebbar zu machen. Weil es ihr „plötzlich [wieder]

Spaß machte, mit Zahlen umzugehen", wählte sie Mathematik sogar als Prüfungsfach im Abitur.

So wie sie Mathematik als Verbindung von „Kreativität, Perfektionismus und Fuzzelarbeit" erlebt hat, sieht sie auch Wissenschaft im Prinzip in einer ähnlichen Spannung bzw. als Prozess: Sie ist einerseits ein kreatives „Fuzzeln" (im Sinne von Suchen und Probieren), aber dann ein methodisch und begrifflich anspruchsvolles Verfahren, das zu klaren und dann „faszinierenden" Ergebnissen führen kann: „Man tastet sich schrittweise an die Lösung heran und dabei muss man genau sein". Es macht ihr dann „Spaß, grafische Darstellungen zu betrachten". Es erscheint dann folgerichtig, dass ihrer Meinung nach „empirisch-statistische Verfahren nur bestätigen (können), was schon der Fall ist. Dass sie dieser Aussage stärker zustimmt als die andere Befragten, versteht sie offenbar als positive Aussage: Es kann und soll in „genauen" Analysen nur herausgearbeitet werden, was in Fakten und Daten enthalten ist und transparent werden soll.

Dieses Spannungsverhältnis von eher subjekthafter Sichtweise und dem Anspruch an wissenschaftliche Präzision und Objektivität hat sie der Rückmeldung bei einem früheren Referat über Adorno erfahren: Wenn man eine persönliche Meinung gut begründen könne, müsse man diese nicht als „persönlich" kennzeichnen. Es komme vielmehr darauf an, z.B. spontane, kreative Gedanken zwar zu entwerfen, sie aber kritisch zu prüfen, ggf. auch zu verwerfen, um zu Formulierungen zu kommen, die im wissenschaftlichen Diskurs vertreten werden können. Sie hat aber in den von ihr besuchten Lehrveranstaltungen und bei der Lektüre von Fachliteratur „manchmal" den Eindruck, „dass persönliche Meinungen als Wissenschaft dargestellt wurden". Auf ihr Verständnis von Statistik hat sie offenbar daraus gefolgt, dass man mit Statistik keineswegs „alles beweisen" kann und dass „"empirisch-statistische Verfahren keineswegs „unbestechlich" sind. Wissenschaft und auch statistische Analysen seien eben durchaus „Fuzzelarbeit", die nicht immer zu eindeutig richtigen Lösungen führen muss. Und letztlich müsse wohl auch die Faszination einer „einzigen" Formel, die „Aussagen über große Datenmengen machen kann", skeptisch betrachtet werden.

Schließlich sei auf eine Anregung aufmerksam gemacht, die Frau SF in den Aussagen zu Mathematik angedeutet hat: Sie hat [wieder] Spaß an diesem Fach gefunden, weil ihr Lehrer den kreativen Charakter der Mathematik anschaulich machen konnte. – Vielleicht sollte auch der Unterricht in Statistik solche Erfahrungen ermöglichen, indem der suchende, probierende, explorative Charakter und die immer nur vorläufige Gültigkeit betont werden. – Das wirft die Frage auf, ob all diese Überlegungen eine differenziertes oder gar neues Bild der Statistik nahelegen.

9. Perspektiven

Wer eine Einführung durchgearbeitet hat, sollte sich in dem Feld, um das es geht, orientieren können. Das ist bei Methoden pädagogischer Forschung nicht ganz einfach, weil etliche Begriffe nicht trennscharf definiert sind und auch nicht ohne Weiteres genauer gefasst werden können. Häufig scheinen – wie in der alltäglichen Kommunikation (s.o.) – Reviere abgegrenzt zu werden, die man starkmachen und gegenüber anderen Orientierungen verteidigen möchte. Das kann zu wechselseitigen Unterstellungen und verkürzenden Darstellungen führen.

Ich möchte in diesem Kapitel solche alternativen, sich ausschließende Begrifflichkeiten relativieren und aufzeigen, wie eng sie im Grund miteinander zu tun haben. Ich möchte zeigen, dass die scheinbar abgrenzenden Begriffe viel mehr Gemeinsames implizieren, als die Worte auszudrücken scheinen.

9.1 Konzeptionelle Grenzen und Gemeinsamkeiten

Immer wieder wurde und wird versucht, solche Gegensätze zu überwinden, sich wechselseitig Respekt zu bezeugen und die Ergebnisse der anderen mehr oder weniger wohlwollend zur Kenntnis zu nehmen. Die wechselseitige Skepsis bleibt aber doch spürbar. Es ist m.E. an der Zeit, diese unproduktive Abgrenzung zu überwinden und die Protagonisten sozusagen aus ihren Festungen herauszulocken. Das ist allerdings nicht ganz einfach, denn beide Seiten können mit guten konzeptionellen Gründen und mit Hinweisen auf beeindruckende Beispiele zeigen, wie produktiv das eigene und wie begrenzt das andere Vorgehen ist. Dabei ist es immer möglich, etwas als Defizit einzuklagen, was bei einer Untersuchung auch noch hätte sinnvoll sein können, was aber einfach aus pragmatischen Gründen nicht geleistet werden konnte.

Besonders pointiert wurde diese Differenz zwischen hermeneutisch und empirisch orientierten Konzepten herausgearbeitet. Ähnliche Unterschiede werden zwischen qualitativen und quantitativen Ansätzen betont. Diese erkenntnistheoretischen und methodologischen Positionen sollen zunächst kurz und durchaus zugespitzt noch einmal herausgestellt werden:

- *Hermeneutisch-qualitative Konzepte* betonen in ihrem Selbstverständnis die Orientierung am Individuellen und Einzigartigen. Sie wollen die historische und situative Einmaligkeit der Prozesse verstehen. Es wird im Prinzip kein Anspruch erhoben, dass daraus Folgerungen für andere Situationen und Personen abgeleitet werden können. Das sei lebensnäher, authentischer, flexibler. Sie benutzen deshalb eher „weiche", „geisteswissenschaftliche" Methoden, betrachtet werden vor allem abgeschlossene, einmalige Prozesse. Man versuche, diese einfühlsam nachzuerleben. Die Deutungen seien ganzheitlich und gingen zugleich in die Tiefe.

• *Empirisch-quantitative Konzepte* wollen Gesetze herausarbeiten, mit denen beobachtete Sachverhalte erklärt werden können. Sie beschäftigen sich mit andauernden bzw. wiederholt ablaufenden Prozessen und wollen zukünftige Ereignisse vorhersagen können. Sie arbeiten mit eindeutig definierten Kategorien und nachvollziehbaren Methoden, die sich an Konzepten der Naturwissenschaften orientieren. Die Befunde seien detailliert und beschränkten sich auf beobachtbare Sachverhalte. Es sei dabei prinzipiell nicht möglich, theoretische Aussagen endgültig zu beweisen, man könne nur versuchen, falsche Annahmen zu *falsifizieren.*

Auf dem Hintergrund der eigenen methodologischen Konzepte und deren Stärken werden in der Kritik an der jeweils anderen Seite deren Nachteile abgeleitet.

• *Gegen die Hermeneutik* wird u.a. vorgebracht:
➤ Wenn an einem Fall nur das Einmalige herausgearbeitet und „verstanden" ist, könne das nicht auf andere Situationen angewendet werden.
➤ Die Hermeneutik verweigere die Überprüfung ihrer Aussagen an der Wirklichkeit, sie beziehe sich auf Texte und damit immer schon auf Aussagen *über die Wirklichkeit* und nicht auf die Wirklichkeit selbst.
➤ Weil Autor und Interpret sich auf den ihnen gemeinsam vertrauten „objektiven Geist" beziehen, seien sie in diesem Kontext *gefangen* und könnten diesen nicht überschreiten. Deshalb könnten sie nicht erkennen, was darin möglicherweise falsch, Ideologie oder affirmativ sei.
➤ Die Hermeneutik sei konservativ und anti-aufklärerisch: Sie reproduziere und bestätige lediglich immer wieder das vorab vorhandene Verständnis und schütze damit die gängigen Deutungen und Dogmen vor Kritik.
➤ Die Hermeneutik könne nur immer wieder herausarbeiten, was von anderen in einen Text hineingelegt worden sei; sie habe kein Kriterium, an dem sie den Wahrheitsgehalt der Texte messen könne; sie prüfe immer nur die Güte der Interpretation; Hermeneutik müsse sich im Kreis bewegen.
➤ Man könne hermeneutische Verfahren allenfalls dazu benutzen, für eine Fragestellung mögliche theoretische Deutungen und Hypothesen zu entwerfen. Überprüft werden müssten diese aber empirisch.
➤ Man könne „Verstehen" nicht von „Erklären" abgrenzen, weil der Prozess des Verstehens selbst in seiner Gesetzmäßigkeit „erklärt" werden müsse.

➤ Die Hermeneutik befasse sich mit einem spezifischen Gegenstandsbereich. Das rechtfertige aber keine eigene Methodologie.

● *Gegen die Empirie* wird u.a. vorgebracht:

➤ Das historisch und situativ Einmalige könne man nicht in Gesetze und Regelmäßigkeiten zwängen. Tiefere Bedeutungen erschlössen sich nicht über die Betrachtung messbarer Fakten.

➤ Man könne einen ganzheitlichen, „holistischen" Zusammenhang nicht „atomistisch" zergliedern.

➤ Ein „positivistisch halbierter Rationalismus" gestehe wissenschaftliche Würde nur den Erscheinungen des Faktischen zu.

➤ Das Individuelle sei im „Durchschnitt" oder im „Cluster" nicht mehr erkennbar.

➤ Die ästhetische und emotionale Dimension der Persönlichkeit dürfe nicht der Messbarkeit geopfert werden. Das Gleiche gelte für moralische Probleme.

➤ Man könne Phänomene und ihre Bedeutungen, ihren „Sinn" nicht mathematisch-quantitativ erfassen. Das sei – wie man polemisch sagte – „Fliegenbeinzählerei".

➤ Mit dem Rückzug auf das in der Wirklichkeit Beobachtbare und Messbare könne die Empirie immer nur feststellen, was in der zurückliegenden Entwicklung mehr oder weniger zufällig oder als Ausdruck bestimmter Herrschaftsinteressen Realität geworden sei. Damit lasse sie herrschende Verhältnisse als die einzig möglichen erscheinen; Empirie sei affirmativ und ideologisch.

➤ Historische Entwicklungen seien als einmalig zu sehen; wesentliche Zusammenhänge seien nur in einem mühsamen Prozess zu verstehen, der wesentlich Elemente der Intuition enthalten müsse.

In der Unterscheidung zwischen „qualitativer" und „quantitativer" Forschung werden die Unterschiede tendenziell mit *Bewertungen* verbunden: Die einen beanspruchen, eine Sache in ihrem eigenen Wesen, ihren tieferen Sinn qualitativ erkennen zu können. Dabei weckt der Begriff „qualitativ" die Assoziation, dass es um etwas qualitativ Besseres geht, was auf der Ebene des Messbaren nicht erfasst werden könne. Nach quantitativen Konzepten wird dagegen beansprucht, die Dinge in ihrer Ausprägung genauer und intersubjektiv nachvollziehbar zu machen, es werde genauer definiert, was gemeint ist, und man könne besser einschätzen, auf welche Situationen eine Interpretation im Sinne einer Gesetzmäßigkeit angewendet werden kann.

Kann wirklich nur nach dem einen *oder* nach dem anderen Konzept verfahren werden? Fallen die Vorwürfe an die gegnerischen Konzepte nicht auch auf die eigene Praxis zurück? Gibt es Forschungsgegenstände und Forschungsfragen, die nur auf die eine oder die andere Weise sinnvoll bearbeitet werden können? Bleiben nicht immer Fragen offen, die empirisch *oder* hermeneutisch, qualitativ *oder* quantitativ nicht zu Ende bearbeitet werden können?

Es gilt inzwischen als anerkannt, dass die scharfen Abgrenzungen überwunden werden sollten. Man anerkennt, dass man sich ergänzen muss (vgl. unten das Stichwort „Triangulation"). Dabei bleiben aber nach meinem Eindruck die wechselseitigen Vorbehalte unterschwellig bestehen. Wenn es denn sein muss (und „Mode" ist), kann man sich ja ergänzen – aber integriert zu kooperieren, scheint kaum möglich.

Diese Einführung ist ein Versuch, zwischen den ‚gegnerischen' Bereichen zu vermitteln und aufzuzeigen, dass die wechselseitige Öffnung für beide Seiten nützlich sein kann und erkenntnistheoretisch sogar möglich und Not–wendig ist. Ich knüpfe damit an den schon erwähnten Appel an, den *Heinrich Roth* mit der Sentenz formuliert hatte, dass erst eine Ergänzung um empirische Methoden die Hermeneutik „dazu inaugurieren werde, Ideen in Erkenntnisse zu verwandeln". Zugleich war ihm dabei wichtig, dass pädagogische Forschung auf die Zielsetzungen einer emanzipatorischen Persönlichkeitsentfaltung gerichtet sein müsse. In diesem Sinne sollen die folgenden Hinweise aufzeigen, dass und warum diese Verbindung möglich und nötig ist.

Die Abgrenzung des hermeneutischen *Verstehens* von empirischem *Erklären* ist theoretisch und aus der historischen Situation ihrer Generierung verstehbar: Historische Entwicklungen sind einmalig, sie wiederholen sich nie in genau der gleichen Erscheinungsform. Aber sollte man nicht doch versuchen, in einem als einmalig gedeuteten Ereignis solche Elemente, Dimensionen oder Kräfte zu erkennen, die auch in anderen Situationen – wenn auch vermutlich in anderen Konstellationen – wirksam sein könnten? Wenn ähnliche Beobachtungen in verschiedenen Situationen wiederholt gemacht werden, wird man doch mit aller Vorsicht daraus induktiv eine Regelhaftigkeit ableiten können. Dass man aus der Geschichte nicht lernen könne, dürfte zutreffen, wenn man eindeutige Ableitungen erwartet. Aber versuchen wir nicht doch – wenn ich ein besonders bedrückendes Beispiel nennen darf –, aus dem Faschismus zu lernen? Und soll uns die Geschichte von Erziehung und Bildung nicht Hinweise darauf geben, wie solche Prozesse gestaltet werden sollten, wenn man bestimmte Effekte erreichen bzw. (Fehl-)Entwicklungen verhindern möchte?

Umgekehrt dürfte es legitim sein, von der empirisch orientierten Forschung zu erwarten, dass sie nach den Bedeutungen ihrer Befunde fragt. Empirisch-quantitative Befunde müssen gar nicht immer auf überdauernde Gesetzmäßigkeiten hin angelegt sein. Auch eine repräsentative quantitative Studie ist zunächst nicht mehr als eine Momentaufnahme. Ob korrelative oder kausale Beziehungen, die man an bestimmten Daten herausarbeiten konnte, für andere oder gar alle vermeintlich vergleichbaren Situationen gelten, ist im Sinne der externen oder ökologischen Validität keineswegs sicher. Spätestens an dieser Stelle ist darüber zu reflektieren, welche besonderen Merkmale in der Untersuchungssituation wirksam gewesen sein könnten.

Pointiert könnte man die wechselseitigen Bedeutungen so fassen:

- Man kann singuläre Ereignisse umso besser *verstehen*, je vielfältiger man in das komplexe Gefüge von Ursachen und Wirkungen (und deren Wechselwirkungen) eindringt. Und man versteht umso mehr, je besser man das Situative auch auf allgemeine, gesetzmäßige Zusammenhänge oder auch nur probabilistische Vermutungen beziehen und dadurch erklären kann.
- Man kann wiederkehrende Ereignisse umso besser *erklären*, je genauer man darauf achtet, welche situativen Besonderheiten jenen Anteil aufklären, der nicht schlüssig auf generelle Gesetzmäßigkeiten zurückgeführt werden kann und bei statistischen Analysen als unaufgeklärte Varianz im Dunkeln verbleibt. Eine Erklärung ist umso besser, je mehr die situativen Konstellationen in ihrer *Kontingenz* verstanden werden.

Also ergibt sich – wenn man die traditionelle begriffliche Unterscheidung von Verstehen und Erklären verwenden will – als *das Gemeinsame* von Hermeneutik und Empirie: Verstehen sucht nach Erklärungen, Erklärungen ermöglichen Verstehen. Und wenn man den Gegensatz von Verstehen und Erklären mildern oder gar überwinden will, könnte man sagen: Was man verstanden hat, kann man auch erklären, und Prozesse kann man erst erklären, wenn man sie verstanden hat.

Qualitative Forschung wird gelegentlich als *interpretativ* bezeichnet. Das ist als Beschreibung sicher zutreffend, aber als Kriterium der Abgrenzung zur empirischen Forschung erscheint es mir anmaßend. Und es ist möglicherweise sogar problematisch, mit dieser Abgrenzung die Vorstellung zu verbinden, die empirische Forschung betreibe eine „reine", von Personen und ihren Interpretationen unabhängige Form der Erkenntnis. Schon die Auswahl eines Forschungsgegenstandes beruht auf einer Interpretation der Forschungslage bzw. des pädagogischen Erkenntnis- und Handlungsbedarfs. Ob etwas Bestimmtes zur Forschung ausgewählt wird, ergibt sich nicht aus wertneutralen Sachzwängen, sondern aus *subjekthaften Entscheidungen*. Auch bei der operationalen Definition von Merkmalen werden bestimmte Aspekte einbezogen und andere ausgegrenzt. Und wenn am Ende empirisch-statistische Befunde interpretiert werden, spielen pädagogische und/oder politische Orientierungen mehr oder weniger bewusst eine Rolle. Und das ist auch gut so, denn pädagogische Forschung soll dazu beitragen, dass Kinder und Jugendliche unter immer besseren Bedingungen aufwachsen können. Ob dies den normativen Kriterien entspricht, die man mit dieser Zielsetzung verbindet, ist interpretativ zu klären. Kurz: Interpretation ist kein Privileg der qualitativen Forschung.

Kontrovers diskutiert wird der methodologische Stellenwert eines *synthetischen* oder eines *analytischen* Vorgehens, also eines *induktiven* Schließens im Gegensatz zu einem *deduktiven* Ableiten. – Diese Gegensatzpaare sind keineswegs synonym mit den beiden großen Konzepten, sondern sie sind innerhalb beider Konzepte bedeutsam:

- In hermeneutisch orientierten Konzepten ist der Ansatz des Vorverständnisses und des hermeneutischen Zirkels im weiten Sinne des Begriffs als *analytisch* zu verstehen. Ein Text wird in seinen einzelnen Elementen, Begriffen, syntaktischen Merkmalen etc. genauer betrachtet, um das Vorverständnis prüfen, vertiefen und ggf. weiterentwickeln zu können. Das Konzept der Phänomenologie kann dagegen als *synthetisch* bezeichnet werden: Die möglichst unvoreingenommene Betrachtung einer Sache soll nach und nach die Elemente einer späteren ganzheitlichen Deutung hervorbringen.
- In empirisch orientierten Konzepten kann die so genannte Tatsachenforschung als *induktiv* verstanden werden. Wiederholte Beobachtungen und Deutungen der gleichen oder gar derselben Ereignisse sollen zu einem theoretischen Befund generalisiert werden. Dagegen setzt der kritische Rationalismus auf eine *deduktive* Konzeption: Man müsse aus umfassenden Vermutungen kleinere Einheiten ableiten, um sie kritisch an der Wirklichkeit prüfen zu können.

Nun wäre allerdings eine Forschung im Sinne des kritischen Rationalismus in ihrer Wirkung begrenzt, wenn aus den Ergebnissen der *Hypothesen-Prüfung* keine Schlüsse gezogen würden. Man möchte doch wissen, ob eine Theorie beibehalten werden kann und wie weit man ihr im Handeln folgen soll. Das ist nur möglich durch Schlussfolgerungen, die einen *induktiven Charakter* haben. So wird man z.B. nach der ggf. wiederholten Erfahrung, dass eine Hypothese sich manchmal bewährt und manchmal falsifiziert wird, versuchen, dies mit Ausnahme-Regeln verständlich zu machen und diese in eine komplexere Theorie zu integrieren. Solche Entwürfe werden gelegentlich als *Abduktion* bezeichnet und diskutiert. Dass solche Entwürfe dann wieder kritisch, also deduktiv-analytisch geprüft werden müssten, wäre dabei selbstverständlich. – In entsprechender Weise werden induktive Konzepte sich der erkenntnistheoretischen Herausforderung des kritischen Rationalismus stellen und akzeptieren müssen, dass ihre synthetisch entwickelten theoretischen Konzepte analytisch an der Wirklichkeit zu überprüfen sind.

Damit kann der Stellenwert des *Falsifikationsprinzips*, wie es vom kritischen Rationalismus formuliert worden ist, übergreifender verortet werden. Im Grunde ist es der hermeneutisch orientierten Forschung bereits implizit:

Der hermeneutische Zirkel beinhaltet diese Aufforderung zur kritischen Prüfung am Detail bereits als wesentliche Komponente. Allerdings ist in der Forschungspraxis die Versuchung groß, dass man seine Vermutungen durch entsprechende Beobachtungen bestätigt sieht und plausiblen Schlussfolgerungen erliegt. Ohne solche induktiven Schlüsse wird man nicht auskommen können, aber sie müssen im Sinne wissenschaftlicher Ansprüche immer wieder konsequent der Überprüfung zugänglich gemacht werden. Auch Hermeneutik kann nicht beweisen, dass ein bestimmtes Vorverständnis wahr ist und trotz aller Prüfungen wahr bleibt. Auch hermeneutische Analysen müssen versuchen, mögliche falsche Annahmen an konkretem Material zu widerlegen.

Am Verhältnis zwischen dem *Ganzen* und den *Details* soll dies noch einmal deutlich werden: Nach dem Konzept der strengen Empirie soll sich der Erkenntnisprozess strikt an Details halten und mit *All-Aussagen* zumindest sehr vorsichtig sein. Allerdings steht dabei im Prinzip am Anfang das Ganze, nämlich eine mehr oder weniger umfassende Theorie. Erst die deduktiv abgeleiteten Hypothesen sollen sich auf prüfbare Details beziehen und an der Erfahrung scheitern können. Die dabei gewonnenen Erkenntnisse müssen aber wieder in das Ganze zurückgeführt und dort interpretiert und integriert werden. Ohne diesen Versuch blieben Details unvollständig, ohne Zusammenhang untereinander und in ihrer Summe zufällig. In beiden Bereichen ist pädagogische Reflexion unerlässlich. Eine Ebene allein ist nach wissenschaftlichen Anforderungen und nach Erwartungen der pädagogischen Praxis unzureichend!

Auch ob Forschung *kritisch* oder *affirmativ* agiert, folgt nicht automatisch aus den jeweils verwendeten Methoden, sondern aus dem theoretisch fundierten Bewusstsein. Wer zu einer bestimmten Sache vor allem Bestätigungen für seine Erwartungen sucht, wird wenig Neues finden. Wer *linear*, ohne nach rechts und links zu blicken, nur ein bestimmtes Ziel vor Augen hat, den können weder hermeneutische noch empirische Methoden von seinem eingeschlagenen Weg abbringen. Wer Hypothesen formuliert, deren Gültigkeit er unterstellt bzw. erhofft, wird durch die erkenntnistheoretisch-kritischen Ansprüche des kritischen Rationalismus nicht dazu gezwungen, sie zu falsifizieren. Er wird ggf. intensiv nach Erklärungs-Möglichkeiten suchen, die auch angesichts widriger Befunde die theoretischen Annahmen retten sollen.

Zuspitzen kann man dies in der Forderung, dass Beobachtungen jeglicher Art – also Worte in einem Text, Daten zu einem Merkmal – nicht voreilig einer vorab formulierten oder unbewusst eingebrachten Deutung unterworfen, ihr nicht *subsumiert* werden. Aber das ist als Prinzip leichter gesagt, als dass es methodisch umgesetzt werden kann. Auch Forscher sind nicht vor der menschlichen Versuchung gefeit, recht haben zu wollen. Mängel in dieser Hinsicht beruhen nicht auf Mängeln der methodologischen Konzepte oder der konkreten Methoden, sondern auf einem begrenzten Problembewusstsein deren, die Methoden anwenden. Das gilt insbesondere für die im Sinne der *Kritischen Theorie* geforderte Frage nach Herrschaftsverhältnissen, für die Verknüpfung von Interesse und Erkenntnis sowie für die Frage nach Alternativen zur herrschenden Praxis. Der damals im *Positivismusstreit* beklagte blinde Fleck war nicht eine Folge hermeneutischer oder empirischer Methoden im Sinne von Techniken als vielmehr eine theoretische Engführung im Bewusstsein derer, die damals geforscht haben.

Wichtiges Hilfsmittel gegen die Wirkung solcher Vor-Urteile bzw. Einschränkungen ist die *wissenschaftliche Kritik*. Dabei geht es zum einen um die Prüfung, ob die Methoden in technischer Hinsicht korrekt angewendet worden sind. Sind z.B. bei einer hermeneutischen Analyse die relevanten Texte vollständig herangezogen worden, wurden statistische Kennwerte korrekt berechnet, werden die verwendeten Daten vollständig referiert etc.? Darüber hinaus geht es um die Frage, ob die interpretierten Daten und Texte transparent dokumentiert wurden und ob die dabei getroffenen Entscheidungen nachvollziehbar sind. Erst dann kann geprüft werden, ob bzw. in welchem Maße vorgängige Erwartungen und Wertentscheidungen eingeflossen sind. Ggf. ist dann eine Sekundäranalyse angezeigt, in der überprüft wird, ob die Befunde Bestand haben oder von Erwartungen beeinflusst sein können.

Schließlich möchte ich auf das Verhältnis von *Pädagogik und Erziehungswissenschaft* zurückkommen. Man kann die beiden Begriffe synonym verstehen oder mit ihnen eine Schwerpunktsetzung verbinden: Pädagogik wäre dann für die Praxis und das Normative zuständig, während die Wissenschaft „sine ira et studio" um die Wahrheit bemüht sein soll. – Eine solche Gegenüberstellung wäre aber problematisch, weil – wie gesagt – beide Perspektiven auf das jeweils andere angewiesen sind, wenn sie zu Ergebnissen kommen wollen, die theoretisch tragfähig sind bzw. in der Praxis weiterhelfen können. Dass solche Brückenschläge gesehen werden, deutet sich z.B. darin an, dass es eine Zeitschrift „Empirische Pädagogik" gibt und zum anderen ein Handbuch über „Qualitative Forschungsmethoden in der Erziehungswissenschaft". Man kann also offenbar in der Pädagogik (auch) empirisch arbeiten und offenbar braucht man in der Erziehungswissenschaft (auch) hermeneutisch-qualitative Verfahren.

9.2 Theoretische Folgerungen

An verschiedenen Stellen dieser Einführung wurde betont, dass theoretisch orientierte Fragestellungen nicht bestimmten methodischen Konzepten eindeutig zugeordnet werden können. Mit welcher Intention – z.B. kritisch oder affirmativ – eine Fragestellung untersucht wird, hängt in erster Linie nicht davon ab, ob man qualitativ oder quantitativ forscht, sondern mit welchem theoretischen Bewusstsein man sich der Frage nähert. Im zweiten Schritt ist es dann methodologisch bedeutsam, wie geschlossen oder offen die Fragestellung konkretisiert wird, wie eng die Methoden verwendet werden und vor allem wie reflexiv und wie (selbst-)kritisch die Befunde interpretiert werden. Wer nur nach Bestätigungen für das eigene Vorverständnis sucht, wird nichts finden, was dieses in Frage stellt und eine alternative Sicht anregen kann.

Erkenntnistheoretisch ist eine solche Offenheit allerdings nicht selbstverständlich. Im Alltagsverständnis gilt vielen die Weisung der *Bibel* als Orientierung, in der es (bei Matthäus 5,37 in der Übersetzung von Luther) heißt: „Eure Rede aber sei: Ja, ja; nein, nein. Was darüber ist, das ist vom Übel." oder (in der Übersetzung von Jörg Zink) deutlicher auf Kommunikation bezogen: „Wenn ihr wollt, dass man euch glaubt, dann sagt ja oder nein. Alles Weitere dient dem Bösen, es dient der Lüge und kommt von ihr her." Ähnliches wird auch von Wissenschaft erwartet: Sie möge zu klaren Erkenntnissen kommen und eindeutige Auskünfte geben. Dissens und Kontroversen sollen klären, was letztendlich als „Wahrheit" verbindlich sein soll.

Zirkularität

Die Alternative soll nun keineswegs in einem „anything goes" gesucht werden (wobei alles „gleich gültig" ist und rasch „gleichgültig" werden würde), sondern in einem doppelten Appell: dass zum einen der Anspruch auf Eindeutigkeit relativiert wird und zum anderen geprüft wird, ob Differenzen und Widersprüche auf einer höheren Ebene als komplexe Einheit verstanden werden können. Dazu sind nicht besondere Methoden erforderlich, sondern es bedarf theoretischer Konzepte und einer methodischen Haltung, die für solche Perspektiven offen sind.

Humanwissenschaftlich ist dies von besonderer Bedeutung, weil Forschung bzw. theoretische Reflexion herausarbeiten soll, welche Handlungsräume sich öffnen, wenn man nicht nur in den dominanten Kategorien denkt. Die besondere Intentionalität pädagogischen Handelns und pädagogischer Reflexion ergibt sich ja gerade in Situationen, deren Bedeutung sich nicht auf den ersten Blick erschließt und die für verschiedene Beteiligte ganz unterschiedlich sein kann. Theoretische Reflexion sollte deshalb gerade solche Konstellationen wahrnehmen und sie durch Forschung transparent und damit verfügbar machen. Als Konzept kann man die alternativen Perspektiven mit den Begriffen *Linearität* bzw. *Zirkularität* fassen:
• Forschung kann als ein linearer Prozess verstanden wird, der von einer Fragestellung linear und zielstrebig zu einem erwarteten Ergebnis führt, in dem sich „Wahrheit" ausdrückt. Wenn aber die Vorläufigkeit des Erkennens

und die relative Bedeutung von Realität bewusst sind, dann wird man Forschung eher als zirkulären Prozess verstehen und gestalten, der irgendwo beginnen kann (z.b. bei Fragen, bei Materialien oder bei Deutungen), verschiedene Stufen durchläuft (wenn es sinnvoll erscheint, auch sprunghaft) und immer wieder zum Ausgangspunkt zurückkehrt. In linearer Perspektive wird nach Aussagen gesucht, die möglichst eindeutig auf kausale Beziehungen zwischen Ursachen und Wirkungen hinweisen.

• In zirkulären Prozessen sollen dagegen komplexe Beziehungsgefüge und Wechselwirkungen bewusst werden, bei denen situative Konstellationen und wechselhafte Wirkungen deutlich werden können. Biografisch und ethnografisch orientierte Studien, die sich auf individuelle Prozesse bzw. kultur- oder milieuspezifische Differenzen konzentrieren, folgen solchen Zielsetzungen. Methodisch muss das keineswegs auf qualitative Verfahren begrenzt sein.

Gegenstandsbezogene Theoriebildung

Als ein Beitrag, der die früheren Abgrenzungen zwischen verschiedenen konzeptionellen Ansätzen überwinden soll, kann das Konzept der *grounded theory* verstanden werden. Eine solche *gegenstandsbezogene Theorie-Entwicklung* zielt darauf, dass in einem konkreten Gegenstandsbereich eine ausdrücklich auf ihn bezogene und in seinen Daten begründete Theorie (oder bescheidener: eine theorieorientierte Deutung) entwickelt wird. Aus der zunächst begrenzt gültigen Deutung kann ggf. eine spezifische Theorie entwickelt werden, der eine breitere, allgemeine Gültigkeit zugeschrieben werden kann. Das Konzept beansprucht, die Subjekthaftigkeit von Interpretationen überwinden zu können, indem intuitive Deutungen immer wieder an die Daten zurückgebunden werden. Das ist ein hoher Anspruch, für den ein konkretes Verfahren der zirkulären Überprüfung vorgeschlagen wird.

Der Prozess vollzieht sich in einer *spiralförmigen Bewegung zwischen Theorie und Daten*, die zum einen als *Induktion* und zum anderen als *Deduktion* zu verstehen ist. Induktiv werden zunächst aus den Daten Hypothesen (im Sinne von Vermutungen) entwickelt; diese werden dann deduktiv anhand entsprechender möglicher Ableitungen (also wie Hypothesen im Sinne des kritischen Rationalismus) am Datenmaterial überprüft. Wenn es während des Prozesses als sinnvoll erscheint, können für diese Überprüfung weitere Daten erhoben und in den weiteren Prozess einbezogen werden. Dabei kann es hilfreich sein, wenn man sich auf Notizen und Ideen beziehen kann, die schon während der Datenerhebung sozusagen nebenbei im Sinne eines Logbuchs festgehalten wurden. Wenn sich in diesem Wechselspiel zwischen Daten und Theorie keine neuen Aspekte mehr ergeben, konstatiert man eine *theoretische Sättigung*. Dieser Prozess von wechselnder Induktion und Deduktion, von Datenerhebung und -interpretation hat schließlich die Herausbildung einer in den Daten verankerten Theorie, eine „grounded theory" zum Ziel. Diese Form des Umgangs mit Daten und Theorie wird als *theoretical sampling* bezeichnet: Mit Bezug auf die sich entwickelnde Theorie wird entschieden, welche Daten als Beispiel für die weitere Prüfung der Entwürfe herangezogen werden sollen. Datenerhebung und Interpretation sollen in einer (möglichst produktiven) zirkulären Beziehung Hand in Hand gehen: Die Datenerhebung wird durch die Theorie angeleitet und zugleich kontrolliert.

Dabei kann es sinnvoll sein, nach der so genannten *constant comparative method* Beispiele (Fälle oder Gruppen) so auszuwählen, dass sie entweder in bestimmten Merkmalen sehr ähnlich sind oder sich so stark wie möglich unterscheiden. Bei ähnlichen Fällen sollten die theoriebezogenen Merkmale möglichst gut passen, also fallübergreifend gültig sein. Bei maximaler Kontrastbildung kann geprüft werden, wie sich dies auf die Theoriebildung auswirkt.

Für die Auswertung der Daten wird ein dreistufiges Verfahren vorgeschlagen: Man beginnt mit einem *offenen Kodieren,* bei dem Kategorien entworfen werden, die sich über die Fälle hinweg als tragfähig erweisen können. Beim *axialen Kodieren* werden die Kategorien zueinander in Beziehung gesetzt und den situativen und biografischen Entstehungsbedingungen zugeordnet. Beim *selektiven Kodieren* werden die entwickelten Konzepte in eine Gesamtdarstellung integriert, sodass eine fundierte Theorie entsteht.

Es geht also um einen *hermeneutischen Prozess*, der auf Daten in weitem Sinne angewendet wird: Aus den Daten einzelner Merkmale oder Fälle werden Kategorien und Deutungen intuitiv herausgearbeitet und induktiv zu Vermutungen verdichtet. Diese werden dann wie in einem hermeneutischen Zirkel bzw. im Sinne des Falsifikationsprinzips des kritischen Rationalismus an möglichst konkreten Hypothesen, die sich z.B. auf andere Fälle oder weitere Daten beziehen, überprüft. Wie bei der hermeneutischen Analyse wird dieser Prozess des Deutens und Prüfens abgebrochen, wenn eine theoretische Sättigung eingetreten ist und aus neuen Fällen keine zusätzlichen Kategorien mehr gewonnen werden.

Dieses Konzept wird in der pädagogischen Forschung zurzeit häufig als methodologische Orientierung Konzept zugrundegelegt. Seine *Grenzen* findet es sicher darin, dass die Kriterien für die Gültigkeit der Deutungen sehr vage sind. Man kann allzu leicht der Versuchung erliegen, in neuen Daten immer wieder nach Hinweisen auf vertraute Deutungen zu suchen und diese wieder einmal bestätigt zu bekommen. Im Grunde ist auch hier an das Problem zu erinnern, das schon bei ähnlichen Konzepten genannt werden musste: Es ist äußerst schwierig, unvoreingenommen an eine Fragestellung heranzugehen. Der Charme dieses Konzepts liegt aber – wie z.B. bei der Phänomenologie – darin, dass im Prinzip neue Deutungen gefunden werden sollen und entdeckt werden können. Entscheidend ist also wiederum die (selbst-)kritische Haltung der Forschenden und der damit verbundene Versuch, die eigenen Vor-Annahmen und theoretischen Entwürfe konsequent auf den Prüfstand zu stellen.

Methodische Triangulation

Der Begriff „Triangulation" bezieht sich auf das in der geografischen Topologie übliche Verfahren, mit dem ein bestimmter Punkt in der Landschaft von mehreren Bezugs-(bzw. Mess-)Punkten bestimmt wird. So soll auch in der Forschung ein Phänomen aus mehreren (theoretischen) Perspektiven bzw. mit Hilfe verschiedener methodischer Verfahren bestimmt werden. Dabei sollen verschiedene Ansätze nicht rein additiv und ohne geplanten oder theoretisch fundierten Bezug aufeinander eingesetzt werden. Im engeren und anspruchsvollen Sinne ist erst dann von Triangulation zu sprechen, wenn z.B. derselbe Aspekt mit verschiedenen Methoden erfasst (gemessen) wird: z.B. die Beziehungen in einer Familie mithilfe eines Fragebogens, der subjektive Eindrücke der Beteiligten erhebt, und einer teilnehmenden Beobachtung oder/und einer szenischen Rekonstruktion (Rollenspiel).

Dann stellt sich die Frage, ob dabei eine bestimmte Reihenfolge eingehalten werden soll und wie ggf. kontrolliert werden kann, ob sich die verschiedenen Verfahren gegenseitig beeinflussen. Aus solchen Überlegungen kann sich ergeben, dass man bewusst zwischen qualitativen und quantitativen Verfahren wechselt. So kann sich z.B. aus einer Fallstudie die Frage nach der Generalisierbarkeit einer Interpretation ergeben. Nach einer quantitativen Untersuchung, in der in der Regel ein Phänomen nicht in seinem ganzen Kontext erfasst werden kann, kann nach Aspekten gefragt werden, die vermutlich in konkreten Handlungssituationen neben den untersuchten Merkmalen ebenfalls eine Rolle spielen: sei es, dass sie die bereits erkannten Prozesse verstärken oder aber ihnen (als „Risiken und Nebenwirkungen") entgegenwirken. Qualitative Ergänzungen können also das Verständnis erweitern und klären, welche Bedeutung ein Phänomen in komplexen Wirkungszusammenhängen tatsächlich hat. Erst wenn verstanden wird, wie sich Personen in konkreten Situationen verhalten und welche tiefere, individuelle Bedeutung ein Sachverhalt hat, kann man zuverlässige(re) Prognosen über die Wirkung von untersuchten Maßnahmen erstellen (vgl. oben die Frage nach der externen Validität von Experimenten).

Allerdings bieten solche Verknüpfungen – wie es ja eigentlich immer der Fall ist – keineswegs die Lösung aller Probleme. Können denn die unterschiedlichen Perspektiven konfliktfrei miteinander verglichen werden? Sind als ähnlich gedeutete Befunde wirklich „konvergent"? Und wie geht man damit um, wenn sie sich gerade nicht einfach miteinander verbinden lassen oder gar kontrovers daherkommen? Welchem Ansatz soll dann mit welchen Gründen der Vorrang gehören? Bedauern wird man dies aber nur dann, wenn die Hoffnung auf eindeutige Befunde enttäuscht wird und praktische Konsequenzen (noch) nicht gezogen werden können. Wer jedoch in divergierenden Befunden den Fortschritt zu einer genaueren, der komplexen Realität besser angemessenen Deutung ahnen kann und dies für wichtig hält, wird glücklich darüber sein, dass er „still confused but on a higher level" ist. Triangulation kann in solchen Fällen also verhindern, dass man sich allzu rasch mit der ersten besten Interpretation zufrieden gibt. So verstanden, kann Triangulation also als eine Variante bzw. Konkretisierung des Grundmodells des zirkulären Erkenntnisprozesses verstanden werden: Da zu einem bestimmten Moment vorhandene oder erreichte Verständnis einer Sache wird einem anderen Blick ausgesetzt und dadurch ergänzt oder eben auch korrigiert.

„Erklären" und „Verstehen"

Können qualitative und quantitative Fragestellungen und Verfahren sich sinnvoll und produktiv ergänzen? Kann man z.B. die Ergebnisse einer Befragung besser „verstehen", wenn man einzelne Personen interviewt und diese Aussagen zu ihren Fragebogendaten in Beziehung setzt? – Dies kann mit entsprechend offener Perspektive zumindest besser gelingen.

Theoretische Triangulation

Als eine wichtige Dimension, in der Forschungsergebnisse aus verschiedenen Winkeln betrachtet werden können, ist die *theoretische Triangulation* zu verstehen. Schon bei der Planung einer Untersuchung sollten verschiedene Ansätze bedacht werden, damit entsprechend relevante Daten gesammelt werden können. Differenzierter und konsequenter wird man allerdings erst angesichts erster Interpretationen zu (Nach-)Fragen kommen, die aus der Perspektive eines anderen, möglicherweise konträren theoretischen Ansatzes besser bearbeitet werden können.

Es kann dann naheliegen, nicht nur einzelne mögliche Faktoren isoliert zu betrachten, sondern *Konstellationen* zu entwerfen und zu prüfen. Dies wird in der Regel naheliegend sein, wenn es bei der kritisch-rationalen Prüfung von Theorien bzw. Hypothesen sinnvoll erscheint, die theoretischen Vermutungen zu spezifizieren und zu differenzieren. Manche Faktoren können sozusagen – wie bei einem Katalysator – den einen oder anderen Begleiter benötigen, weil sie nur in spezifischen Kontextbedingungen wirken können. Denkbar wäre z.B., dass eine vorgeschlagene Reform-Maßnahme von den Betroffenen befürwortet werden und mit Vertrauen begleitet sein muss, wenn sie wirksam werden soll. In anderen Fällen kann eine Innovation vielleicht nur für bestimmte Personengruppen bedeutsam sein. Solche Konstellation zu erkennen, kann sehr hilfreich sein, wenn aus Untersuchungsbefunden praktische Folgerungen abgeleitet werden sollen.

Fraglich ist es, wie man mit theoretischen Ansätzen umgeht, wenn diese in der Interpretation nicht zueinander passen. Es wäre naheliegend, solche konträren Deutungen gegeneinander auszuspielen und sich für jene zu entscheiden, die mehr Evidenz auf sich vereinen kann oder die den eigenen Intentionen besser entspricht. Dass dies erkenntnistheoretisch nicht befriedigen kann, dürfte auf der Hand liegen, wenn man sich der Vorläufigkeit wissenschaftlicher Befunde (s.o.) erinnert. Prinzipiell kann man fordern, dass diese Uneindeutigkeit „aufgehoben" werden sollte (s.u.). Das Problem liegt allerdings darin, dass es schwierig ist, ein solches Hinaufheben methodisch umzusetzen und solche Wechselwirkungen im Sinne dialektischer Prozesse empirisch zu prüfen. Prinzipiell wäre dies aber denkbar, wenn Theorien nicht als lineare Wenn-Dann-Beziehungen formuliert werden, sondern sich auf entsprechende Konstellationen beziehen. In einem „empirischen Zirkel" (s.u.) könnten angemessene komplexe Modelle nach und nach entstehen und zugleich geprüft werden. Damit wird aber wieder deutlich, dass das theoretische Verständnis eines Problems in erster Linie durch inhaltlich-theoretische Konzepte gefördert und vertieft werden muss. Darauf sollten Methoden der Forschung sich beziehen.

Sensibilität für „Antinomien"

Es sollte bei divergenten Ergebnissen und Deutungen nicht zulässig sein, sich nach Belieben für die eine oder die andere Interpretation zu entscheiden und nur noch für diese nach weiteren Begründungen zu suchen. Die theoretische Reflexion muss sich diesen Divergenzen stellen und ein theoretisches Konzept finden, das die verschiedenen, im Detail jeweils begründeten Sichtweisen umfassen, aufeinander beziehen und in ihrer *Dialektik* verständlich machen kann. Mit Georg F. W. *Hegel* (1770-1831), der die dreifache Fassung des Begriffs *aufheben* herausgestellt hat, kann man sagen, dass die durch verschiedene Deutungen entstandene Irritation *beseitigt* werden soll, indem die Teilaspekte *bewahrt*, aber auf eine höhere Ebene *hinaufgehoben* werden.

Mit der gleichen Intention kann man ein Konzept aus der Pädagogik heranziehen: Der amerikanische Psychologe Thomas *Gordon* (1918-2002) hat in seinen Büchern über die „Familienkonferenz" und die „Lehrer-Schüler-Konferenz" das Prinzip der *niederlage-losen Konfliktlösung* propagiert. In Sinne einer „Win-win-Lösung" sollen Konflikte so gelöst werden, dass beide Seite daraus einen Nutzen ziehen können. In analoger Weise könnte man bei theoretischen Konflikten eine *niederlage-lose Theoriebildung* anstreben. Damit ist gemeint, alle zutrefflichen Details und alle evidenten Deutungen in einem umfassenden Modell aufzuheben, ohne dass einer dieser Aspekte den Kürzeren ziehen müsste. Die verschiedenen aufweisbaren Zutrefflichkeiten sind so lange auf einer höheren Ebene in einem Zusammenhang zu denken, bis sich eine Struktur findet, in der die verschiedenen Aspekte theoretisch befriedigend miteinander vereinbar sind. Aber wie man bei einer Konfliktlösung in alltäglichen oder pädagogischen Situationen nicht bedingungslos bereit ist, jedes Verhalten hinzunehmen, so wird man auch bei theoretischen Konflikten nicht jedweder Position, jeder Zielsetzung das gleiche Recht zubilligen können. Zwischen unterschiedlich gut begründeten Deutungen wird man entscheiden müssen. Man sollte dies aber mit größter Vorsicht tun, denn in gegenläufigen Interpretationen kann sich etwas ausdrücken, was für ein tieferes, differenziertes Verständnis hilfreich werden könnte. Vor allem können Faktoren erkennbar werden, die eine auf den ersten Blick plausible oder theoretisch zu erwartende Wirkung einschränken.

Anregend und herausfordernd ist für mich in dieser Hinsicht immer wieder der Theologe Friedrich *Schleiermacher*. Er hat in seinen Vorlesungen über Pädagogik an mehreren Beispielen vorgeführt, wie wichtig es ist, ein Problem nicht voreilig nur von einer Seite zu betrachten. Man kann sein Vorgehen als eine *dialektische Methode* verstehen, wenn man damit eine inhaltlich-gedankliche Bewegung meint. Eine Frage wird zunächst aus einer Sicht bearbeitet, die plausibel und zielführend erscheint. Bald werden aber in vielen Fällen problematische Aspekte deutlich, die innehalten lassen, weil es so einfach eben doch nicht ist.

Im zweiten Schritt wird deshalb das Problem noch einmal aus einer gegenteiligen Sicht betrachtet. Daran wird aber deutlich, dass eben das, was aus der zunächst verfolgten Perspektive so wünschenswert und wichtig erschienen ist, nicht mehr angemessen zur Geltung kommt. Aus dem Befund, dass beide Sichtweisen angesichts der damit verfolgten Intentionen nicht befriedigen können, folgert Schleiermacher, dass eine Lösung gefunden werden muss, die beide Sichtweisen vereinen kann: „Die Pädagogik müsste demnach so konstruiert werden, dass sie nicht fehlt, wenn das eine, und auch nicht fehlt, wenn das andere wahr ist." (vgl. Schleiermacher 2004, S. 21).

Solche *Dualitäten* – wie Schleiermacher sie nannte – sollten m.E. in der pädagogischen Forschung stärker bedacht werden. Gegenwärtig deutet sich in der pädagogischen Literatur an, dass dies auf theoretischer Ebene geschieht und vermutlich noch zunehmen wird.

In diesem Sinne empfehle ich der pädagogischen bzw. erziehungswissenschaftlichen Reflexion einen *antinomischen Blick*. Damit ist gemeint, dass unterschiedliche Deutungen, die je für sich der Sache angemessen erscheinen, nicht gegeneinander ausgespielt werden, bis sich eine als die vermeintlich einzig zutreffende Geltung verschafft. Vielmehr soll geprüft werden, ob die eine Deutung mit der anderen durchaus vereinbar ist, weil diese in einer antinomischen Beziehung zueinander stehen und die eine Deutung sozusagen als Gegenspielerin der anderen mehr oder weniger und in wechselhafter Stärke bedeutsam sein kann.

Idealtypisch können bei solcher Betrachtung vielfältige Varianten des Umgangs *Umgang mit Antinomien* erkennbar werden:
• Man kann mögliche antinomische Spannungen ignorieren oder verdrängen, wenn man nicht von ihnen irritiert werden will.
• Man kann eine Spannung zwar wahrnehmen und als wirksam vermuten, aber dennoch gleichgültig und teilnahmslos hinnehmen, weil man sich nicht (wirklich) betroffen fühlt.
• Man kann Probleme rhetorisch kleinreden oder sie „dialektisch" (s. oben) umdeuten.
• Man kann eine Priorität mit institutioneller Macht zu Lasten anderer Wünsche etc. durchsetzen.
• Man kann versuchen, die Lösung eines Problems aufzuschieben – auch in der Hoffnung, dass „mit Zeit auch Rat kommt".
• Man kann sich spontan aus einer Stimmung heraus (oder mit einem Münzwurf) entscheiden und in Kauf nehmen, was auch immer dabei herauskommt.
• Man kann die Herausforderung annehmen, die möglichen Alternativen klarer ausarbeiten, die eigenen Intentionen kritisch prüfen, möglichen Nutzen und denkbaren Schaden antizipieren, eventuell noch einmal ganz von vorn beginnen – und doch zum Schluss kommen!
• Man kann nach einem dritten Weg suchen, auf dem die alternativen Positionierungen möglicherweise überflüssig werden oder sich konstruktiv „aufheben" lassen.
• Man kann eine Lösung erarbeiten wollen, die für alle/möglichst viele Beteiligte und Betroffene insgesamt den größten Gewinn und den geringsten Nachteil bedeutet.
• Und nicht zuletzt kann man in der Sensibilität für Antinomien eine Chance sehen, von der man sich anregen lässt zu einem tieferen Verständnis, zu einer konstruktiven Bearbeitung anstehender Aufgaben oder gar zur Entdeckung bisher nicht geahnter Möglichkeiten.

An drei Themen der pädagogischen Reflexion seien mögliche antinomische Aspekte in aller Kürze aufgezeigt:
• Zur Bedeutung der *Generationen* wäre wieder einmal auf Schleiermacher zu verweisen. Er hat die oft zitierte Frage gestellt, was die Generationen eigentlich voneinander erwarten. Wenn man dies mit antinomischem Blick betrachtet, offenbart sich ein doppelter Gegensatz: Die jüngere Generation

soll sich mit den bestehenden Verhältnissen vertraut machen und die üblichen Aufgaben übernehmen, während die jüngere Generation ihre Lebensbedingungen aus eigener Initiative gestalten möchte und nicht geneigt ist, sich den bestehenden Verhältnissen zu unterwerfen. Andererseits hat die ältere Generation ein Interesse daran, dass die bestehenden Verhältnisse verbessert und erneuert werden, während die jüngere Generation die Erfahrung macht, dass eben diese Verhältnisse viele Möglichkeiten zur Entfaltung bereithalten, die man aber erst nutzen kann, wenn man sich mit ihnen vertraut gemacht hat. Mit Schleiermacher kann diese *Gegensätzlichkeit* auf eine höhere Ebene gehoben werden, wenn man beides miteinander verbindet: „Die Erziehung soll so eingerichtet werden, dass beides in möglichster Zusammenstimmung sei, dass die Jugend tüchtig werde einzutreten in das, was sie vorfindet, aber auch tüchtig in die sich darbietenden Verbesserungen mit Kraft einzugehen. Je vollkommener beides geschieht, desto mehr verschwindet der Widerspruch." (Schleiermacher 2004, S. 34). – In dieser Perspektive wird also die Gegensätzlichkeit einerseits deutlich, zum anderen aber auch in konsequent dialektischer Bewegung lösbar gemacht.

• Bei einer Reflexion über *Bildung* würde eine Betrachtung mit Sensibilität für Antinomien einen *Doppelcharakter* erkennbar machen: Bildung tritt emphatisch mit dem Anspruch auf, dass im Individuum alle geistigen, emotionalen und ästhetischen Kräfte voll entfaltet werden und dass dadurch zugleich die Humanität der Gemeinschaft und der Menschheit immer höher entwickelt wird. Insofern ist mit Bildung eine egalitäre Zielsetzung verbunden. Wenn man dann betrachtet, welche Bedeutung dieses Konzept in der Entwicklung des Bildungswesens gehabt hat und immer noch hat, dann wird deutlich, dass „Bildung" auch eine *aus- und abgrenzende Bedeutung* hat: Das Bildungsbürgertum hat sich zunächst aus den Zwängen der Ständegesellschaft lösen können, weil soziale Positionen nicht mehr nach sozialer Herkunft vergeben wurden, sondern durch Bildung und Leistung errungen werden konnten. Es hat aber eben dieses Kriterium nutzen können, um sich seinerseits von unteren Schichten abzugrenzen und die gerade erworbenen *Privilegien* zu legitimieren. Wenn man dies als ein Vorverständnis in die Analyse aktueller Bedingungen und Prozesse des Lehrens und Lernens mitnimmt, dann kann z.B. besser verständlich werden, welche zwiespältige Beziehung Jugendliche zu den Bildungsangeboten haben, die ihnen in Institution des Bildungswesens gemacht werden: Einerseits ist es faszinierend, die Welt in vielen Dimensionen immer besser verstehen zu können, andererseits weckt es Abwehr, wenn Wissen und Können als Medium im Wettbewerb um Privilegien instrumentalisiert sind. – Aber das ist natürlich erst einmal nur eine These!

• Bei Fragen der *Didaktik* könnte eine Sensibilität für mögliche Antinomien zum einen deutlich machen, in welchem Verhältnis anspruchsvolle, auf

Mündigkeit zielende Intentionen einerseits und eher integrierende, tendenziell entmündigende Praktiken zueinander stehen. Didaktische Modelle sollen Kriterien bereitstellen, nach denen u.a. darüber reflektiert werden kann, welche Ziele mit welchen Inhalten verfolgt werden sollen, in welchen Formen dies am besten geschieht und wie der Erfolg festgestellt werden kann. Damit ist aber über die Ziele selbst noch nicht entschieden. Eine didaktische Planung kann Lernprozesse hervorbringen, die eine allseitige Entfaltung im Sinne von Bildung ermöglichen, sie kann aber auch Lernprozesse so verplanen, dass Mündigkeit nicht gefördert und vielleicht sogar behindert wird. Auch gute Absichten sind unter institutionellen Bedingungen keineswegs sicher umzusetzen, wenn Intentionen und Strukturen gegensätzlich wirken. – Das wäre mit einem antinomischen Blick genauer zu untersuchen.

9.3 Methodologische Folgerungen

Was folgt aus diesen Überlegungen? – Man sollte den prinzipiellen Streit konsequent zu den Akten legen. Stattdessen sollten in beiden Bereichen die erkenntnistheoretischen Konzepte und die daraus folgenden methodologischen Anforderungen in den Vordergrund rücken, die allgemein an wissenschaftliche Argumentation zu richten sind.

Zum einen kann es wichtig und hilfreich sein, genauer zu klären, welchen Realitäts-Status (s.o.) eine Aussage hat: Handelt es sich um etwas *Gegebenes*, mit dem wir uns abfinden müssen oder auf das wir uns verlassen können? Oder ist etwas nur *gestaltet* und im Prinzip veränderbar? Zum anderen ist zu prüfen, ob wir uns in der Einschätzung des Realitäts-Status täuschen: Ist etwas, das wir für veränderbar halten (möchten), im Sinne *sozialer Realität* so wirk-mächtig geworden, dass es nicht oder allenfalls mit erheblichem Kraft- und Kostenaufwand bei problematischen Nebenwirkungen beeinflusst werden kann? Sollten entsprechende Vorbehalte im Prinzip immer angemeldet und bedacht werden? Wir haben aber kein Kriterium, nach dem entschieden werden kann, welchen Ebenen von Realität ein Phänomen zuzuordnen ist, und mit keiner Methode kann endgültig geklärt werden kann, ob das, was als plausibel erscheint, tatsächlich wirklich ist.

Deshalb ist noch einmal grundsätzlich die *Vorläufigkeit* wissenschaftlicher Aussagen zu betonen und für mehr Bescheidenheit und Vorsicht zu plädieren. Wissenschaftliche Aussagen sind zunächst einmal nicht mehr als Beiträge zur gesellschaftlich-öffentlichen Kommunikation. Und diese ist prinzipiell zunächst keineswegs rein und edel, sondern von Begrenzungen und Verzerrungen bedroht. Im emphatischen Sinne steht Kommunikation allerdings unter dem Anspruch, dass die Partner sich offen, gleichberechtigt und wahrhaftig über Erfahrungen, Deutungen, Ziele und Wege verständigen. Dies ist nicht allein durch guten Willen zu gewährleisten. Im wissenschaftlichen Diskurs wird deshalb verlangt, nachvollziehbar und kritisierbar zu machen, wie verfahren wurde und wie Deutungen etc. zustande gekommen sind. Nur dies hebt wissenschaftliche Argumentation über das alltägliche Reden hinaus.

Das Besondere pädagogischer Fragestellungen

Wenn die Rede von *pädagogischer* Forschung als Abgrenzung berechtigt sein soll, dann ist deren spezifische Funktion zu bestimmen. Mit anderen Disziplinen der Human- und Sozialwissenschaften bestehen sicher viele Gemeinsamkeiten. Pädagogische Situationen sind aber in besonderer Weise durch die *Intentionalität* der Handelnden beeinflusst. Erfahrungen, Zielsetzungen und Mutmaßungen spielen eine große Rolle. Dies ist methodisch nur schwer zu erfassen und muss doch auch methodisch fundiert in den Blick genommen werden, wenn pädagogische Prozesse verständlich werden sollen.

Ein weiteres besonderes Merkmal des pädagogischen Handlungsfeldes besteht in seinem *Prozesscharakter*. Deshalb ist es problematisch, von den konkreten Bedingungen des Handelns zu abstrahieren. Ein Dilemma besteht aber darin, dass Forschung sich prinzipiell aus der Einbindung in Handlungssituationen lösen und Distanz gewinnen muss, wenn sie nicht den Selbstdeutungen der Handelnden erliegen will. Diese *Balance zwischen einfühlendem Begleiten und distanzierter Analyse* kann deshalb als ein spezifisches Merkmal pädagogischer Forschung benannt werden.

Schließlich soll pädagogische Forschung für *konkretes Entscheiden und Handeln* relevant werden können. Erziehungswissenschaftliche Reflexion soll dazu beitragen, professionelles Handeln im Sinne der betreuten oder begleiteten Personen zu optimieren. Dazu sind differenzierte Analysen in einem breiten Spektrum erforderlich, das von allgemeinen, durchaus abstrakten normativen Zielsetzungen bis zu detaillierten Analysen der tatsächlichen Prozesse und der genauen Prüfung der entstandenen Effekte reichen muss. Das sind verschiedene, unterscheidbare Aufgaben, die eine Arbeitsteilung nahelegen, aber sie dürfen sich dem Bezug auf „das Ganze" des genannten Spektrums nicht verweigern.

Pädagogische Forschung kann also umso mehr für sich ein Spezifikum beanspruchen, wenn es ihr gelingt, die komplexen, in vielen Dimensionen ständig intentional veränderten bzw. sich unter der Hand verändernden Bedingungen und situativen Kontexte des Aufwachsens transparent zu machen, Trends aufzuzeigen und Entwicklung womöglich zu prognostizieren. Damit kann sie die professionelle Reflexion wie das daraus folgende Handeln bereichern. Unter dieser Perspektive wird es ihr auch gelingen, sich (wieder) aus der Umklammerung durch sozialwissenschaftliche und psychometrische Konzepte zu lösen, die sich theoretisch und methodisch allzu eng auf das Messen konzentrieren.

Folgerungen für die Hermeneutik

Umgekehrt ist allerdings von der hermeneutisch-interpretativ orientierten Forschung zu fordern, dass sie ihr Konzept des „hermeneutischen Zirkels" konsequent(er) als kritischen Prozess versteht und praktiziert. Im Grunde ist nämlich mit dem spiralförmigen Wechseln zwischen dem Blick auf das Ganze und der Analyse der Details etwas gemeint, das nach meinem Verständnis dem erkenntnistheoretischen Falsifikationsprinzip empirisch-analytischer Forschung entspricht: Man kann das Vorverständnis als einen vorläufigen theoretischen Entwurf verstehen, der sich in der Analyse des Textes bewähren muss. Zur kritischen Prüfung sollten geradezu in skeptischer Perspektive gegenläufige Hypothesen formuliert werden, um zu prüfen, ob sich in den Details Hinweise finden lassen, die eine andere als die erwartete Sicht nahelegen. Dies dürfte umso wichtiger sein, je stärker das Objekt der Analyse mit Emphase erlebt wird. Solche emotionalen Bindungen können den kritischen Blick begrenzen. Mit Vorsicht ist auch die Bedeutung der Intuition zu beurteilen. Sie ist sicher wichtig, wenn es darum geht, Ideen zur Interpretation zu entwickeln. Das wurde ja auch von Vertretern des kritischen Rationalismus nicht bestritten. Wichtig ist es aber umso mehr, dass so entstandene Entwürfe der kritischen Prüfung unterzogen werden. Diese hat so zu erfolgen, dass dies intersubjektiv nachvollziehbar und an Details überprüfbar ist. Erst wenn es nicht gelingt, den vorläufigen Ansatz zu falsifizieren, sollte der Versuch fortgesetzt werden, diese Deutung zu vertiefen.

Folgerungen für die Empirie

Eine Parallele kann man zwischen empirischer und hermeneutischer Forschung darin erblicken, dass das kritische Überprüfungen im Sinne der Falsifikation nicht als einmaliger Akt zu verstehen ist. Die Prüfung muss keineswegs beim ersten Versuch abgeschlossen werden, wenn sich die Hypothese nicht bewährt. Sie gilt dann zunächst einmal nur als *belastet*. Nicht zuletzt kann ja selbst ein statistisch hoch signifikanter Befund ein Produkt des Zufalls sein (s.o.). In weiteren Prüfungen wäre zu erkunden, wie es sich damit verhält. Es wäre allerdings wenig sinnvoll, die gleiche Studie unendlich oft in identischer Weise zu wiederholen. Das Verständnis der jeweiligen Sache kann vielmehr dadurch vertieft werden, dass man Varianten einführt und Bedingungen verändert und dann beobachtet, ob sich andere Effekte zeigen. Auf diesem Weg wird man zu einem immer tieferen Verständnis der untersuchten Sache gelangen. In Analogie zum hermeneutischen Zirkel könnte man deshalb von einem *empirischen Zirkel* sprechen: Durch den wiederholten Wechsel zwischen vorläufigen Vermutungen, daraus deduktiv abgeleiteten Hypothesen und deren konkreter Prüfung wird nach einem differenzierten und zugleich immer wieder kritisch geprüften Verständnis gesucht. Dabei spielen intuitiv geleitete Prozesse, wie sie bei der Hermeneutik im Vordergrund stehen, eine nicht unbedeutende Rolle.

Heinrich Roth hatte seine Forderung nach einer *empirischen Wendung* keineswegs als eine Abkehr von hermeneutisch-geisteswissenschaftlichen Konzepten und Praktiken verstanden, sondern ausdrücklich gefordert, dass unter pädagogischer Perspektive empirische Befunde „more philosophorum" gedeutet und bewertet werden müssten. Es sollten zwar behauptete Merkmale und vermutete Beziehungen durch Operationalisierungen und andere nachprüfbare Verfahren über subjekthafte Eindrücke und intuitive Mutmaßungen hinausgehoben werden, aber spätestens dann sei es unerlässlich, quantifizierte Befunde in einen weiter greifenden Diskurs einzubringen.

Rezipiert wurde Roth allerdings überwiegend als jemand, der empirische Forschung an die Stelle der hermeneutischen setzen wollte. Es wäre sicherlich in seinem Sinne, gegen empiristische Verkürzungen, die sich mit bloßen Messergebnissen und/oder mehr oder weniger raffinierten statistischen Analysen zufriedengeben, eine neuerliche Wendung zu fordern, die man analog zu der von ihm geforderten empirischen Wendung in der pädagogischen Forschung als eine *hermeneutische Wendung in der empirischen Forschung* bezeichnen könnte. Wie bei der empirischen Wendung ginge es keineswegs darum, sich von dem einen weg- und zum anderen hinzuwenden, sondern um eine produktive Ergänzung: Empirische Befunde können erst dann im Sinne pädagogisch-professioneller Verantwortlichkeit wirksam werden, wenn ihre intentionale Bedeutung verstanden wird. Damit ist nicht gemeint, dass empirische Befunde zu Werturteilen oder politischen Entscheidungen verkürzt werden sollten, sondern es geht darum, für die professionelle und die gesellschaftlich-politische Kommunikation aufzuzeigen, welche intentionalen Implikationen mit empirischen Befunden verbunden sind und welche praktischen und ggf. politischen Entscheidungen getroffen werden sollten und welche Alternativen dafür aufgezeigt werden können. In diesem Sinne sollte das empirische Erklären so verstanden werden, dass Prozesse und Strukturen in ihren bedingenden Faktoren wie in den zu erwartenden Folgen so weit wie möglich transparent gemacht werden, damit der Diskurs über die aufgeworfenen Fragen rationaler geführt werden kann, als es ohne diese Forschungsergebnisse möglich wäre.

Oszillieren

Wenn die soeben herausgestellten Parallelen in den Grundstrukturen der hermeneutischen und der empirischen Forschung den gleichwohl unterschiedlichen Konzepten gerecht werden, dann liegt es nahe, sie methodologisch stärker in einem Wechselspiel zwischen ganzheitlicher Sicht und detaillierter Analyse zu verbinden. Dabei wird phasenweise eine Arbeitsteilung sinnvoll sein, aber die jeweils andere Ebene sollte immer im Blick bleiben. Einerseits müssen immer wieder Details aus dem umfassenden Kontext herausgelöst werden, um sie quasi in Moment- und Mikroaufnahmen analysieren zu können, aber diese Engführung muss in der Interpretation und bei der Suche nach Folgerungen wieder aufgehoben werden. Methodologisch geht es um das Verhältnis von interner und externer Validität. Die eine ist im Grunde nur für Details zu klären, die andere nur in der Beziehung aller Aspekte zueinander.

Ich meine damit mehr als eine additive Ergänzung, nämlich eine unlösbare, im Grunde vom Anfang bis zum Ende eines Forschungsprozesse notwendige Verschränkung, für die mir der Begriff des *Oszillierens* geeignet erscheint. In einem ständigen Hin und Her oder einem Auf und Ab ist das Schwergewicht zu verlagern zwischen eher hermeneutischen und eher empirischen Orientierungen, zwischen quantitativem Messen und qualitativem Interpretieren, zwischen intuitivem Entwerfen und nüchtern-kritischem Prüfen.

Intersubjektiv verständigen können wir uns nur über Details, also einzelne, sehr konkrete Aussagen. Aber diese *Einzelaussagen* reichen nicht aus, um die Sinnstrukturen, die tiefer liegenden, latenten Bedeutungen menschlichen Handelns und dessen Komplexität zu erfassen und das Verhalten in seinen verschiedenen Dimensionen zu verstehen. Hier gibt es eine Grenze, an der intersubjektiv feststellbare Detailaussagen für verschiedene Personen aus verschiedenen Perspektiven etc. ganz verschiedene Bedeutungen haben. Aber solche, eher *ganzheitlichen Bezüge* bestimmen in der Regel unser alltägliches Verhalten. Und wenn wir dieses komplexe Verhalten verstehen wollen, dürfen wir uns nicht auf die Ebene intersubjektiver Eindeutigkeit beschränken.

Mit dem Stichwort des *Oszillierens* soll betont werden, dass man sich immer auf den anderen Pol hin bewegen sollte, wenn man sich auf der einen Seite befindet, dass man also immer im Bewusstsein halten sollte, dass die allgemeine Reflexion sich der empirischen Überprüfung wird stellen müssen und dass empirische Befunde unter der Frage nach dem Sollen reflektiert werden müssen. Das könnte sich darin ausdrücken, dass Ideen und Konzepte so formuliert werden, dass aus nominalen Umschreibungen reale oder gar operationale Definitionen werden können, dass Ideen und Begriffe nicht nur abstrakt erörtert werden, sondern z.B. durch Handlungen oder Situationen beschrieben werden, in denen sich das abstrakt Gemeinte konkret nachvollziehen lässt. Und es könnte dann deutlich werden, dass empirische Befunde wieder in den Kontext eingeordnet werden müssen, aus dem sie zum Zweck der genaueren Prüfung herausgelöst wurden. Wer sagt, was sein soll, wird im Diskurs erläutern müssen, was das konkret bedeuten kann, und wer auf Tatsachen verweist, wird erklären müssen, welche Zielsetzungen er damit begründen oder rechtfertigen will. Kommunikation über pädagogische Sachverhalte muss zwischen normativen und faktischen Aussagen oszillieren, wenn Wissenschaft zu professioneller und öffentlicher Kommunikation einen hilfreichen Beitrag leisten will. Es geht also nicht allein um den wechselseitigen Respekt bisher einander fremder Forschungsrichtungen, sondern um eine effektive, konstruktive Optimierung pädagogischer Forschung überhaupt.

Die Frage, wo ein solches Oszillieren seinen Anfang haben soll – ob es erst um das Ganze gehen soll und dann um Details, oder ob es umgekehrt sinnvoll(er) ist – ist im Grunde müßig und prinzipiell nicht zu entscheiden. Es gibt im Forschungsprozess Menschen, die – warum auch immer – zuerst nach dem einen *oder* dem anderen suchen – aber ohne den Blick auf das jeweils andere können sie letztlich nicht weit kommen.

Ich plädiere für ein methodologisches Wechselspiel zwischen ganzheitlicher Sicht und detaillierten Analysen. Eine phasenweise Arbeitsteilung ist ja durchaus sinnvoll, wenn die jeweils andere Ebene immer im Blick bleibt. Einerseits müssen immer wieder Details aus dem umfassenden Kontext herausgelöst werden, um sie quasi in einer Momentaufnahme analysieren zu können, aber diese Engführung muss in der Interpretation und bei der Suche nach Folgerungen wieder aufgehoben werden.

Ich meine damit mehr als eine additive Ergänzung. In einem im Prinzip ständigen Hin und Her oder einem Auf und Ab ist das Schwergewicht zu verlagern zwischen eher hermeneutischen und eher empirischen Orientierungen, zwischen quantitativem Messen und qualitativem Interpretieren, zwischen intuitivem Entwerfen und nüchtern-kritischem Prüfen.

„Oszillieren" ist also nicht als Methode oder Technik gemeint, sondern als Appell, bei der Arbeit unter der einen oder der anderen Orientierung (hermeneutisch *oder* empirisch) oder bei der Arbeit an Details oder mit dem Blick auf das „Ganze" so bald, so oft und so bewusst wie möglich immer die andere Ebene/Orientierung etc. im Blick zu haben. Was man in der einen Perspektive tut, sollte aus der anderen ergänzt und überprüft werden können. Und diese Prüfung sollte man ausdrücklich selbst ausführen oder es anderen möglich machen.

9.4 Methodische Folgerungen

Die genannten methodologischen Folgerungen können auf verschiedene Weise technisch-methodisch umgesetzt werden. Wie bei anderen Aufgaben der Forschung gibt es auch dafür keine eindeutigen Vorgaben. Verschiedene

Verfahren haben unterschiedliche Möglichkeiten und Grenzen. Drei Konzepte sollen genannt werden.

Methodische Triangulation

Der Begriff *Triangulation* bezieht sich auf ein in der Landvermessung übliches Verfahren. Ein Merkmal in der Landschaft (Entfernung, Höhe) wird von mehreren Messpunkten aus bestimmt („tri-angel" = drei Winkel) und zwar auch und gerade dann, wenn man dies nicht (oder allenfalls mühsam) unmittelbar tun kann. So soll auch in der Forschung ein Phänomen aus mehreren Perspektiven bzw. mit Hilfe verschiedener methodischer Verfahren bestimmt werden. Dabei sollen verschiedene Ansätze nicht rein additiv und ohne geplanten oder theoretisch fundierten Bezug aufeinander eingesetzt werden. Im engeren und anspruchsvollen Sinne ist erst dann von Triangulation zu sprechen, wenn z.B. derselbe Aspekt mit verschiedenen Methoden erfasst wird: z.B. die Beziehungen in einer Familie mithilfe eines Fragebogens, der subjektive Eindrücke der Beteiligten erhebt, und einer teilnehmenden Beobachtung oder/und einer szenischen Rekonstruktion im Rollenspiel.

Dann stellt sich die Frage, ob eine bestimmte Reihenfolge eingehalten werden soll und wie ggf. kontrolliert werden kann, ob sich die verschiedenen Verfahren gegenseitig beeinflussen. Aus solchen Überlegungen kann sich ergeben, dass man bewusst zwischen qualitativen und quantitativen Verfahren wechselt. So kann sich z.B. aus einer Fallstudie die Frage nach der Generalisierbarkeit einer Interpretation ergeben. Nach einer quantitativen Untersuchung, in der in der Regel ein Phänomen nicht in seinem ganzen Kontext erfasst werden kann, kann nach Aspekten gefragt werden, die vermutlich in konkreten Handlungssituationen neben den untersuchten Merkmalen ebenfalls eine Rolle spielen: sei es, dass sie die bereits erkannten Prozesse verstärken oder aber ihnen entgegenwirken (als „Risiken und Nebenwirkungen").

Qualitative Ergänzungen können also das Verständnis erweitern und klären, welche Bedeutung ein Phänomen in komplexen Wirkungszusammenhängen tatsächlich hat. Erst wenn verstanden wird, wie sich Personen in konkreten Situationen verhalten und welche tiefere, individuelle Bedeutung ein Sachverhalt hat, kann man zuverlässige(re) Prognosen über die Wirkung von untersuchten Maßnahmen erstellen und die externe Validität beurteilen.

Verschiedene Perspektiven können sich daraus ergeben, ...
➤ dass innerhalb einer Methode Varianten gewählt werden, z.B. bei einer Befragung zwischen einem narrativen Interview und einer standardisierten Befragung,
➤ dass verschiedene Methoden eingesetzt werden, z.B. Befragen und Beobachten,

> dass Daten aus verschiedenen Quellen verwendet werden, z.b. Dokumente „non-reaktiver" Art und subjektive Einschätzungen,
> dass mehrere Beobachter und Interviewer das Gleiche erheben,
> dass verschiedene, ggf. kontroverse theoretische Ansätze einbezogen werden.

Allerdings bieten solche Verknüpfungen – wie es ja eigentlich immer der Fall ist – keineswegs die Lösung aller Probleme. Können denn die unterschiedlichen Perspektiven konfliktfrei miteinander verglichen werden? Sind als ähnlich gedeutete Befunde wirklich *konvergent*? Wie geht man damit um, wenn sie sich gerade nicht einfach miteinander verbinden lassen oder gar kontrovers daherkommen? Welchem Ansatz soll dann mit welchen Gründen der Vorrang gehören? Bedauern wird man dies aber nur dann, wenn eine Hoffnung auf eindeutige Befunde enttäuscht wird und praktische Konsequenzen (noch) nicht gezogen werden können. Wer jedoch in divergierenden Befunden den Fortschritt zu einer genaueren, der komplexen Realität besser angemessenen Deutung ahnen kann und dies für wichtig hält, wird glücklich darüber sein, dass er „still confused but on a higher level" ist. Triangulation kann in solchen Fällen also verhindern, dass man sich allzu rasch mit der ersten besten Interpretation zufriedengibt. So gesehen kann Triangulation als eine Variante bzw. Konkretisierung des Grundmodells eines zirkulären Erkenntnisprozesses verstanden werden: Das zu einem bestimmten Moment vorhandene oder erreichte Verständnis einer Sache wird einem anderen Blick ausgesetzt und dadurch ergänzt oder eben auch korrigiert.

Dieses vermutlich plausibel klingende Konzept hat jedoch Grenzen: Es ist ja nicht sicher, ob mit verschiedenen Methoden tatsächlich das gleiche Phänomen erfasst wird bzw. ob die erfassten Aspekte *miteinander kompatibel* sind. Das wird man als Problem verstehen, wenn man einen Befund durch verschiedene Methoden prüfen möchte. Überwiegend wird jedoch gerade darin eine besondere Chance gesehen: Es werden verschiedene Aspekte – mosaikartig – in den Blick genommen, sodass ein reichhaltigeres Bild entstehen kann. Prinzipiell gewährleistet eine Betrachtung aus „drei Winkeln" natürlich keineswegs, dass der eine Blick durch einen anderen korrigiert wird. Nur wer eine andere Perspektive in kritischer Absicht einnimmt bzw. durch andere Forscher einnehmen lässt, hat die Chance, Irrtümer zu entdecken bzw. weiterführende Hinweise zu finden.

Ein kritischer Umgang mit „Statistik"

Statistik ist in vielen Bereichen der Verwaltung, der Wirtschaft, der Politik, in verschiedenen Wissenschaften und nicht zuletzt in der öffentlichen Meinungsbildung nicht mehr wegzudenken. Sie wird als hilfreich wertgeschätzt, manchmal unkritisch als Wahrheit hingenommen, aber auch kritisch beäugt oder gar abgelehnt. Mit welchen Haltungen und Einstellungen sollte man Statistik betreiben bzw. verwenden? Das kann hier nur thesenartig entfaltet werden.

Mit „Statistik" werden vielfältige *Erwartungen* verbunden: Sie ist ein Versuch, …
➤ Sachverhalte und ausgewählte Merkmale einer Situation in ihrer Ausprägung quantitativ genauer zu erfassen,
➤ bestimmte Aspekte hervorzuheben und in der öffentlichen oder wissenschaftlichen Diskussion bewusst zu machen,
➤ Argumente für oder gegen bestimmte Sachverhalte und Prozesse zu finden,
➤ die eigene Auffassung, Vermutungen, Hoffnungen oder Befürchtungen argumentativ zu stärken,
➤ die Argumente anderer entkräften zu können,

Grenzen findet „Statistik" darin, …
➤ dass aus den komplexen und mehr oder weniger auch „widersprüchlichen" Verhältnissen immer nur bestimmte Aspekte anhand von „Daten" (im weiten Sinn) herausgehoben und herausgestellt werden können,
➤ dass bei der Suche nach Daten nicht immer transparent ist, welche Intentionen bei der Auswahl der Aspekte wirksam sind,
➤ dass die Adressaten und Leser der präsentierten Daten zumindest auf den ersten Blick vereinnahmt werden von ihnen ggf. neuen Aspekten, eventuell überraschenden Daten und nicht zuletzt einer ästhetisch einladenden Präsentation,
➤ dass man sich von unerwarteten Funden herausfordern und anregen lasst oder sich weigert, sich darauf einzulassen, weil man es nicht dem vertrauten Wissen oder der eigenen Sicht und Bewertung der Dinge zuordnen kann oder will,
➤ dass vergessen wird (bzw. gar nicht bewusst war), dass „Statistiken" immer nur Modelle sein können (aber auch sein sollen), die bestimmte Aspekte herausstellen und den Kontext ausblenden, der gleichwohl im Grunde immer mitbedacht sein sollte.

Generell ist es mehr oder weniger strittig, ob „Statistik" als solche eher affirmativ oder eher kritisch wirksam ist. Das ist nicht prinzipiell zu entscheiden, sondern nur danach zu beurteilen, welche Vorannahmen und welche Intentionen zu welchen Fragestellungen und Verfahren geführt haben. Das ist nicht immer transparent und freilich auch nicht immer genau vorab zu bestimmen. Bedeutsam ist zunächst, welche Fragestellungen überhaupt verfolgt werden sollen und schließlich, wie konsequent möglichen kritischen Befunden auf den Grund gegangen wird. Allgemein: ob nur das gesehen wird, was „gesucht" wurde, oder man offen oder gar neugierig darauf ist, etwas zu „finden", was nicht erwartet wurde (vgl. Kap. 1.2).

Mit welchen Intentionen und Erwartungen Befunde bewertet werden, zeigt sich nicht zuletzt daran, ob die Methoden, die zu einem Ergebnis geführt haben, skeptisch hinterfragt oder fraglos als sinnvoll hingenommen werden. Wem die Ergebnisse nicht passen, wird mögliche Fehler suchen und kritisieren, während andere nicht einmal skeptisch sind und die Verfahren fraglos als sinnvoll und die Ergebnisse als korrekt akzeptieren.

Persönliche Einstellungen zur Statistik können sehr verschieden sein. Sie hängen nicht zuletzt von Erfahrungen und Kenntnissen ab, die sich im Laufe des Aufwachsens als „Dispositionen" verfestigt haben und in der Begegnung mit Zahlen in jeglicher Form aktiviert werden können. Wer im Mathematik-Unterricht bei den Leistungsanforderungen weniger erfolgreich war, wird dies schon vor der näheren Beschäftigung mit Statistik – vor allem, wenn sie verpflichtend ist -- wieder befürchten und eine Abwehrhaltung einnehmen. Wem dagegen im Unterricht erfahrbar gemacht wurde, wie faszinierend, ästhetisch schön und emotional befriedigend es sein kann, ein Problem mathematisch zu modellieren und geeignete Lösungs-Algorithmen zu entwickeln, wird sich entsprechend gern mit den Modellen der Statistik auseinandersetzen – sofern diese nicht nur formelhaft auswendig gelernt werden sollen, sondern in ihrer Logik zu erarbeiten sind. – An dieser Intention sollte diese Einführung sich orientieren.

9.5 Professionalisierung fördern

Zum Abschluss sei noch einmal verdeutlicht, welchen Stellenwert theoretisch anspruchsvolle und methodisch fundierte Kompetenzen in einer professionellen erzieherischen Tätigkeit haben sollten. Menschen, die in pädagogischen Feldern tätig sind, haben eine spezifische Zuständigkeit, aus der ihnen eine besondere Verantwortung erwächst. Immerhin haben sie unweigerlich Einfluss auf die Entwicklung junger Menschen: Sie „erziehen" im weiten Verständnis dieses Begriffs (vgl. Kap. 2.1). Und das sollten sie nicht nur im alltagsprachlichen Verständnis von „Erziehung" und „Pädagogik" bedenken, sondern in bewusst begleitender wissenschaftlich orientierter Reflexion. Praktisches Handeln sollte gut begründet sein und (selbst-)kritisch bedacht werden.

Dass pädagogische Forschung dazu beitragen kann, sollte in dieser Einführung deutlich werden. Aber wie kann Forschung für pädagogische Praxis wirksam werden? Damit ist die Frage gestellt, welche Bedeutung Forschungs-Kompetenzen in der Ausbildung, in der beruflichen Tätigkeit und in der Fortbildung haben sollen. – Man kann unterscheiden zwischen einer maximalen und einer minimalen Variante und dazwischen ein Optimum suchen:

● Im Sinne einer Arbeitsteilung kann man Forschung als eine spezialisierte Dienstleistung für die Praxis verstehen: In Forschungsinstituten und Universitäten wird mit hoher methodischer Kompetenz und entsprechenden personellen und finanziellen Ressourcen an Erkenntnissen gearbeitet, die zunächst innerhalb der scientific community diskutiert werden sollen. Dies wird häufig als „disziplinäre" Forschungs-Kompetenz abgegrenzt, die in entsprechenden Studiengängen zu erwerben ist.

● Man kann es als Forschung in einem methodisch eher weichen Sinn verstehen, wenn in der Praxis tätige Personen ihre Erfahrungen sammeln, sich darüber austauschen, ggf. einen Konsens oder Dissens formulieren und ihr Experten-Wissen an Novizen weitergeben.

Zwischen diesen extrem formulierten Alternativen sind viele Zwischenformen der wechselseitigen Ergänzung möglich und zu beobachten. In der akademischen Forschung scheint die Bereitschaft gewachsen zu sein, sich stärker auf konkrete Probleme pädagogischer Handlungsfelder einzulassen und im Sinne der Handlungsforschung zur Entwicklung pädagogischer Praxis beizutragen und die Effekte eventueller Veränderungen zu evaluieren.

Ebenso scheint in der Praxis das Bedürfnis zu wachsen, angesichts wachsender „Ungewissheiten" und zunehmender „Risiken" besser „erklären" zu können, welche Faktoren welche Wirkungen haben (können), und tiefer zu verstehen, was die Einmaligkeit einer Situation ausmacht.

Wenn sich beide Partner in diesem Sinne aufeinander zubewegen, wird es wichtig, sich kompetent austauschen zu können. Von der Forschung wie von der Praxis her muss übersetzt werden: Wie können aus Problemen und Anfragen der Praxis Aufgaben für die Forschung werden und wie können umgekehrt Befunde der Forschung auf die Praxis hin transformiert werden? So gesehen bleibt im Grunde die traditionelle Arbeitsteilung erhalten. Das ist bei vielen Fragen sicherlich auch gut so, denn nicht jede Frage aus der Praxis muss mit großem Aufwand erforscht werden und nicht jedes Forschungsergebnis muss für die Praxis relevant gemacht werden.

Für die weitere Entwicklung des pädagogisch verantwortlichen, also des professionellen Handelns ist m.E. eine *Zwischenform* wichtig, die ich als *forschenden Habitus* bezeichnet habe (vgl. Kap. 2.1). Damit ist gemeint, dass methodisch fundiert und theoretisch orientiert versucht wird, eine Handlungssituation genauer und tiefer zu verstehen und kompetenter zu handeln. Entsprechende Kompetenzen sollten deshalb intensiver in der Aus- und Fortbildung erworben werden. Dabei können theoretisch und methodologisch unterschiedliche Schwerpunkte gesetzt werden und die Intensität kann variieren. Nicht jeder muss Daten statistisch anspruchsvoll auswerten können, nicht jeder muss Biografien analysieren können. Aber jeder sollte in der Lage sein, wissenschaftliche Forschungsliteratur kritisch zu lesen bzw. zu verstehen, wie Kolleginnen und Kollegen versuchen, die gemeinsame Praxis transparenter werden zu lassen. Und vor allem: Jeder sollte sich nicht mit dem ersten Eindruck und der erstbesten Erklärung zufriedengeben, sondern es genauer wissen wollen und kritisch nachfragen können.

Entsprechende Kompetenzen sollten deshalb in der Aus- und Fortbildung einen größeren Stellenwert bekommen. Dabei ginge es nicht darum, kleine Forscherinnen und Forscher auszubilden, und es wäre auch nicht sinnvoll, lediglich mehr Prüfungsinhalte zu fordern, ohne dass deren praktische Relevanz erkennbar wird. Eine professionelle Reflexionskompetenz würde erst dann nachhaltig gefördert, wenn schon im Studium möglichst konkret an Fragestellungen der Praxis erfahren werden kann, was eine methodisch fundierte Reflexion zur Klärung und Entwicklung beiträgt. Erst dann wird daraus ein Habitus erwachsen, der praxisbezogene Konzepte und Methoden der Forschung ein Berufsleben lang bedeutsam bleiben lässt.

Es wäre dann erstrebenswert, dass sich die Praxis ein Medium schafft, durch das die Vermittlung von der Forschung zur Praxis wie von der Praxis zur Forschung intensiver werden kann. Das könnten Kommissionen sein, in denen Delegierte sammeln, was von hier oder dort eingebracht wird, es sichten und daraus Empfehlungen entwickeln. Daraus könnten in der einen Richtung Hinweise oder gar Aufträge für die Forschung entstehen und in der anderen Richtung Anregungen oder gar Leitlinien für professionelles Handeln, Das alles sollte – mit allem Vorbehalt – natürlich nicht hinter dem zurückbleiben, was als „wissenschaftlich festgestellt" gelten sollte.

Literatur

In einem Fachbuch wird an dieser Stelle in der Regel ein Literaturverzeichnis erwartet. Das füge ich hier nicht ein, weil bei der Vielfalt der angesprochenen Aspekte eine solche Liste sehr lang wäre und den Umfang des Bandes über Gebühr erweitern würde.

In der Sache sinnvoll und nicht zuletzt ressourcenschonend erscheint es mir, Quellenangaben und viele weitere Literaturhinweise im Internet zur Verfügung zu stellen und dort auch zu kommentieren. Wer sich vertiefend und kritisch mit den hier unterbreiteten Erläuterungen und Überlegungen auseinandersetzen möchte, findet auf meiner Homepage

www.jschloe.de

nicht nur die üblichen knappen bibliografischen Daten (Autorschaft, Titel, Ort und Jahr), sondern inhaltliche Hinweise und kommentierende Einschätzungen. Die Angaben sind den Kapiteln des Buches thematisch zugeordnet und nach dem Jahr der ersten Veröffentlichung sortiert. Damit kann diese Datei auch zur vertiefenden Lektüre genutzt werden. Sie soll regelmäßig aktualisiert werden.

Ich hoffe, dass dieses Verfahren Zustimmung findet.

Jörg Schlömerkemper